근세 중국 공연문화의 현장을 찾아서

12~15세기 연극과 연희의 공간, 장르, 배우

이정재

서울대학교 중어중문학과를 졸업하고 동 대학원에서 석사 및 박사 학위를 받았다. 중국 산동대학교에서 고급진수 과정을 수료하였고 미국 UC버클리 중국연구센터 방문학자를 역임하였다. 현재 서강대학교 중국문화학과 교수로 재직하고 있다. 주요 연구 분야는 중국 공연문화와 서사연행이고, 고전 작품의 번역에도 힘쓰고 있다. 저서로 『중국 구비연행의 전통과 문화』(2014), 『중국공연예술』(2009, 공저) 등이 있고, 역서로 『모란정』(2014, 공역), 『도화선』(2008), 『중국 고대 극장의 역사』(2007, 공역), 『근대 중국의 언어와 역사』(2005) 등이 있으며, 논문으로 「당대 문헌에 나타난 목련구모 설화의 변화」(2019), 「일본 관서대학 소장 고사 『대명흥륭』 연구」(2017), 「『도화선』의 이념적 지향」(2007) 등 다수가 있다.

서강학술총서
128

근세 중국 공연문화의 현장을 찾아서

- 12~15세기 연극과 연희의 공간, 장르, 배우

이정재 지음

서강대학교출판부

서강학술총서 128
근세 중국 공연문화의 현장을 찾아서
12~15세기 연극과 연희의 공간, 장르, 배우

초판 1쇄 발행 | 2020년 7월 28일

지 은 이 | 이정재
발 행 인 | 박종구
편 집 인 | 전종호
발 행 처 | 서강대학교출판부
등록 번호 | 제2002-000170호

주 소 | 서울특별시 마포구 백범로 35(신수동)
전 화 | (02) 705-8212
팩 스 | (02) 705-8612

ISBN 978-89-7273-367-6 (94080)
ISBN 978-89-7273-139-9 (세트)

값 35,000원

* '서강학술총서'는 SK SUPEX 기금의 후원으로 제작됩니다.

책 머리에

본서는 중국 공연문화의 첫 번째 전성기인 송원宋元 시대의 연극과 연희의 현장을 찾아가서 공연의 공간과 장르 그리고 무대 위에서 활약한 배우들의 연기와 인생을 따라가 봄으로써 이 시대 공연문화의 역사적 의미를 재조명해보기 위해 기획되었다. 잘 알려져 있듯이 이 시대의 후기에는 수 세기 동안 축적되어 온 기존 공연문화의 토대 위에서 남희南戲와 잡극雜劇이라고 불리는 새로운 종류의 연극이 탄생하여 수많은 명작과 작가가 역사에 이름을 남겼고, 이들 중 상당수는 오늘날까지도 계속하여 세계의 여러 나라에서 읽히고 재해석되고 무대에 올려지고 있다. 따라서 많은 학자들이 남희와 잡극을 비롯한 연극의 역사에 대해 관심을 갖고 연구에 매진하여 많은 성과를 낸 것은 당연한 것이다. 예를 들어 지난 세기 초에 왕국유王國維(1877~1927)라는 걸출한 학자가 발표한 『송원희곡고』를 필두로 하여 최근 요분廖奔(1953~)의 『중국희곡발전사』라는 저서에 이르기까지 수준 높은 성과가 많이 나와 있고, 국내에서는 김학주의 『중국 고대의 가무희』라는 독보적인 저서를 비롯하여 송원 시대의 연극문화를 연구한 논문과 저서가 적지 않게 발표되었다. 이들을 포함한 대부분의 연극사에서는 시대별 연극의 형성과 전개, 작가 소개와 작품에 대한 분석 등이 중심이 되고 극장과 배우에 대한 서술이 보조적으로 서술되어 있다.

그런데 이 시기에는 남희와 잡극 이외에도 다양한 종류의 연희가 함께 성행하였다. 이들 연희는 우리의 판소리와 비슷한 강창講唱 종류를 비롯하여 기악, 성악, 그리고 악무樂舞 종류, 서커스나 묘기 등을 보여주는 잡기雜技 종류, 심지어 수상 경주나 축구 같은 경기 종목에 이르기까지 매우 다양하다. 이들에 대해서도 국내외에서 종류별로 적지 않은 연구가 이루어져 있다. 다만 이처럼 이들 연극과 각종 연희에 대한 개별적 연구는 활발하지만 이들을 하나의 지평 위에서 아울러 통합적으로 서술하고 이들 사이의 상호 작용이나 영향에 대한 해명을 시도하는 연구는 아직도 매우 불충분하다고 생각된다.

본서에서는 이들 연극과 연희를 공연문화라는 개념으로 통합하여 생각할 필요가 있음을 제기하고 이에 관한 기초적인 정리를 시도하고자 한다. 따라서 본서에서는 공연의 환경이라고 할 수 있는 도성 및 각 지역의 공연 공간과 극장, 다양한 공연 종목들의 기본적 성격, 공연이 이루어진 현장의 모습, 그리고 공연의 핵심적 주체인 배우들의 연기 분야 및 일생에 대한 탐색 등을 중심으로 살펴봄으로써 통합적인 공연문화사를 서술할 수 있는 토대를 마련해보고자 한다. 이를 위해서는 무엇보다도 1차 자료에 대한 비판적 사료 해석이 매우 중요하다고 생각하며, 기존의 연구에 대해 재검토하고 자료를 재해석하는 데에 큰 노력을 기울이고자 한다. 따라서 새로운 연구 성과들을 최대한 반영하여 논쟁이 있어 온 부분들에 대한 나름의 견해를 제시하고자 힘쓸 것이다. 그러나 자료 성격상 해명이 어려운 부분도 여전히 존재하고 자료의 선별 및 배치에 있어서도 편폭의 제약 등으로 인해 일부 대상을 논의에 포함하지 못한 것은 아쉽게 생각하며, 이는 앞으로 지속적으로 검토하고 보완해야 할 과제일 것이다.

본서에서 다루는 구체적인 시기에 대해서 설명이 필요할 듯하다. 송宋은 960년에 시작되어 1127년에 금金에 의해 남방으로 밀려 내려갔다가 1279년에 원元에게 정복되어 막을 내렸고, 원은 칭기즈 칸이 1206년에 세운 몽골 제국의 확장 과정에서 1271년 쿠빌라이 칸의 선포와 함께 시작되어 번영하였다가 1368년에 명明에 의해 북방으로 밀려감으로써 중원의 무대에서 사라졌다. 이 시기 공연문화의 모습을 상세하게 알려주는 초기 자료로는 맹원로孟元老라는 사람이 남송 초인 1147년에 쓴 『동경몽화록東京夢華錄』이 대표적인데, 여기에는 대체로 북송 말엽의 휘종徽宗(1100~1125 재위) 치세 전후의 일들이 기록되어 있다. 그리고 후기 자료로는 명 태조 주원장朱元璋(1368~1398 재위)의 손자이자 극작가인 주유돈朱有燉(1379~1439)이 남긴 잡극 작품들에서 당시 배우와 공연의 모습에 대해 살펴볼 수 있다. 이들 작품의 배경은 명대 초기로 설정되어 있지만 원대 후기의 모습을 추정하는 데 중요한 열쇠가 되는 자료이다. 따라서 『동경몽화록』에서 증언하고 있는 12세기 초부터 주유돈이 잡극을 써서 당시의 연극 활동을 묘사한 15세기 초까지가 본서에서 직접적으로 다루고자 하는 시기이다(본서 '들어가는 말' [표 1]의 음영 부분). 이 시기를 중세中世가 아닌 근세近世라고 한 것은 송대를 초기 근대(early modern)로 규정하고자 하는 학계의 최근 의견을 적극적으로 반영한 것이고, 또한 이 시기 공연문화의 성장과 발전이 이전 시기와는 질적으로 다른 새로운 도약을 하고 있다는 점을 드러내기 위해 선택한 것이기도 하다.

본서를 계획하게 된 것은 빌트 이데마, 스테픈 웨스트 두 교수가 공동으로 발간한 *Chinese Theater 1100-1450: A Source Book* 이라는 저서에서 아이디어를 얻은 바가 적지 않다. 물론 본서에서는 자료를 다수 추가하여 서술 범위를 확대하고 새로운 해석을 제시하고자 노력하였지만, 위 책의 서술의 방식이나 개별 문제에 대한 견해들은 좋은 참고가 되었다. 이 자리를 빌려 감사의 뜻을 전하는 바이다. 또한, 일찍부터 중국 공연문화 연구를 개척해오셨고 부족한 제자에게 항상 격려와 믿음을 보내주시는 이불二不 김학주 선생님과, 오랫동안 중국 연극 및 연희 등의 관심 분야를 함께 공부하면서 서로 자극을 주고받고 있는 중국희곡 독회 모임의 선후배 동료 선생님들, 특히 원고를 읽고 귀중한 의견들을 말씀해주신 이창숙, 김우석, 신지영 선생님, 그리고 '중국의 공연예술'과 같은 전공 수업에서 항상 진지하고 성실한 태도로 수업 내용에 대해 중요한 질문을 제기하여 새로운 깨우침을 주는 서강대학교 중국문화학과 학생들에게도 깊은 감사를 드린다. 더불어 본서의 출간을 위해 지원해주신 서강학술총서 관계자께 머리 숙여 감사드리고, 늘 활기찬 말씀과 진심 어린 배려로 힘을 보태어 주시는 서강대학교 중국문화학과의 모든 선생님들께도 존경과 감사를 드린다. 마지막으로 강의와 연구를 핑계로 소홀하게 지내는 흠을 감싸주며 격려를 아끼지 않는 가족들에게도 사랑과 감사의 마음을 전한다.

2020년 7월 4일

축역逐疫을 기원하며

누실陋室에서

이 정 재 씀

차 례

- 범례 -

1. 보충할 표현이 필요한 경우 [ ]로 묶어 표시하였다.
2. 인명, 지명, 용어에 대한 설명은 ( )로 묶어 표시하였다.
3. 시詩, 사詞, 그리고 산곡散曲의 소령小令은 원문을 함께 싣고, 나머지 번역문에는 원문을 싣지 않았다.

들어가는 말

국내외의 많은 학자들은 중국에서 연극과 각종 연희를 포괄하는 공연문화의 기원을 모방 주술[1]로부터 비롯된 다양한 형태의 제의적 악무樂舞와, 언어 활동이 활발해지면서 나타난 대화나 스토리텔링의 기록 등에서 찾고 있다. 그리고 한대부터 당대에 걸쳐서는 가무, 강창, 잡기 등의 분야에서 여러 공연 종목들이 점차 다양하게 발전하였고, 특히 짧고 간단하나마 특정한 이야기를 담은 가무희歌舞戲들도 꾸준히 발전했다고 말한다. 실제로 귀족들의 연회에서 공연된 여러 종류의 공연 종목들을 총칭하는 백희百戲라는 말이 한대부터 자주 보이고, 위진남북조 때부터는 '농참군弄參軍', '난릉왕蘭陵王', '답요낭踏搖娘' 등을 비롯한 많은 수의 우희優戲와 가무희들이 나타나고, 100여 년 전에 돈황敦煌에서 발견된 많은 강창 및 가사歌辭 작품들을 통해서는 이들이 당대에 성행하였음을 확인할 수 있다. 다만 당대까지의 공연문화에 대해 자세하게 알 수 있는 문헌 기록이나 실제 작품은 돈황 발굴 작품들을 제외하면 그다지 많지 않은 편이고, 이에 따라 고대 중국의 공연문화의 실상을 풍부하게 이해하는 데에는 일정한 한계가 있는 것도 사실이다.

이에 비해 송대 이후의 공연문화에 대해서는 적지 않은 문헌 기록이 전해지고, 특히 남송 이후에 크게 발전한 남희와 잡극, 전기傳奇 등의

1 모방 주술(Imitative Magic) 또는 類感 呪術(Homeopathic Magic)은 어떤 사물이나 현상에 대한 모방을 통해서 유사한 결과를 끌어낼 수 있다는 주술을 뜻하는 말로, 영국의 인류학자 제임스 프레이저(James Frazer)가 그의 저서 『황금가지(Golden Bough)』에서 제기한 문화 이론이다. 이를테면 물을 뿌리거나 구름을 흉내내어 비가 내리는 것처럼 의례를 수행함으로써 실제로 비가 내리기를 기원한 것이 대표적인 예이다.

연극류 공연과 제궁조諸宮調, 평화評話, 사화詞話, 보권寶卷, 고사鼓詞, 탄사彈詞 등의 강창류 공연의 방대한 작품들이 전해지고 있어서 이 시대 공연문화의 모습과 각 종목의 성격과 내용 등에 대한 깊이 있는 탐구가 이루어질 수 있는 상황이다. 어떤 의미에서는 송대 이후의 공연문화에 대해서는 남아있는 자료가 너무 많아서 정확한 실상에 대한 이해의 난관이 조성된다고 할 수 있을 정도이다. 그러므로 이 시기의 방대한 공연문화 자료들을 자세하게 살피기 위해서는 몇 개의 단위로 나누어 다루는 것이 온당할 것이다. 본서에서는 그 가운데 송원 시대의 공연문화의 여러 가지 모습에 대해 문헌 기록과 공연 작품들을 중심으로 살펴보면서 이해를 심화하고자 하고, 이를 바탕으로 하여 명청 시대까지 포함한 근세 중국 비롯하여 근세 중국 공연문화의 성격과 역사에 대해 새롭게 인식하고 이해할 수 있는 토대를 마련해 보고자 한다. 본격적인 논의에 앞서 먼저 송원 시대의 역사적, 문화적 배경에 대해 간략하게 살펴보도록 하자.

300년 가까이 찬란한 문화를 꽃피운 당唐 제국(618~907)이 몰락한 뒤, 혼란스러웠던 오대십국五代十國(907~979) 시대의 마지막 강대국이었던 후주後周(951~960)는 금군 총사령관 조광윤趙匡胤(927~976)이 960년 2월 내부에서 군사정변을 일으켜 어린 황제를 물러나게 함으로써 종말을 고하였고, 조광윤은 자신의 새 제국의 이름을 대송大宋이라고 선포하였다. 조광윤은 이미 수십 년 동안 여러 왕조의 수도였던 개봉開封을 다시 새 제국의 수도로 삼아 남북방의 약소국들을 차례로 멸망시켰고, 그의 친동생 조광의趙匡義가 979년에 산서山西 일대의 지방 정권으로 전락해 있던 북한北漢(951~979)을 멸망시킴으로써 중원과 남방으로 크고 작게 분열되었던 대륙은 재통일의 전기를 맞이하게 되었다.

물론 12세기 초에 오늘날의 중국 동북 지방에서 일어난 여진족의 금金(1115~1234)이 북부 중국 일부와 내몽골 동부 초원 지대를 장악하고 있던 거란족의 요遼(916~1125)를 멸망시키고, 연이어 송의 도성을 공격하여 1127년에 개봉을 포함한 회수淮水 이북 지방을 장악하였고, 이 때문에 송 황실은 북방을 포기하고 남쪽으로 내려가서 임안臨安(지금의 항주杭州)에 '행재行在' 즉 임시 도성을 세우고 제국을 유지하면서(남송南宋) 금과의 남북 대치 형세가 백 년 가까이 지속되었으므로, 송대는 대륙 전체를 완전히 통일했다기보다는 일부 통일과 재분열의 과정을 이어서 겪은 불안정한 시대이기도 했다. 결국 1234년에 금을 격파한 몽골—1271년에 국호를 대원大元으로 바꿈—은 화북 지방을 점령한 지 40여 년 만인 1279년에 다시금 남송을 정복하였고, 중원과 남북을 아우른 대통일은 이때 비로소 완성되었다.

그 뒤 약 90여 년이 흐른 1368년에 남경南京에서 명明을 건국하고 황제로 즉위한 주원장朱元璋이 원의 수도 대도大都(지금의 북경)를 공격하자 원의 마지막 황제는 수도를 버리고 북방 초원으로 물러감으로써(북

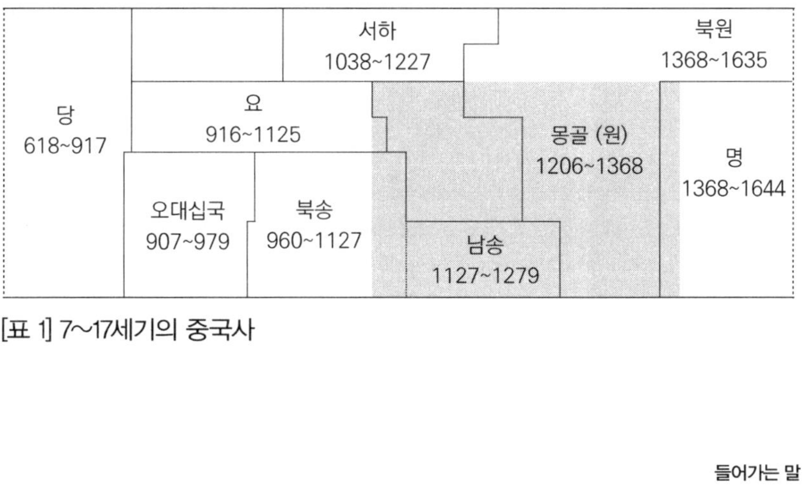

[표 1] 7~17세기의 중국사

원北元) 중국 대륙 최초의 이민족 통일제국은 종말을 고하고 다시 한족 왕조인 명 제국의 통치가 300년 가까이 이어지게 된다.

북송의 시작에서 몽골(원) 제국이 물러날 때까지의 역사적 전개 과정은 이처럼 상당히 복잡한 모습을 보여주고 있고, 정치적으로도 혼란스러운 시기가 여러 차례 이어졌기 때문에 그때마다 백성들이 겪는 고통은 말할 수 없이 컸을 것이다. 그러나 북송 시대 160여 년, 남송·금 대치기 100여 년, 그리고 원 통일 시대 약 90년은 전란으로 인한 전후 수십 년의 혼란기를 제외하면 대체로 사회적으로 안정되고 문화적으로도 번영이 이루어진 기간이었다.[2]

우선 송대는 농지 면적의 확대에 따른 농업 생산량 증대, 직물과 도자기 제조술의 발달, 목판 인쇄술의 발달에 의한 지식의 보급, 대내외 교역의 급속한 팽창 등으로 대표되는 경제적 성장을 바탕으로 하여 사대부와 서민 등의 새로운 신분 계층이 대두하고 이들을 중심으로 한 도시들이 다수 형성되어 새로운 문화를 만들어내었다. 북송의 도성 개봉과 남송의 도성 임안을 비롯한 각 지역에서는 학술과 시문詩文과 문인화 등으로 대표되는 고급 문화와 사곡詞曲과 연극과 소설 등으로 대표되는 통속 문화가 함께 발전하여 새로운 기풍을 형성하였다.[3]

2 특히 송대는 당 후반 이후의 변혁기를 거쳐 경제적 사회적 자유화와 정치적 일극화(군주권 강화)를 특징으로 하는 새로운 사회 체제가 형성된 시대이고, 송대의 사회 체제는 세계에서 최초로 초기 근대 즉 근세를 맞이한 지역 및 시대로 중국 뿐만 아니라 동아시아의 이후 역사에서 근본적인 변화 없이 지속되어 왔다고 바라보는 관점이 주목된다. 이에 대해서는 스도 요시유키, 나카지마 사토시 지음, 이석현, 임대희 옮김, 『중국의 역사: 송대』, 혜안, 2018, 요나하 준 지음, 최종길 옮김, 『중국화하는 일본: 동아시아 '문명의 충돌' 1천년사』, 페이퍼로드, 2013 참고. 요나하 준의 책을 소개해주신 이욱연 선생님께 감사드린다.

3 존 K. 페어뱅크 등 지음, 김한규 등 옮김, 『동양문화사(상)』, 을유문화사, 1991,

또한 남송 시기에 국경을 마주했던 금은 북방을 지배하면서 자신들의 문화를 보존하고자 하였지만 남송과의 교역이 증가하면서 중국화의 길을 걸으며 유교적 규범을 따르게 되었고, 금의 지배하에 있던 다수의 한인과 일부 여진인들은 전통적인 학술, 문학, 미술 작품을 적지 않게 남겨서 자신들의 생각을 전하였다. 이어지는 시기에 금과 남송을 차례로 정복하며 대륙을 지배하게 된 몽골(원)도 소수 몽골인에게 집중된 권력으로 대다수의 한인들을 중국식으로 통치하는 과제를 안았고, 이를 위해 몽골의 통치층은 유교를 국학으로 인정하였으나 정작 황족들은 불교의 일종인 라마교를 신봉하였고, 과거 제도를 14세기 초까지 중단함으로써 한인들의 고위 관료 사회에서의 영향력은 감소되었다. 출세의 전통적인 경로가 사라진 한인 문인들은 당황하면서도 새로운 출구를 모색하여 나갔고, 여전히 전통적인 시가나 문장, 그리고 문인화를 남긴 일부 작가들을 제외하고 다수의 유능한 문인들은 직업적인 극작가의 길을 걸으면서 인간과 사회의 문제들을 심각하게 다루고 서민들에게 웃음과 감동을 선사하는 문화 생산자의 역할을 자임하였다. 이에 따라 중국문화사에서 원대는 연극의 황금시대였다는 평가를 받을 정도로 전에 없던 새로운 문화 사조가 크게 흥기하였다.[4].

pp.169~187.

4 존 K. 페어뱅크 등 지음, 김한규 등 옮김, 『동양문화사(상)』, 을유문화사, 1991, pp.203~204, 212~223. 원대를 중국 연극의 황금시대라고 부른 사람은 미국의 중국계 학자 Shih chung-wen(時鍾雯, 1922~2014)이다. Shih, chung-wen, *Golden Age of Chinese Drama: Yüan Tsa-chü*, Princeton University Press, 1971. 물론 이는 王國維가 『宋元戲曲考』 서문에서 “각 시대마다 그 시대를 대표하는 문학이 있다.”라고 하면서 그 사례로 唐詩, 宋詞, 元曲 등을 꼽은 견해를 이어받은 것이라고 하겠다. 이때 元曲은 元代의 戲曲과 散曲을 모두 가리킨다.

송원 시대의 문화 발전에 대해 좀 더 구체적으로 살펴보자면, 먼저 북송 시대에는 구양수歐陽修, 소식蘇軾, 왕안석王安石과 같은 대문인들과 주돈이周敦頤, 정호程顥, 정이程頤 같은 대학자들이 정치와 학술과 문학을 발전시켰고, 소식, 미불米芾, 이공린李公麟, 황정견黃庭堅 같은 사람들이 나와서 문인화와 서예의 발전을 이끌었다. 이들은 중국의 고급문화를 최고의 수준에 끌어올린 주인공들이라는 평가를 받는다. 이와 함께 당대唐代 민간의 거리에서 처음 유행하기 시작한 새로운 노랫가락과 가사는 송대에 들어와서 사詞라는 이름으로 더욱 성행하여, 유영柳永과 장선張先 같은 전문 작가뿐 아니라 구양수, 소식 같은 문인 작가들의 손에 의해서 쏟아져 나온 새로운 가사들이 시장 바닥이나 사대부의 저택을 구분하지 않고 거의 모든 장소에서 커다란 인기를 끌었다. 뿐만 아니라 북송 시대에는 잡극雜劇이라고 불린 간단한 연극 형태—뒤의 원 잡극과는 다른 양식으로 두 종류를 구분하기 위해 통상 송 잡극이라고 부름—가 발전하여 도성의 극장과 궁정의 경축 행사에서 활발하게 공연되었는데, 잡극의 명배우들은 보통 4~5명이 함께 무대에 등장하여 풍자의 뜻을 담은 우스개 대화로 귀족 관료의 위선과 부정을 대담하게 지적하거나 노래와 춤으로 이야기를 담아 펼치며 역사와 현실 속의 인물들을 생생하게 재현해내기도 하였다. 잡극은 남송 시대에도 그대로 이어져 임안을 비롯한 여러 도시에서 성황을 이루었고, 동시대 북방의 금 지배 지역에서는 원본院本이라는 이름으로 널리 알려지며 전승되었다. 그밖에도 북송 시대에 다양하게 발전한 고자사鼓子詞, 제궁조諸宮調, 설화說話 같은 강창講唱 종류, 소창小唱, 표창嘌唱, 무선舞旋 같은 악무樂舞 종류, 다양한 종류의 꼭두각시 놀이, 그리고 칼놀이, 재주넘기,

장대오르기, 씨름, 축구 같은 묘기나 경기 종류 같은 각종의 연희들이 도성의 여러 마당에서 펼쳐지면서 황제로부터 서민까지 계층을 가리지 않고 커다란 환영을 받았다. 이처럼 북송 시대에는 고급 문화와 통속 문화가 함께 발전하면서 중국 문화의 모습을 더욱 풍부하게 만들어 내었고, 이 가운데 특히 통속 문화는 대부분 공연의 형태를 띠었고 이후 남송과 금, 원을 거치면서 더욱 발전을 거듭하게 된다.[5]

남송과 금이 대치하던 100여 년 동안에는 전쟁에 이은 소강상태가 이어지면서 남방과 북방에서의 문화가 상이하게 발전하였다. 먼저 남방의 남송 지역에서는 금과의 전쟁을 겪으면서 육유陸游, 문천상文天祥, 신기질辛棄疾 같은 애국적 정서를 노래한 시인들과 이청조李淸照, 강기姜夔 같은 여성적이고 부드러운 가사를 지은 사 작가들의 작품이 시대적 공감을 얻었고, 대유학자 주희朱熹가 북송 시대부터 발전해온 성리학을 집대성하여 커다란 영향을 끼쳤다. 북방의 금 지역에서는 북송 유민 출신이나 소수 고위 관료 시인들이 있었으나 금 말엽의 시인 원호문元好問이 이름을 남기고 있는 정도이고, 사상이나 학문 방면에서는 북송은 물론 남송에 비해서도 성과가 적었다. 한편 이 시기의 공연문화는 남북을 막론하고 북송 시대보다 훨씬 다양하고 성숙된 모습을 보이고 있다. 남방에서는 북송의 잡극을 비롯한 각종 공연 종목들이 더욱 발전하였을 뿐 아니라 오늘날의 복건 북부 지방에서 탄생한 토속적 연극인 남희南戲가 발전하면서 공연문화 발전의 새로운 전기가 마련되었고, 북방의 금 지역에서는 남송만큼 다양한 공연 종류가 번영했다는 기록은

5 중국의 북송 시대의 문화적 발전에 대해서는 특히 김학주, 『중국의 북송 시대』, 신아사, 2018 참고.

많지 않지만 원본院本이 크게 성행하면서 연극류 공연의 경험이 꾸준하게 축적되었다.

원대에는 궁정의 라마교와 민간의 전진교全眞教가 득세한 가운데 이슬람교와 기독교도 점차 확산되었고, 북송과 금을 이어온 성리학도 계속 발전하였다. 문예 방면에서는 요수姚燧, 우집虞集 같은 한족 시문詩文 작가와 조맹부趙孟頫라는 걸출한 서화가書畵家, 그리고 관운석貫雲石(위구르족), 마조상馬祖常(몽골계 옹구트족) 같은 이민족 시인들도 활약하였다. 종교와 문예 방면에서의 이같은 모습은 몽골-원의 세계 제국적인 면모를 유감없이 드러내고 있고, 이는 마르코 폴로, 이븐 바투타 같은 여행가들의 중국행으로도 다시금 확인된다. 그렇지만 원대의 대표적 문화 양식은 역시 금 말엽부터 북방에서 기원한 새로운 통속적 연극양식인 잡극—원 잡극—으로, 이 장르가 크게 발전하면서 다른 통속적 공연 종목들은 물론 고급 문화마저 압도하며 새로운 문화의 장을 열어가기에 이르렀다.

이렇듯 송대에서 원대에 이르는 기간을 관통하여 새로운 문화 현상으로 부상한 것은 연극류, 강창류, 잡기류, 악무류 등의 여러 가지 공연양식들이었는데, 이들의 어떠한 종류들이 어떠한 공간에서 어떻게 공연을 펼쳐갔는지를 균형 잡힌 시각으로 정확하고 심도 있게 이해할 필요가 절실하다고 하겠다. 이에 본서에서는 해당 시기 공연문화의 실상과 역사적 의미를 상세하게 살피기 위해 공연 공간과 종목, 그리고 공연 활동이라는 틀을 중심으로 하여 여러 문헌 자료들을 재해석하고 재배치하여 논의를 이끌어가고자 한다. 각 장에서 논의될 내용을 간단히 소개하면 다음과 같다.

먼저 제1장에서는 공연의 공간과 장소를 각 왕조의 도성을 중심으로 하여 살필 것이다. 여기에서는 도성의 많은 사람들이 모여들었던 오락 구역 즉 와사瓦舍 내의 극장과 각 지방 도시의 공연 마당, 그리고 향촌의 사당 내 극장에 대한 소수의 자료도 검토할 것이다. 제2장에서는 해당 시기 각 지역에서의 다양한 공연 장르와 종목들에 대해 새롭게 분석하고자 한다. 이를 통해 송대의 다양한 공연 종목들에 대한 재조명과 그 이후에 잡극을 비롯한 주요 장르들이 주류화, 전면화되는 과정도 살필 것이다. 제3장에서는 도성에서의 명절 공연과 평상시 공연, 그리고 지방 도시와 향촌의 공연 현장들을 찾아가 볼 것이다. 도성에서의 대규모 경축 행사와 그 안에 포함된 여러 가지 공연 양식들, 그리고 평상시에 와사 내의 극장을 중심으로 펼쳐진 다양한 공연 장르와 지방의 소박하지만 진솔한 공연의 현장을 살필 수 있을 것이다. 제4장에서는 최고위층의 특수한 공간인 궁정 내에서의 여러 가지 공연의 양상을 살피고자 한다. 궁정에서 공연을 전담한 기관들에 대한 정리와 함께 이 기관들에 소속된 배우들이 수준 높은 연기를 펼쳐 보인 공연의 자취를 따라가게 될 것이다. 마지막으로 제5장에서는 공연문화의 핵심적 주체인 배우들의 연기와 인생에 대해 살펴보려고 한다. 큰 명성을 얻은 배우들의 연기 분야와 그들의 연기 능력, 그리고 명사들과 얽힌 일화 등을 재발견하고, 무명 배우들의 고생스러웠던 떠돌이 극단 생활에 대한 기록도 찾아보게 될 것이다.

이러한 시도를 통해 송원대 도시 공연문화의 실상들을 전통적인 접근법과는 크게 다른 각도에서 조망할 수 있기를 기대하고, 이 시기 공연문화의 발달이 중국문화사에서 갖는 의미를 되새겨볼 기회를 가질 수 있기를 희망한다. 이제 송대의 대도시들부터 당시 연극과 연희가 펼쳐진 현장을 찾아가보자.

제1장
공연의 공간과 장소

제1절

송대 도성의 와사와 구란

북송 도성 개봉의 공연 장소

조광윤을 비롯하여 제국 초기의 황제들은 도성 개봉開封의 확장과 정비를 거듭하여 새 수도는 북송 말엽인 1103년에는 대략 49㎢의 면적에 130만 명 정도의 인구가 거주하는 당시 세계 최대의 도시로 커져 있었다. 도성은 가장 중심부의 황성皇城과 그를 둘러싼 구 왕조의 외곽 성벽이었던 내성內城, 그리고 송나라에 들어와서 새로 쌓은 외성外城으로 구분되었는데, 내성과 외성의 구분은 차차 사라져 사람들이 자유롭게 왕래할 수 있게 되었다. 특히 당대 장안성에서 사람들의 거주와 이동을 통제한 물리적 장벽을 의미했던 방坊은 송의 새 도성에서는 명칭은 유지되었으나 실제 장벽은 건설되지 않았고, 둘레가 27킬로미터에 이르고 높이가 12미터나 되는 높은 성벽 안에서는 황궁과 관청이 자리잡은 곳을 제외하고는 돈만 있다면 아무 곳에서나 자리를 잡고 집을 짓고 거주할 수 있었다. 그 결과 도성 안에는 추밀원樞密院, 중서성中書省, 상서성尙書省, 어사대御史臺 등의 중앙 관청과 전전사殿前司,[1] 군두인견사軍頭引見司[2] 등의 군사기구를 비롯하여 학사원學士院, 국자감國子監, 태학太學 등의 학술 및 교육기관과 왕족 및 문무 대신들의 저택 등의 구역 밖에서는 서민들의 거처, 식당, 숙소, 시장 등이 여러 군데에 생겨났다. 특히 와사瓦舍(또는 와사瓦肆, 와자瓦子, 와시瓦市)라고 불린 일종의 상업구역에서는 당시 큰 인기를 끌었던 여러 가지 기예와 공연을 즐길 수 있는 공연장들이 모여 있었고, 음식과 수공예품, 장신구 등을 파는 가게들도 무수히 많았다. 이러한 면에서 북송의 개봉은 166년 동안 지치지 않는 활력과 번영, 복지와 상업, 사치와 유행, 유흥과 퇴폐로 상징되는 번영하는 대도시로 발전한 공간이었다.[3]

이러한 당시 개봉의 모습을 생생하게 보여주는 기록으로 맹원로孟元老라는 사람이 1147년에 쓴 『동경몽화록東京夢華錄』이라는 책이 전해지고 있다. 저자는 북송이 망한 지 20여 년이 지난 뒤에 옛 수도였던 동경 즉 개봉의 번화했던 시절을 회상하여 적고 있다. 이 책은 모두 10권으

---

1 殿前司는 禁軍을 통할한 기관으로, 殿前의 諸班直과 步騎諸指揮의 名簿와 訓練 등을 맡았다. 龔延明 編著, 『宋代官制辭典』, 中華書局, 1997, p.397.

2 軍頭引見司는 御前忠佐軍頭引見司의 약칭이고 御前忠佐, 軍頭司, 引見司 등으로도 불렀다. 內侍省 산하의 기관으로 便殿의 禁衛와 諸軍이 황제를 뵙도록 引見하거나 황제 출행 시 상소가 있을 때 이를 듣고 황제께 전달하는 일을 맡았다. 龔延明 編著, 『宋代官制辭典』, 中華書局, 1997, pp.416~417.

3 北宋의 도성 開封의 개요에 대해서는 디터 쿤 지음, 육정임 옮김, 『하버드 중국사 송: 유교 원칙의 시대』, 너머북스, 2015, pp.358~379, 이하라 히로시 지음, 조관희 옮김, 『중국 중세 도시 기행』, 학고방, 2012, 제5부, 제6부, 이유진, 『중국을 빚어낸 여섯 도읍지 이야기』, 메디치미디어, 2018, 제3장 등 참고.

로 구성되어 있는데, 권1부터 권3까지는 황궁, 관청, 물길, 주요 거리 등 개봉의 공간적 구성에 대해 서술하고 있고, 권4와 권5는 황가의 혼례, 민간의 연회, 음식점, 민속, 기예 등에 대해 소개하고 있으며, 권6부터 권10까지는 정월부터 제야에 이르기까지 주요 명절 및 황실 행사들에 대해 자세히 서술하고 있다. 따라서 이 책은 우리에게 송대 도성의 모습을 생생하게 알려줄 뿐 아니라, 황실에서 민간까지 다양한 개봉 사람들의 생활과 민속에 대해서도 알 수 있게 해주는 소중한 자료이다. 물론 당시 공연문화의 환경과 실상을 이해하는 데에도 매우 중요한 기록임은 말할 것도 없다.[4] 개봉의 공연 장소가 어디에 있었는지를 알기 위해 먼저 황성의 동남쪽 모퉁이에 있던 동각루東角樓 근처의 번화가에 대한 설명을 보자.

개봉 번화가의 상설 공연 장소
맹원로, 『동경몽화록』 권2 「동각루가항東角樓街巷」

> 선덕문루宣德門樓에서 동쪽으로 가면 동각루가 나오는데, 바로 황성의 동남쪽 모퉁이였다. [동각루] 네거리에서 남쪽으로 가면 생강가게 거리이고, 고두가高頭街를 따라 북쪽으로 가면 비단가게 거리, 동화문가東華門街, 신휘문晨暉門, 보록궁寶籙宮이 나오고, 다시 구산조문舊酸棗門에 이르는데 [이 구간이] 가장 가게가 많고 북적거렸다. (…)

4 『동경몽화록』에 대한 연구 성과는 상당히 많은 편이다. 그 가운데 鄧之誠 注, 『東京夢華錄注』, 商務印書局, 1959(中華書局, 1982), 孟元老 原著, 入矢義高·梅原郁 譯注, 『東京夢華録: 宋代の都市と生活』, 岩波書店, 1983(平凡社,1996), 伊英文 箋注, 『東京夢華錄箋注』, 中華書局, 2006 등이 대표적이다. 국역본은 『중국대세시기1』, 국립민속박물관, 2006과 김민호 옮김, 『동경몽화록』, 소명출판, 2010 등이 있다. 뒤에 인용하는 내용들은 이들을 참고하였지만, 견해를 달리한 부분도 적지 않다.

[동각루의] 동쪽 거리의 북쪽에 반루주점潘樓酒店이 있었는데, 그 앞에서는 매일 오경五更(새벽 3시에서 5시 사이)부터 장이 서서 옷이며 서화書畫, 노리개나 물소뿔, 옥 등을 팔거나 샀다. 날이 밝으면 양두羊頭, [고기의] 배와 허파, 콩팥, 가슴살, 위胃, 그리고 메추라기, 토끼, 비둘기 같은 잡고기나 게, 대합 같은 것들을 팔았다. 그 뒤에 여러 수공예업자들이 나와 잡다한 재료들을 팔았다. 밥 먹은 뒤에 먹는 후식도 팔았는데, 연유나 꿀, 대추전, 찹쌀 단떡, 설탕과자, 꽃모양 꿀부침 등이었다. 저녁 무렵에는 싸구려 머리장식, 갓, 빗, 옷깃 끈, 노리개, 잡동사니 등을 팔았다. [반루주점에서] 동쪽으로 가면 서徐씨네 박죽집이 있었다. [반루주점이 있는] 거리의 남쪽에는 상가와자桑家瓦子가 있었고, 북쪽으로 가깝게는 중와자中瓦子가 있었으며, 그다음에 이와자裡瓦子가 있었다. 그곳에는 크고 작은 구란勾欄이 50여 곳이 있었는데, 그 가운데 중와자의 연화붕蓮花棚과 모란붕牡丹棚, 이와자의 야차붕夜叉棚과 상붕象棚이 가장 커서 수천 명을 들일 수 있었다. 정선현丁先現, 왕단자王團子, 장칠성張七聖 등을 비롯하여 이곳에서 공연을 한 사람들이 많았다. 와자에는 약장수, 점쟁이, 헌옷팔이, 음식장수, 전지剪紙장수, 길거리가수 등도 많아서 하루 내내 이곳에 있어도 날이 저무는 줄 모를 정도였다.[5]

이 기록에서는 번화한 거리가 세 군데 언급되고 있다. 먼저 동각루 바로 옆의 남북으로 뻗은 거리를 따라 북쪽으로 올라가서 구산조문에 이르는 구간으로, 여기에는 각종 상점이 가장 많이 모여 있었다. 두 번째는 반루주점 앞의 장터에서 펼쳐진 시장으로, 여기에서는 새벽부터 저녁까지 각종 잡화와 먹을거리를 팔았고, 수공예품과 후식, 그리고 갖가지 생활용품도 팔았다. 세 번째는 반루주점의 남북쪽을 중심으로 하

5 孟元老 等 著, 『東京夢華錄(外四種)』, 古典文學出版社, 1956, pp.14~15.

여 여러 곳의 와사가 모여 있던 구역이다. 앞서 말했듯이 와사는 배우와 극단 그리고 관객들이 모여들어 수많은 연극과 기예들을 즐겼던 공연문화의 중심지였다. 위에서는 상가와자, 중와자, 이와자 등 내성의 와자를 몇 군데 언급하고 있지만, 외성에도 신문新門 남쪽의 신문와자, 구조문舊曹門 밖의 주가교朱家橋와자, 양문梁門 밖의 주서州西와자, 보강문保康門 안쪽의 보강문와자, 그리고 구봉구문舊封丘門 밖의 주북州北와자 등 여러 군데가 있었다.[6] 이들을 지도에 나타내면 [그림 1]과 같이

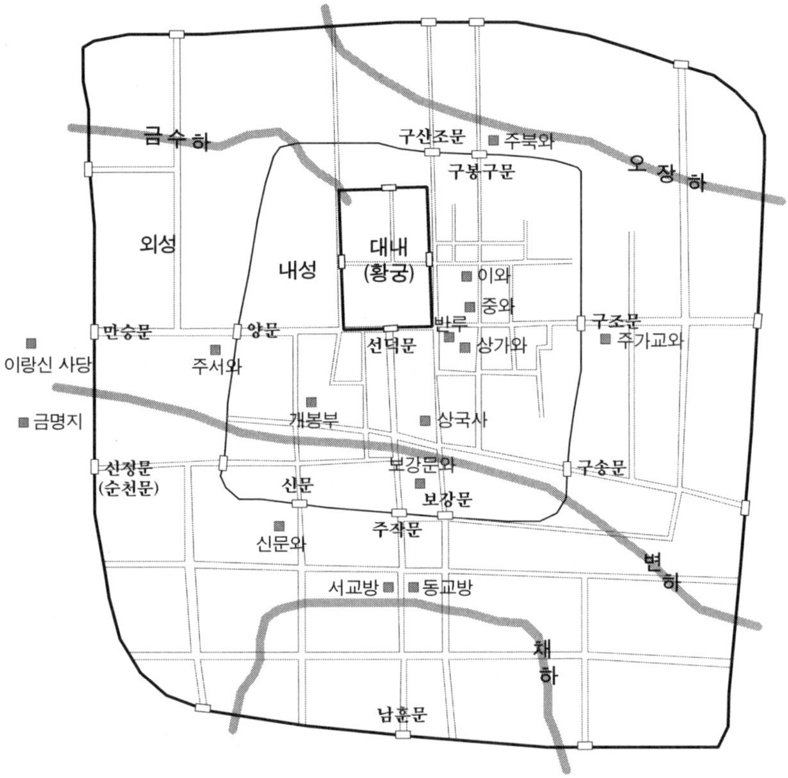

[그림 1] 북송 도성 개봉의 와사와 교방

6　순서대로 각각 孟元老 等 著, 『東京夢華錄(外四種)』, 古典文學出版社, 1956, p.13, 15, 18, 19, 20.

표시할 수 있다.

내성의 와사에는 크고 작은 구란 즉 공연장이 50여 군데나 있었다고 하고, 이 가운데 중와자에 있던 연화붕, 모란붕, 야차붕, 상붕 등의 큰 구란은 수천 명을 수용할 수 있었다고 하니 많은 극장 수와 커다란 극장 규모에 놀라지 않을 수 없다. 극장 이름에 공통으로 들어가 있는 '붕'은 본래 누각, 시렁, 천막 등을 뜻하지만 여기에서는 각종 기예나 연극이 공연되는 극장을 뜻한다. 구란도 본래는 난간이라는 뜻이지만 난간으로 둘러쳐진 무대를 뜻하고 때로는 극장을 뜻하는 말로도 쓰였다. 이들 각 붕의 구란에서는 온갖 연극과 기예들이 펼쳐지며 개봉의 시민들에게 오락을 제공하고 지식을 넓혀주면서 송대 도시문화의 핵심적인 공간 가운데 하나가 되었던 것이다.

와사에 있던 각 붕들이 기본적으로 일 년 내내 공연이 이어진 상설의 상업적인 공연 공간이었다면, 주요 명절 기간에는 황성의 남문인 선덕문루宣德門樓 앞을 비롯하여 여러 장소에 특설 공연 공간이 마련되었다. 특히 정월 대보름인 원소절에 펼쳐진 공연 활동을 적은 대목에 선덕문루 앞의 모습이 상세하게 묘사되고 있어서 주목된다. 먼저 해당 부분을 보자.

[선덕문루 앞 거리의 특설 공연 공간 1
맹원로, 『동경몽화록』 권6 「원소元宵」]

정월 열닷새는 원소절이다. 대내大內(궁성) 앞에 묵은 해 동짓날부터 개봉부에서 산붕山棚[7]을 엮어 세웠는데, [산붕은] 선덕문루와 바로

7 鰲山, 燈山, 綵山이라고도 하고, 축제나 연회 때 꾸민 산 모양의 장식을 말한다.

마주 보았다. 놀러 나온 사람들이 이미 어가御街 양쪽 낭하廊下에 모여들었고, [산붕 앞에는] 신기한 기예와 가무, 백희百戲 등[을 공연하는 사람들]이 빈틈없이 가득하여 이들이 작악作樂하는 시끄러운 소리가 10여리 밖까지도 들렸다. (…) [8]

정월 초이레가 되어 [외국의] 사신들이 조정에서 물러 나와 궁문(선덕문루)을 나오면, 등산燈山(산붕)에 오색비단을 엮어 얹어둔 것을 볼 수 있었는데, 금빛과 옥빛이 서로 반짝여서 비단이 휘황찬란하였다. [등산의] 북쪽 면에는 모두 오색비단으로 산계山沓[9]를 엮어 두었는데, 그 위에는 모두 신선들의 이야기가 그려져 있었다. 어떤 때는 저자에서 약을 팔거나 점을 치는 사람들이 [선덕문루의] 세 문 앞에 늘어서 있기도 했는데, 각 문은 채색비단으로 황금색 글씨로 쓴 편액을 매달아 놓았다. 그중 중앙의 문은 '도문도都門道', 좌우 양옆 문은 각각 '좌우금위지문左右禁衛之門'이라고 되어 있었고 [중앙 문의] 위쪽에는 크게 '선화여민동락宣和與民同樂(선화 황제께서 백성과 함께 즐기시네)'이라고 되어 있었다. 채산綵山(산붕)의 양옆에는 문수보살상과 보현보살상이 각각 탄 사자와 흰 코끼리가 채색비단으로 매어져 있었는데, 보살들의 각 손가락에서는 물이 흘러나오고 손이 움직였다. [또한] 도르래 장치로 물을 등산 꼭대기까지 끌어올려 나무통에 저장했다가 시간마다 흘려보내는데, 그 모습이 폭포와도 같았다. 또 좌우의 문 위에는 풀을 엮어 용의 모습을 만들어 [이를] 청색 막으로 싸고 그 위에 등잔 수만 개를 촘촘히 놓아두어, 멀리서 보면 용 두 마리가 꿈

鰲山의 유형과 역사적 변천에 대해서는 안상복, 「鰲山과 山臺의 명칭·유형과 역사전개상의 특징」, 『중국문학』 제86집, 2016, pp.93~119 참고.

8 생략된 부분에서는 원소절에 펼쳐진 공연 종목들을 나열하고 있다. 본서 제2장 제1절 참고.

9 겹겹이 쌓인 산이라는 뜻의 山沓의 誤記일 것이다. 『夢粱錄』 「元宵」에도 山沓으로 표기되어 있다. 孟元老 等 著, 『東京夢華錄(外四種)』, 古典文學出版社, 1956, p.140. 큰 山棚의 북쪽 면에 작은 산 모양을 여러 개 엮어놓고 그곳에 신선들의 모습을 그려놓았다고 보는 것이 좋을 듯하다.

틀거리며 날아오르는 듯했다.

등산에서 선덕문루 앞에 이르는 횡대가橫大街는 약 100여 길(312미터)이 되었는데, 그곳을 나뭇가시로 둘러싸 놓고 '극분棘盆'이라고 불렀다. 그 안에는 수십 길이나 되는 긴 장대 두 개를 세워 비단으로 묶어 놓고, 종이를 여러 겹 붙여서 만든 백희 인물들을 장대에 매달아 놓았는데, 바람이 불면 마치 신선이 날고 있는 것 같았다. [또한] 극분 안에 악붕樂棚을 세워 놓고 [개봉부] 아전악衙前樂[10] 사람들을 불러다가 작악하여 잡희雜戱를 하게 시키고, 좌군左軍과 우군右軍의 백희도 함께 하도록 시켰다. 임금님이 [선덕문루 위에 나와서] 자리에 앉으시면 전체가 일시에 기예를 시작하였다.

선덕문루 위에는 모두 노란색 테두리의 주렴이 드리워져 있었는데, 가운데 자리가 어좌였다. 노란색 비단으로 채붕綵棚을 세우고 어룡직御龍直[11]이 황개黃蓋(일산日傘)와 장선掌扇(자루가 긴 부채)을 들고 주렴 밖에 늘어서 있었다. 문루 양쪽의 타루朵樓에는 둘레가 한 길 정도 되는 등구燈球를 한 개씩 걸어놓았는데, 그 안에는 굵은 초가 타고 있었다. 주렴 안에서는 풍악도 울렸는데, 궁빈宮嬪들의 웃음소리가 문루 아래쪽까지지도 들렸다.

문루 아래에는 방목枋木[12]을 쌓아 노대露臺를 만들고 [노대의] 난간에는 채색비단을 묶었다. 양쪽으로는 모두 금위병들이 늘어서 있었는데, [이들은] 금포錦袍 차림으로 복두幞頭에는 어사화를 꽂고, 골타자骨朶子[13]를 들고 악붕 쪽을 향해 서 있었다. [노대에서는] 교방敎坊, 균

10 각 州와 府에 설치한 음악 및 공연 담당 기구로, 북송 때에는 궁정 내의 악무는 기본적으로 敎坊에서 맡고 궁정 밖의 악무는 衙前樂에서 맡아 분담하였으나, 남송 때 敎坊이 폐지된 뒤에는 궁정 내 악무 활동이 있을 때 臨安府의 衙前樂에서 인원을 차출하여 충당하였다. 본서 제2장 제2절 참고.

11 殿前司의 侍衛 및 扈從 군사인 班直 중 步軍 소속 부대이다.

12 일역본에서는 격자 형태로 쌓은 나무인 듯하다고 하였다. 孟元老 原著, 入矢義高, 梅原郁 譯注, 『東京夢華錄－宋代の都市と生活』, 平凡社, 1996, p.165.

13 긴 장대 끝에 마늘이나 납가새 모양의 머리가 달린 쇠나 나무로 만든 병기이다.

용직鈞容直과 노대 제자露臺弟子들이 번갈아 잡극雜劇을 하였다.[14] 문루 근처에는 내등자內等子[15]의 반직들도 늘어서 있었다. 만백성들은 모두 노대의 아래쪽에서 구경하였고, 악인樂人들은 때에 맞추어 커다란 ['만세, 만세, 만만세!'] 소리를 선도했다.[16]

선덕문루 앞 거리의 특설 공연 공간 2
맹원로, 『동경몽화록』 권6 「십육일十六日」

[정월] 열엿새에는 어가御駕가 [황궁 밖으로] 나오지 않으셨다. 조반을 마치신 뒤에 [선덕]문루에 오르셨다. 풍악이 울리며 발이 걷히면 천자께서 앞으로 나오셔서 만백성들에게 모습을 드러내셨다. 문루 아래에 먼저 온 사람은 천자의 모습을 올려다볼 수 있었다. [천자께서는] 소모小帽에 홍포紅袍 차림으로 탁자 뒤에 홀로 앉아계셨다. 좌우에는 시종들이 있고, 주렴 밖에는 황개와 장선을 든 사람들과 집사들이 있었다. 조금 뒤 주렴을 내리면 풍악이 시작되었고, 만백성들은 이를 마음껏 즐기도록 하셨다. [문루 양쪽에는] 두 타루가 마주 서 있었는데, 왼쪽 타루에는 운왕鄆王 [조해趙楷(1101~1130)] 이하 [황족의] 채붕 장막이 [중앙 문루 쪽을] 바라보고 서 있고, 오른쪽 타루에는 채태사蔡太師(재상 채경蔡京) 이하 집정 및 외척들의 채붕 장막이 바라보고 서 있었다. 수시로 문루 위에서 황금색 봉황새가 각 장막으로 날아내려와 끊임없이 선물을 하사하였다. 각 장막 안에서는 가기들이 새로운 노래들을 다투어 불렀고, 산붕 및 노대의 위아래와 함께 풍악 소리가 떠들썩하였다. 서쪽의 타루 아래에서는 개봉부 부윤府尹이 장막을 통제하여 죄인들을 앞에 가득 늘어서게 해 놓고 수시로 판결을 내

14 教坊과 鈞容直은 궁정에서 樂舞 및 雜劇 공연 등을 맡은 부서이다. 이들에 대해서는 본서 제4장 제1절 참고. 露臺弟子는 지붕이 없는 노천 무대에서 공연한 기녀 배우를 말한다.

15 軍頭司 소속의 호위 군사인 等子 중 궁중에서 근무한 군사이다.

16 孟元老 等 著, 『東京夢華錄(外四種)』, 古典文學出版社, 1956, pp.34~35.

려 백성들에게 겁을 주었는데, 문루 위에서 때때로 어명이 전해져 사면을 명하기도 하였다. 이 무렵 화려한 등불과 횃불에 달빛과 꽃의 빛깔이 흩날리는 운무雲霧처럼 환하게 밝으니, 가까운 곳에서 먼 곳까지 모두 등촉을 밝혔다.[17]

위의 기록을 보면 묵은해 동짓날부터 새해 정월 대보름에 이르기까지 황궁의 정문인 선덕문의 문루 앞에서 3백 미터 정도에 이르는 어가의 남쪽에 산붕을 세워 놓았고, 문루와 산붕의 사이의 광장에는 노천무대인 노대와 천막 형태의 무대인 악붕을 임시로 설치하고 그곳에서 가무와 백희 등의 여러 공연들을 펼쳐서 황제로부터 일반 백성에 이르기까지 함께 구경할 수 있도록 공간을 배치하였음을 알 수 있다. 특히 산붕과 선덕문루의 모습에 대한 묘사가 자세하여 흥미롭다. 정월 열엿새날의 기록에는 선덕문루에는 황제가 자리하고 양옆의 타루에는 황족과 관료들이 자리하여 문루 아래에서 펼쳐지는 공연을 감상할 수 있었던 것도 나타나 있다. 문루 바로 아래의 노대에서는 교방, 균용직, 노대 제자 등의 배우들의 잡극 공연이 펼쳐졌고, 문루에서 먼 악붕에서는 개봉부 아전악의 잡희와 좌우군의 백희가 펼쳐졌던 것도 알 수 있다.[18] 『송사宋史』「악지樂志」에도 비슷한 기록이 있는데, 다만 노대에 소아대小兒隊 즉 소년무용단도 등장하여 춤을 추었고, 산붕 위에서는 산악散樂이 펼쳐지고 기녀들이 춤을 추었다는 내용도 추가되어 있다.[19] 어떻든 정월 대보름 행사 때 선덕문루 앞의 공간 배치를 재구성해보면 [그림

17 孟元老 等 著, 『東京夢華錄(外四種)』, 古典文學出版社, 1956, p.36.

18 잡희나 백희보다 잡극이 황제와 귀족들에게 더욱 중시되었음을 알 수 있다.

19 許嘉璐 主編, 『二十四史全譯 宋史』 第5册, 漢語大詞典出版社, 2004, p.2745.

2]와 같다.

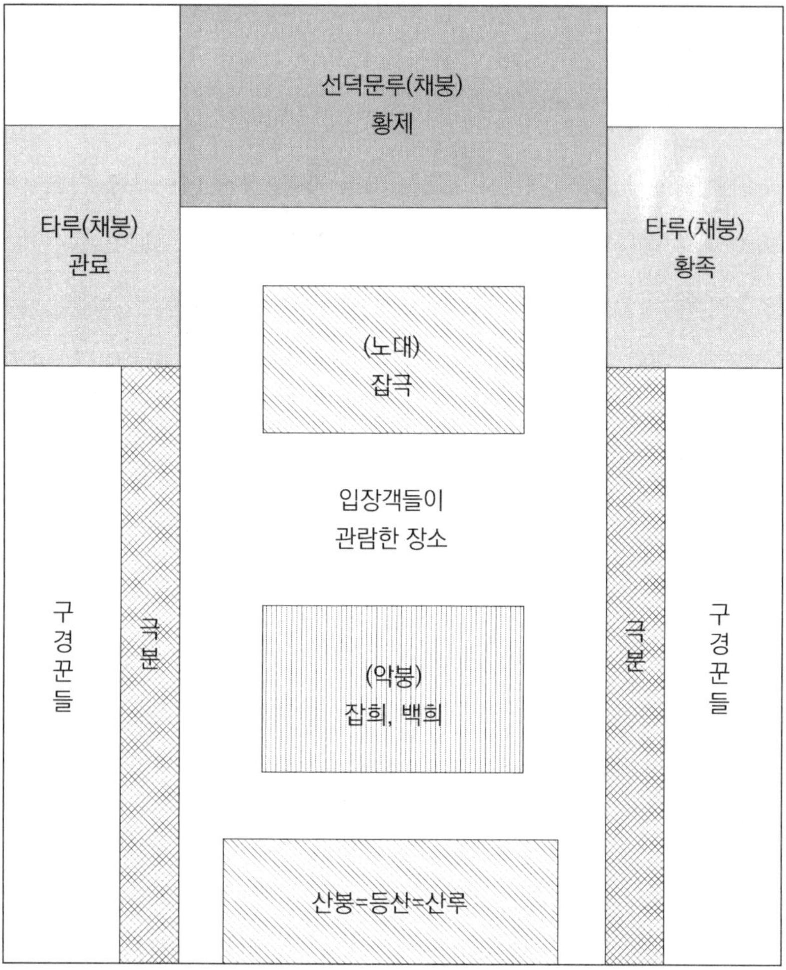

[그림 2] 선덕문루 앞의 공간 배치

선덕문루 앞 광장은 평소에는 어가御街이지만 새해 명절을 맞아 황제와 백성들이 경축의 뜻을 함께 하는 공간으로 새로 꾸며져 이러한 통과의례를 통해 새해에는 태평성세가 이루어지기를 기원하는 뜻을 공유할 수 있었을 것이다.

선덕문루 앞 공연 공간의 중요한 구성 요소인 산붕이 어떠한 형태였는지는 자세히 알기 어렵다. 다만 명대 산붕의 모습을 잘 보여주는 궁정 풍속화가 최근 큰 주목을 끌고 있는데, 명 중엽에 궁정에서 펼쳐진 정월 대보름 맞이 민속 행사들을 익명의 궁정 화가가 세밀하게 그린 「헌종원소행락도권憲宗元宵行樂圖卷」이라는 두루마리 그림이다. 다음 [그림 3]을 보자.

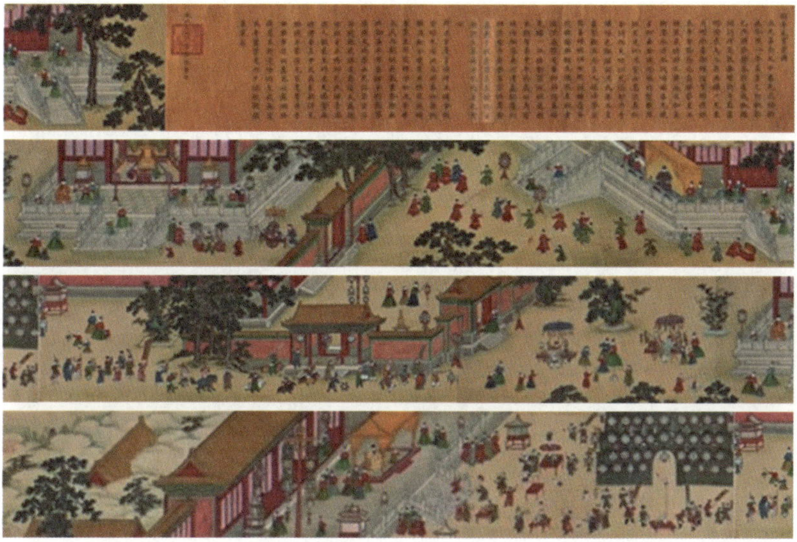

[그림 3] 명 중엽 「헌종원소행락도권」, 비단 채색화, 36.6 × 630.6cm, 중국 국가박물관 소장.

위의 그림은 명대 중엽인 헌종憲宗 성화成化 21년(1485)에 정월 대보름을 맞아 궁궐에서 가시街市를 가설하고 민간 풍습을 모방하여 폭죽을 터뜨리고 화등花燈을 켜고 백희를 관람한 광경을 궁정 화가가 그린 풍속화로 전체 길이는 무려 6미터가 넘는다. 이 그림에는 여러 가지의 다채로운 민속 풍경이 표현되어 있고, 그 광경을 관람하는 황제의 모습도 여러 군데에 보인다. 우선 두 번째 단의 중앙 문 바로 왼쪽에 화랑貨

郞들이 여러 가지 자기瓷器들을 운반하며 파는 모습이 보이고, 세 번째 단의 오른쪽에는 당인糖人, 조롱박, 신발, 인형 같은 것이나 비파, 금琴, 북, 징 같은 악기 등을 파는 사람들이 있다. 그 왼쪽으로는 등을 앞세우고 악기 연주를 하며 오른쪽으로 걸어가는 사람들이 있는데, 맨 앞에서는 칼이나 붓을 든 사람들이 걸어가고, 그 뒤를 유비劉備 형제들이 여포呂布와 일전을 벌이는 모습을 연출하며 따라가고 있다. 다시 그 뒤를 이웃 나라 사신들이 조공을 올리는 모습을 연출하며 따라가고, 그 뒤에는 악대가 경축 깃발들을 들고 따라가는 모습이 보인다.[20] 네 번째 단에는 더욱 주목되는 모습이 그려져 있는데, 아래 [그림 4]에서 좀 더 자세히 살펴보자.

[그림 4] 「헌종원소행락도권」의 일부. 오른쪽에 산붕(오산)이 있고 그 주위에서 백희가 펼쳐지는 모습을 황제가 왼쪽에서 관람하고 있다.

오른쪽에는 높이 가설한 산붕이 있는데 둥근 모양의 등이 여러 개 걸려 있고, 등의 사이사이에는 사람들이 끼어 들어가 있는데 가장 위쪽에 있는 사람들은 여덟 신선들을 표현한 것이다. 그리고 산붕의 아래쪽과 왼쪽에서는 여러 가지 백희가 공연되고 있고, 왼쪽에서는 노란색 용

20 中國國家博物館 編, 『中國國家博物館館藏文物研究叢書 繪畫卷(風俗畫)』, 上海古籍出版社, 2007, pp.32~51, 朱敏, 「憲宗元宵行樂圖卷賞析」, 『收藏家』 2009年 第1期, pp.41~44 참고.

포를 입은 황제가 공연을 관람하고 있어서 역시 송대 선덕문루 앞의 공연 공간의 구성과 기본적으로 같다.[21] 이 그림은 명대의 것이지만 송대 정월 대보름의 도성 경축 행사의 모습을 이해하는 데에도 큰 도움을 주고 있다고 하겠다.

남송 말엽 사람인 진원정陳元靚이 편찬한 『세시광기歲時廣記』라는 세시풍속 문헌에는 북송 때 문헌 『세시잡기歲時雜記』에 기록된 정월 대보름 때 선덕문루 앞의 모습을 인용하고 있는데, 역시 『동경몽화록』의 내용과 대체로 부합하면서도 눈여겨볼 만한 내용이 있다.

선덕문루 앞의 산붕과 극분
진원정, 『세시광기』 권10 「상원上元」 '극분의 설치'

황조皇朝의 『세시잡기歲時雜記』에 보면 다음과 같은 기록이 있다. "대궐의 아래(남쪽)에 있는 등산燈山 앞은 커다란 악장樂場으로, 대추나무를 엮어 담장을 만들어 구경꾼들을 막았다. 이를 극분이라고 하였다. 산붕山棚 위에 그리고 극분 안에 모두 신선이며 부처 등과 거마車馬의 목상木像을 만들어 세워두었고, 또 [금군의] 좌상左廂과 우상右廂[22]에서는 모두 명기名妓들을 소집하여 산붕 위에 서 있도록 하였고, 개봉부 아전악에서는 기예가 뛰어난 사람들을 뽑아 극분 안에서 비환飛丸(공던지기), 주삭走索(줄타기), 연간緣竿(장대오르기), 척검擲劍(칼던지기) 등을 놀게 하였다. 해마다 정월 11일이나 12일, 14일에 황제께서 출궁하실 때에는 어가의 앞쪽에서는 주악하지 않았지만 산붕 위와 극분 안에서는 백희들이 모두 펼쳐졌다. 낮시간이 지나서 황제께서 평두련平頭輦을 타고 사관寺觀을 나서서 치도馳道를 따라 산루山樓

21 공연의 보다 자세한 모습에 대해서는 제3장 제1절 참고.

22 좌상과 우상은 각 군대의 편제 단위이다.

아래로 들어와 지나가셨다. 호위 병사들은 모두 머리에 꽃을 꽂았고, 균용직과 교방악이 인도하고 뒤따르니, 산루의 위아래로 모두 위세를 떨치며 극분 안으로 들어왔다. 어가를 돌려 남쪽으로 향하시면 [극분 안과 산붕 위의] 사람들이 모두 오랫동안 자신의 장기를 다 펼쳐 보였다. 천자께서는 뛰어난 자를 어가 앞으로 불러 후하게 상을 내리시고, 나머지도 등급에 맞게 상을 내리셨다. 종관從官들도 산루 아래를 지나 [들어와서] 극분 안으로 이르러 양쪽으로 갈라져 나갔다. 어가는 노대 옆으로 돌아서 선덕문루의 가운데 문을 열고 들어갔다. 승상 안 공晏公이 시를 읊었다. '황금과 비취의 광채가 빛나고, 산루 아래 북소리가 드높구나. 양군兩軍의 기녀들은 새처럼 가볍고, 백 척의 장대 끝에는 번개가 내리치네.' 지존께서는 이때 간위看位 안으로 오르시고, 문사門司, 어약御藥, 지성知省, 태위太尉 등은 모두 주렴 앞에 있었으며, 제자 3~5명으로써 지응하였다. 극분은 환하기가 마치 대낮과도 같았다."[23]

여기에 인용된 『세시잡기』는 북송의 여희철呂希哲(1039~1116)이라는 사람이 편찬한 책인데, 원본은 전해지지 않고 지금은 명대 『영락대전永樂大全』에 일부 수록된 내용을 모은 『여씨잡기呂氏雜記』라는 제목의 책이 전해지고 있다.[24] 다만 지금 전해지는 『여씨잡기』에는 위의 내용은 들어있지 않다. 어떻든 등산(산붕) 앞에 악장 즉 악붕이 있었고 그 둘레를 대추나무로 막아 울타리처럼 두른 극분이 있었다는 것, 그리고 산붕 위와 극분 안에 신선상이나 불상 같은 것을 세워두고 기녀들을 악붕 안에

23 續修四庫全書編纂委員會 編, 『續修四庫全書』 第885册, 上海古籍出版社, 2002, p.215~216. 『歲時廣記』는 4권본과 42권본(卷首 1권, 卷末 1권 포함)의 두 종류가 전하는데, 위의 인용문은 42권본에 수록되어 있다.

24 『景印文淵閣四庫全書』 第863册, 臺灣常務印書館, 1986 수록.

세워두고 개봉부 아전악에서 예인들을 뽑아 극분 안에서 잡기류를 공연하게 하였다는 것 등은 『동경몽화록』에서 설명한 선덕문루 앞 광장의 모습을 보다 분명하게 확인해주는 서술이다. 또한 정월 대보름 며칠 전부터 산붕 위와 극분 안에서 백희가 펼쳐졌고, 황제가 출궁했다가 환궁할 때에도 예인들이 자신의 능력을 한껏 발휘하여 황제에게 바쳤고, 황제는 이들에게 후한 상을 내린 일도 잘 나타나 있다. 마지막 부분의 시는 송 인종仁宗 경력慶曆 연간(1041~1048)에 재상에 올랐고 문장과 시사詩詞에 두루 뛰어났던 안수晏殊(991~1055)의 「상원上元」이라는 작품이다. 『동경몽화록』과 『세시광기』의 두 기록은 북송 인종 치세에 황궁 앞에 공연 마당을 만들어놓고 이곳에서 교방, 균용직, 금군과 개봉부 아전악 등의 여러 공연 기구에서 기녀와 예인들을 참여시켜 다양한 연희들을 펼쳤고, 이들 공연을 황제를 비롯하여 많은 백성들이 함께 즐겼음을 잘 보여주고 있다.

이밖에도 비상설 공연이 이루어진 장소로는 외성外城 서쪽 순천문順天門(신정문新鄭門) 밖의 금명지金明池와 그 바로 남쪽의 보진루寶津樓가 있었다. 이곳에서는 3월 20일을 전후하여 황제를 비롯하여 백관과 백성들이 '쟁표爭標' 경주와 백희 기예를 구경하였다. 또 외성 서쪽 만승문萬勝門 밖에 있던 이랑신二郎神의 사당도 빠질 수 없는 비상설 공연 장소였는데, 6월 24일에 이랑신의 생일을 경축하는 행사가 펼쳐지고 잡극과 무선舞旋 등이 공연되었다. 이들 또한 백성들로서는 자주 접하기 어려운 진귀한 구경거리였다. 이들에 대해서는 뒤에서 자세히 살펴보기로 하자.

남송 도성 임안의 공연 장소

1127년에 북방에서 급성장한 금의 군사들이 개봉성을 함락하여 북송 시대가 막을 내리고, 황제를 비롯한 문무관료들은 남방의 임안臨安(지금의 절강浙江성 항주杭州시)으로 밀려 내려가서 1138년에 이곳을 '행재行在' 즉 임시 도성으로 정하니 이것이 남송 시대의 시작이다. 지금의 항주시 서호西湖 동쪽에 둘레가 약 35킬로미터에 이르고 남북으로 길게 형성된 비정형의 도성 안에는 행재가 되기 이전인 11세기 말엽에 이미 약 100만 명의 인구가 살고 있었고, 황실이 남하한 뒤로는 인구가 더욱 많아져서 '지붕들이 서로 맞닿고 처마 사이에 한 치의 틈도 없을 만큼' 건물들이 많아졌고, 그것도 단층 건물이 대부분이었던 개봉과는 달리 기본적으로 복층 건물이 표준이 되었다. 황궁은 도성의 남쪽으로 치우쳐 자리 잡았고 어가는 북쪽을 향해 조성되어 장안이나 개봉의 배치와는 크게 달랐고 국난을 피해 잠시 물러나 있는 임시 수도라는 이념이 지배하였지만, 150년 가까이 임시 수도의 지위가 유지된 이곳에서는 "호구戶口가 넘치고 장사꾼은 옛날보다 열 배나 많으며 모든 왕래가 이곳을 향해 집중되니 다른 군에서 비할 바가 아니었"고, "즐거운 일이 너무 많아 낙원에 있는 것 같"은[25] 번영의 도시가 되었다.[26]

개봉의 와사 같은 문화 공간은 임안에서도 신속하게 구축되었다. 소

25 孟元老 等 著, 『東京夢華錄(外四種)』, 古典文學出版社, 1956, p.238.

26 南宋의 도성 臨安의 개요에 대해서는 디터 쿤 지음, 육정임 옮김, 『하버드 중국사 송: 유교 원칙의 시대』, 너머북스, 2015, pp.379~391, 이하라 히로시 지음, 조관희 옮김, 『중국 중세 도시 기행』, 학고방, 2012, 제7부 참고. 마르코 폴로가 남긴 항주에 대한 기록은 마르코 폴로, 김호동 역주, 『마르코 폴로의 동방견문록』, 사계절, 2000, pp.374~396.

흥紹興 연간(1131~1162)의 실력자였던 황제 친위군 총사령관 양존중楊存中(1102~1166)이 북방을 떠나온 군사들을 위무하기 위한 목적으로 오락을 즐길 수 있는 장소를 만들고 여러 기예인들을 모아 공연을 하게 했던 것이다.[27] 그가 와사를 조성하게 된 사연은 남송의 잠설우潛說友(?~1288)가 1273년 또는 1274년에 어명을 받아 엮은 책인 『함순임안지咸淳臨安志』에 보인다.[28]

임안의 공연 장소의 형성
잠설우, 『함순임안지』 권19

> 와자는 '모일 때는 기와가 모이듯이 하고, 흩어질 때에는 기와가 흩어지듯 하다'라는 뜻에서 나온 것이다. 전하는 말에 따르면, 소흥 연간에 [금나라와] 화의가 이루어진 뒤, 양존중이 전전도지휘사殿前都指揮使였을 때 군사들이 서북 지방 출신이 많아서 [힘들어하자] 병영 옆에 와사를 만들고 기악伎樂을 불러 모아 쉬는 날 오락을 즐기는 장소로 만들었다고 한다. 그 뒤 수내사修內司[29]에서 성 안에도 와자 다섯 군데를 세워 오락장으로 만들었다. 지금은 성 밖의 와자는 전전사殿前司에 속한 것이 많고 성 안의 와자는 수내사에 속한다.[30]

『함순임안지』는 임안 지부知府로 있던 잠설우가 앞서 편찬된 『건도임

---

27 楊存中은 북송 말 남송 초의 장수로, 본명은 楊沂中이고 代州 崞縣(지금의 山西 原平) 사람이다. 그는 병법과 궁술이 특히 뛰어나서 여러 지방의 도적들을 진압하는 데에 큰 공을 세웠다고 한다.

28 편수 시기는 曾潔, 「『夢粱錄』與咸淳『臨安志』」, 『中國地方志』 2012年 第5期, p.57에 따랐다.

29 修內司는 工部 將作監에 소속되어 궁전의 담장과 太廟의 축조와 관리를 맡았다. 龔延明 編著, 『宋代官制辭典』, 中華書局, 1997, p.369.

30 『景印文淵閣四庫全書』 第490册, 臺灣常務印書館, 1986, p.231.

안지乾道臨安志』 및 『순우임안지淳祐臨安志』의 체례와 내용을 이어받아 편찬한 100권 분량의 관찬官撰 지방지로, 송원대 지방지 중에서도 초기 저작이어서 그 자체로서의 사료적 가치가 매우 높을 뿐 아니라, 뒤에 지어진 『몽량록夢粱錄』을 비롯한 각종 필기류 및 역사서에 다수 항목들이 그대로 전재轉載되는 등 많은 영향을 끼친 책이다.[31] 위에 인용한 기록에서는 와사의 어원에 대한 해설과 함께 임안에서 와사가 만들어지게 된 배경에 대해 잘 알려주고 있다. 북방의 고향을 떠나온 군사들이 여가를 즐길 만한 장소가 필요하여 임안에 와사를 처음 만들었다고 하였으니, 양존중 자신도 서북 지방 출신이었기 때문에 고향을 떠나온 병사들의 심정을 잘 이해하고 그들을 위로해주기 위해 와사를 만들어 즐길 수 있게 했을 것이다. 이 와사들은 대부분 군영이 있던 도성의 바깥쪽에 만들어졌는데, 이렇게 만들어진 와사는 병사들뿐 아니라 새 도성 임안의 많은 사람들이 가서 즐기는 곳으로 발전하였을 것이다.

임안의 와사는 점차 많아져서 북송의 개봉에 비해 훨씬 여러 곳에 만들어졌다. 개봉의 와사에 대한 기록이 『동경몽화록』에만 남아있기 때문에 개봉의 다른 곳에도 와사가 더 있었을 가능성을 배제할 수는 없지만, 현재 확인되는 개봉의 와사가 여덟 군데인데 비해 임안의 와사를 기록한 여러 문헌들을 보면 개봉보다 훨씬 많은 곳에 와사가 있었음을 한눈에 알 수 있다. 먼저 1250년대 무렵에 지어진 것으로 추정되는 『서호노인번승록西湖老人繁勝錄』을 살펴보자.

31 『咸淳臨安志』에 대한 최근의 연구로는 路澤武, 「『咸淳臨安志』研究」, 上海師範大碩士學位論文, 2015 참고.

임안의 와사 1
『서호노인번승록』

와시瓦市는 남와南瓦, 중와中瓦, 대와大瓦, 북와北瓦, 포교와蒲橋瓦 등이 있었다. 그 가운데 북와가 커서 구란勾欄이 13개가 있었고, 그중 두 군데 구란에서는 항상 사서史書만 강설했는데, [예인은] 교만권喬萬卷, 허귀사許貴士, 장해원張解元 등이 있었다. (…) 성 밖에는 와자가 스무 군데 있었다. 전호문錢湖門 안쪽의 구란勾欄은 문외와자門外瓦子, 가회문외와嘉會門外瓦, 후조문와候潮門瓦, 소언문와小堰門瓦, 사통관와四通館瓦, 신문와新門瓦, 천교문와薦橋門瓦, 채시문와菜市門瓦, 간산문와艮山門瓦, 미시와米市瓦, 구와舊瓦, 북관문신와北關門新瓦 등이 있었고, 전당문錢塘門 바깥에 양방교와羊坊橋瓦, 왕가교[와]王家橋[瓦], 행춘교와行春橋瓦, 적산와赤山瓦, 용산와龍山瓦 등이 있었다. 그밖에도 독구란와시獨勾欄瓦市가 있었는데 다방茶坊에서 조금 멀었고 야간 공연을 했다.[32]

『서호노인번승록』은 저자가 서호노인이라고만 되어 있을 뿐 본명이 무엇인지 언제 지어졌는지 등을 알기가 어렵다. 다만 임안의 명소인 서호를 별호로 삼은 것으로 보아 임안에 거주한 경험이 있는 사람이 노년에 이 책을 저술하였을 가능성은 있다. 손해제孫楷第는 이 책이 몽골이 금을 멸망(1234)시키고 남방의 송과 대치하기 시작하여 10여 년이 지났을 때 즈음인 순우淳祐 연간(1241~1252) 이후에 지어졌을 것으로 추정하였다.[33] 이 책에서는 위와 같이 임안의 와사가 13군데 소개되고 있다.

『함순임안지』에는 『서호노인번승록』보다 더 많은 와사가 소개되어 있고 각 와사의 자세한 위치와 별명, 그리고 당시의 상태까지도 알려

32 孟元老 等 著, 『東京夢華錄(外四種)』, 古典文學出版社, 1956, pp.123~123.

33 孟元老 等 著, 『東京夢華錄(外四種)』, 出版說明 참고.

주고 있어서 더욱 참고가 된다.[34] 하지만 남송 와사에 대한 보다 정확한 기록은 남송이 망한 뒤에 지어진 것으로 보이는 남송 사람 주밀周密(1232~1298)이 만년에 지은『무림구사武林舊事』에 보이는데, 여기에서도 각 와사 및 그 위치에 대해 상세하게 적고 있다.

임안의 와사 2
주밀,『무림구사』권6「와자구란」

남와南瓦(청랭교淸冷橋와 희춘교熙春橋 사이에 있었음), 중와中瓦(삼원루三元樓가 있던 곳), 대와大瓦(삼교가三橋街에 있었음. 상와上瓦라고도 함), 북와北瓦(중안교衆安橋에 있었음, 하와下瓦라고도 함), 포교와蒲橋瓦(동와東瓦라고도 함), 편문와便門瓦(편문 밖에 있었음), 후조문와候潮門瓦(후조문 밖에 있었음), 소언문와小堰門瓦(소언문 앞[또는 밖]에 있었음), 신문와新門瓦(사통관와四通館瓦라고도 함), 천교문와薦橋門瓦(천교문 앞[또는 밖]에 있었음), 채시문와菜市門瓦(채시문 밖에 있었음), 전호문와錢湖門瓦(성마원省馬院 앞에 있었음), 적산와赤山瓦(후군채後軍寨 앞에 있었음), 행춘교와行春橋瓦, 북곽와北郭瓦(대통점大通店이라고도 함), 미시교와米市橋瓦, 구와舊瓦(석판두石板頭에 있었음), 가회문와嘉會門瓦(가회문 밖에 있었음), 북관문와北關門瓦(신와新瓦라고도 함), 간산문와艮山門瓦(간산문 밖에 있었음), 양방교와羊坊橋瓦, 왕가교와王家橋瓦, 용산와龍山瓦 등. 북와에 있던 양붕루羊棚樓 등은 '유붕游棚(또는 요붕邀棚)'이라고 불렸고, 그밖에도 구란이 매우 많아서 북와 안의 구란이 13곳으로 가장 번성했다. 가끔 노기路岐가 있었는데, 구란에 들어가지 않고 널찍한 터에서 떠들썩하게 공연을 벌이던 사람들로, 이를 '타야가打野呵'라고 했으니, 이들도 이류二流의 기예였다.[35]

---

34 『景印文淵閣四庫全書』第490冊, 臺灣常務印書館, 1986, p.231.

35 孟元老 等 著,『東京夢華錄(外四種)』, 古典文學出版社, 1956, pp.440~441.

주밀은 본래 제남濟南(지금의 산동山東성 제남시) 출신이지만 오흥吳興(지금의 절강성 호주湖州시)에서 살았고, 남송 말엽에 임안에서 여러 낮은 벼슬을 하다가 송나라가 망한 뒤에는 벼슬을 하지 않았다. 그는 『무림구사』 이외에도 『제동야어齊東野語』, 『계신잡지癸辛雜識』 등의 저작을 남겨 오늘날 남송 사회와 문화를 살피는 데에 많은 도움을 주고 있다. 주밀이 『무림구사』를 언제 지었는지는 자세히 알기 어렵지만, 남송이 망한 뒤인 1280년에서 1290년 사이에 지어졌을 것으로 추정되고 있다.[36] 『무림구사』의 와사 관련 기록은 『함순임안지』보다 간략하지만, 중안교에 있던 북와가 가장 규모가 커서 구란이 13곳이나 있었다는 것이나 와사의 구란이 아닌 야외의 빈터에서 공연한 '노기' 즉 떠돌이 극단이 있었다고 밝힌 대목이 주목된다.[37] 마지막으로 오자목吳子牧의 『몽량록夢粱錄』에도 임안의 와사에 대한 기록이 보인다.

임안의 와사 3
오자목, 『몽량록』 권19 「와사」

와사는 '올 때에는 기와가 합쳐지듯 하고 갈 때에는 기와가 흩어지듯 하다'라는 뜻으로, 쉽게 모였다가 쉽게 흩어짐을 뜻한다. [와사가] 언제부터 시작되었는지는 모르겠다. 옛날 경사京師(개봉)에서 사대부나 서민을 막론하고 방탕하게 놀던 곳이고, 도령들이 다니다가 패가망신하는 곳이기도 했다. 항성杭城[38]에는 소흥 연간부터 황제께서 머무르셨는데, 전전사의 양존중이 군사들 대부분이 서북 출신임을 보고

36 孟元老 等 著, 『東京夢華錄(外四種)』 出版說明 참고.

37 떠돌이 극단에 대해서는 본서 제5장 제3절 참고.

38 남송이 망하고 임안이 도성의 지위를 잃은 뒤에는 杭城이라고 불렸다.

도성의 안팎에 와사를 창립하고 기악伎樂을 모아 군졸들이 쉬는 날에 오락을 즐길 수 있는 곳으로 만들었다. 지금은 귀족 집안의 자제들이 방탕하게 놀다가 신세를 망치는 일이 개봉보다도 심하다.

항성의 와사는 성 안팎에 모두 17군데가 있다. 청랭교清泠橋 서쪽 희춘루熙春樓 아래에 있는 것은 남와자南瓦子라고 하고, 시남방市南坊 북쪽 삼원루三元樓 앞에 있는 것은 중와자中瓦子라고 하며, 시서방市西坊 안 삼교항三橋巷에 있는 것은 대와자大瓦子—옛날에는 상와자上瓦子라고 부름—, 중안교 남쪽 양붕루羊棚樓 앞에 있는 것은 하와자下瓦子—옛날에는 북와자北瓦子라고 부름—, 염교鹽橋 아래 포교蒲橋 동쪽에 있는 것은 포교와자蒲橋瓦子—동와자東瓦子라고도 했는데, 지금은 없어져서 주거지역이 됨—, 동청문東青門 밖 채시교菜市橋 옆에 있는 것은 채시와자菜市瓦子, 숭신문崇新門 밖 장가교章家橋 남쪽에 있는 것은 천교문와자薦橋門瓦子, 신개문新開門 밖의 남쪽에 있는 것은 신문와자新門瓦子—옛날에는 사통관四通館이라고 부름—, 보안문保安門 밖에 있는 것은 소언문와자小堰門瓦子, 후조문候潮門 밖 북쪽 머리에 있는 것은 후조문와자候潮門瓦子, 편문便門 밖 북쪽에 있는 것은 편문와자便門瓦子, 전호문錢湖門 밖 남쪽머리 성마원省馬院 앞에 있는 것은 전호문와자錢湖門瓦子—역시 없어져서 주거구역이 됨—, 후군채後軍寨 앞에 있는 것은 적산와자赤山瓦子, 영은천축로靈隱天竺路 행춘교行春橋 옆에 있는 것은 행춘와자行春瓦子, 북곽 세무北郭稅務에 있는 것은 북곽와자北郭瓦子—대통점大通店이라고도 함—, 미시교米市橋 아래에 있는 것은 미시교와자米市橋瓦子, 석비두石碑頭 북쪽 마선항麻線巷 안에 있는 것은 구와자舊瓦子라고 한다.[39]

『몽량록』은 저자 오자목이 남송의 수도 임안에서 경험하고 들었던 이야기들을 적은 회고록으로 생각되어 왔으나, 자서自序에서 밝힌 갑술

39 孟元老 等 著, 『東京夢華錄(外四種)』, 古典文學出版社, 1956, pp.298.

년甲戌年을 남송이 망한 후인 1334년으로 보는 것이 옳다는 견해가 다수이다.[40] 이 책은 모두 20권 169개 항목으로 이루어져 있는데, 권1에서 권6까지의 앞 6권은 정월부터 제야除夜까지의 주요 의례나 행사 등을 절기별로 기록하고 있어서『동경몽화록』의 해당 부분의 체제와 매우 유사한데, 다만 서술의 대상을 개봉이 아닌 임안으로 바꾼 것이다. 그리고 권7에서 권20까지의 14권은 앞서 살핀『함순임안지』의 내용과 유사한 부분이 많은데, 구체적으로는 해당 부분의 121개 항목 중 80개의 항목이『함순임안지』의 내용과 기본적으로 같은 것으로 밝혀졌다.[41] 나머지 41개 항목은 권13 가운데「야시夜市」, 권16 가운데「차사茶肆」,「주사酒肆」,「훈소종식점葷素從食店」,「육포肉浦」등의 항목들과 권19 가운데「와사瓦舍」, 권20 가운데「기악妓樂」,「백희기예百戲伎藝」,「소설강경사小說講經史」등 도성 백성들의 일상과 오락을 살필 수 있는 내용들이 대량으로 포함되어 있는데, 이들 또한 1235년에 쓴 자서自序가 붙어 있는 내득옹耐得翁의『도성기승都城紀勝』이라는 문헌을 바탕으로 하여 작성하면서 자신이 살던 시대의 기사를 추가한 것이 많다.[42] 따라서『몽량록』은 대부분의 내용이 이전 기록을 바탕으로 한 것이지만, 남송 임안의 모습을 종합적으로 증언하는 기록으로서의 가치는 적지 않다. 어떻든 위의 글은『함순임안지』의 내용과 겹치는 부분이 많아서, 와사의 수량과 위치에 대한 설명이 일치하고 와사의 어원과 임안에서 와사가 만

40 吳子牧 著, 梅原郁 譯注,『夢粱錄 3』, 平凡社, 2000, pp.374~376, 曾潔,「『夢粱錄』成書年代考論」,『新聞世界』2014年 第4期, pp.307~308.

41 曾潔,「『夢粱錄』與咸淳『臨安志』」,『中國地方志』2012年 第5期, pp.57~61.

42 본서 제2장 제2절 참고.

들어지게 된 배경에 대한 설명도 『함순임안지』의 설명과 같다. 다만 임안의 귀족 집안 자제들이 와사에 가서 방탕하게 놀다가 신세를 망쳤다는 기록은 『함순임안지』 등 이전 문헌에서는 보이지 않는데, 와사 형성 이후의 세태가 타락해가는 모습에 대해 비판한 것으로 이해된다.

요분廖奔은 위의 네 문헌에 나열된 임안 와사의 자료를 정리하여 당시의 와사가 도성 안쪽에 5군데, 도성 바깥쪽에 19군데로 모두 24군데에 있었던 것으로 파악하였고,[43] 송양宋暘은 이 중 23군데 와사의 위치를 지도에 나타내고 각 지점을 탐방하여 옛 자취를 찾아내기도 하였다.[44] 이들을 종합하면 임안 와사의 위치를 [그림 5]와 같이 표시할 수 있다. 도성 안팎에 이처럼 많은 수의 와사가 만들어졌고, 그 안에 다시 많은 수의 구란이 있었을 것이니, 당시 임안에서 볼 수 있었던 각종 연희 및 연극의 성황이 어떠했는지 짐작하는 것은 어렵지 않다. 이들에 대해서는 뒤에서 자세히 살펴보기로 하자.

덧붙이자면, 앞의 『서호노인번승록』의 마지막 부분에 언급된 것처럼 임안에는 다방茶坊도 있었는데, 다방은 본래 차를 마시며 교류하는 장소로, 임안에도 부호 자제들이나 사대부들이 만나는 크고 작은 많은 다방이 있었지만 한편으로는 기루妓樓 성격이 강한 다방도 있어서 이곳에서는 가기歌妓들이 노래를 부르고 접대도 하였다. 『몽량록』에는 이를 '화다방花茶坊'이라고 불렀고, 『도성기승都城紀勝』에서는 '수다방水茶坊'

43 랴오번 지음, 오수경 외 옮김, 『중국 고대극장의 역사』, 도서출판 솔, 2007, p.131. 원서는 廖奔, 『中國古代劇場史』, 中州古籍出版社, 1997.

44 宋暘, 『宋代句欄形制復原』, 上海書店出版社, 2011, pp.198~224.

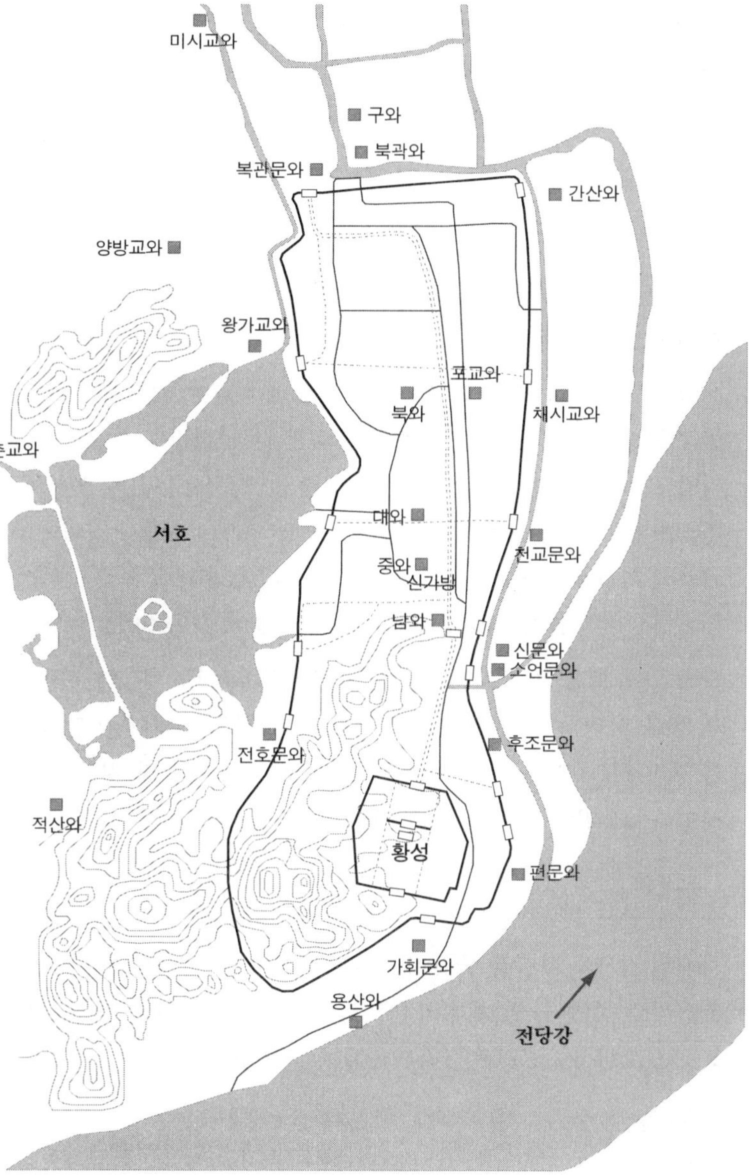

[그림 5] 남송 시대 임안의 와사

이라고도 하였다고 한다.[45] 어떻든 이곳에서도 기예가 출중한 가기들이 손님들을 끌어들였다. 주밀의 『무림구사』에는 다방을 가관歌館이라는 제목 아래에 자세히 설명하고 있다.

임안의 다방과 가관
주밀, 『무림구사』 권6 「가관」

평강平康[46]의 여러 방坊들은 위아래로 포검영抱劍營, 칠기장漆器牆, 사피항沙皮巷, 청하방淸河坊, 융화방融和坊, 신가新街, 태평방太平坊, 건자항巾子巷, 사자항獅子巷, 후시가後市街, 천교薦橋 등이 모두 여러 꽃들(기녀)이 모여 있는 곳이었다. 이 밖의 각 구역의 다사茶肆로, 청악다방淸樂茶坊, 팔선八仙다방, 주자珠子다방, 반가潘家다방, 연삼連三다방, 연이連二다방, 그리고 금파교金波橋 등, 양하兩河에서 와시에 이르기까지 차등은 있지만 모두 미녀가 마중 나와 웃으며 웃음을 팔고 아침저녁으로 노래를 하며 [손님들의] 마음을 흔들어대었다. 문에 들어가면 먼저 병을 들고 차를 따르는 사람이 있었는데, 한 잔일지라도 수천 번을 따라주었다. 이것을 '점화차點花茶'라고 하였다. 자리에 가서 한 잔 마시면 먼저 [돈을] 여러 관貫을 주었는데 이것을 '지주支酒'라고 하였다. 그 뒤에 제매提賣(지배인)를 불러 마음껏 주연을 차리게 하였다. 지응祗應을 하는 동안에 물건을 파는 사람들도 많았는데 이때 낭비하는 돈도 꽤 많았다. 만약 다른 가기歌妓를 부르고자 하면 길 건너 가관의 가기도 가마를 불러 데려올 수 있었는데 이 [가마]를 '과가교過街轎'라고 하였다. 앞 세대의 [뛰어난] 가기들은 새관음賽觀音, 맹가선孟家蟬, 오린아吳憐兒 등을 비롯하여 매우 많았으니, 모두 자색과 기예

45 오원경, 「臨安 茶館을 통해 본 南宋朝 都市 茶文化」, 『중국사연구』 제70집, 2011, pp. 141~167.

46 唐代 長安의 平康里에 妓樓들이 모여 있었다고 전한다. 여기에서는 기루 거리의 뜻으로 쓰고 있다.

가 당시 으뜸이었고 집안은 매우 화려하고 사치스러웠다. 근래에 눈에 띄는 사람은 당안안唐安安 한 사람만이 매우 부귀하여, [집에 있는] 주기酒器, 사라沙鑼, 빙분冰盆, 화상火箱, 장합妝合 등이 모두 금은으로 만든 것이었다. 휘장이나 이부자리도 명주와 비단으로 만든 것이었으며, 기물이나 완구 등도 진기하였으며 다른 물건들도 모두 값나가는 것이었다. 그 아래로 힘이 따르지 못하는 자들도 다투어 화려함을 추구하여 주기, 머리장식, 이부자리, 의복 등을 빌려주는 사람이 있어서, 훌륭한 손님이 오면 몽땅 새로 갖추었으니 자주 놀러 가는 사람이 아니면 [살림을 새로 마련한 사실을] 알기 어려웠다.[47]

위에서는 임안의 여러 지역에 가관들이 널리 퍼져 있었고, 그중에 유명했던 가기들이 얼마나 화려하게 꾸며놓고 손님들을 접대했는지가 생생하게 나타나 있다. 이같은 임안의 유흥 지역은 남송이 망한 뒤인 원나라 치하에서도 상당 부분 남아있었던 듯하다. 마르코 폴로(1254~1324)의 유명한 여행기 『동방견문록』에는 임안 유흥 지역에서 벌어지던 모습에 대한 묘사가 자세히 보인다.

[임안의 유흥가
마르코 폴로, 『동방견문록』]

광장으로는 10개의 중요한 것들이 있고, 그 외 각 지구마다 그런 것들이 수없이 많이 있다. 방형 모양의 그것은 한 면의 길이가 반마일 정도이다. 그 전면을 따라서 40보 넓이의 간선도로가 도시의 한쪽 끝에서 다른 쪽 끝까지 직선으로 달리고 있고, 그 길에는 쉽게 건널 수 있는 평평한 다리들이 있다. 이처럼 둘레가 2마일 정도인 광장들은 4마일마다 하나씩 나온다. (…) 앞서 말한 10개의 광장들은 모두 커다

47 孟元老 等 著, 『東京夢華錄(外四種)』, 古典文學出版社, 1956, pp.442~443.

란 건물들로 둘러싸여 있는데, 그 지하에 있는 상점에서는 온갖 물건을 만들어내고 향료와 보석과 진주 등 각종 상품을 판매하고 있다. 어떤 상점에서는 쌀과 향료를 빚은 술만 파는데, 계속해서 신선한 것들만 만들어내고 값도 싸다. 다른 거리에는 기녀들이 살고 있는데 그 수가 얼마나 많은지 내가 말하기도 힘들 정도이다. 그들은 일반적으로 지정된 구역인 광장 근처뿐만 아니라 시내 전역에 흩어져 있다. 그들은 고급 향수를 쓰고 여러 명의 여자 하인들을 거느리며 집을 온통 장식한 채 호화로운 생활을 하고 있다. 이 여자들은 영리하고 노련해서 갖가지 사람의 비위를 맞춰주고 그럴듯한 말로 기분 좋게 구워삶는다. 그래서 그들에게 한번 빠져버린 외래인들은 말하자면 황홀경을 경험하고 그들의 애교와 매력에 온통 정신을 잃는 바람에 그 후로는 그들을 결코 잊지 못하게 된다. 이런 까닭에 그들은 고향으로 돌아간 뒤 킨사이, 즉 '천상의 도시'에 있었다고 말하면서 이곳으로 다시 돌아올 날만을 손꼽아 기다리게 되는 것이다.[48]

잘 알려져 있다시피 마르코 폴로는 베니스 출신의 상인으로 17년간 중국에서 살면서 보고 겪었던 일들을 바탕으로 적은 책을 발표하여 당시 유럽에서 큰 인기를 끌었고, 지금도 옛 동서 교류의 상징적인 인물 가운데 한 사람이 되어 있다. 그는 1271년 지중해 항구도시 라이아스를 출발하여 1274년 여름에 쿠빌라이의 여름 궁정이었던 상도上都(지금의 내몽골 시린골 맹盟 정남기正藍旗)에 도착하였고, 이후 수년 동안 일정 기간을 대도大都(지금의 북경)에서 거주하였으며 1280년대에는 남방으로 내려가서 양주揚州, 항주杭州, 천주泉州 등지로 옮겨 다니다가 1290

48 마르코 폴로, 김호동 역주, 『마르코 폴로의 동방견문록』, 사계절출판사, 2000, pp.376~379.

년 말 또는 1291년 초에 천주를 떠나 귀국길에 올랐다.[49] 그가 이방인의 눈으로 보고 느낀 것을 적은『동방견문록』은 원대 최전성기 중국 사회의 모습을 보여주는 생생한 자료이다. 윗글의 내용은 남송 임안의 다방茶坊에 대한 묘사와 상당히 비슷하다. 남송이 멸망한 직후임에도 불구하고 방坊의 규모와 개수, 그리고 방 안의 커다란 건물들과 여러 종류의 상점에 대한 묘사가 그곳이 얼마나 화려하고 번성했는지를 잘 알려주고 있으며, 특히 기녀들이 자신과 집안을 고급스럽고 화려하게 장식하고 손님을 끌어들여 노련하게 비위를 맞추어 정신을 잃게 만들었다는 묘사는 그들이 노래와 춤의 기예가 뛰어났음을 쉽게 짐작하게 해준다.

송대 지방의 공연 공간

송대 시대의 공연은 도성이었던 개봉과 임안 이외에도 여러 지방에서 펼쳐졌음이 확인된다. 먼저 온주(지금의 절강성 온주시)의 무대에 올려진 공연을 찾아가 보자. 남송 중엽에 온주의 구산서회九山書會에서 기존 작품을 개편하여 완성한 장편극인 남희南戲「장협장원張協狀元」의 시작 대목에는 본 이야기를 시작하기 전에 사회자 격인 말末이 먼저 무대에 나와서 자기네 극단과 공연할 작품을 소개하는 장면이 있다. 다음을 보자.

49 마르코 폴로의 행적과『동방견문록』에 대해서는 마르코 폴로, 김호동 역주,『마르코 폴로의 동방견문록』, 사계절출판사, 2000, pp.15~20의 '해설' 참고.

온주의 남희 공연
「장협장원」 제1출出

(말末이 등장하여 읊는다) 【만정방滿庭芳】 세월은 백발을 재촉하고, 시간은 붉은 얼굴을 변하게 한다네. 사람들은 덧없는 세상에 태어나서, 부평초처럼 동으로 서로 뛰어다니기만 하지. 밭둑에서는 알록달록 꽃들이 만발하고, 창밖에는 꾀꼬리와 제비들이 지저귄다고 해도, 꽃 떨어지면 온 뜰이 텅 비지. 세태는 그저 이와 같을 뿐이니, 어찌 괴롭게 바삐 살 필요가 있겠는가. (말한다) 우리는 비록 벼슬아치의 후손이지만 모두 현악과 관악에 밝고 풍월을 읊고 노래하는 것도 잘합니다. 동작과 체말砌末 쓰는 일도 잘하고, 분칠도 잘하니, 노래와 웃음이 집안에 가득합니다. 마치 장강의 커다란 물결처럼, 특별한 가풍이 있답니다. (다시 읊는다) 【만정방滿庭芳】 잠시 떠들지 마시고, 이야기를 멈추시고, 특별한 가풍을 한번 구경하시기 바란다네. [우리 극단은] 교방 같은 격조를 지녔으니, 비록사緋綠社와도 나란히 할 만 하다오.[50] 노래와 우스개를 주고받으니, 이야기를 들으시면 모두들 놀라실 것이라네. 전혀 상대가 되질 않는다네, 갓 시작한 후배들이, 제멋대로 헛된 이름 스스로 드러내본다 한들. (말한다) 「장원장협전狀元張協傳」의 지난번 공연은 여러분이 성공했지만, 이번 서회書會에서는 [우리가] 으뜸을 차지할 것입니다. 온주의 명예를 독차지할 것이니, [먼저] 제궁조諸宮調 가락으로 시작해 보겠습니다. 징이 울리면, 여러분은 조용히 하시고 자세히 말씀드리는 이야기를 들어주십시오.[51]

「장협장원」의 줄거리는 다음과 같다. 성도부成都府의 선비 장협이 과거를 보러 가다가 추위와 강도를 만나 위험에 빠지는데, 그곳에 살던

50 周密, 『武林舊事』 卷2 「舞隊」에 四國朝, 遏雲社, 緋綠社 등의 舞隊 이름들이 보인다. 孟元老 等 著, 『東京夢華錄(外四種)』, 古典文學出版社, 1956, p.371.

51 錢南揚 校注, 『永樂大全戲文三種校注』, 中華書局, 1979, pp.1~2.

왕빈녀王貧女의 도움을 받아 살아나고 혼인을 맺는다. 장협은 아내의 뒷바라지 덕분에 과거를 보러 가서 급제하였으나 뒤에 자신을 찾아온 아내의 행색이 초라하다는 이유로 쫓아내고 재주梓州 첨판僉判으로 부임하는 길에 다시 아내와 조우하지만 그를 살해하려고 한다. 겨우 목숨을 건진 왕빈녀는 재주 주판州判으로 부임하던 왕덕용王德用의 수양딸이 되어 재주로 가는데, 먼저 도착한 장협은 다른 사람의 도움을 받아 왕빈녀와 다시 혼인을 맺는다. 이기적이고 배신으로 점철된 장협 때문에 고난을 많이 당한 왕빈녀가 그와 다시 결합하게 된다는 결말은 부조리하지만 이 때문에 장협의 불의와 부정이 더욱 강조되는지도 모른다. 어떻든 이 작품의 서두에 나오는 위와 같은 소개말은 이 작품이 당시 온주에서 열린 연극 경연대회에 출품되어 새로운 연기와 노래로 관객들에게 즐거움을 주겠다고 자신하고 있는 것으로 이해할 수 있다. 이 작품의 발견으로 인해 남송 때 이미 지방 도시에서도 장편의 연극이 만들어지고 공연되었다는 것이 확인되었고, 이는 중국연극사가 이후 다시 쓰이게 되는 중요한 계기가 되기도 하였다.

남희의 초기 발생 지역이 온주 지방이라는 기록은 원 말엽에 태어나서 명대 초에 걸쳐 살았던 절강 출신 문인 섭자기葉子奇(?~1378이후)가 남긴 『초목자草木子』라는 책에 보이는데, 여기에서는 남송 때 온주 사람이 지은 「왕괴王魁」라는 작품이 최초의 희문(남희)이고, 원대에도 계속 성행하였다가 북방 연극이 남하하면서 남희가 쇠퇴한 것으로 적고 있다.[52] 섭자기가 세상을 떠난 지 140여년 뒤에 태어나서 활동한 서위徐渭

52 葉子奇, 『草木子』 卷4下, 中華書局, 1959, p.83.

(1521~1593)는 『남사서록南詞敍錄』이라는 책을 통해 남희의 초기 발생 지역이 온주 지방이라는 사실을 재확인하면서 남희의 역사와 특징에 대해 더욱 상세하게 소개하고 있다. 해당 부분을 살펴보자.

[온주에서의 남희의 발생과 역사
서위, 『남사서록』]

남희는 송 광종光宗(1190~1194재위) 때 시작되었고 영가永嘉(온주) 사람이 지은 「조정녀趙貞女」, 「왕괴」 두 편이 사실상 가장 이른 것이다. 그런 까닭에 유후촌劉後村(유극장劉克莊)이 "죽은 사람의 시시비비를 그 누가 따지는가, 온 마을에서 채중랑蔡中郎 이야기를 듣는구나."라고 읊었던 것이다.[53] 어떤 이는 [남희가] "선화宣和 연간(1119~1125)에 이미 시작되어 남쪽으로 옮긴 무렵부터 성행하였고, '영가잡극永嘉雜劇' 또는 '골령성수鶻令聲嗽'라고도 불렀다."라고 했다. 그 노래는 송나라 사람들의 사에다 민간의 가요를 더한 것인데 궁조를 맞추지 않은 까닭에 사대부들 가운데 이것에 뜻을 두는 사람은 거의 없었다. 원나라 초에 북방 잡극이 남방으로 유입되어 일시에 성행하니 송나라 사는 마침내 끊어지고 남희도 쇠퇴하였다. 순제順帝 때 갑자기 다시금 남방의 노래를 가까이하고 북방의 노래를 멀리하여 [남희를] 지은 이들이 많아졌는데 노랫말이 비루하여 북방의 유명인들이 읊은 바에 미치지 못했다. 영가 사람으로 경력經歷 벼슬을 지낸 고명高明이 사명산四明山[54]의 역사櫟社로 피난을 갔을 때 채백개蔡伯喈가 비방을 당하는 것을 애석하게 여겨 「비파기琵琶記」를 지어 치욕을

53 劉後村은 劉克莊이다. 그러나 위의 구절은 陸游의 시 「小舟遊近村捨舟步歸」의 일부로, 徐渭가 이를 劉克莊의 시로 착각한 것이다. 전체는 다음과 같다. "버드나무 서 있는 趙家莊의 저물 무렵에, 북을 등에 진 장님 노인이 作場하고 있네. 죽은 뒤의 是非를 그 누가 따지는가, 온 마을에서 蔡中郎 이야기를 듣는구나."

54 浙江 鄞縣 서남쪽에 있는 산이다.

씻어주었는데, 청려한 노랫말을 써서 옛 남희 작가들의 비루함을 완전히 씻어내었다. 이에 시골 마을의 배우들도 점차 옛 법부法部[55]와 비슷한 수준에 이르러 따라가기 어려울 정도로 뛰어나게 되었다. 전하는 말로는, 고칙성高則成(고명)이 누각에 들어앉아 삼 년 만에 완성했는데 그가 발로 박자를 맞추며 두드린 곳은 판자가 모두 구멍이 났고, 밤에 앉아 노래할 때에는 촛불 두 개가 홀연히 하나로 합쳐져 빛을 내다가 오래 뒤에야 다시 풀어졌다고 한다. 호사가들은 그의 뛰어난 재주가 귀신을 감동시켰다고 생각하여 서광루瑞光樓를 지어 그를 기렸다. 우리 고황제高皇帝(명 태조 주원장)께서 즉위하시고 그의 명성을 들어 사자를 보내 부르셨으나 칙성은 미친 척하며 나오지 않았는데 고황제께서도 다시 강요하지는 않으셨다. 얼마 뒤에 칙성이 세상을 떠났는데, 그때 어떤 이가 「비파기」를 궁정에서 공연하였는데, 고황제께서 웃으시며 말씀하시기를 "사서오경과 의복이며 곡식은 집집마다 있는데, 고명의 「비파기」는 산해진미와 같은 것이어서 부귀한 집에는 없어서는 안 될 것이로다."라고 하시고, 또 "애석한 일이로다. 좋은 비단으로 신발이나 만들었으니!"라고 하셨다. 이에 날마다 배우들에게 궁정에서 공연을 펼치도록 하셨다. 그 뒤에 「비파기」의 노래가 현악기로 반주하지 못함을 근심하셔서 교방의 봉란奉鑾 사충史忠에게 명하여 가락을 고치도록 하시니, 색장色長 유고劉杲라는 이가 마침내 새로 가락을 지어 바치니 남곡과 북곡을 쟁箏과 비파로 반주할 수 있게 되었다.[56] 하지만 부드럽고 느리면서 엉성하고 구불구불하여 북방의 크게 쟁쟁거리는 소리가 귀에 울리는 것에는 미치지 못하였다.[57]

---

55 唐 玄宗이 세운 궁정 음악 기관인 梨園에서 法曲 즉 불교 음악을 담당한 부서이다. 여기에서는 최고 수준의 음악 기관을 뜻하는 것으로 쓰이고 있다.

56 奉鑾은 明代 教坊司의 최고책임자였다. 色長 劉杲는 琵琶色長 또는 箏色長을 맡았을 것이다.

57 권응상, 『서위 희곡 연구』, 연극과 인간, 2000, pp.99~101, 徐渭 原著, 李復波, 熊澄宇 注釋, 『南詞敍錄注釋』, 中國戲劇出版社, 1989, pp.5~6.

서위는 절강 산음山陰(지금의 소흥시) 출신으로, 어려서부터 천재적인 재능을 드러내어 시문, 희곡, 회화, 서예 등의 다방면에 두루 뛰어난 업적을 남긴 사람이다. 그가 39세이던 1559년에 쓴 『남사서록』은 남희의 원류와 초기 발전 상황, 남희의 음악과 격률, 작가와 작품에 대한 평론, 그리고 자신이 모은 남희 작품의 목록 등을 밝힌 저서로, 명 중엽이라는 비록 늦은 시기에 작성되었지만 송원 시대 남희의 초기 형성 과정을 알려주는 중요한 문헌으로 평가받고 있다. 위에서는 남송 때 영가(온주) 사람이 지은 「조정녀」와 「왕괴」가 남희의 초기 작품이라고 밝히고 온주 출신의 원말명초 작가 고명(1305~1380)이 「조정녀」를 개작하여 「비파기」를 지어 명 태조 주원장의 칭송을 들었다는 일화를 상세하게 소개하고 있다. 「조정녀」의 내용에 대해 서위는 채백개가 양친과 아내를 버리고 벼락을 맞아 죽은 이야기로 민간에서 엉터리로 지어낸 것이라고 설명하고 있는데, 고명은 「비파기」를 통해 채백개를 부부애와 효심과 충성심이 가득한 훌륭한 인물로 탈바꿈시키고 극의 결말도 해피엔딩으로 바꾸었고, 극의 구성과 노랫말과 음악이 뛰어나서 사람들에게 크게 인기를 끌었던 것이다. 그런데 서위가 유극장(1187~1269)의 시로 인용한 구절이 사실은 유극장보다 한참 전의 사람인 육유陸游(1125~1210)가 지은 것이고 일설에는 선화 연간 즉 북송 말엽에 이미 남희가 온주 지방에서 싹트고 있었다고 한 것으로 본다면 남희의 발생은 보다 이른 시기로 거슬러 올라갈 수 있을 것이다. 어떻든 초기 남희가 온주 지방에서 발전하였고, 이곳에서 작가와 작품이 나왔으니 공연도 당연히 온주를 중심으로 이루어졌을 것임은 말할 필요도 없을 것이다. 「조정녀」와 함께 지어진 「왕괴」 역시 장원급제를 한 왕괴가 자신을 도와

준 기녀 계영桂英을 저버리고 새 장가를 들었다가 자살한 계영의 귀신에 이끌려 산 채로 저승으로 끌려간다는 배은망덕한 남자에 관한 이야기이다. 남희 극본은 전하지 않지만 소설이나 원 잡극으로 전해지고 오늘날 절강, 복건 지방에서도 공연이 이루어지고 있다. 이를 보면 온주 일대의 연극 전통은 매우 오랫동안 이어져 왔다고 할 수 있겠다.

남송의 유학자 진순陳淳(1159~1223)이 1197년 복건 장주漳州에 있을 때 당시 장주의 시승寺丞 즉 보좌역을 지내고 있던 부백성傅伯成(1143~1226)에게 보낸 편지—「상부시승논음희上傅寺丞論淫戲(부 시승께 서신을 올려 음희를 논함)」—에도 남방 중소 도시의 공연 장소 및 활동에 대한 언급이 보인다. 이 편지는 그의 문집인 『북계대전집北溪大全集』 권47에 수록되어 있다.

복건 장주의 공연 공간
진순, 『북계대전집』 권47 「상부시승논음희」

제가 이 지방의 비루한 풍속을 살펴보니, 추수 뒤에 우인優人들이 여러 향리를 서로 묶어 음희淫戲를 하는데 이를 걸동乞冬이라고 합니다. 못된 젊은이들이 부랑자나 무뢰배 수십 명을 모아서 함께 몰려다니는데 이들을 희두戲頭라고 부릅니다. [희두들은] 집집마다 다니면서 돈을 모아서 우인들을 불러 희戲나 괴뢰傀儡를 하는데, 주민들이 밀집한 곳이나 사통팔달한 교외에 붕棚을 만들어놓고 구경꾼들을 널리 모아들입니다. 시전市廛 근처나 사문四門 밖에서도 다투어 그렇게 하면서 거리낌이 없습니다. 올해 가을에도 칠팔월부터 향리 각 마을에서 때맞추어 이러한 풍조가 한창이니, 이들을 그저 희악戲樂이라고만 부르기에는 그 폐해가 막대합니다. 첫째, 이유 없이 백성들의 고름을 짜서 낭비합니다. 둘째, 백성들의 본업을 망쳐 놓고 구경하는 것을 일삼

> 게 합니다. 셋째, 젊은 사람들을 꾀어 놀게 하면서 근검한 마음을 잃게 합니다. 넷째, 규수와 부녀자들을 꾀어 밖으로 나오게 하여 사특한 생각을 품게 합니다. 다섯째, 탐심을 품은 사내들에게 약탈할 마음을 싹트게 합니다. 여섯째, 후생들에게 싸우고자 하는 분원忿怨을 품게 합니다. 일곱째, 짝 없는 남녀들이 만나 음분淫奔의 추태를 부리게 합니다. 여덟째, 주현州縣에 옥송獄訟의 번잡함이 많아지니, 심지어 사사로운 보복을 하거나 사람을 죽이는 일도 꺼리지 않게 됩니다. 재앙을 낳음이 이와 같으니 이를 가만히 두고 금하지 않으면 민심이 요동치고 풍미하여 멈출 수 있는 방법이 없을 것이니, 어찌 어진 군자의 덕정德政에 누가 되지 않겠습니까.[58]

이 글에서는 장주에서 추수 뒤에 희두라고 불리는 패거리들이 백성들의 돈을 긁어모아 배우들을 불러다가 붕을 세우고 연희나 괴뢰(인형극)를 벌였던 일을 거론하면서 크게 비난하고 있다. 진순은 대유학자 주희朱熹(1130~1200)의 제자이기도 했으므로 풍속을 해치고 백성들을 괴롭히는 일을 '음희淫戲'로 규정하고 이를 경계하고 단속해야 한다는 주장을 펼치고 있다. 하지만 역설적으로 이를 통해서 당시 이 지방 도시의 공연이 얼마나 성행했는지를 잘 알 수 있다. 일부 학자는 젊은 남녀들을 일탈에 빠지게 하는 '음희'가 풍자 섞인 골계 위주의 당시 잡극과는 다른 종류일 것이므로 이것도 남희를 가리킨 것이라고 보기도 한다.[59] 어떻든 이들은 주민 밀집 지역이나 사람들이 많이 오가는 곳에 붕을 설치하여 '희악'을 펼치며 많은 사람들을 이끌어 들였던 것이다.

58 『景印文淵閣四庫全書』 第1168册, 臺灣常務印書館, 1986, pp.875~876, 陳多, 葉長海 選注, 『中國歷代劇論選注』, 上海古籍出版社, 2010, p.60.

59 廖奔, 劉彥君, 『中國戲曲發展史』 第1卷, 山西教育出版社, 2000, pp.332~333.

또한 강서 남풍南豊 사람 유훈劉壎(1240~1319)의 문집 『수운촌고水雲村稿』 권4 「사인오용장전詞人吳用章傳」에는 소흥 연간(1131~1162)에 태어난 남풍 출신 사詞 작가 오강吳康(자는 용장)의 전기를 쓰면서 "함순咸淳 연간(1265~1274)에 이르러 영가희곡永嘉戲曲이 나오자 젊은이들이 그것을 가지고 노래를 불렀는데 그 뒤에 음란한 소리가 성행하고 정음正音이 그쳤다."라고 하였는데,[60] 많은 학자들은 이 기록을 함순 연간에 '영가희곡' 즉 온주에서 발생한 남희가 강서 지방으로 전래된 증거라고 받아들이고 있다.[61] 유훈은 남풍에서 태어나서 함순 6년(1270)에 향시에 급제하였고, 남송이 망한 뒤에 10여 년 동안 서우署盱(지금의 강서성 남성南城현)의 학정學正을 지내고 다시 그 뒤 10여 년 동안은 연평延平(지금의 복건성 남평南平시)의 교수教授로 지내다가 임기를 마치고 귀향하여 만년을 보낸 사람이다.[62] 유훈은 함순 연간에 고향에 있었을 가능성이 크므로, 위의 기록은 영가 즉 온주에서 성해하던 남희가 강서 지방으로 전래되어 와서 젊은이들에게 인기를 끌었던 모습을 목격한 것을 회고한 것이라고 하겠다.

송대의 공연 공간은 주로 도성과 지방 도시에서 많이 확인되지만 향촌의 공연 공간에 대한 기록도 찾아볼 수 있다. 특히 산서山西 지방에는 연극을 비롯한 각종 공연을 펼친 장소인 무정舞亭이 있었음을 확인할

60 『景印文淵閣四庫全書』 第1195册, 臺灣常務印書館, 1986, pp.370~371.

61 洛地, 「一條極珍貴資料發現: "戲曲"和"永嘉戲曲"的首見」, 『藝術研究』 1989年 第11期, pp.1~7, 龔國光, 『江西戲曲文化史』, 江西人民出版社, 2003, 曾永義, 「"永嘉雜劇"應成立于北宋」, 『揚州大學學報(人文社會科學版)』 第19卷 第4期, 2015, pp.68~74 등.

62 張撝之, 沈起煒, 劉德重 主編, 『中國歷代人名大辭典』, 上海古籍出版社, 1999, p.635.

수 있는 비문들이 남아 있어서 큰 관심을 끌고 있다. 그 가운데 가장 이른 북송 천희天禧 4년(1020) 5월 15일에 세운 비문을 보자.

북방 향촌의 공연 공간

주위周渭, 「하중부 만천현 신건 후토성모묘기河中府萬泉縣新建后土聖母廟記」'후서後序'

『주역』에 이르기를 "선을 쌓은 집안은 반드시 뒤에 경사가 있고, 불선不善을 쌓은 집은 반드시 뒤에 재앙이 있다."라고 하였다. 그런 까닭에 착한 자에게 복을 내리고 어지러운 자에게 화를 내리는 것은 하늘의 도를 분명하게 들은 것이니 이는 다시 말하지 않겠다. 그런데 나라의 은혜를 입고 충효의 도를 품은 사람들이 음덕을 무겁게 여기는 것은 장한 일이다. 오상五常의 예 중에 인륜에서 믿음을 먼저 지키면 그 뒤에는 복을 구하지 않아도 절로 들어오고, 총명함을 저버리고 효제孝悌를 행하지 않으면 화를 부르지 않아도 절로 들어온다. 지금 돕고자 하는 많은 선비들 중에 대를 이어 벼슬을 하는 사람이나 학문이 뛰어난 사람이나 현의 관리들이나 신성神聖을 경모敬慕하는 분들이 모두 공손하고 삼감을 품고 각자 좋은 인연을 흠모하여, 이에 깨끗한 재물을 내어 이 사당의 모습을 이룩했을 따름이니, 음덕을 중하게 여기고 나라에 충성을 다한 뜻을 드러낸 것이다. 당대當代에 비문을 새겼으니 후대에 이름을 남기리라. 이에 몇 마디를 적어 이 분들의 불후함을 빛내고자 할 따름이다.

조연助緣 현 전행前行 장진張眞 외 7명
후행後行 송신宋信 외 3명
수력手力 절급節級 맹중명孟仲明 외 6명
청자廳子 위용지衛用志
궁수弓手 절급 진공陳恭 외 1명
서수書手 창□공暢□恭 외 7명

이정里正 유현劉顯 외 3명

객사행수客司行首 지주무知酒務 장원정張元正

우도압위右都押衛 지세무知稅務 진연복陳延福

곽하郭下의 조연인助緣人 마용충馬用忠 외 10명

대전大殿 및 후궁後宮 수축: 도유나都維那(책임자) 대표 유문수柳文遂 외 4명

무정舞亭 수축: 도유나 대표 이정훈李廷訓 외 17명

진무전眞武殿 및 소상塑像 설치: 도유나 대표 왕문정王文政 외 1명

경덕景德 2년(1005) 을사년 칠월 초사흐레에 곽하郭下와 유문수 등이 천대조묘天臺祖廟(후토사后土祠 본묘本廟)에 가서 후토성모后土聖母를 맞아 청하여 만천현의 많은 사람들이 [후토성모에게] 공양하고 복을 빌게 하려 했다. [그런데] 행렬이 이 근처에 이르자 신마神馬(제사 행렬의 말)가 앞으로 나아가지 않으니 행렬을 이곳으로 돌려 오랫동안 말을 세워 놓았다. 결국 [이곳] 지주地主 조지원趙智元이 발원發願하여 이 땅을 시주하여 사당의 터로 삼았다. 그 뒤 3년에 걸쳐 사당의 모습이 완비되었다. 시주 지주 조지원.

이랑전二郎殿 수축: 도유나 대표 전압사前押司 이문립李文立 외 2명

중삼문中三門 수축: 유나 대표 전행前行 황보의皇甫義 외 2명

화원낭자전花園娘子殿 수축: 시주 손혜종孫惠宗 외 2명

육갑전六甲殿 수축: 시주 설연사薛延嗣 외 2명

최상공전崔相公殿 수축: 시주 장수의張守義 외 1명

대문루大門樓 수축: 유나 대표 송연밀宋延密 외 1명

설조촌薛趙村에서 도와준 분들: 이균李均 외 3명[63]

이 비문은 지금의 산서성 만영현萬榮縣 만천향萬泉鄉 교상촌橋上村에 있던 후토묘后土廟 유적지에서 발견되었다. 비석의 앞면에는 향공鄉

63 馮俊杰 等 編著, 『山西戲曲碑刻輯考』, 中華書局, 2002, pp.10~12.

貢 진사 배근裵僅이 쓴 사당을 세운 배경과 과정 그리고 비석을 건립한 날짜가 적혀 있고, 뒷면에는 징사랑徵仕郎 행현위行縣尉 주위가 쓴 사당 건축에 기여한 사람들의 이름들이 나열되어 있다. 여기에 소개한 것은 뒷면이다. 사당의 주신主神인 후토성모는 공공씨共工氏의 조카로 구토九土 즉 구주九州를 잘 다스린 까닭에 후에 토지신으로 모셔지게 되었고, 그 본묘本廟는 만영현 영하진榮河鎭 묘전촌廟前村에 있다. 한 무제武帝 원수元狩 2년(기원전121)에 설립 후 황제가 직접 아홉 차례나 망배望拜한 뒤로 그 뒤의 여러 한나라 황제들도 이곳에서 제사를 모신 중요 사당이다. 교상촌에 있었던 후토묘는 묘전촌 본묘의 행궁行宮인데, 1011년에 송 진종眞宗이 친히 본묘에 행차해주시도록 여러 차례 청원하는 과정에서 교상촌의 부로父老들이 본묘까지 가지 않고 가까운 장소에 후토행궁을 세워서 편리하게 제사를 지내고자 했던 것으로 추정된다. 비문에서 '신마神馬가 앞으로 나아가지 않'아서 할 수 없이 그곳에 후토행궁을 세웠다는 언급이 이를 시사한다.[64] 어떻든 이 비문을 통해 기금을 출연한 사람들로 당시 현縣의 전행(이부, 병부, 좌사, 우사의 관리)과 후행(공부, 예부의 관리)을 비롯하여 절급(낮은 무관), 청자(관아의 심부름꾼), 궁수, 서수, 이정, 지주무, 지세무와 같은 고하의 관원들이 대거 망라되었음을 알 수 있다. 또한 직접 건축을 맡은 사람들의 이름도 나열되어 있는데, 특히 이 가운데 무정을 수축한 사람으로 이정훈 등 18명의 이름이 명기되어 있어서 여러 종류의 건물 중에서도 무정을 건축하는 데 가장 많은 인원이 동원되었을 만큼 중요한 건물이었음을 알 수 있다.

64 馮俊杰 等 編著, 『山西戲曲碑刻輯考』, 中華書局, 2002, pp.12~16.

이처럼 무정은 대체로 향촌의 사당을 구성하는 중요 건축물이었고, 이는 무정에서의 공연이 향촌의 제사 활동과 밀접한 관계 위에서 이루어졌음을 뜻한다. 무정은 이후 많은 지방에서 만들어져서 향촌 공연의 중심 공간이 되었고, 금원대 북방 향촌에 무수하게 지어진 희대戲臺의 바탕이 되었다.[65]

65 랴오번 지음, 오수경 외 옮김, 『중국 고대극장의 역사』 제2장 희대의 변화와 발전 참고.

제2절
금원대 도시의 공연 공간과 극장

1127년 금 태조 완안아골타完顏阿骨打의 둘째 아들 완안종망完顏宗望이 이끄는 군대가 송의 도성 개봉을 공격하여 함락시키고 송 황실이 남방으로 옮겨간 뒤 회수淮水 이북 지역은 금나라의 지배하에 있게 되었고, 1234년 몽골이 금을 멸망시키고 다시 1279년 남송마저 멸망시킬 때까지의 전후 약 150년 동안 북방 지역에서는 여진과 몽골의 이민족 통치가 지속되었다. 따라서 이 시기에는 많은 사람들에게 전란의 경험과 기억이 남아 있게 되었고, 더욱이 여진과 몽골의 이민족들의 통치가 연달아 이어짐으로써 한족 피지배자들이 겪은 사회적, 문화적 충격은 적지 않았을 것이다.

금의 군사가 개봉을 함락하였을 때에는 사람들은 대부분 남방으로 피난을 떠나고 성안에는 7만 명 정도만 남아서 항전하였고, 결국 북송의 마지막 황제 흠종欽宗(1125~1127 재위)의 투항과 함께 많은 사람과 재물들이 북방으로 강제 이송되면서 개봉은 폐허와도 같은 상태로 변하고 말았다. 150년이 넘는 세월 동안 번영을 누려온 북송의 수도는 더 이상 과거의 영화를 찾아볼 수 없게 된 것이다.[66] 북방으로 강제 압송된 개봉 사람들 중에는 각종 예능 보유자들도 많이 포함되어 있었는데, 남송 사람 서몽신徐夢莘(1126~1207)이 쓴 『삼조북맹회편三朝北盟會編』에 이러한 사정이 상세히 나와 있다.

개봉 공연 공간의 몰락과 공연 종사자들의 북송
서몽신, 『삼조북맹회편』 권77

[정강靖康 2년(1127) 정월] 25일 을묘일, 천자(흠종)께서는 청성青城[67]에 계시고 큰 눈이 내리고 무척 추웠다. 성내城內가 추운 날이 많았는데, 식자들은 음살陰殺한 기운 때문이라고 생각하였다. [경사京師에 들어온] 금인金人들은 각 분야의 사람들을 잡아들였다. 금인들이 잡아들인 어전御前 지후祗候[68]는 처방과 진맥을 하는 의인醫人, 교방의 악인樂人, 내시관內侍官 등 45명이고, 노대露臺 지후는 기녀 1천 명 등이었다. 채경蔡京, 동관童貫, 왕보王黼, 양사성梁師成 등의 집에 있던 가무 기녀伎女와 궁녀 수백 명은 원래 권문세가의 가무 기녀와 내인內人이었는데, 천자께서 즉위하신 뒤에 모두 민간에 흩어졌던 것이다. 개봉부에 명하여 인신을 매매하는 중매쟁이들로 하여금 [기녀와 궁녀들을] 추적하여 찾아내도록 하였다. 또 어전의 후원작後苑作, 문사원상하계文思院上下界,[69] 명당소明堂所, 수내사修內司, 군기감軍器監 등에 명

66 디터 쿤 지음, 육정임 옮김, 『하버드 중국사 송: 유교 원칙의 시대』, pp.135~136.

67 南熏門 밖의 祭天 齋宮이었던 南青城을 가리킨다.

68 하급 공무직을 말한다.

69 後苑作은 궁정 생활과 황족의 혼사에 필요한 물품을 만든 곳이고, 文思院上下界는 금은과 옥기 등의 공예품과 장신구, 漆木, 銅鐵 등을 만든 文思院上界修造案과 文思院下界修造案을 가리킨다.

> 하여 공장工匠들을 모으게 하였는데, [각각] 광고廣固[70] 축성 병사 3천 명, 요대와 모자를 만들고 금은을 다루고 글씨를 쓰고 조각을 하고 그림을 그리는 장인 3백여 명, 그리고 잡극雜劇, 설화說話, 농영희弄影戲, 소설小說, 표창嘌唱, 농괴뢰弄傀儡, 재주넘기, 쟁箏, 비파, 생笙 연주자 등 예인 150명 등이었다. 개봉부에 명하여 이들을 군전軍前에 압송하게 하니 개봉부 군전에서는 문첩文牒을 다투어 집어내어 사람들을 마구 붙잡고 재물을 탈취하였다. 성 안에서 군전으로 끌려가는 사람들은 모두 먼저 집안 살림을 부수고 노인과 아이들을 데리고 온 집안이 끌려갔다. 친척과 친구들은 눈물을 흘리면서 작별을 하고 떠나보냈다. 날마다 끊이지 않고 울음소리가 골목마다 이와 같이 들렸다.[71]

서몽신은 임강군臨江軍 청강현淸江縣(지금의 강서성 장수樟樹시) 출신으로 몇몇 한직을 지내면서 독서를 많이 하여 경전과 역사에 밝았다고 한다. 그가 1194년에 완성한 『삼조북맹회편』은 북송의 휘종徽宗과 흠종欽宗, 그리고 남송의 고종高宗 등 세 황제 시대에 금金과의 사이에서 있었던 일들을 중심으로 여러 자료들을 모아 엮은 책으로, 송금 대치 시기의 모습을 이해하기 위해 매우 중요한 자료이다. 위의 글에서는 개봉에 들어온 금나라 사람들이 궁중과 민간의 여러 분야의 사람들을 징집하여 북방으로 압송해간 모습이 잘 나와 있다. 특히 교방의 악인 수십 명, 노대 여성 배우 1천 명, 그리고 각종 예능 보유자 150명 등 공연에 종사한 사람들도 모아 압송해 갔으니 대다수의 사람들이 이미 피난을 떠난 데다가 이들 공연 종사자들마저 떠나간 개봉에 더 이상은 와사와 구란이 존속되기 어려운 상태가 되었을 것임은 말할 필요도 없을 것이다.

70 晉의 曹嶷이 쌓은 山東省 益都縣 북서쪽 堯山 남쪽의 성이다.

71 徐夢莘, 『三朝北盟會編』 卷77, 上海古籍出版社, 1987, p.583.

개봉을 떠난 사람들은 황제를 따라 금의 도성인 상경上京 회녕부會寧府(지금의 흑룡강성 하얼빈시 일대)로 향하였고, 이들 중 대다수는 3~4년 뒤에 차례로 지금의 오국성五國城(지금의 하얼빈시 동쪽)에 도착하였다.[72] 계국평季國平은 이들 가운데 공연 종사자들이 산서 남부 지방을 경유하면서 이 지방 향촌의 공연문화의 발전과 번영에 중요한 영향을 끼쳤다고 보았는데,[73] 그와 같았을 개연성이 높다고 생각된다.

송을 밀어내고 북방을 차지한 금나라는 중도中都 대흥부大興府(1153~1214)와 남경 개봉부(1214~1234)로 도성을 옮겨가며 100여 년을 존속하다가 결국 몽골의 공격에 의해 남경이 함락됨으로써 멸망하고 말았다. 금의 두 도성 즉 척박했던 중도나 한 차례의 몰락을 겪은 남경은 송의 개봉이나 임안만큼 경제적, 문화적인 안정 속에 번영할 수 있는 시간과 기회를 충분히 얻지 못했지만, 제궁조諸宮調와 원본院本 등이 금의 대표적인 공연 장르로 전승되었고,[74] 금이 망한 1234년을 전후한 전란 시기에 살았던 원호문元好問(1190~1257), 두인걸杜仁傑(1196~1276), 관한경關漢卿(1214?~1300?)[75] 등과 같은 제궁조, 산곡, 잡극 작가들도 개봉을 비롯한 화북 지방에서 활동하였음이 이미 잘 알려져 있으므로, 공연문화의 전통은 결코 사라지지 않고 오히려 이후 시대의 번영을 위한 바탕을 축적하고 있었다고 할 수 있다. 더욱이 금이 망한 뒤에도 순천

72 디터 쿤 지음, 육정임 옮김, 『하버드 중국사 송: 유교 원칙의 시대』, pp.136~137.

73 季國平, 『元雜劇發展史』, 文津出版社, 1993, p.129.

74 김우석, 「제궁조 연구」, 서울대학교 박사학위논문, 1996, 안상복, 「송금대 잡극·원본 연구」, 서울대학교 박사학위논문, 1996 참고.

75 徐子方이 關漢卿의 生年을 1210년에서 1214년 사이로, 卒年을 1300년에서 1305년 사이로 추정한 것을 근거로 하였다. 徐子方, 「關漢卿生卒年辨正」, 『山西大學師範學院學報』 1999年 第4期, pp.49~52.

順天(지금의 하북성 보정保定시)이나 채주蔡州(지금의 하남성 여남汝南시) 등 일부 지역들에서 '악붕樂棚'이 세워지고 '우악優樂'이 유행했다는 기록이 남아 있고, 몽골의 통제에 들어간 화북 지역의 많은 도시들이 빠른 속도로 성장하였다는 근래의 연구 결과는 이 시기에도 다양한 종류의 기예가 북방의 여러 도시에서 상당한 인기를 끌며 공연되었고 그 장소 역시 마땅히 적지 않았을 것임을 시사해준다.[76] 예를 들어, 비록 문학 작품 속에서이기는 하지만, 여진족 작가 이직부李直夫가 쓴 잡극「무원황제호두패武元皇帝虎頭牌」에는 금의 중도(지금의 북경)에 와시가 있었음을 묘사한 대목이 보인다.

금대 중도의 와시
이직부, 「무원황제호두패」 제2절

[정말正末 금주마金住馬가] (노래한다) 【월아만月兒彎】 생각만 해도 화나는 그놈의 불효자식을, 중도中都에서 만났다는 사람이 있네. 남녀 한량들과 어울려서는, 찻집이며 술집, 저 와시瓦市를 헤집고 다닌다더니, 몇 년 동안 소식 하나 없네. 혀끝에 할 말을 매달고 있지만, 나는 목구멍이 막혀버리네.[77]

이직부는 여진족 작가로 원대 대덕大德 연간(1297~1307) 후기에 숙정염방사肅政廉訪使를 지낸 사람으로 추정하는 견해가 있다.[78] 또 그가 지은 「무원황제호두패」는 금나라 병마대원수兵馬大元帥 산수마山壽馬가 호두패를 가지고 숙부 은주마銀住馬의 군령 위반을 공명정대하게 법대

76 李國平, 『元雜劇發展史』, 文津出版社, 1993, pp.106~109.

77 王季思 主編, 『全元戲曲』 第4卷, 人民文學出版社, 1999, p.193.

78 孫楷第, 『元曲家考略』, 上海古籍出版社, 1981, pp.17~18.

로 처리한다는 내용으로, 특히 제2절에는 여진 음악에서 나온 노래도 많이 사용되고 있다. 이러한 점 때문에 이 작품은 금나라가 망한 뒤에 몰락한 여진 귀족 출신 작가가 지난날을 그리며 여진 선조의 훌륭한 모습을 감상적인 정조로 그려냈다는 평가를 받기도 한다.[79] 이러한 점을 생각하면 금나라 중도에 '와시' 즉 와사가 있었다는 위의 내용은 원의 도성으로 발전하기 전의 모습을 간접적으로나마 추정해볼 수 있는 근거가 되지 않을까 한다. 앞으로 금나라 중도에서 공연이 있었음을 밝히는 자료가 더 발굴되기를 기대해본다.

금나라를 멸망시킨 몽골은 옛 금나라 땅이었던 화북 일대를 다스리면서 수도는 여전히 카라코룸에 두고 있었으나, 쿠빌라이는 1260년 즉위와 함께 이곳을 연경행성燕京行省으로 승격하여 화북 지방의 중심행정지로 삼아 1210년대에 파괴되었던 구성舊城을 복구하기 시작하여 1264년에는 다시 연경에서 중도로 이름을 바꾸고 1267년에 이곳을 몽골의 도성으로 삼았다. 대칸은 1271년에 국호를 대원大元으로 선포한 뒤 이듬해인 1272년에 도성의 이름을 대도大都로 바꾸었다.[80] 따라서 쿠빌라이 초기부터 새 도성은 점차 안정되고 문화도 다시 번성하게 되었을 것이다. 극작가와 배우들의 활동이 활발해지고 도성 내에 와사와 구란도 속속 건설되었을 것임은 말할 것도 없다. 또한 원대 화북 지방의 여러 도시에서 와사와 구란이 있었던 것도 다양한 자료들을 통해 거듭 확인할 수 있다. 먼저 원 말엽 사람 하정지夏庭芝가 지은 『청루집青樓集』의 기록을 보자.

79 趙景深 主編, 邵曾祺 編著, 『元明北雜劇總目考略』, 中州古籍出版社, 1985, p.129.
80 季國平, 『元雜劇發展史』, 文津出版社, 1993, pp.160~161.

원대 구란의 확산
하정지, 『청루집』「청루집지青樓集誌」

> 안으로는 경사京師에서 밖으로는 군읍郡邑에 이르기까지 모두 이른바 구란构欄이라는 것이 있는데, [여기에서는] 많은 배우들을 불러 모아 악부樂部에 등록시키고 관객들은 돈을 뿌려 그들에게 주었다. [구란에서 공연하는] '원본院本'은 대개 희롱이나 우스개에 불과하나 '잡극'은 그렇지 않아서, (…) 인륜을 두터이 하고 교화에 도움이 되는 것이다. [그러므로 잡극은] 또한 당의 전기傳奇나 송의 희문戲文, 금의 원본院本과 같이 논할 수 있는 것이 아니다.[81]

하정지는 강소江蘇 화정華亭(지금의 상해上海시 송강淞江구) 사람으로 부유한 집안에서 태어나 벼슬을 바라지 않고 풍족하며 자유롭게 살았던 사람으로 생각된다. 그의 정확한 생몰연도는 알 수 없고 대략 지정至正 연간(1341~1368)에 살았던 것으로 생각된다. 그가 1355년에 완성한 것으로 보이는 대표 저작 『청루집』은 당시 유명했던 여성 배우 170명과 남성 배우 35명 등의 이름과 장기를 적은 책으로, 원대 배우들에 대한 정보를 가장 많이 담고 있는 중요 문헌이다.[82] 위의 글은 하정지가 직접 쓴 서문 가운데 일부인데, 경사와 군읍 즉 대도와 지방 도시들을 막론하고 모두 구란이 있었으며, 이곳에서 관객들은 돈을 내고서 인기 있는 잡극이나 원본을 구경하였다고 적고 있다. 또한 '인륜을 두터이 하고 교화에 도움이 되는' 잡극의 가치를 높이 평가하면서 이들 역시 구란에서 큰 인기를 얻었음을 내비치고 있다. 이를 보면 원대에도 전국

---

81 孫崇濤, 徐宏圖 箋注, 『青樓集箋注』, 中國戲劇出版社, 1990, p.43.

82 이 문헌의 서문 전체와 본문에 대한 자세한 논의는 본서 제5장 제2절 참고.

각지에 많은 와사와 구란이 있었음을 짐작할 수 있다. 다만 금대나 원대에 송대와 같은 자세한 와사 구란 관련 기록을 찾아볼 수 없는 것은, 『동경몽화록』이나 『몽량록』 등이 대체로 망한 왕조인 송나라의 번영했던 시절에 대한 회고와 그리움의 마음을 지닌 한인漢人 저자가 지난날의 도성의 화려했던 모습을 자세하게 적은 기록인데 비해, 금이나 원의 수도에 대해 애착과 회상의 마음을 가지고 회고록을 남길 만한 한인 문인들이 많지 않았던 것과도 관련되지 않을까 한다. 대다수의 한인 문인들은 금나라나 원나라의 '오랑캐'들이 지배했던 도시의 역사는 그다지 긍정적으로 기억하고 싶지 않았을지 모른다. 그 대신 뛰어난 기량을 지니고 많은 인기를 끌었던 명작가나 명배우들의 활약에 대해서 후세에 남기고 싶은 마음을 가진 문인들이 『녹귀부錄鬼簿』[83]나 『청루집』 같은 책을 엮어서 전한 것이 아닐까 생각해본다. 그렇지만 흩어진 사료 및 당시의 문학 작품 등을 통해서도 그 풍부했던 자취를 그려볼 수 있다. 계국평은 그의 명저 『원잡극발전사』에서 금원대에 잡극을 비롯한 각종 기예의 공연이 활발했던 주요 지역으로 변량汴梁(지금의 하남성 개봉시),[84] 낙양洛陽, 평양平陽(지금의 하남성 서북부 및 산서성 남부), 진정眞定(지금의 하북성 정정正定현 및 석가장石家莊시), 대도, 양주揚州, 항주杭州 등을 열거하고 있다. 이들 지역에는 당연히 공연을 위한 장소가 마련되어 있었을 것이다. 아래에서는 지역별로 공연 공간의 흔적을 찾아보기로 한다.

먼저 지금의 하남성과 산동성의 황하 남쪽 도시들인 변량, 낙양, 동

83 1330년경에 鍾嗣成이 엮은 원대 잡극 및 산곡 작가 152명과 이들의 작품 458종을 밝힌 책으로 원대 희곡 연구의 중요 서적이다.

84 金이 망한 뒤에 元에서도 南京 開封府의 명칭을 유지하여 南京路라고 하였다가 至元 25년(1288)에 汴梁路로 개칭하였다.

평 등지에서 공연이 있었음을 밝힌 기록들을 보자. 원나라 때의 대표적인 극작가인 관한경關漢卿은 산곡 【남려南呂·일지화一枝花】「불복로不伏老(늙어가기는 싫다네)」에서 변량의 극장에서 활동했던 과거에 대해 회상하고 있다.

변량의 공연 공간 1
관한경, 【남려·일지화】「불복로」

> 【미尾】 (…) 내가 즐긴 것은 양원梁園의 달이요, 마신 것은 동경의 술이요, 감상한 것은 낙양의 꽃이요, 붙잡았던 것은 장대章臺의 버들이라네. 나는 바둑도 잘 두고, 축국蹴踘도 잘하고, 사냥도 잘하고, 우스개도 잘하고, 가무도 잘하고, 악기도 잘 타고, 노래도 잘하고, 시도 잘 읊고, 쌍륙雙陸도 잘 두었다네.[85]

관한경이 쓴 이 노랫말은 자신이 도덕이나 규범에 매이지 않고 온갖 풍류를 즐기며 후회 없이 살아온 인생을 표현하는 원대 산곡의 대표작이다. 여기에서 양원과 동경은 변량 즉 개봉을 말하고, 장대는 한대漢代 장안長安의 번화가이고 버들은 류柳씨 기녀를 뜻한다. 관한경은 금나라 말엽에 태어났고 초기에는 대도에서 주로 활동했다가 남송이 망한 뒤에 남방으로 내려간 것으로 추정되므로, 위의 작품을 근거로 그가 변량이나 장안에서 활동했다고 단정하기는 어렵다. 다만 관한경이 위의 노랫말을 쓰던 당시에도 변량, 낙양, 장안 등지가 오락과 연희가 발달한 도시로 생각되었다는 것은 충분히 생각해볼 수 있을 것이다. 변량의 연

85 "我玩的是梁園月, 飮的是東京酒, 賞的是洛陽花, 攀的是章台柳. 我也會圍棋, 會蹴踘, 會打圍, 會插科, 會歌舞, 會吹彈, 會咽作, 會吟詩, 會雙陸." 隋樹森 編, 『全元散曲』, 中華書局, 1963, p.173.

극 공연에 대해서는 역시 초기 잡극 작가로 추정되는 석군보石君寶의 잡극 「제궁조풍월자운정諸宮調風月紫雲亭」에서도 보다 자세하게 묘사되고 있다.

변량의 공연 공간 2
석군보, 「제궁조풍월자운정」 설자楔子

> [한초란이 노래한다]【요편幺篇】 서쪽으로 양관陽關을 나서면 아는 사람 없으리니, 이 남국南國의 양원梁園에 있는 옛 친구인 저를 찾아주세요. 낭군님, 저의 어미가 못 되고, 당신 아버님이 독하신 것을 누가 모른답니까? 하지만 [그 누구도] 초나라 성에서 구름 흩어지게 하지는 못할 거예요.[86]

석군보는 평양平陽(지금의 산서성 임분臨汾시) 사람이라고만 알려져 있을 뿐 자세한 사적은 알 수 없다. 그는 「제궁조풍월자운정」 이외에도 「노대부추호희처魯大夫秋胡戲妻」, 「이아선화주곡강지李亞仙花酒曲江池」 등의 명작을 남기고 있는데, 「제궁조풍월자운정」은 제궁조를 공연하는 여자 예인 한초란韓楚蘭이 관원의 아들 영춘마靈春馬와 서로 좋아하지만 각 부모의 반대와 방해로 집에서 나와 제궁조 공연을 하며 어렵게 살다가 결국은 부모의 허락을 받고 혼인하게 된다는 내용이다. 위에서는 첫 장면에서 두 주인공이 잠시 헤어질 때 한초란이 영춘마를 향해 당부하고 있는데, 양원 즉 변량에서 공연을 하는 한초란이 영춘마에게 나중에 돌아오거든 꼭 자신을 찾아달라고 당부하는 것이다. 이러한 묘사는 작가가 당시 변량에 실제로 구란이 존재한 상황을 반영한 결과라고 생각

86 王季思 主編, 『全元戲曲』 第3卷, 人民文學出版社, 1999, p.547.

해볼 수 있을 것이다.

낙양은 북송 시대에는 서경西京으로 불렸고 동경 개봉에 버금가는 도시였지만 금나라 땅이 된 뒤에는 하남부河南府로 격하되었고 원나라 때에도 하남부로河南府路로 불리며 비슷한 지위를 유지하였다. 하지만 번화했던 옛 명성은 원나라 초까지도 상당히 남아 있었던 것으로 보이는데, 이는 특히 여러 작품에서 잘 찾아볼 수 있다. 먼저 원나라 때 낙양에서 공연하던 극단의 구성과 생활을 구체적으로 묘사하고 있는 것으로 유명한 「한종리도탈남채화漢鍾離度脫藍采和」라는 잡극 작품의 한 대목을 보자.

낙양의 공연 공간 1
「한종리도탈남채화」 제1절

(충말沖末이 종리鍾離로 분하고 등장하여 시를 읊는다) (…) 제가 오랫동안 살펴보니 낙양의 양원붕梁園棚에 한 배우가 있는데, 이름은 허견許堅이고 예명은 남채화藍采和로, 이 사람이 신선이 될 만한 바탕이 있습니다. 제가 당장 이 사람을 인도하러 양원붕으로 내려가야겠습니다. 내가 그를 염라대왕의 생사부生死簿에서 지우고 자부궁紫府宮에 이름을 올려놓고, 바다와 하늘의 끝으로 가는 길을 가르쳐주어, 길 잃은 사람을 대도大道로 가도록 이끌어주려고 합니다. (퇴장한다)

(단旦이 외단外旦과 함께 내아倈兒와 정淨 두 명 곧 왕 파색王把色과 이 박두李薄頭를 데리고 등장한다.[87] 정淨 두 명이 말한다) 우리 두 사람은 하나는 왕 파색, 하나는 이 박두입니다. 우리 형님은 남채화입

87 이들은 모두 藍采和의 가족과 극단 구성원이다. 旦은 부인 喜千金, 外旦은 여동생 藍山景, 倈兒는 아들 小采和이다. 또한 把色은 악기반주자, 薄頭는 악단장을 뜻한다.

니다. 우리는 여기 양원붕 안의 구란에서 작장을 하고 있지요. 이분은 형수님입니다. 우리는 먼저 구란에 가서 준비를 해야겠습니다.[88]

「한종리도탈남채화」는 작자는 알 수 없고, 간략한 내용은 이렇다. 도교의 신선으로 유명한 종리권鍾離權이 오대五代 때 낙양의 구란에서 공연하던 예인 허견許堅(예명은 남채화)을 보고 그가 신선이 될 수 있는 바탕을 가졌다고 판단하여 그를 곤경에 빠뜨렸다가 구해준 뒤에 데리고 다니다가 30년 뒤에 신선이 되게 만든다. 이 작품은 이야기 속의 시대 배경이 오대五代 때이고 작품의 판본은 명대에 간행된 것만 전해지고 있지만, 작자가 원대의 상황을 반영하여 주인공 및 극단들의 모습을 그려냈을 것으로 보는 것이 타당할 것이다.[89]

낙양에서 공연한 극단의 모습이 나타나고 있는 또 다른 작품으로는 원 말엽에 지어진 것으로 추정되는 「환문자제착립신宦門子弟錯立身」이라는 남희 작품이 있다. 해당 부분을 보자.

낙양의 공연 공간 2
고항재인古杭才人, 「환문자제착립신」

(생生) 저는 연수마延壽馬라고 합니다. 부친은 여직女直(여진) 분이시고 하남부河南府 동지同知로 계십니다. 며칠 전에 동평東平의 산악散樂 왕금방王金榜이 여기에 와서 작장作場을 했는데, 이 여인은 하늘나라의 서른 세 명의 여인이나 산속의 일흔 두 명의 선녀들 중에 있는 사람 같았습니다.

88 王季思 主編, 『全元戱曲』 第7卷, 人民文學出版社, 1999, pp.116~117.

89 이 작품의 배우들에 대한 상세한 논의는 본서 제5장 제3절 참고.

(…)

(건虔) 이 늙은이는 조천매趙茜梅라고 합니다. 나이가 들어 딸 왕금방과 함께 작장을 하며 살아갑니다. 본시 동평부 사람인데, 지금은 아이를 데리고 하남부에 와서 작장하는 날이 많지요. 오늘 아침에 간판을 내걸었으니 아이를 불러 내일 잡극雜劇을 상의해 보아야겠습니다. 얘야, 이리 와 보거라. (…)

(단旦) 어머니, 평안하신지요.

(건) 얘야, 널 부른 것은 다름이 아니라 먹고 살 일 때문이니, 내일 무슨 잡극을 할까?

(단) 제가 오늘 몸이 안 좋아서 구란에 가기가 싫어요.

(건) 네 아버지더러 데려다 달라고 하면 되지.

(단) 몸이 안 좋아서 못 가겠어요.[90]

「환문자제착립신」도 작자의 이름은 알려지지 않았지만 '고항재인신편古杭才人新編' 곧 항주의 직업 작가가 새로 엮었다고 밝히고 있는 14출出 길이의 남방 연극 작품이다. 줄거리는 금나라 때 하남부(낙양) 동지의 아들 완안연수마가 동평(지금의 산동성 동평시) 출신으로 낙양에 와서 공연하던 여자 예인 왕금방과 서로 좋아하지만 부친의 반대로 집에서 쫓겨나 고생을 하다가 결국은 양가의 허락을 받아 혼인한다는 이야기이다. 이 작품은 앞의 「제궁조풍월자운정」과 줄거리가 여러모로 비슷한데, 남자 주인공이 모두 여진족 권세가의 자제이고 여자 주인공이 비천한 예인 계층이라는 점이나, 부모의 반대나 방해로 고생을 하다가 결국 혼인에 이른다는 결말 등이 그렇다. 아마도 극작가들이 자신의 주위에서 일어나거나 일어날 수 있는 일을 소재로 삼기 쉬워서 이렇게 비슷

90 錢南揚 校注, 『永樂大典戲文三種校注』, 華正書局, 1980, p.221, 227. 生은 남자주인공 完顔延壽馬, 虔은 여자주인공의 모친 趙茜梅, 旦은 여자주인공 王金榜이다.

한 작품이 나온 것일 수도 있을 것 같다. 위에서 왕금방은 본래 동평 출신인데 모친 조천매와 함께 하남부 즉 낙양에 와서 잡극 공연을 하는 배우인데, 다른 지방에서 공연을 하러 모여든 배우들이 있는 낙양에는 크고 작은 구란이 적지 않게 있었을 것이다.

지금의 산서성 서남부 지역에 해당하는 평양平陽과 하북성 정정현正定縣과 석가장시石家莊市 일대에 해당하는 진정眞定 지역 역시 금원대에 공연이 활발하게 이루어진 곳이다. 먼저 평양 지역을 살피면, 이곳은 문헌 자료보다는 희대戲臺, 비문, 회화 자료 등이 많이 남아 있어서 당시의 공연 장소의 자취를 생생하게 확인할 수 있다. 황죽삼黃竹三과 연보전延保全이 공저한 『중국희곡문물통론』에서 소개하고 있는 것만 보아도 금대의 희대 및 희대 모형은 11개가 확인되고 원대 희대는 13개가 확인되고, 풍준걸馮俊杰의 『산서희곡비각집고』에 수록된 산서 지방 비문은 금대 비문 5개, 원대 비문 18개에 이르고 있어서 이 지역 공연 장소에 대한 정보를 쉽게 확인할 수 있다.[91] 이들 비문 가운데 하나를 살펴보면, 1319년에 지금의 산서성 홍동현洪洞縣 곽산霍山의 광승사廣勝寺에 있는 수신묘水神廟에 세워진 「중수명응왕전지비重修明應王殿之碑」는 조성현趙城縣의 몽골족 현윤縣尹이었던 왕랄합랄王剌哈剌이 명응왕전의 중수를 기념하여 쓴 비문인데, 여기에는 매년 봄마다 이곳 사당에서 수신인 명응왕을 모시는 제사에 '악예樂藝' 공연을 며칠 동안이나 이어가며 주민들이 함께 즐긴 풍습이 있었음이 적혀 있다.

91 黃竹三, 延保全, 『中國戲曲文物通論』, 山西教育出版社, 2010, pp.66~70, 89~96, 馮俊杰 等 編著, 『山西戲曲碑刻輯考』, 中華書局, 2002.

평양의 공연 장소

왕랄합랄, 「중수명응왕전지비」

원로들에게 물어서 매년 삼월 열여드레를 주민들이 좋은 명절로 삼았으니, 마침 온갖 꽃들이 만발하고 바른 도리가 펼쳐지는 때이라. 멀리는 성진城鎭에서 가까이는 촌락에서, 높은 사람들은 수레와 말을 타고 아랫사람들은 지팡이 짚고 걸어서, 처자식을 이끌고 노인과 아이들을 태우고 이르니 훌륭하도다! 다투어 술과 음식, 향과 지전紙錢을 가져와서 신령님의 은혜에 보답하고자 하고, 양쪽 도랑 [마을]에서 악예와 제수祭需를 내어 헌례獻禮하여 서로 더불어 며칠 동안 즐기며 실컷 놀고서도 그 뒤에도 미련을 두고 돌아보며 돌아갈 일을 잊었다.[92]

수신묘는 당대에 처음 세워졌다고 하는데, 이것은 그 옆에 있던 중요 농수 자원인 곽천霍泉의 신령을 모시기 위한 사당이었고, 북송 황제 휘종徽宗은 이 수신에게 명응왕이라는 이름을 내려주었다고 한다. 이곳에 가까운 촌락민들뿐 아니라 멀리 성진에서까지 신분의 고하를 막론하고 또 남녀노소 할 것 없이 많은 사람들이 모여 제사를 모시는 행사에 참여하고 공연을 즐겼다는 것이니 당시 평양 지역 향촌 사당의 무대에서 이루어진 공연 활동의 모습과 성격을 알려주는 귀중한 자료라고 하겠다.

그런데 이 사당에는 '요도堯都에서 사랑받는 대행산악大行散樂 충도수忠都秀가 이곳에서 작장하다(堯都見愛大行散樂忠都秀在此作場)'라는 제목이 붙은 유명한 원대 대형 벽화도 남아있어서 더욱 주목이 된다([그림

92 馮俊杰 等 編著, 『山西戲曲碑刻輯考』, 中華書局, 2002, p.98.

6]).[93] 충도수는 배우의 이름이고 작장은 공연을 뜻하는 말이다. 그림을 자세히 보면, 우선 배경이 되는 뒤쪽에는 청룡과 사내가 겨루는 듯한 그림 두 폭이 걸려 있고, 왼쪽 중간에는 막을 조금 걷고 무대 앞에 나

[그림 6] 산서성 홍동현 곽산 광승사의 명응왕전 벽화

93 堯都는 堯 임금이 탄생하고 도읍을 정했다는 전설이 전해지는 지금의 臨汾市를 말하고 大行散樂은 유명 극단의 대배우를 뜻하는 것으로 생각된다. 李冠然, 「山西洪洞戲曲壁畫"大行"與當行關系考」, 『青年文學家』 24, 2009.

와 있는 사람들을 쳐다보는 이가 보인다. 격자형 벽돌 바닥으로 된 무대 위에는 앞줄에 다섯 명, 뒷줄에 다섯 명 등 모두 열 명이 서 있는데 앞줄은 모두 배우이고 그중 가운데 있는 사람이 관리로 분장한 남장男裝 여배우 충도수일 것이다. 뒷줄은 반주자와 잡일을 하는 사람으로 보인다. 당시 평양의 중심지에서 인기가 높았던 여배우와 그가 속한 극단이 농촌까지 찾아와서 공연했다는 이 그림은 수신묘에서의 제사와 부대 행사가 얼마나 중요했을지 그리고 얼마나 많은 사람들이 모여 행사에 참여하고 공연을 즐겼을지를 상상할 수 있게 해준다.

다음으로, 진정 지방의 원대 공연 장소의 자취를 찾아보기 위해 납신納新(1309~1369?)의 『하삭방고기河朔訪古記』의 기록을 보자.

진정의 공연 장소
납신, 『하삭방고기』

진정로眞定路의 남문은 양화문陽和門이라고 하였다. 성문은 사뭇 견고하고 성루 위에 누각을 세워 진정의 재물을 쌓아두는 큰 창고로 삼았다. 성문은 쌍문雙門 모양이었는데, 문짝이 없어서 지나가면 그만이었다. [성문의] 양옆으로는 두 와시瓦市를 끼고 있는데, 여기에는 우사優肆, 기루, 술집, 찻집, 그리고 크고 작은 상가들이 모여 있었다. 진정이 지극히 번성하게 된 것은, 우리나라(원)와 송나라가 함께 금을 멸망시킬 때 채성蔡城(지금의 하남성 여남汝南현)이 이미 깨져 그곳 땅이 송나라의 것이 되자 백성들이 모두 우리나라를 따라 이곳으로 옮겨오게 된 때문이다. 이 때문에 변량, 정주鄭州 사람들이 진정에 많이 살게 되었고, 그리하여 [진정에는] 옛 도성의 유풍遺風이 있게 되었다.[94]

94 李偉, 吳建偉 主編, 『回族文獻叢刊』 第2卷, 上海古籍出版社, 2008, p.718.

납신은 알타이산맥 서쪽에서 유목 생활을 하던 투르크계 카를룩 부족 출신의 이민족으로, 중국 문헌에서는 내현乃賢, 내현迺賢 등으로도 쓴다. 여주汝州 겹현郟縣(지금의 하남성 평정산平頂山시)에서 살았고 후에 절강 은현鄞縣(지금의 영파시)으로 옮겨 살았다. 원대 말엽인 1362년에 한림국사원편수관翰林國史院編修官 겸 동호서원산장東湖書院山長을 지냈고 시집 『금대집金臺集』을 비롯하여 한문 저작도 많이 남겼다. 1363년에 쓴 서문이 붙어있는 『하삭방고기』는 그가 하삭 즉 황하 이북 중에서도 상산군常山郡(지금의 하북성 석가장시 일대), 위군魏郡(지금의 하북성 남부와 하남성 북부 일대), 하남군河南郡(지금의 하남 일대) 일대를 중심으로 하여 돌아보면서 수집한 문헌과 자료를 바탕으로 각 지역의 역사와 특색에 대해 간략하게 서술한 책으로, 원대 황하 일대 북방 지역의 사정을 이해하기에 큰 도움이 되는 기록이다. 위의 글에서는 진정의 와시에 대한 증언이 상세하여 양화문 북쪽 거리에 '우사' 즉 구란을 비롯하여 유흥가와 상점이 모여 있었다고 밝히고 있는데, 특히 금나라가 망한 뒤에 변량, 정주 일대의 옛 금나라 수도에 살던 사람들 다수가 진정으로 옮겨왔다는 언급은 앞에서 본 것처럼 북송이 망했을 때 개봉의 공연 종사자들을 비롯하여 많은 사람들이 강제로 북쪽으로 끌려갔다는 『삼조북맹회편』의 내용과 비슷한 점이 있다. 유명한 극작가 백박白樸(1226~1306이후)이 몽골 군대의 공격으로 변량이 함락되기 직전에 부친의 친구인 원호문元好問을 따라 피난하여 진정으로 와서 살게 된 것도 이때였다.[95] 백박 이외에도 후극중侯克中, 이문울李文蔚, 사장史樟 등 진

95 이정재, 「白樸 雜劇 硏究」, 서울대 석사학위논문, 1994 참고.

정 출신의 극작가들이 많았으니,[96] 진정에서도 와시 안의 '우사'에서 이들 극작가들이 써낸 작품들을 비롯하여 여러 가지 기예와 연극이 펼쳐졌을 것은 물론일 것이다.

대도는 쿠빌라이 즉위 초의 연경행성 시절부터 원대 연극 공연의 최대 중심지로 수많은 극작가와 배우들이 활동하면서 원대를 대표하는 예술을 만들어낸 도성으로, 이러한 성황을 기록한 문헌들도 매우 많다. 여기에서는 먼저 쿠빌라이가 다스리던 때에 살았던 것으로 보이는 황문중黃文仲이라는 사람이 쓴 「대도부大都賦」에서 상업이 발달하고 오락이 성행한 도성의 모습을 그린 대목을 살펴본다.

대도의 번영과 공연 장소
황문중, 「대도부」

거리 동쪽에서 서쪽을 바라보면 보일 듯 들릴 듯하고, 성 남쪽에서 성 북쪽으로 가는 길은 나설 때는 새벽이요 돌아오면 저녁이라. 번화한 구역과 시장에는 사해의 진귀한 것들을 다 모았고, 노래하고 춤추는 집에는 구주九州의 아름다운 꽃들을 뽑아 놓았네. (…) 또 뱀과 호랑이를 물리치는 기예와 새를 돕고 말을 숨겨주는 놀이, 귀신을 쫓아내는 술수와 천지를 논하는 연예 등이 있는데, 모두 사람의 마음을 미혹시키고 사람의 혼백을 흩어놓기에 족했다. 이런 까닭에 뜨거운 불길이 솟는 화산은 수레 울리는 소리요, 질풍과 노도는 저자의 소리이며, 긴 구름 같은 길은 말발굽에 피어나는 먼지요, 우레같이 땅을 울리는 것은 북이 울리는 것이라. 번성하고 풍요로움이 지극하니 말로 다 펼쳐낼 수가 없도다. (…) 가관歌館과 취대吹臺에서는 제후와 재상의 정원에서처럼 긴 소매 가벼운 치마 차림에 빠른 관현管絃 소리 울

96 李國平, 『元雜劇發展史』, 文津出版社, 1993, pp.140~145.

려서는, 봄버들을 엮어 근심을 일으키고 가을 달 기다리다 흘깃 쳐다 보며, 비췻빛 연못에 가서 더위를 식히고 비단 휘장 걷어 올려 구름 따뜻해지는 [이야기를 펼치네]. 웃음 한 번은 천금이요 밥 한 끼는 만전이니, 이러한 즉 다른 지방의 거상과 먼 곳에서 온 관원들이 즐기면서 시름을 잊고 계속 머무르며 돌아갈 일을 잊게 마련이라.[97]

황문중은 복건福建 장락長樂(지금의 복건성 복주福州시) 출신으로 정확한 생졸년도는 알 수 없고, 다만 원대 지대至大 연간(1308~1311)에서 지순至順 연간(1330~1333)에 걸쳐 행적이 확인된다. 「대도부」는 그가 지대 연간에 쓴 작품인데, 이때는 아직 과거시험이 중단된 시기로 사대부들이 조정의 관심을 얻기 위해 한대 헌부獻賦의 방식을 본따서 지은 작품들이 있었고, 「대도부」도 이러한 목적으로 쓴 것이라고 한다.[98] 작품은 쿠빌라이가 대도를 도성으로 정한 일부터 시작하여 대도의 지세와 규모, 성곽, 궁궐, 원림, 묘관廟觀 등을 묘사하고 수운, 거리, 시장, 상인, 재화, 잡기, 연예 등을 그려서 대도가 장안이나 낙양을 뛰어넘는 웅장한 모습임을 드러내고자 하고 있다. 위에서도 대도에서 많은 사람들이 모여드는 거리와 가관, 취대 등과 같은 여러 종류의 공연 장소에서 온갖 종류의 놀이와 연예가 성황리에 이루어지는 모습이 잘 나타나 있다.

원 말엽에 편찬되어 조선시대까지도 고려/조선인을 위한 중국어회화 학습을 위해 쓰였던 교재 중에 『박통사朴通事』라는 책이 있었는데,[99] 이 책에도 당시 중국의 구란의 모습에 대한 대화가 나와 크게 주목된

97 「大都賦」는 元 周南瑞가 편찬한 『天下同文集』 卷16에 수록되어 있다. 『景印文淵閣四庫全書』 第1366册, 臺灣常務印書館, 1986, pp.637~638.

98 趙逵夫 主編, 『歷代賦評注(宋金元卷)』, 巴蜀書社, 2010, p.690.

99 양오진, 『한학서 노걸대 박통사 연구』, 제이앤씨, 2008, p.39.

다. 이 책의 원본은 지금 전하지 않지만 훗날인 1677년에 일부 내용을 복원하고 그 원문에 한글로 중국어 독음을 달고 언해를 붙인『박통사언해朴通事諺解』가 간행되어 지금까지도 전해지고 있다. 이 책의「간잡기看雜技(잡기 구경)」에는 도시의 구란에 잡기 구경을 가고자 하는 주제의 대화가 펼쳐지고 있다.

[대도의 구란
『박통사언해』「간잡기」 **]**

갑: 구란拘欄에 잡기를 보러 가세.

을: 가서는 어찌 들어가는가?

갑: 한 사람이 동전 다섯 닢을 내면 들어갈 수 있지. 제반 창사諸般唱詞를 하는 것도 있고 막대기를 놀리는 것도 있지. [봉술은] 높은 탁자 위에 옷 벗고 벌렁게 누워 한 발 길이의 기둥만한 굵기에 번쩍이는 붉은 바탕에 금으로 그린 막대기를 발바닥 위에 놓아 굴리고 발등에 굴리고 발가락 위에 굴리다가 내려오면 차올려 놀리기를 그저 눈이 돌아가게 한다네. 보개寶蓋를 놀리는 사람은 또 노랗고 푸른 부리의 암수 종다리에게 탈을 씌우고 날개 춤을 추게 하지. 그 주인이 여러 색깔의 작은 깃발을 가져다가 노란 부리 종다리에게 한 색깔의 깃발을 가져오라고 말하면 곧 부리로 물어 가져와서 주인에게 주지.

을: 여러 가지 놀이를 하는 이도 있는가?

갑: 보기 좋은 것이 무엇이 없겠는가?

을: 내가 잔돈이 없는데 어쩌면 좋지?

갑: 괜찮네. 내가 잔돈이 있으니 내어줌세.

을: 그럼 좋네. 옛말에 "바람 불 때 불을 불면 별로 힘들지 않다"라고 했지.[100]

---

100 박재연 校點,『노걸대·박통사 원문·언해 비교자료』, 선문대학교 중한번역문헌연

『박통사언해』에는 전체 106개의 단락에 다양한 상황에서의 중국어 회화 표현뿐만이 아니라 풍속, 세태, 오락, 관혼상제, 종교, 매매, 문서 등에 관한 당시 중국의 사회풍속과 생활문화가 폭넓게 반영되어 있는 데다가 중국의 다른 문헌에서 볼 수 없는 언어사적, 문화사적인 자료가 풍부하게 들어있어서 문헌적 가치가 매우 큰 것으로 평가된다.[101] 위의 잡기 공연은 막대기를 이용한 신체 묘기와 새를 부리는 묘기가 언급되어 있고, 그밖에도 여러 가지 기예가 있었던 것으로 소개되고 있다. 이 잡기 공연이 어느 도시의 구란에서 이루어진 것인지는 밝혀져 있지 않지만 『박통사』의 저자가 장기간 대도에 거주하던 사람이었을 것이라고 추정된다는 견해가 있는 만큼 대도의 모습을 반영한 것일 가능성이 적지 않을 것이다.[102] 어떻든 대도와 같은 대도시의 구란을 소재로 한 대화가 외국인용 중국어회화 교재에 소개될 만한 내용으로 구성되었다는 것은 그만큼 구란이 사람들에게 익숙한 장소였다는 뜻일 것이다.

쿠빌라이가 임명한 남방 원정군 대장 바얀이 이끄는 몽골 군대가 1276년에 '세계에서 가장 크고 부유하며 세련된 도시'[103]였던 임안에 입성하여 남송을 무너뜨린 뒤로, 이제는 항주로 개칭된 임안을 비롯한 남방의 도시들도 새로운 지배자인 원 제국의 치하에 있게 되었다. 제국의 통일과 함께 북방의 잡극 작가와 배우들은 항주를 비롯한 남방으로 진

구소, 2003, pp.239~240. 번역문은 본래 조선시대 한글 표기로 되어 있으나 원문과 번역문을 함께 참고하여 내용 전달이 쉽게 수정하였다.

101 양오진, 『한학서 노걸대 박통사 연구』, 제이앤씨, 2008, p.86.

102 太田辰夫, 『漢語史通考』, 重慶出版社, 1991, p.166.

103 디터 쿤 지음, 육정임 옮김, 『하버드 중국사 송: 유교 원칙의 시대』, 너머북스, 2015, p.188.

출하여 새로운 삶의 기회를 모색하였고, 절강 남부 지역을 중심으로 성장한 남방 태생의 연극도 항주 등의 주변 지역으로 확산되면서 남방은 이제 연극과 공연문화의 새로운 중심지로 부상하게 되었다. 이 시기 남방 연극의 상황에 대해서는 양주揚州, 항주, 송강松江 등지의 기록이 적지 않게 남아있다.

먼저 양주는 1276년부터 1291년까지 지금의 강소, 절강, 안휘 등지를 관할하는 행정중심지인 강회행성江淮行省의 소재지로 지정되어 정치, 경제적인 중심 도시로 자리 잡았다. 이 시기 양주는 민간의 상업, 수공업자들과 주둔 군대의 군사 등을 중심으로 하여 인구가 빠른 속도로 증가하였고, 이들을 위한 공연문화도 자연스럽게 발달하였다. 당시 양주에는 지방 악무 관장 기구인 행교방사行敎坊司가 설치되어 예인들의 활동을 관리하고 감독하였다는 기록이 있어 양주에서 공연이 성행하였음을 짐작하게 한다.[104] 그중에서도 유명 배우 주렴수珠簾秀의 활약이 대단하였는데, 주렴수는 젊어서는 대도에서 활동하였으나 남송 멸망 후에 양주로 옮겨 살았고 이곳에서 오래 활동하며 명성이 높았고 많은 문인 및 작가들과도 활발하게 교류하였다. 잡극의 최고 작가 중 한 사람인 관한경關漢卿을 비롯하여 백박白樸, 마치원馬致遠, 상중현尙仲賢, 양현지楊顯之, 적군후狄君厚, 후극중侯克中 등의 극작가들과 문인 호지휼胡祗遹(1227~1295), 그리고 그의 절친한 벗 왕운王惲(1227~1304) 등 당시 명사들이 모두 주렴수에게 준 시문詩文과 산곡散曲 작품들이 남아있어서 주렴수의 위치가 어땠는지를 잘 알 수 있다.[105]

104 李國平, 『元雜劇發展史』, 文津出版社, 1993, p.256, 261.

105 珠簾秀 및 그와 명사들의 교류에 대해서는 본서 제5장 제2절 참고.

남송 멸망 이후 북방 인구가 대거 남하함에 따라, 항주에도 북방 출신의 수많은 작가와 배우들이 통일 이후 내려와서 활동하면서 새로운 전성기를 이어갔다. 1270년대에 남하한 몽골 군대가 임안에 무혈 입성하여 남송 시절의 문화적 기반이 파괴되지 않았고, 특히 1291년 겨울에 강소, 절강, 안휘 일대를 통할하는 강절행성江浙行省의 소재지가 항주로 정해져 양주의 행정적 지위를 옮겨온 뒤로 항주에는 더욱 많은 사람들과 물자가 모여들었고 공연도 번성하게 되었던 것이다.[106] 항주에는 남방 사람들뿐 아니라 북방에서 옮겨온 사람도 많았으므로 이제는 제국의 수도인 대도 말씨를 쓰는 북방 극작가와 배우들의 공연은 남북방 관객들을 막론하고 무리 없이 수용될 수 있었을 것이다.

당시 남방의 도시에서 펼쳐진 공연 장소를 언급한 작품으로는 항주의 신가방에 대해 읊은 서사영徐士榮의 「신가곡新街曲(신가방新街坊의 노래)」을 들 수 있다. 먼저 시를 보자.

항주 신가방의 가루歌樓
서사영, 「신가곡」

동쪽 거리에는 남녘 노래가 부드럽게 퍼지고,
서쪽 거리에는 북녘 노랫소리 드높구나.
가인佳人은 노래하며 가루歌樓에서 나오지 않고,
집 밖에는 백마가 푸른 고삐에 매어져 있네.
어제 잔치에선 악어가죽 북을 두드리더니,
오늘 밤에는 모여 앉아 생황을 조율하네.
악기 소리가 줄곧 노랫소리와 섞이는데,

106 李國平, 『元雜劇發展史』, 文津出版社, 1993, p.256.

사람 숨이 어찌 악기 숨만큼 길겠는가.
그저 걱정은 가루에 있는 사람이,
청춘 오래가지 못할까 하는 것.
어찌 알랴, 말 위의 사내가,
황금과 벽옥 [같은 사람]을 귀중한 보물로 여기지 않을지.
오랫동안 은애恩愛가 강물처럼 깊다 해도,
하루아침에 시든 화초 신세 되고 만다네.[107]

이 작품은 본래 붙은 원대 사람 뇌량賴良이 원대 말엽의 시들을 모아 엮은 책인『대아집大雅集』에 수록된 것으로, 이 책에는 지정至正 22년(1362)에 쓴 오흥吳興 사람 전자錢鼒가 쓴 원서原序가 붙어있다. 시 제목에 있는 '신가新街'는 항주의 신가방을 가리키고 오늘날의 고루鼓樓 북쪽 일대에 해당한다(앞의 [그림 5] 참고). 이곳에는 주점, 음식점, 야시 등이 매우 많아서 수많은 사람들이 모여들었다고 한다. 남송 때 항주의 모습을 기록한『몽량록』에도 권13 '야시夜市'나 권20 '기악伎樂' 대목에 신가방이 빠지지 않고 언급되고 있는데, 남송 시절 신가방에는 규모가 매우 큰 중와中瓦가 있어서 매일 수천 명이 구경을 왔고, 원대에도 남송 때의 번성했던 모습이 계속 이어졌던 것이다.[108] 위 시에서도 신가방의 가기가 노래를 부르며 귀족 자제의 관심을 받고 있지만 언제 어떻게 버려질지 모르는 운명을 걱정하고 있는데, 신가방이 있던 중와의 여러 가루와 구란, 그리고 다른 와사의 공연 장소가 남송이 망한 뒤에도 사라

107 "東街南曲聲婉揚, 西街北曲聲激昂. 佳人唱曲不下樓, 樓下白馬青絲韁. 昨日開筵擊鼉鼓, 今夜合席調笙簧. 樂聲一似曲聲雜, 人意豈如物意長. 祗恐樓上人, 春光不長好. 寧知馬上郎, 金璧非重寶. 向來恩愛江水深, 一旦殘花與衰草."『景印文淵閣四庫全書』第1369册, 臺灣常務印書館, 1986, p.522.

108 林正秋,『南宋都城臨安』, 西泠印社, 1986, pp.103~104.

지지 않았음을 말해주고 있다.

항주의 명승지 서호西湖를 낀 지역에도 많은 공연 장소가 있었다. 원대 화가 마진馬臻(1254~?)의 시집인 『하외시집霞外詩集』에 실린 「서호춘일장유즉사西湖春日壯遊卽事(봄날 서호를 노닐다)」라는 30수의 연작시에는 서호에서의 공연 모습이 다양하게 묘사되고 있다. 그중 일부를 살펴보자.

항주 서호의 선상 공연 장소
마진, 「서호춘일장유즉사」

보랏빛 물들인 봄 비단을 좁은 소매로 재단하여,
영인伶人(배우)들이 멋들어지게 입고서는 저들끼리 웃어대네.
부두部頭(우두머리)가 【금아곡金娥曲】 연주를 시작하게 하니,
모두 배 위의 붕棚에 일렬로 늘어서네.

한 가기가 예뻐서 그림으로도 형용하지 못할 정도인데,
작년에 처음 교방教坊에 이름을 올렸네.
새 노래로 이원梨園의 서열을 뒤집어놓고,
기쁘게도 왕손들의 갈채 소리를 듣는구나.[109]

이 연작시에는 작자가 오래전에 서호에 노닐면서 보았던 풍경을 회상하며 1318년 봄에 시를 썼다는 서문이 붙어 있으니 그가 본 서호는 원元의 전성기 때의 모습이었을 것이다. 첫 번째 시에서는 멋진 보랏빛 옷으로 차려입은 배우들이 선상의 붕에 도열하여 반주가 시작되자 노

109 "紫染春羅窄袖裁, 伶人楚楚自詼諧. 部頭教奏金娥曲, 盡向船棚一字排." "歌妓娉婷畫不成, 去年初籍教坊名. 新腔翻得梨園譜, 喜入王孫喝采聲." 『景印文淵閣四庫全書』第1204册, 臺灣常務印書館, 1986, p.147.

래를 시작하려는 모습을 그렸고, 두 번째 시에서는 노래 솜씨가 뛰어난 한 신참 가기가 서호의 공연장에 놀러 온 귀족 자제들에게 환영받는 모습을 그리고 있다. 서사영과 마진의 시 모두가 항주 공연 장소의 모습을 살피기에 부족함이 없다.

원 말엽 송강松江(지금의 상해시 송강구)에도 구란이 있었음이 확인되는데, 여기에서 압사 사고가 일어난 일이 자주 인용되고 있다. 이 사고는 원말명초 사람 도종의陶宗儀(1316~?)가 쓴 『남촌철경록南村輟耕錄』 권24 「구란압勾闌壓(구란 붕괴 사건)」에 기록되어 있다. 해당 부분을 보자.

송강의 구란
도종의, 『남촌철경록』 권24 「구란압」

지원至元 임인년壬寅年 여름, 송강부松江府 앞의 구란 옆에 고백일顧百一이라는 자가 살았다. 하루는 저녁때 꿈을 꾸었는데 성황묘에 들어갔다가 함께 들어간 40여 명이 모두 서약서를 내면서 서명을 하였다. 또 심沈 씨의 아들은 은銀 가공업자였는데 역시 고백일과 같은 꿈을 꾸고 나서 마음이 좋지 않았다. 가족들은 그를 달랠 방법이 없자 구란에 가서 연극을 구경하라고 권했다. 그러나 고백일은 지난밤의 꿈자리가 사나워 감히 밖에 나가지 못했다. 그의 딸은 관노官奴였는데, 노래를 연습하다가 구란의 북소리가 울리면 들어가곤 했다. 그날 [딸이] 들어간 지 얼마 안 되어 붕옥棚屋이 우지끈 소리를 내어 사람들이 놀라 흩어졌다. 조금 지나도 별 문제가 없자 다시 모여들었다. 그러나 다시 얼마 안 되어 붕옥이 무너졌다. 고백일은 안으로 들어가 딸을 구하려고 했으나 딸은 이미 그곳을 빠져나왔고, 고백일은 무너진 나무에 깔려 죽었다. 죽은 사람은 모두 42명이었고, 여기에는 스님 한 명과 도사 두 명도 들어있었다. 다행히 가수 천생수天生秀 일가는 한 사람도 다치지 않았다. 죽은 사람들은 모두 머리가 깨지고 갈빗대가 부러지고 근육이 끊어지고 골수가 흘러나왔다. 아래에 깔렸다가 다행히 화를 면한 사람도 있었다. 붉은 옷을 입은 사람이 지시하여 사람들을 구하였고, 빠져나오지 못한 사람들도 버팀목을 대어 보호하였다.[110]

도종의는 청양靑陽(지금의 절강성 대주臺州시) 사람으로 원나라 말엽에 과거에 한 번 떨어지고 명나라에 들어선 뒤로도 벼슬을 하지 않은 채 송강으로 옮겨가 여생을 살았다. 『남촌철경록』은 그가 송강에 있으면서 10여 년에 걸쳐 모은 자료들을 엮어 편찬한 책이다. 이 책은 원대의 역사, 제도, 문물 등을 비롯하여 소설, 연극, 서화, 시문 등에 관련된 내용들을 수록하고 있어서, 원대 사회의 모습을 이해하는 데 큰 도움을 준다. 책의 첫머리에는 1366년에 손작대孫作大라는 사람이 쓴 서문이 있는데, 첫머리에 나오는 지원 임인년은 지정至正 연간의 임인년(1362)을 잘못 적은 것으로 여겨진다.[111] 따라서 이 기록은 원 말엽 송강부 옆의 구란에 고백일이라는 사람이 연극 구경을 갔다가 붕옥이 무너져 수십 명과 함께 목숨을 잃은 일을 적은 것이다. 사고를 예고한 꿈 이야기도 기이하지만, 무엇보다도 사고의 모습이 생생하게 묘사되고 있고, 송강부에도 규모가 작지 않은 구란이 있었음을 알게 해준다.[112]

마지막으로, 어느 지역인지 밝혀져 있지는 않지만 원대 도시와 농촌의 구란과 공연을 그린 시와 소설의 기록들을 살펴보자. 먼저 도시의

110 陶宗儀, 『南村輟耕錄』, 中華書局, 1959, pp.289~290.

111 至元 연간은 쿠빌라이 시대의 두 번째 연호인 1264년부터 1294년까지와 토곤테무르 시대의 두 번째 연호인 1335년부터 1340년까지의 두 차례가 있었지만 두 시기 모두 壬寅年은 들어있지 않다.

112 이 사고에서 살아남은 가수 天生秀에 대해 『靑樓集』에서도 기록하고 있다. 본서 제5장 제2절 참고.

구란을 노래한 조반한趙半閑의 「구란곡勾欄曲」이라는 시를 살펴본다.

도시의 구란과 공연
조반한, 「구란곡」

거리의 훤칠한 사람들이 모두 모여 즐기니,
피리 불고 북 치며 비단 깃발 내걸었네.
분장한 젊은이는 금줄 쳐진 옷을 입었고,
젊은 여자는 예쁜 두 눈썹을 찌푸리네.
어리석은 늙은이가 달려 나가니 말 많은 모친이 꾸짖고,
추한 여인이 질투하니 광객狂客이 비웃는구나.
수염 덥수룩한 사내가 창을 놀리니 무예가 대단하고,
가는 허리의 여인이 비취를 달았는데 노래하는 입술은 작구나.
눈앞에서 명예와 이익의 이야기 한바탕을 끄집어내니,
동분서주하며 바쁘기도 하여라!
영락하여 들판 떠돌던 나그네가,
순식간에 중서성中書省의 낭관郎官이 되는구나.
기쁨이 채 이루어지기도 전에 근심이 생겨나니,
험한 길에서 낙마하여 천길 골짜기로 떨어지네.
관산關山 만 리에 나그네 마음은 춥기만 하고,
처자식은 등불 다하도록 두 눈에 눈물만 흐르네.
만장하신 여러분은 슬퍼하시지 마시오,
꿈인지 생시인지 모를 이야기들이니.
연지와 분 다 씻어내고 노랫소리 그치니,
이들이 모두 거리 사람들이었음을 알아보겠네.[113]

113 "街頭羣幾盡聚嬉, 吹簫撾鼓懸錦旗. 粉面少年金縷衣, 青鬟擁出雙蛾眉. 騃翁前趨嚚母誚, 醜姬妒嗔狂客笑. 虬髯奮戟武略雄, 蜂腰束翠歌唇小. 眼前勾作名利場, 東馳西騖何蒼惶. 栖栖猶是蓬蒿客, 須臾喚作薇垣郎. 新歡未成愁已作, 危塗墮馬

조반한의 행적은 알려져 있지 않지만, 이 시는 원 말엽에 부습傅習이 널리 수집한 시들을 손존오孫存吾가 분류하고 우집虞集(1272~1348)이 교정하여 펴낸 『황원풍아皇元風雅』에 실려 있다. 이 책의 후집後集 첫머리에는 사승손謝升孫의 아들이 쓴 서문이 있는데, 여기에 '남인南人의 시'와는 다른 '중주中州' 또는 '중토中土'의 시를 모았다는 점을 밝히고 있어서 위의 「구란곡」도 북방 어느 도시의 구란에서 있었던 일을 읊은 것임을 알 수 있다.[114] 시의 앞부분에서는 남녀노소 다양한 인물들이 무대에 등장하여 각기 개성 있는 연기를 펼치는 모습을 묘사하고 있고 뒷부분에서는 나그네가 관원이 되었다가 다시 신세가 추락하는 곡절을 겪는 이야기를 펼쳐 보이는 장면을 읊고 있으며 마지막 부분에서는 이들이 모두 연극 속 이야기였음을 밝히고 있다. 이 시도 원대 어느 지방 구란에서의 공연 모습을 알게 해주는 귀중한 자료이다.

다음으로 소설의 기록이어서 이야기 속의 시기와 장소를 그대로 믿기는 어렵지만 원 말엽 무렵에 완성된 소설 『수호전水滸傳』에는 남방의 한 시골 마을에 도시에서 데려온 여배우의 공연을 보러 모여든 사람들이 성황을 이룬 장면이 보인다.

향촌의 구란
시내암, 『수호전』 103회~104회

하루는 왕경王慶이 할 일 없이 집안에 앉아 있는데 멀리서 왁자지

千尋壑. 關山萬里客心寒, 妻子衰燈淚雙落. 紛然四座莫浪悲, 是醒是夢俱堪疑. 紅鉛洗盡歌管歇, 認渠元是街頭兒." 『皇元風雅』 前集 卷4. 『四部叢刊初編』 集部 第2036册 수록본.

114 『皇元風雅』 後集 序. 『四部叢刊初編』 集部 第2037册.

껄 떠들어대는 소리가 나므로 머슴을 보고 "어디서 저렇게 떠들썩한가?" 하고 물었다.

"이 대관인大官人께서는 모르시겠지만 여기서 서쪽으로 1리 남짓 가면 정산보定山堡 내의 단가장段家莊이라는 마을이 있는데 그곳 단씨 형제가 본주本州로 가서 분두粉頭를 불러와서는 희대戲臺를 만들어놓고 제반 품조諸般品調를 설창說唱하게 하고 있습니다. 그 분두는 서경西京에서 온 신참내기 항원行院 [출신]인데 용모와 재주가 다 출중합니다. 그래서 구경꾼들이 인산인해를 이루고 있는데 대관인께서는 어찌하여 구경하러 가시지 않습니까?"

왕경은 그 말을 듣자 더는 집안에 박혀 있을 수 없는지라 곧장 정산보로 갔다. (…)

그때 왕경이 정산보에 가 본즉 인가는 5~6백 호 되고 무대는 마을 동쪽 밀밭에 만들어 놓았다. 분두는 아직 무대에 오르지 않았고 무대 아래 사면에 놓은 3~40개의 책상에는 사람들이 빼곡이 둘러앉아 주사위를 굴리며 노름을 하고 있었다. (…) 노름판 이야기는 이만하고, 촌색시와 시골 아낙네들도 밀밭 김이나 채소밭 가꾸는 일을 제쳐놓고 삼삼오오 떼를 지어 와서는 까맣게 탄 얼굴에 싯누런 이빨을 드러내놓고 서서 분두가 나타나기를 기다린다. 그 이도 여느 사람과 마찬가지로 부모가 기른 것이겠는데 얼마나 곱길래 사람들이 상당히 많이 모여들었다. 구경꾼들은 인근 촌락에서뿐만 아니라 성 안에서도 몰려왔는지라 푸르싱싱하던 밀밭이 10여 무畝나 결딴이 났다.[115]

잘 알려져 있듯이 『수호전』의 작자는 시내암施耐庵 또는 나관중羅貫中이라는 설이 많고, 이들은 모두 늦어도 원대에 살았던 사람이라는 것이 통설이다.[116] 물론 『수호전』의 원대 판본은 지금은 남아 있지 않고 현존

---

115 시내암 지음, 연변대학 수호전 번역조 옮김, 『신역 수호전』 제7권, 청년사, 1990, pp.28~30. 여기에서는 일부 표현을 수정하였다.

116 袁行霈 主編, 『中國文學史(第三版)』 第4卷, 高等教育出版社, 2014, p.39.

하는 가장 이른 판본은 명대 후기의 것이므로, 위에 인용한 대목이 원대 향촌 공연의 모습을 보여주는 것이라고 단언하기는 어렵고, 명대의 상황도 반영되어 있을 것이라고 보는 것이 타당할 것이다. 어떻든 이 대목은 북송 왕조 말엽에 반란을 일으킨 세력 가운데 하나를 이끈 왕경이 난을 일으키기 전에 억울한 일을 당하여 귀양을 가던 중 탈주하여 방주房州(지금의 호북성 방현房縣) 근처의 한 시골에 머물러 있었을 때의 일을 말하고 있다. 단가장 사람들이 서경 즉 장안 출신의 분두(여배우)를 불러와서 '여러 가지 품조를 설창하게' 하고 있는데, 용모가 뛰어난 이 여배우의 공연을 보기 위해 시골과 성내에서 많은 사람이 몰려왔다는 것도 이어서 쓰고 있다. 항원은 본래 직업적인 배우들의 조합 또는 기획사 같은 것이지만 여기에서는 배우의 뜻으로 볼 수도 있다. 『수호전』의 이 대목은 송원대에 남방(호북)의 한 시골에서 현지 사람들과 성내에서 온 사람들이 많이 모여서 '제반 품조' 곧 여러 종류의 노래 스타일을 이야기와 노래가 함께 있는 설창 즉 강창 형식으로 풀어서 많은 인기를 얻은 여배우의 공연을 즐긴 현장의 모습을 간접적으로 증언하고 있다고 할 수 있다. '제반 품조'를 금원대에 성행한 제궁조諸宮調 양식이라고 보기도 하지만,[117] 어떻든 대규모 연극 공연이 아닌 소규모 강창 공연도 당시에 많은 사람들에게 크게 환영받았음을 알게 해주고 있다.[118]

지금까지 북송과 남송, 그리고 금원 시기의 각 지역의 공연 공간에

117 葉德均, 「宋元明講唱文學」. 葉德均, 『戲曲小說叢考』, 中華書局, 1979, p.640 재수록본에 따름.

118 '제반 품조'의 설창 광경은 『수호전』 제51회에 매우 상세하게 나오는데, 이에 대해서는 본서 제3장 제3절 참고.

대한 여러 기록들을 상세히 살펴보았다. 전체적으로 보아 송대에는 개봉과 임안 등 도성의 공연 장소에 대한 기록이 중심이 되고 있는데 비해, 금원 시기에는 대도, 항주, 양주 등의 대도시 이외에도 여러 지방에서의 공연 장소에 대한 기록들이 확인되고 있다. 이는 송원 시대를 지나면서 공연의 문화가 소수의 대도시 중심에서 다수의 지방 도시와 향촌으로 확산되는 추세를 드러내는 것이라고도 할 수 있다. 다음 장에서는 각 공연 공간에서 펼쳐진 다양한 공연 장르들에 대해 살펴보기로 한다.

제2장

공연의 장르와 종목

제1절

북송 시대 개봉의 연극과 연희

앞에서 본 것처럼 송대 이후 중국의 도성과 지방 도시 및 향촌에는 모두 공연을 위한 장소가 적지 않게 있었음이 확인된다. 그렇다면 이들 공연 장소에서 펼쳐진 연극이나 기예의 실상은 어떠했을까? 먼저 북송 시대 개봉의 공연 종목들을 소개하고 있는 『동경몽화록』「경와기예京瓦伎藝(동경 와사의 기예들)」 항목에는 다음과 같은 기록이 보인다.

북송 개봉의 공연 종목 1
맹원로, 『동경몽화록』 권5 「경와기예」

숭녕崇寧(1102~1106)과 대관大觀(1107~1110) 연간 이래의 재경在京 와사 기예. 장정수張廷叟와 맹자서孟子書가 **주장**主張을 하였다.[1]

1 主張을 日譯本 등에서는 '主宰하다'의 뜻으로 풀이하였고, 康保成은 雜劇의 '末泥' 즉 남자 주연 인물을 연기하는 角色(배역)으로 보았다. 孟元老 原著, 入矢義高·梅原郁 譯注, 『東京夢華録: 宋代の都市と生活』, 岩波書店, 1983, 平凡社,

소창小唱은 이사사李師師, 서파석徐婆惜, 봉의노封宜奴, 손삼사孫三四 등이 가장 뛰어났다. **표창**嘌唱은 제자弟子 장칠칠張七七, 왕경노王京奴, 좌소사左小四, 안낭安娘, 모단毛團 등이 잘했다.[2] 교방敎坊에서 감파減罷되어 [와사에서] 온습溫習(연습)하던 장취개張翠蓋, 장성張成, 제자 설자대薛子大, 설자소薛子小, 초기아俏枝兒, 양총석楊總惜, 주수노周壽奴, 칭심稱心 등은 **잡극**雜劇을 공연했다.[3] **장두괴뢰**杖頭傀儡를 하던 임소삼任小三은 매일 오경부터 소잡극小雜劇 첫 회를 시작했는데 조금만 늦어도 [사람들이 다 들어차서] 구경할 수가 없었다. **현사괴뢰**懸絲傀儡는 장금선張金線이 했고, 이외녕李外寧은 **약발괴뢰**藥發傀儡를 잘했다. 장진묘張臻妙, 온노가溫奴哥, 진개강眞箇強, 몰발제沒勃臍 등은 **소도도**小掉刀와 **근골**筋骨, **상삭**上索 등 손(手)을 쓰는 여러 기예를 했다. 혼신안渾身眼, 이종정李宗正, 장가張哥 등은 **구장**毬杖과 **척농**踢弄을 했다. 손관孫寬, 손십오孫十五, 증무당曾無黨, 고서高恕, 이효상李孝詳 등은 **강사**講史를 했고, 이조李慥, 양중립楊中立, 장십일張十一, 서명徐明, 조세

1996, p.177, 康保成, 「『東京夢華錄』"京瓦伎藝"標點商兌」, 『文化遺産』 2015年 第1期, pp.39~40. 日譯本에서는 孔憲易의 논문을 인용하여 孟子書는 內敎坊 소속의 樂官으로 당시 金軍과 내통한 세 명의 배우 가운데 한 사람으로 거론되어 있다고 하였으니(『三朝北盟會編』 卷78 및 『揮塵後錄』 卷4), 그가 당시에 영향력이 컸던 사람인 것은 분명할 것이다. 그렇다면 두 사람이 雜劇의 주요 角色인 末泥를 연기하였고 이들이 당시 開封 瓦舍에서 주도적 역할을 한 인물이라고 보는 것이 좋을 듯하다. 主張을 末泥 각색의 역할로 보는 것에 대해서는 본서 제5장 제1절 참고.

2 弟子는 여기에서는 歌舞를 잘하고 使客을 접대한 官妓를 말한다. 이들의 우두머리를 行首라고 했다. 宋 朱彧 撰, 李偉國 點校, 『萍洲可談』, 中華書局, 2007, p.169.

3 宋 徽宗 宣和 7년(1125) 10월에 金軍이 대규모로 남침하여 도성을 위협하자 徽宗은 12월에 제위를 태자에게 넘겨주었고, 제위에 오른 새 황제(欽宗)는 12월에 國難을 당해 여러 가지 긴축 정책을 시행하는 명령을 내렸다. 그중에는 敎坊의 '額外人' 즉 정원 외 인원을 파직시키는 조치가 포함되었는데, 위의 배우들은 당시 敎坊에서 파직되어 開封 도성의 와사에서 연습과 공연을 한 사람들로 생각된다. 康保成, 「『東京夢華錄』"京瓦伎藝"標點商兌」, 『文化遺産』 2015年 第1期, pp.40~41.

형趙世亨, 가구賈九 등은 **소설**小說을 잘했다. 왕안희王顔喜, 개중보蓋中寶, 유명광劉名廣은 **산악**散樂을 했고, 장진노張眞奴는 **무선**舞旋을 잘했다. 양망楊望, 경소아京小兒는 **상박잡극**相撲雜劇과 **도도만패**掉刀蠻牌를 했다. 동십오董十五, 조칠趙七, 조보의曹保義, 주파아朱婆兒, 몰곤타沒困駝, 풍승가風僧哥, 조육저俎六姐는 **영희**影戱를 잘 했고, 정의丁儀, 수길瘦吉 등은 **교영희**喬影戱를 잘 놀았다. 유백금劉百禽은 **충의**蟲蟻를 잘 놀았다. 공삼전孔三傳은 **사수재 제궁조**耍秀才諸宮調를 했고, 모상毛詳, 곽백추霍伯醜는 **상미**商謎를 했다. 오팔아吳八兒는 **합생**合生, 장산인張山人은 **설원화**說諢話를 했고, 유교劉喬, 하북자河北子, 백수帛遂 오우아吳牛兒, 달안達眼 오중명五重明, 교낙타아喬駱駝兒 이돈李敦 등은 **잡반**雜班에 뛰어났다. [도성] 밖에서 들어온 손삼孫三은 **신귀**神鬼를 잘했고, 곽사구霍四究는 〈**삼분**三分〉을 강설했고, 윤상매尹常賣는 〈**오대사**五代史〉를 강설했다. 문팔낭文八娘은 **규과자**叫果子를 잘했다. 그밖에도 이루 다 헤아릴 수 없을 정도로 많았다. 비바람이 불고 춥거나 더워도 여러 붕棚의 구경꾼들도 날마다 헤아릴 수 없을 정도로 많았다. 교방과 균용직鈞容直에서는 순휴일마다 공연을 했는데, 이때에는 [궁궐 바깥] 사람들도 구경하도록 허락했다. 내연內宴(궁궐 내 연회)을 하기 한 달 전부터는 교방에서 [궁궐 밖의] 기녀와 아이들을 모아다가 대무隊舞와 작악作樂과 잡극의 절차를 연습시켰다.[4]

위의 대목은 북송 수도 개봉의 다양한 공연 종목들에 대해 상세하게 적고 있는 유일한 기록이라는 점에서 의미가 매우 크다. 그런데 『동경몽화록』에서도 특히 이 대목은 원문의 각 구절을 끊어 읽기가 상당히 까다로운 부분이 여러 군데 있고, 일부 기예는 실제 모습이 어떠했는지를 알기도 쉽지 않다. 여기에서는 기존의 연구와 번역 성과를 참고하면

4 孟元老 等 著, 『東京夢華錄(外四種)』, 古典文學出版社, 1956, pp.29~30.

서 진일보한 해석을 시도해보았다.

전체적으로 보아 앞부분에서는 기본적으로 종목별로 일정한 순서에 따라 서술하고 있다. 먼저 동경(개봉) 와사 기예의 운영을 총괄한 사람들을 소개하고, 이어 소창이나 표창 같은 가창류 공연에 대해 적은 다음, 기녀들이 펼친 연극류 공연인 잡극을 비롯하여 여러 종류의 괴뢰 즉 꼭두각시 놀이에 대해 소개하고 있다. 다시 이어서 소도도, 근골, 상삭, 구장, 척농 등과 같이 손발을 쓰는 묘기류의 기예를 열거한 뒤, 강사와 소설 같은 강창류, 산악과 무선 같은 악무류, 상박잡극과 도도만패 같은 겨루기 종류, 영희와 교영희 같은 그림자극 종류의 순서로 비교적 정연하게 소개하고 있다. 그러나 그다음부터는 종류별 소개가 아닌 이런저런 종류의 기예들을 뒤섞어서 소개하는 방식을 보이고 있는데, 곤충을 가지고 노는 기예인 충의, 강창 종류인 제궁조, 수수께끼 놀이인 상미, 즉석에서 노래를 지어 부르며 주고받는 합생, 우스개 이야기인 설원화, 시골 사람 흉내 우스개 연기인 잡반, 귀신 흉내를 내는 기예인 신귀, 삼국시대나 오대 때의 이야기를 강설하는 종류, 그리고 먹을거리를 파는 소리를 흉내낸 규과자 등이 다소 질서 없이 뒤섞여 소개되고 있다. 소개 방식이 어떻든 북송 시대 도성에서 있었던 다양한 종류의 종목들이 망라되어 펼쳐지고 있음은 분명하다고 하겠다.

같은 책의 권6「원소元宵(정월 대보름)」 항목에도 정월 대보름날 개봉 선덕문루 앞에서 펼쳐진 공연 종목들에 대한 기록이 보인다.

북송 개봉의 공연 종목 2
맹원로, 『동경몽화록』 권6 「원소」

격환擊丸(탄환쏘기), 축국蹴踘(공차기 묘기), 답삭踏索(줄타기), 상간上竿(장대오르기), 조야인趙野人의 도끽냉도倒喫冷淘(물구나무 서서 냉국수 먹기), 장구가張九哥의 탄철검呑鐵劍(칼 삼키기), 이외녕李外寧의 약법괴뢰藥法傀儡, 소건아小健兒의 토오색수吐五色水(오색수 토해내기)와 니환자泥丸子(흙구슬굽기), 대특락大特落의 회약灰藥, 골돌아榾柮兒의 잡극雜劇, 온대두溫大頭와 소조小曹의 혜금嵇琴, 당천黨千의 소관簫管, 손사孫四의 소련약방燒煉藥方(연단술), 왕십이王十二의 작극술作劇術,[5] 추우鄒遇와 전지광田地廣의 잡분雜扮, 소십蘇十과 맹선孟宣의 축구築毬(공차기/공치기 시합), 윤상매尹常賣의 〈오대사五代史〉 강설, 유백금劉百禽의 금충의禽蟲蟻(새나 벌레 부리기), 양문수楊文秀의 고적鼓笛 등이 있었고, 또한 후정백희猴呈百戲(원숭이의 백희), 어도도문魚跳刀門(물고기가 칼 뛰어넘기), 사환봉접使喚蜂蝶(벌과 나비 부리기), 추호루의追呼螻蟻(개미 쫓아가며 부르기) 등도 있었다. 그밖에도 매약賣藥(약장수), 매괘賣卦(점술), 사서지미沙書地謎(모래로 글자 써서 수수께끼 내기?) 등 신기한 기예가 백출하여 날마다 새로운 즐거움을 주었다.[6]

앞서 본 것처럼 정월 대보름은 새해를 맞이하여 황제로부터 백성들까지 한자리에 모여 성대한 축제를 벌이는 큰 명절이었고, 그 장소는 선덕문루 앞의 어가에 차린 임시 무대였다.[7] 위에 나열된 종목들은 바로 이날 펼쳐진 여러 공연 종목들이었는데, 연극류 종목인 잡극, 잡분,

5 則劇과 같은 것으로 생각되고, 則劇은 (어린 아이들의) 장난스러운 놀이인 듯하다. 劉曉明, 「"則劇"考」, 『廣州大學學報(社會科學版)』 第2卷 第11期, 2003, pp.1~3, 7.

6 孟元老 等 著, 『東京夢華錄(外四種)』, 古典文學出版社, 1956, pp.34~35.

7 본서 제1장 제1절 참고.

기악류 종목인 혜금, 소관, 고적, 강창류'종목인 〈오대사〉 등을 제외하고 대부분 잡기류 종목에 속하는 것들이다. 여기에서 보이는 종목들 가운데에는 앞의 와사의 기예들에서 나온 종목들과 같은 것이 있는데, 이외녕의 약법괴뢰(약발괴뢰), 윤상매의 〈오대사〉, 유백금의 금충의(충의) 등이 그들이다. 이들은 와사에서 뛰어난 기예로 인기를 얻어 경축일의 행사에서도 활약하게 되었을 것이다.

두 기록에 나열된 종목들을 종류별로 다시 정리해보면, 노래 중심의 가창류, 악기 연주 위주의 기악류, 연기 중심의 연극류, 묘기 중심의 잡기류雜技類, 스토리텔링 종류인 강창류, 음악과 춤이 어우러진 악무류樂舞類, 즉흥적인 말재주와 순발력이 필요한 구변류口辯類 등으로 나누어 아래와 같이 분류해볼 수 있다.

가창류: 소창, 표창, 규과자

기악류: 혜금, 소관, 고적

연극류: 잡극, 장두괴뢰, 현사괴뢰, 영희, 교영희, 잡반

잡기류: 약발괴뢰(약법괴뢰), 소도도, 근골, 상삭, 구장, 척농, 상박잡극, 도도만패, 충의, 신귀, 격환, 축국, 답삭, 상간, 도끽냉도, 탄철검, 토오색수, 니환자, 회약, 소련약방, 작극술, 축구, 금충의, 후정백희, 어도도문, 사환봉접, 추호루의, 매약, 매괘, 사서지미

강창류: 강사, 소설, 사수재 제궁조, 설원화, 삼분, 오대사

악무류: 산악, 무선

구변류: 상미, 합생

이들 각 종류의 공연 종목에 대해 좀 더 자세히 살펴보자. 먼저 가창

류 종목 중에서 **소창**은 짧거나 반주 악기 구성이 단순한 노래를 뜻하는 것이다. 소창 가수 중에서 이사사(1080~?)는 당시 개봉에서 가장 이름을 떨쳤던 예인 가운데 한 명으로, 여러 명의 작가들과 가까웠고 특히 송 휘종徽宗(1082~1135)의 총애를 받아 당시의 유명 작가였던 주방언周邦彦(1056~1121)이 이들의 사이를 질시한 사詞를 지었다가 죄를 얻었다는 이야기는 유명하다. 이사사에 대한 이야기는 널리 알려져서 송대에 이미 「이사사외전李師師外傳」이라는 전기傳奇소설이 지어지고 원명대의 유명 소설 『수호전』에도 등장하고 있다.[8] 이어 장칠칠 등의 기녀들이 불렀다는 **표창**은 소리를 구성지고 길게 뽑는 '범염汎艶한' 노래였다. 표창의 이러한 성격은 당시 다른 기록에 "오늘날의 가곡은 옛날 정鄭, 위衛 지방의 노래보다도 더욱 음미淫靡한데, 근래에 다시 옛 소리에 범염함을 더한 것을 표창이라고 한다."라고 하였고 또 "'표표嘌嘌'는 절도가 없는 것을 말한다."라고 하는 것에서도 잘 확인된다.[9] **규과자**도 물건 파는 소리를 모방하여 가락을 실어서 노래한 가창류 공연으로 볼 수 있다. 이어 **혜금**, **소관**, **고적** 등 기악류 종목들에서는 관악기나 북 같은 연주를 잘했던 사람들이 소개되었다.

다음으로, 연극류 공연 가운데 **잡극**은 본래 교방 소속이던 남녀 배우들이 연기한 짧은 연극류 공연으로, 익살이나 우스개를 중심으로 하는 종류와 노래 및 춤을 위주로 연기하는 종류가 있었고, 『동경몽화록』

8 李師師에 대해서는 任崇岳, 「李師師生年小考」, 『河南大學學報(社會科學版)』 第36卷 第1期, 1996.1, 詹凌菲, 「李師師故事的演變與古代青樓文化」, 『天中學刊』 第27卷 第4期, 2012.8 참고.

9 宋 程大昌, 『演繁露』 卷9 '嘌'. 『景印文淵閣四庫全書』 第852册, 臺灣常務印書館, 1986, p.142.

의 다른 부분에도 궁정의 중요 경축 행사에 포함된 잡극 공연에 대한 설명이 있으며, 남송 때의 공연 종목들을 적은 여러 기록에도 잡극의 성격에 대한 진일보한 설명이 보인다.[10] 막대에 꼭두각시를 끼워 조종하는 **장두괴뢰**와 줄로 조종하는 꼭두각시를 이용한 **현사괴뢰**, 그리고 그림자극 종류인 **영희**와 **교영희**—'교'는 우스개를 뜻함—도 연극류 기예이며, **잡반**은 잡극을 공연한 뒤에 바로 이어 시골 사람 차림을 하고 우스개 연기를 하는 것을 말하므로 이 또한 연극류 공연에 속하는 것으로 볼 수 있다.[11]

다음으로 잡기류 공연에 대해 살펴보면, **약발괴뢰**는 화약을 터뜨려 인형을 움직이게 하는 종류였던 듯하다. 오늘날 절강浙江의 한 농촌에도 높은 장대에 작은 인형들을 연결하여 화약을 터뜨려 움직이게 하는 '경화목우瓊花木偶'라는 잡기류의 공연이 있는데, 여러 사람이 이것이 송대 약발괴뢰의 후신이라고 여긴다.[12] 당시 화약이 막 보급되기 시작하면서 많은 사람들의 호기심을 자극했고 이러한 배경 위에서 화약

10 宋代의 雜劇은 원칙적으로 4개의 단락(折)로 구성된 元 雜劇과는 다른 종류이다. 宋代 雜劇에 대한 연구는 매우 많다. 王國維 著, 오수경 역, 『송원희곡고역주』, 소명출판, 2014에서 개요를 이해할 수 있고, 보다 자세하고 전문적인 연구는 胡忌, 『宋金雜劇考』, 古典文學出版社, 1957에서 이루어졌다. 최근의 성과로는 안상복, 「송금대 잡극·원본 연구」, 서울대학교 박사학위논문, 1996, 廖奔, 劉彦君, 『中國戲曲發展史』, 山西教育出版社, 2000 등이 있다. 북송 궁정의 잡극 공연에 대해서는 본서 제4장 제2절 참고. 남송 도성의 잡극에 대해서는 본서 제2장 제2절, 제6장 참고.

11 잡반의 보다 구체적인 성격에 대해서는 본서 제2장 제2절 참고.

12 泮麗娜, 「泰順藥發木偶戲的歷史與現狀」, 『東方博物』 2011年 第4期 등 참고. 劉琳琳 같은 학자는 그것이 기계장치 인형이라고 보기도 하나 많은 지지를 얻지는 못하고 있다. 劉琳琳, 「藥發傀儡辨」, 『戲劇(中央戲劇學院學報)』 2007年 第3期, pp.77~85. 이에 대한 반론은 程民生, 「汴京對火藥應用發展的貢獻」, 『軍事歷史研究』 2016年 第6期, pp.57~68 참고.

을 이용한 기예도 만들어졌던 것 같다.[13] 다만 정해진 연기가 아닌 묘기에 가까운 종류였을 것으로 생각되어 잡기류 공연으로 분류할 만하다고 생각된다. **소도도**는 작은 칼 여러 개를 위로 던지면서 노는 저글링 같은 묘기이고, **근골**은 몸을 뒤집어 두 손으로 바닥을 짚는 묘기라는 견해와 웃통을 벗은 사내의 차력술이라는 견해가 있는데,[14] 어떻든 이것이 근육과 골격을 이용한 신체 기예였음은 분명하다. 또 **상삭**은 줄을 타고 오르는 묘기를 말하고, **구장**은 본래 폴로나 하키와 유사한 놀이인 축구築毬—'축築'은 '타격하다'의 뜻이 있음—를 할 때 사용한 공채(스틱)를 뜻하는데, 이 구장을 채로 공을 치는 시합 자체라고 보는 사람도 있지만,[15] 여기에서는 축구용 채를 가지고 갖가지로 휘두르거나 놀리는 묘기를 뜻한 것으로 보는 것이 더 합당하지 않을까 한다. 또 **척농**은 본래는 척병踢甁과 농완弄椀을 합친 말로, 각각 병을 차서 봉 끝에 올려놓고 돌리는 묘기와 그릇을 봉 끝에 올려놓고 돌리는 묘기를 뜻했다.[16] 그러나 척농은 장대 오르기나 재주넘기, 죽마놀이 등과 같이 손발과 신체를 이용한 재주로 펼친 묘기를 통칭하는 경우도 적지 않아서 유의할 필

---

13 중국에서의 화약의 발명과 화기류 발전에 대해서는 민병만, 『한국의 화약 역사』, 아이워크북, 2009, pp.28~38가 잘 정리되어 있다. 더욱 자세한 내용은 Needham, *Science and Civilisation in China*, Volume 5 Part 7 The Gunpower Epic 참고.

14 전자는 伊英文 箋注, 『東京夢華錄箋注』, 中華書局, 2006의 주장이고, 후자는 孟元老 原著, 入矢義高·梅原郁 譯注, 『東京夢華録: 宋代の都市と生活』, 岩波書店, 1983(平凡社,1996)의 견해이다.

15 孟元老 原著, 入矢義高·梅原郁 譯注, 『東京夢華録: 宋代の都市と生活』, 平凡社,1996, p.180.

16 孟元老 原著, 入矢義高·梅原郁 譯注, 『東京夢華録: 宋代の都市と生活』, 平凡社,1996, p.180.

요가 있어 보인다.[17] 또 **상박잡극**은 두 사람의 겨루기를 연기처럼 재미있게 표현한 것으로 생각되고, **도도만패**는 칼(도도)과 방패(만패)를 든 두 사람이 겨루는 놀이였다.[18] 이 밖에 곤충을 부리는 기예인 **충의**와 신령이나 귀신 차림으로 연기하는 **신귀**도 잡기류 기예에 포함시킬 수 있다. 그리고「원소」에서 열거하고 있는 여러 종류의 잡기류 종목들에 대해서는 편의상 원문 옆의 괄호 안에 간략하게 풀이한 것을 참고하면 되겠다. 다만, **축국**과 **축구** 두 종목은 각각 공차기 묘기와 공차기/공치기 시합이라고 풀이하였는데, 전자는 공차기의 어려운 기교를 보여주는 묘기형 종목으로, 후자는 편을 나누어 발로 공을 차거나 채로 공을 쳐서 상대방 구문毬門에 공을 넣는 쪽이 이기는 시합형 종목으로 생각된다.[19] 소설『수호전』에서 고구高俅가 현란한 공차기 실력으로 황족의 눈에 들어 단번에 고위직에 오른 이야기는 너무도 유명하다.[20]

다음으로 강창류 공연 가운데 **강사**는 왕조의 흥망이나 전쟁과 같은 소재를 이야기한 것으로, 뒤에 예로 든 〈삼분〉과 〈오대사〉는 각각 삼국시대와 오대五代 때의 역사를 소재로 삼아 강설講說하는 종류였다.

17 본서 제2장 제2절 참고.

18 본서 제3장 제1절 참고.

19 楊向東 主編,『中國體育通史』第2卷, 人民體育出版社, 2008, pp.69~71. 이 책에서는 蹴鞠을 묘기형(白打)과 시합형(蹴毬)의 두 유형이 있고, 步打, 徒打, 馬打의 세 가지 방식으로 구분되었다고 하였는데, 步打는 묘기형이고 徒打와 馬打는 시합형이었던 것이 아닌가 한다. 다만 위 기록에서는 蹴鞠이 묘기형 공차기를 가리키는 의미로 축소되어 쓰인 듯하다. 馬上에서 벌인 시합형 공치기 및 공차기인 築毬의 상세한 모습에 대해서는 본서 제3장 제1절 및 제10장 참고.

20『宋牌類鈔』「遭際編」에 따르면 高俅는 본래 蘇東坡의 小吏였는데 蘇東坡가 그를 樞密都承旨 王晉卿에게 소개하였고, 王晉卿이 端王 趙佶과 왕래하다가 端王이 高俅를 알게 된 후 총애했다고 한다. 楊向東 主編,『中國體育通史』第2卷, 人民體育出版社, 2008, p.68에서 재인용함.

소설은 강사와 같은 거대 서사가 아닌 연애, 괴기담, 재판에 붙여진 사건 등과 같은 소소한 소재들을 가지고 이야기한 이른바 소형 서사로 생각되며, **사수재 제궁조**는 급제하지 못한 수재의 여러 고생담을 엮은 제궁조—여러 편의 악곡들을 이어가며 이야기를 노래하는 강창 종류—를 가리키는 것으로 보인다.[21] 그리고 **설원화**도 우스개 이야기를 해주는 강창류 공연에 넣을 수 있다.

이어 악무류 공연으로 분류한 것들 중에 **산악**은 여기에서는 적笛, 박판拍板, 고鼓 등의 반주가 동반된 가무백희歌舞百戲 성격의 당대唐代 산악을 이어받은 악무 공연으로 보고자 한다.[22] 또 **무선**은 빙빙 돌면서 추는 춤이라는 뜻인데, 당나라 때 서역에서 전래된 호선무胡旋舞와 관련이 있을 것이다.[23]

마지막으로 구변류 공연 중에는 수수께끼를 내고 맞추는 놀이인 **상미**과 즉석에서 노래를 지어 부르며 주고받는 놀이인 **합생** 등이 개봉의 와사에서 펼쳐졌음을 알 수 있다.

이상에서 살펴본 각종 공연 종목들 가운데 괴뢰, 충의, 상미, 합생, 규과자, 그리고 축구 등에 대해서는 관련 기록들이 적지 않은데, 아래에서는 이들에 대해 추가하여 살펴보기로 한다. 먼저 괴뢰 종목을 살펴보면 괴뢰 즉 꼭두각시극의 기원에 대한 기록이 당나라 말엽 사람인 단안절段安節이 쓴 『악부잡록樂府雜錄』이라는 책에 보인다.

21 楊挺, 「宋雜劇"耍秀才"考」, 『四川戲劇』 2015.9, pp.66~70.

22 劉霄霄, 「宋代散樂研究」, 河南大學 碩士學位論文, 2014, p.16, 21.

23 白居易의 시 「胡旋女」에는 胡旋舞가 唐 天寶 말엽에 康居國에서 전래되었다고 적었다. 康居國은 우즈베키스탄의 사마르칸트에 해당한다.

[꼭두각시 기원 전설
단안절, 『악부잡록』]

옛날부터 전해오는 바에 따르면, [괴뢰자傀儡子는] 한漢 고조高祖 때 비롯되었다. 고조가 평성平城(지금의 산서山西성 대동大同시 북쪽)에서 [흉노의 선우單于] 묵돌冒頓에게 포위되었다. 성의 한쪽 면은 묵돌의 부인 알지閼氏가 맡고 있었는데, 병사들이 다른 세 면보다도 강했다. 성채에 식량이 끊어지자 진평陳平이 알지가 투기妬忌가 있음을 알고 나무로 인형을 만들어 기계처럼 작동시켜 성가퀴 사이에서 춤을 추게 하였다. 알지가 이 모습을 보고 실제 사람이라고 여겨, 만약 성을 함락하면 남편 묵돌이 분명히 그를 기녀로 들일 것이라고 걱정하여 군사를 철수시켰다. 사가史家가 진평이 기묘한 계책으로 위기를 벗어났다고만 말한 것은 그 계책이 하수여서 비루하다고 여겼기 때문일 것이다. 후에 악인樂人들이 이것을 놀이로 만들었는데, 가무를 이끈 자 중에 곽랑郭郞이라는 사람이 있었다. 그는 대머리에 연기와 우스개를 잘하여 사람들이 곽랑이라고 불렀다. 그는 모든 무대에서 배우들의 으뜸이었다.[24]

단안절은 문종文宗(827~840 재위) 때 태상소경太常少卿을 지낸 단성식段成式(803?~863?)의 아들이자 유명한 사詞 작가인 온정균溫庭筠(812~870)의 사위로, 소종昭宗 건녕乾寧 연간(898~898)에 국자사업國子司業 등의 벼슬을 지낸 문인 관료이다. 그가 쓴 『악부잡록』에는 당시 음악 관장 기구의 제도와 궁정 및 민간의 각조 악곡, 무용, 악기 등의 원류와 내용, 그리고 예인들의 일화 등이 기록되어 있어서, 당대 음악, 무용, 연극 연구에 매우 중요한 자료가 되고 있다. 위의 기록을 보면 꼭두

24 段安節 撰, 亓娟莉 校注, 『樂府雜錄校注』, 上海古籍出版社, 2015, p.153.

각시극의 기원이 진평이 나무 인형으로 춤을 추게 한 일에서 비롯된 것이라고 생각했음을 알 수 있다. 꼭두각시극의 기원을 위의 기록 그대로 믿기는 어렵고 학술적으로는 신목神木(부소扶蘇) 및 그것을 깎아만든 방상方相, 기두魌頭 등을 사용한 종교의식에서 비롯되었다고 보는 관점이 유력하지만, 이 설화가 오랫동안 비교적 널리 알려져서 꼭두각시극 인식에 일정한 영향을 주었음도 사실이다.[25]

다음으로 잡기류의 곤충 기예인 충의와 비슷하지만 더 큰 짐승을 조련시킨 '금희禽戲'에 대한 기록이 『남촌철경록』에 나온다.

짐승 조련 기예
도종의, 『남촌철경록』 권22 「금희」

내가 항주에 있던 시절에 온갖 짐승을 조련시키는 사람을 본 적이 있다. [그는] 크기가 각각 다른 거북 일곱 마리를 가지고 있었다. 거북을 탁자 위에 두고 북을 쳐서 움직이게 했는데, 가장 큰 놈이 먼저 탁자 가운데로 가서 엎드리면 두 번째 큰 녀석이 앞 놈을 따라가서 등에 올라타고, [차례대로 올라간 뒤에] 가장 작은 녀석이 두 번째로 작은 놈의 등에 올라타서는 몸을 [거꾸로] 일으켜 꼬리를 위쪽으로 곧게 뻗으면 흡사 작은 탑 모양이 되는데, 이것을 '거북이탑'이라고 불렀다. 또 두꺼비도 아홉 마리를 키웠는데, 미리 약간 높은 곳에 이들을 놓아두었다. 가장 큰 놈이 가운데 웅크리고 앉아 있고, 나머지 여덟 마리는 [네 마리씩] 좌우 양쪽에 마주 보고 앉았다. 큰 녀석이 한 번 울면 다른 놈들도 한 번 울고, 큰 놈이 여러 번 울면 다른 놈들도 여러 번 따라 울었다. 그런 뒤에 작은 녀석들이 하나씩 큰 놈 앞으로 가서 머

25 안상복, 「중국 괴뢰희의 기원과 전개」, 『민속학연구』 제13호, 2003, pp.131~173 참고.

리를 끄덕이며 울었는데 마치 인사를 하고 물러나는 듯했다. 이것을 '두꺼비 설법'이라고 불렀다. 송강松江에 갔을 때에는 태고암太古庵에 기거하는 전진교全眞教 도사를 한 명 만났는데, 하루는 미꾸라지 두 마리—비슷한 크기의 노란색과 검은색 각각 한 마리씩—를 가져와서는 약재를 자르는 날선 칼로 허리를 잘라 서로 바꾸어 이어붙이니 머리와 꼬리의 색깔이 다르게 되었다. [이들을] 물에 던져 넣으니 이전처럼 헤엄쳐 다녔다. 군郡 사람 위입중衛立中[26] 이 물동이에 넣고 키웠는데 반달이 지나서야 죽었다. 거북이탑과 두꺼비 설법은 열심히 조련을 시킨 결과일 것이다. 거북이나 두꺼비는 머리가 다른 금수보다 훨씬 나쁘니 [조련시키는 일이] 정말 어려웠을 것이다. 이에 비해 허리를 잘라 다시 이어 붙였는데 죽었다가 살아난 것은 약을 먹여서인지 법술 때문인지 알 길이 없다. 다만 놀이 중에 이와 같은 기예는 다른 데서는 보기 어려웠다.[27]

위의 글에서는 거북이들이 등을 타고 올라서서 탑 모양을 만들거나 두꺼비들이 합창을 하게 하는 재주를 부리게 하는 동물 수련의 사례를 잘 볼 수 있다. 다만 미꾸라지 두 마리를 잘라서 서로 다르게 이어 붙였다는 이야기는 믿을 수 없는데, 그만큼 비범한 재주를 지닌 기예인들이 있었다고 말하는 것으로 이해할 수 있겠다.

이어 수수께끼 놀이인 상미에 대한 기록도 매우 많은데, 홍매洪邁(1123~1202)가 만년에 지은 『이견지夷堅志』 갑甲 권2 「성명시미姓名詩謎(시로 쓴 이름 수수께끼)」와 주밀周密의 『제동야어齊東野語』 권20 「은어隱語」에 수수께끼와 관련된 흥미로운 기록들이 있다. 먼저 『이견지』를 본다.

---

26 元 후기의 隱士이다. 阿里西瑛, 貫雲石 등과 교유하였다고 한다.

27 陶宗儀, 『南村輟耕錄』, 中華書局, 1959, p.270.

[수수께끼 놀이 1
홍매, 『이견지』 갑 권2 「성명시미」]

원우元祐 연간(1086~1094)에는 사대부 중에 호사가들이 유명한 관리들의 이름을 가지고 시를 지어 수수께끼를 내었다. 이를테면, "눈 내리던 하늘이 개니 무지개 뜨고, 천리강산에서 황제의 땅을 만나네. 천자께서는 손으로 옥간玉簡을 잡으셨고, 수재는 삼베옷을 입으려 하지 않네.(雪天晴色見虹霓, 千里江山遇帝畿. 天子手中執玉簡, 秀才不肯著麻衣.)"는 각각 한강韓絳, 풍경馮京, 왕규王珪, 증포曾布 등을 두고 말한 것이다. 또 옛사람의 이름을 취하여 오늘의 일을 말하기도 하였다. 이를테면, "사람마다 모두 자첨子瞻 모자를 썼고, 군실君實은 새로 와서 벼슬을 옮겼네. 왕개보王介甫에게 문첩門帖을 돌려보내고, 노공潞公의 육신은 추위를 타지 않네.(人人皆戴子瞻帽, 君實新來轉一官, 門狀送還王介甫, 潞公身上不曾寒.)"는 각각 중장통仲長統, 사마천司馬遷, 사안석謝安石, 온언박溫彦博을 말한 것이다.[28]

홍매는 남송 파양鄱陽(지금의 강서성 파양현) 사람으로, 여러 벼슬을 지내면서 역사, 필기 등의 방면에서 많은 저작을 남겼다. 그 가운데 『용재수필容齋隨筆』과 『이견지』가 가장 잘 알려져 있다. 『이견지』는 신선이나 귀신 이야기, 기담奇談과 잡사雜事 등을 널리 수록한 책으로 훗날 여러 소설이나 희곡 작품의 소재로 쓰인 이야기들도 많이 포함되어 있다. 본래는 420권의 방대한 분량이었다고 하는데, 지금은 그것의 절반 정도만 전해진다. 위의 글에서 앞의 사례는 시구의 순서대로 각각 추위가 이르렀다는 것을 뜻하는 '한강寒降', 서울에 도달한다는 뜻의 '봉경逢京',

28 洪邁, 『夷堅志』 第1册, 中華書局, 1981, p.18. 이 대목은 南宋 때 사람 胡仔(1095~1160)가 1167년에 엮은 『苕溪漁隱叢話』 前集 卷33에도 인용되었는데, 내용이 약간 다르다.

천자를 알현할 때 신하가 지니는 홀笏을 뜻하는 '규珪', 베를 싫어한다는 뜻의 '증포憎布'를 떠올리게 하고, 이들이 각각 당시의 명사였던 한강韓絳(1012~1088), 풍경馮京(1021~1094), 왕규王珪(1019~1085), 증포曾布(1036~1107) 등을 연상시킨다. 뒤의 사례도 구절별로 당시의 명사들을 언급하면서 옛사람들을 연상하게 만든 시미詩迷이다. 첫 구절을 보면 '사람마다'에서 사람 인人 변의 글자인 '중仲'을 연상할 수 있고, '자첨子瞻 모자'는 소식蘇軾(字가 자첨)이 죽립竹笠을 개조하여 만들었다는 끝이 뾰족한 모자로 모양이 길쭉하다 하여 '장통長統'을 연상시키니, 이를 합하면 한나라 때의 문인인 중장통仲長統(180~220)을 가리킨다는 것이다. 또 둘째 구절에서는 '군실君實'이 사마광司馬光(자가 군실)과 성이 같은 사람을 생각하게 하고, '옮기다'는 뜻을 가진 한자 '천遷'을 이름으로 가진 사람을 생각하게 하니, 이를 합치면 한나라 역사가 사마천司馬遷(기원전145?~기원전86?)을 연상시킨다는 것이다. 또 셋째 구절에서는 왕안석王安石(자가 개보)의 이름인 '안석'과 당시에 고관의 집을 방문할 때면 먼저 문첩門帖을 보내 방문의 뜻을 알렸는데, 주인이 이를 거절하고 돌려주었다는 뜻을 통해 거절할 '사謝'자를 연상시켜, 이를 합치면 사안석謝安石 즉 동진 때 명사 사안謝安(320~385)을 연상시킨다는 것이다. 마지막 구절에서는 '노공潞公'이 문언박文彦博(자가 노공)을 뜻하고 추위를 느끼지 않는다는 말에서 따뜻할 '온溫'을 연상시키니, 이를 합치면 당나라 때 관리였던 온언박溫彦博(574~637)을 연상하게 한다는 것이다. 위의 두 사례 모두 시를 지어 고금의 명사들을 연상하게 한 놀이인 시미의 대표적인 사례이다. 앞의『동경몽화록』에 언급된 상미는 수수께끼를 맞춘다는 뜻이니 이처럼 시구를 활용한 수수께끼 맞추기도 상미의 일종이라고 할 수 있을 것이다.

앞에서 살펴본 『무림구사武林舊事』의 저자 주밀周密은 『제동야어齊東野語』라는 책도 편찬하였는데, 여기에서는 수수께끼의 사례가 더욱 여러 가지로 소개되고 있어서 흥미롭다.

수수께끼 놀이 2
주밀, 『제동야어』 권20 「은어」

옛날의 '수사廋詞(수수께끼)'라는 말은 지금의 은어隱語이고 속칭으로는 '미謎'라고도 한다. 『옥편玉篇』에서도 '미謎'자에 대해 '은隱'이라고 풀이하고 있다. 사람들은 [남북조 때의 책에 나오는] '황견유부黃絹幼婦'라는 말이 [수수께끼의] 시초라고 알고 있는데, 한漢나라 사람 오거伍擧와 만천曼倩이 살았을 때 이미 수수께끼가 있었다는 것을 사람들은 모른다. 또 [남북조 때 사람 포조鮑照의 문집인] 『포조집鮑照集』에 보면 '정井'자 수수께끼가 있는데, 이때부터 잡설이 실렸고 가끔 재미있는 것도 있다. 이제 그중에서 훌륭한 것을 골라 여기에 몇 편을 적어두니, 술자리에서 담소거리로나 삼으면 좋겠다.

'용用'자 수수께끼: "달 하나에 또 달 하나, 달 두 개가 반쪽 변을 함께 쓰네. 위에는 농사지을 밭이 있고, 아래에는 흘러가는 천川이 있네. 입 여섯 개가 한 집에 있는데, 입 두 개는 터져 있네." 또 이런 것도 있다. "겹 산에 다시 겹 산, 겹 산이 아래로 매달려 있네. 명월明月에 또 명월, 명월이 서로 붙어 있네." (…)

'일日'자 수수께끼: "[그림으로] 그릴 때는 둥글고 [글씨로] 쓸 때는 네모나며, 추울 때는 짧고, 더울 때는 길다." 또 이런 것도 있다. "동해에 물고기 한 마리가 있는데, 머리도 없고 꼬리도 없다. 등뼈를 발라내면, 바로 이 [글자] 수수께끼이다." (…)

'인장印章': "네모나고 둥글고 크고 작고가 사람마다 다르고, 뱃속의 문장은 아름답다. 가끔 온 얼굴에 붉은 화장을 하지만, 보통 때에는 바람 맞으며 달빛 아래에 있다." (…)

'협주서夾註書': "큰 놈은 작은 놈에 대해 말하는 일이 없지만, 작은 놈은 늘 큰 놈에 대해 말한다. 만약 큰 놈의 일을 알고자 하면, 작은 놈에게 가서 물어야 할 것이다." (…)

'일력日曆': "모두 한 자 길이로, 윗면이 모두 접힌다네. 양쪽 끝은 아주 춥고, 가운데는 아주 덥다."

'손가락': "큰 놈은 2문文, 작은 놈은 3문. 10개를 모두 합하면 28문이라."

'물속의 돌': "작았다가 커지고, 커졌다가 작아진다. 점점 커졌다가, 사라진다." 이것은 아이의 숫구멍[29]을 두고 말한 것이라고도 한다.[30]

『제동야어』에는 1291년에 쓴 서문이 붙어 있는데, 저자의 집안에서 전해오던 자료들과 본인이 수집한 자료들을 바탕으로 하여 쓴 것으로 역시 남송의 역사와 문화를 살필 수 있는 중요 사료로 평가된다. 윗글에서는 수수께끼를 뜻하는 은어隱語 또는 미謎의 기원과 옛날의 유명한 은어들에 대해 언급하고 자신이 모은 은어 몇 가지를 소개하고 있다.

먼저 사람들이 은어의 기원으로 알고 있다고 한 '황견유부黃絹幼婦'라는 말은 남북조시대 송나라 사람 유의경劉義慶(403~444)이 쓴 책인 『세설신어世說新語』 중권하中卷下 「첩오捷悟(뛰어난 감각) 제십일第十一」 편에 보이고, 명대 소설 『삼국지연의』 제71회에도 자세하게 나온다. 『삼국지연의』의 해당 장면에는 한나라 말엽의 학자 한단순邯鄲淳이 조아曹娥라

29 갓난아이의 정수리가 굳지 않아서 숨쉴 때마다 발딱발딱 뛰는 곳이다.

30 周密, 『齊東野語』, 中華書局, 1983, pp.378~379.

는 사람의 효성을 기리기 위한 비문을 지었는데, 이를 읽어본 채옹蔡邕이 감탄하여 '황견유부외손제구黃絹幼婦外孫虀臼'라는 여덟 글자를 비문 뒤에 써 놓았다는 대목이 보인다. 이어지는 이야기는 『세설신어』를 보자.

[수수께끼 놀이의 기원 전설: 조조와 양수
유의경, 『세설신어』 중권하 「첩오제십일」]

위 무제魏武帝(조조)가 조아의 비석 앞을 지나간 적이 있는데, 양수楊脩가 [조조를] 따르고 있었다. 비석 뒤쪽에 '황견유부외손제구' 라는 여덟 글자가 적혀 있는 것을 보고, 위 무제가 양수에게 물었다. "무슨 뜻인지 알겠는가?" 양수가 "알겠습니다."라고 대답하니, 조조가 "아직 말하지 마오, 내가 한번 생각해보겠소."라고 하였다. 30리를 간 뒤에 위 무제가 말하기를 "나도 이제 풀었소."라고 말했다. 양수에게 풀이한 것을 따로 적어두게 했는데, [위 무제가 풀었다고 하자] 양수가 말하였다. "황견黃絹은 색실(色絲)[로 만든 것]이니 이를 한 글자로 합치면 '절絕'이요, 유부幼婦는 소녀少女이니 이를 한 글자로 합치면 '묘妙'입니다. 또 외손外孫은 딸의 자식(女子)이니 이를 한 글자로 합치면 '호好'이고, 제구虀臼는 매운 것을 받는다(受辛)는 뜻이니 이를 한 글자로 합치면 '사辤(辭)'입니다. 다시 네 글자를 합치면 '절묘호사絕妙好辭(절묘하고 뛰어난 글)'가 되는 것입니다." 위 무제도 [풀이를] 적어두었는데, 펼쳐보니 양수의 풀이와 같았다. [위 무제가] 이에 탄식하면서 "내 재주가 경에게 미치지 못하오. 나는 30리나 지나와서야 알았으니 말이오."라고 하였다.[31]

결국 채옹이 썼다는 '황견유부외손제구'의 여덟 글자는 그가 한단순

31 徐震堮 校箋, 『世說新語校箋』, 中華書局, 1984, p.318.

의 비문이 절묘한 문장이라고 칭찬하는 뜻의 '절묘호사'라는 글자를 숨겨놓은 은어였음을 조조와 양수가 모두 풀어냈다는 이야기이다. 은어를 쓴 채옹이나 그것을 풀어낸 조조와 양수 모두 가히 뛰어난 감각을 지녔다고 하겠다. 물론 조조는 자신보다 훨씬 빨리 은어를 풀어낸 양수에 대해 질투를 느꼈고 나중에 여러 일들이 쌓여서 양수는 결국 조조의 손에 죽고 말았으니, 이것도 『삼국지연의』를 통해 널리 알려진 이야기이다.

그런데 위의 『제동야어』에서는 한나라 말엽 사람인 채옹보다 앞선 시대에도 은어가 있었다고 하면서 오거伍擧와 만천曼倩을 예로 들고 있다. 오거는 춘추시대 초나라 사람으로, 초나라에서 오나라로 망명하여 부친의 복수를 위해 온 힘을 다한 사람으로 유명한 오자서伍子胥의 조부이다. 그는 초 장왕莊王 때의 신하로, 장왕이 즉위한 지 3년이 지나도록 정사는 돌보지 않고 향락만을 일삼자, 장왕에게 가서 수수께끼를 내었다. "새 한 마리가 언덕에 앉아 있는데, 3년 동안 날지도 않고 지저귀지도 않았습니다. 이 새는 무슨 새입니까?" 이에 대해 장왕은 "3년 동안 날지 않았으나 한 번 날면 하늘로 치솟아 오를 것이고, 3년 동안 지저귀지 않았으나 한 번 지저귀면 사람들을 놀라게 할 것이다. 오거, 그대는 가도 좋다. 나는 그대의 뜻을 알겠노라."라고 말했다. 이후 다른 신하도 간언하자 장왕은 정사에 힘쓰고 오거 등을 중용하였다는 것이다.[32]

또 만천은 한나라 때 사람 동방삭東方朔(기원전154~기원전93)의 자字

32 사마천 지음, 정범진 외 옮김, 『사기세가 상』「초세가」, 도서출판 까치, 1994, pp.224~225.

인데, 그가 수수께끼를 낸 일은 반고班固가 지은 역사책인 『한서漢書』 「동방삭전東方朔傳」에 나온다. 한나라 무제武帝 때 광대 곽사인郭舍人이 동방삭의 술수術數를 시기하다가 어명을 받아 매질을 당하자 동방삭이 그를 비웃으며 말하는 대목이 나온다.

한나라 동방삭의 수수께끼 실력
반고, 『한서』「동방삭전」

동방삭이 비웃으며 말했다. "에이! 털 없는 주둥아리에, 소리는 아이고 아이고, 꽁무니는 들썩들썩하는구나.(口無毛, 聲謷謷, 尾益高.)" [이를 듣고] 곽사인이 성을 내면서 말했다. "동방삭이 함부로 천자를 시중하는 신하를 욕보이고 기만했으므로 기시棄市의 형에 처해야 합니다." 이에 무제가 동방삭에게 "무슨 이유로 그를 욕보였는가?"라고 묻자, 동방삭이 대답하였다. "신이 감히 그를 욕보이겠습니까? 그저 그에게 수수께끼를 내어준 것일 뿐입니다."라고 했다. 황제가 "어떤 수수께끼인가?"라고 묻자, 동방삭이 대답하였다. "털 없는 주둥아리는 개 똥구멍을 말한 것이고, 아이고 아이고 소리는 새끼를 먹이려는 새 소리이며, 꽁무니가 들썩들썩하다는 것은 먹이를 쪼아 먹는 두루미를 말한 것입니다." 곽사인이 물러서지 않고 말했다. "신이 동방삭에게 수수께끼를 내겠사오니, 알아맞히지 못하면 그에게도 매를 치십시오." 그리고 억지로 운을 맞춘 말을 내놓았다. "영호저令壺齟, 노백도老伯塗, 이우아伊優亞, 의우아狋吽牙가 있는데, 무엇을 뜻하는가?" 동방삭이 대답하였다. "영令은 명령이고 호壺는 물건을 담는 그릇이며 저齟는 치아가 고르지 못한 것이오. 또 노老는 사람이 공경하는 바요 백柏은 귀신이 사는 뜰이며 도塗는 질척거리는 길이지요. 이우아는 말이 애매모호한 것이요, 의우아는 개 두 마리가 싸우는 것입니다." 곽사인이 낸 수수께끼에 동방삭은 즉각 대꾸했다. 기재와 재치가 번득여 변화무쌍한 그를 당해낼 도리가 없었다. 좌우에 있던 자들이 크게 놀랐다. 무제가 이에 동방삭을 상시랑常侍郎에 임명하고 마침내 총애하게 되었다.[33]

동방삭이 수수께끼를 내어 곽사인을 비웃고 곽사인의 항의에 짐짓 다른 풀이를 하며 피해가거나, 곽사인이 낸 엉터리 수수께끼에 대해 비록 역시 엉터리 대답이지만 잠시도 주저하지 않고 즉각 대답하여 곽사인의 말문을 막아버린 것은 동방삭의 기지와 재치를 잘 보여주는 모습이다. 어떻든 이와 같이 춘추시대 사람 오거나 한 무제 때 사람인 동방삭이 이미 수수께끼를 내어 간언을 하거나 기지를 과시하는 일이 있었으니 『제동야어』에서 은어의 기원이 남북조 시대 이전으로 거슬러 올라간다고 말한 것은 옳은 지적이다. 다만 오거를 한나라 때 사람이라고 한 것은 착각이나 실수라고 하겠다.

『제동야어』에서는 남북조 때 송나라의 문인 포조鮑照(412~466)도 시미詩謎를 남겼다고 하였는데, 그가 쓴 시의 제목은 「자미字謎」 3수이다. 그 가운데 첫 수를 보자.

포조의 수수께끼
포조, 「자미」

두 가지 모양이 한 글자를 이루었는데,
사지가 있고 대가리는 여덟 개라,
사팔四八에 일팔一八이라,
샘물이 위로 흘러나오는구나.[34]

---

33 반고 지음, 안대회 편역, 『한서열전』, 까치글방, 2010, pp.358~360.

34 "二形一體, 四支八頭, 四八一八, 飛泉仰流." 鮑照, 『鮑參軍集注』, 上海古籍出版

이 시미가 말하고 있는 것은 우물 '정井' 자이다. 우선 첫 구절에서 두 가지 모양이 한 글자를 이루었다는 것은 '井'자가 가로획과 세로획의 두 가지 모양으로 구성되어 있다는 것을 뜻한다. 둘째 구절에서는 '井'자의 모양이 네 방향으로 뻗어 나와 있으니 사지가 있는 것이고 각 획의 양 끝을 모두 합하면 여덟 군데이니 대가리가 여덟 개 있는 것이다. 셋째 구절에서는 사 곱하기 팔은 32이고, 일 곱하기 팔은 8이므로 이를 더하면 사십四十이니, '井'자는 4개의 '십十'이 모여 있는 글자인 것이다. 마지막 구절에서는 우물에서 물을 길어 올리는 것을 위로 흘러나온 것으로 표현한 것이다. 「자미」 시 나머지 두 수도 각각 거북과 땅을 답으로 하는 수수께끼 시이다. 이처럼 은어의 역사는 상당히 오래되었고, 당송대에도 많은 은어들이 만들어지고 사람들은 이를 일종의 두뇌 게임처럼 즐겼던 것이다.[35]

이제 앞의 『제동야어』로 돌아가서 저자 자신이 수집했다는 글자 수수께끼를 풀이해보자. '용用'자에 대해서는 달 월月 자가 옆으로 두 개 붙어 있다고도 하고, 밭 전田 자와 내 천川 자가 위아래로 붙어 있다고도 하였으며, 입 구口 자 여섯 개가 모여 있으면서 아래쪽 두 개는 冂 모양으로 터져 있다고도 하였다. 또 다르게는 메 산山 자가 위아래로 이어져 있는 모습이라거나 달 월 자가 두 개 붙어 있으니 밝은 달이라고도 풀이하였다. 모두 '용用'자의 글자 모양을 이리저리 쪼개어 풀이한 것이다. 이어 '일日'자에 대해서도 그림은 둥근 모양이지만 글자는 각진

社, 1980, pp.415~416.

35 중국 은어의 기원과 역사에 대해서는 錢南揚, 『戲文概論·謎史』, 中華書局, 2009을 참고할 수 있고, 당송대의 은어에 대해서는 鄧紅梅, 『唐宋筆記中的隱語研究』, 四川大學 碩士學位論文, 2005가 참고할 만하다.

모양이고, 추운 겨울에는 낮시간이 짧고 더운 여름에는 낮시간이 길다고 하였으며, 다르게는 물고기 어魚 자에서 머리와 꼬리를 떼어내면 밭전田 자가 되고 여기에서 다시 등뼈라고 할 수 있는 가운데 세로획을 없애면 '日'자가 된다고도 하였다. 역시 글자의 모양을 가지고 풀이하고 있다. 다음으로 '인장印章'에 대해서도 도장의 여러 가지 모습과 인주를 찍었을 때의 모습 등을 말하였고, '협주서夾註書'에 대해서도 작은 글자인 주석이 큰 글자인 본문을 보충 설명하는 모습을 말하였으며, '일력日曆'에 대해서도 일력의 모양과 한 해의 첫날과 마지막 날은 추운 겨울이고 한가운데는 더운 여름임을 말하였다. '손가락'에 대한 은어에서도 2문文의 값어치를 지니는 큰 놈은 엄지를 가리키고 3문의 값어치를 지니는 작은 놈은 나머지 손가락을 가리키니, 양손의 엄지를 합하면 4문, 나머지 손가락들을 합하면 24문, 전체를 모두 합하면 28문이 된다고 말하였고, '물속의 돌'에 대해서도 물속 돌의 크기가 시간과 장소에 따라 변하는 것을 말하였다. 이와 같이 북송 시대에도 옛 전통을 이어받아 글자 풀이 종류의 은어들이 다양하게 전해지고 있었음을 잘 알 수 있다.

다음으로, 즉흥적으로 노래를 지어 주고받는 기예인 합생에 관한 다른 기록들을 살펴보기로 하자.[36] 먼저 북송 때의 관리 장제현張齊賢(943~1014)이 지은 『낙양진신구문기洛陽搢紳舊聞記』「소사양광少師佯狂(미친 척한 소사)」 항목을 본다.

36 合生에 대한 연구는 孫楷第, 『滄州集』, 中華書局, 1946과 李嘯倉, 『宋元伎藝雜考』, 上雜出版社, 1953 등을 참고할 수 있다.

양저라의 합생 실력
장제현, 『낙양진신구문기』 권1 「소사양광」

이야기와 노래를 잘하는 여자인 양저라楊苧蘿[37] 라는 사람이 있었는데, 합생合生과 잡조雜嘲를 잘했다. 분별력과 지혜가 뛰어나서 당시에 비견할 수 있는 사람이 드물었다. 소사少師(양응식楊凝式)가 [양저라를] 조카라고 불렀는데, 노래를 시킬 때마다 노랫말이 능란하고 소리가 청초하여 진정으로 진청秦青이나 한아韓娥[38]와 짝할 만했다. 소사가 그를 조카라고 부른 것은 아마도 그가 총명함을 좋아해서였을 것이다. 당시 운변雲辨이라는 승려가 있었는데, 속강俗講을 잘하고 글솜씨가 뛰어났으며 응대에도 민첩하였다. 축원의 말을 할 때 지위의 고하에 따라 응대하여 바로 천 글자를 썼는데 모두 오랫동안 구상한 것처럼 훌륭하여 소사가 운변을 특히 중시했다. 운변이 장수사長壽寺에서 5월 속강을 할 때 소사가 절에 가서 운변과 마주 앉고 노래하는 [양저라가] 옆에 앉았다. 그런데 갑자기 큰 거미가 처마 아래로 거미줄에 매달려 내려와서는 소사와 운변이 앉아 있는 앞쪽에 이르렀다. 운변이 웃으면서 양저라에게 "거미에 대해서 읊어보게. 잘 하면 비단 두 필을 줌세."라고 말하니, 양저라는 생각할 틈도 없이 큰 소리로 읊었는데, 뜻이 전혀 거미에서 벗어나지도 않았고 다 읊을 무렵에는 운변까지 풍자하였다. 소사가 이를 듣고 한참동안 포복절도하다가 운변에게 큰 소리로 외쳤다. "스님! 비단 다섯 필을 가져오시게!" 운변도 웃으면서 비단 다섯 필을 주었다. 양저라가 거미에 대해 읊은 내용은 다음과 같았다. "배 터지도록 먹고, 줄 따라서 절을 돌아다니네. 공중에서 그물을 짜서, 중생을 죽이려고 하는구나.(喫得肚罌撑, 尋絲繞寺行, 空中設羅網, 祇待殺衆生.)" 아마도 운변이 몸집이 뚱뚱하고 기골이

37 苧蘿는 浙江省에 있는 苧蘿山을 가리킨다. 미녀 西施의 부친이 이곳 출신이어서 苧蘿는 西施를 가리키고 나아가 미녀를 뜻하기도 하였다.

38 秦青과 韓娥는 모두 노래를 잘 부른 옛 사람으로, 『列子』「湯問」에 나온다.

장대한 까닭에 [이렇게 읊었을 것이다.][39]

장제현은 북송 초 조주曹州 원구寃句(지금의 산동성 조현曹縣) 출신으로 낙양으로 옮겨 살았다. 포의布衣로 송 태조 조광윤에게 상소문을 올리기도 했고, 이후 이부시랑吏部侍郎 등을 지냈다. 그의 대표 저작인 『낙양진신구문기』(1005년 서문)는 오대五代의 낙양 인물들의 일화를 실은 책으로, 저자가 권선징악과 인과응보의 뜻을 강조하면서 역사서와 합치되지 않는 부분도 있지만 기록이 상세하고 시말이 완비되어 참고의 가치가 적지 않은 책으로 평가받는다. 위에 인용한 글은 당나라 말엽부터 오대에 걸쳐 살았던 양응식(873~954)에 대한 이야기로, 그는 당나라가 망한 뒤 들어선 새 정권이었던 후량後梁의 태조 주온朱溫(주전충朱全忠, 852~912)의 미움을 사지 않으려고 거짓으로 미친 척하여 화를 면한 사람이다. 뒤에 후한後漢에서 태자의 소사 즉 태사太師 다음 지위의 스승이 되어 양소사라고도 불린다. 양응식이 양저라 및 승려 운변과 함께 있었을 때 갑자기 거미가 나타나자 운변이 양저라에게 거미에 대해 노랫말을 지어보라고 하니, 양저라가 즉석에서 운변을 풍자하는 네 구절을 지어 두 사람을 포복절도하게 하였다는 내용으로, 합생이 민첩하게 가사를 지어내는 기예였음을 잘 밝혀주고 있다. 양저라는 즉석에서 노랫말도 잘 짓고 노래도 잘 불러서 옛날의 명가수였던 진청이나 한아와도 견줄 만하다고 하였고, 운변 또한 속강도 잘하고 즉석에서 글 짓는 솜씨도 뛰어났다고 하니, 두 사람 모두 순발력이 필요한 합생을 잘했던 것이다.

39 朱易安, 傅璇琮 等 主編, 『全宋筆記』 第1編 第2卷, 大象出版社, 2003, p.152.

또 홍매의 『이견지』 지을支乙 권6 「합생시사合生詩詞」에도 합생에 관한 기록이 보인다. 임천 태수 장안국이 선비들에게 베푼 주연에 참석한 기녀가 기지를 발휘하여 합생을 잘 지은 이야기이다.

[기녀의 합생 실력
홍매, 『이견지』 지을 권6 「합생시사」]

강절江浙 땅의 노기路岐 중에 한 여자 배우가 똑똑하고 글도 잘 알아서, 자리에서 사물을 가리켜 제목을 읊어주면 바로 응하여 [구절을] 만들었는데, 이를 합생이라고 불렀다. 그중에서 골계적이어서 놀리거나 풍자하는 뜻을 품고 있는 것은 '교합생喬合生'이라고 했다. 대개 경도京都(개봉)의 유풍일 것이다. 장안국張安國이 임천臨川 태수로 있었을 때, 왕선자王宣子가 여릉군廬陵郡 인수印綬를 풀고 다음 부임지로 떠나가게 되었다. 장안국은 [왕선자를 전송하는] 주연을 열었는데, 이때 군의 선비 진한경陳漢卿도 초청하였다. 그때 마침 산악散樂의 기녀 한 사람이 시 짓는 법을 배운다고 말하니 진한경이 그에게 말하였다. "태수는 오마五馬[40] 라고 하는데, 오늘 두 주州의 사군使君(태수)이 마주 앉아 계시니 십마十馬가 되었다. 자네는 이 뜻을 가지고 여덟 구절을 지어보게." 기녀는 한참 동안 가만히 서 있다가 이윽고 큰 소리로 이렇게 읊었다.

"두 분 모두 하늘가에 있는 신하이시고, 강가에서 만나셔서 가까워지셨네. 반짝이시는 것은 임여臨汝(임천)의 티 없는 옥과도 같고, 따뜻하시니 여릉廬陵의 걸어 다니는 봄이 되셨네.[41] 오마五馬가 오늘 십마十馬가 되었는데, 두 분은 이미 천 명 몫을 하셨다네. 조령詔令 날아와 돌아갈 것을 재촉하니, 중서성에 함께 앉아 교화를 널리 펼치시리

40 태수가 탄 수레를 다섯 마리 말이 끌었기 때문에 생긴 별칭이다.

41 唐 宋璟이 태수로 있으면서 백성을 사랑하고 은혜를 베풀었는데, 사람들이 그를 칭송하여 '걸어다니는 陽春(有脚陽春)'이라고 하였다고 한다.

라.(同是天邊侍從臣, 江頭相遇轉情親. 瑩如臨汝無瑕玉, 暖作廬陵有脚春. 五馬今朝成十馬, 兩人前日壓千人. 便看飛詔催歸去, 共坐中書秉化鈞.)" 장안국은 이를 듣고 종일토록 찬탄하면서 만금을 상으로 주었다.[42]

위의 글에서는 '제목을 읊어주면 바로 응하여 구절을 만드는' 합생의 뜻이 더욱 분명하게 드러나 있다. 임천 태수로 있던 장안국이 여릉을 떠나가는 왕선자를 초대하여 주연을 베풀면서 옆에 있던 기녀에게 두 사람을 칭송하는 시를 짓게 하자 기녀는 즉석에서 여덟 구절을 읊었는데, 그 칭찬하는 뜻이 너무도 훌륭하여 찬탄을 금하지 못하고 상금을 내렸다는 내용이다. 기녀는 신분은 비록 낮았지만 뛰어난 합생 실력으로 태수의 칭송을 받을 수 있었던 것이다.

마지막으로 물건 파는 소리를 모방한 기예인 규과자에 대한 기록을 보자. 원 잡극 「영풍류왕환백화정逞風流王煥百花亭」의 제3절에는 다음의 장면이 나온다.

왕환의 과일 장사 솜씨
무명씨, 「영풍류왕환백화정」 제3절

〔정말正末이 산사山楂 꼬치를 들고 고문古門으로 등장하면서 말한다〕 산사 꼬치 사려! 산사 꼬치요! 방금 와시瓦市를 떠나 찻집을 나와서 취홍향翠紅鄉을 얼른 돌아 방향을 돌려 앵화채鶯花寨에 들어오는 길입니다.[43] [이 산사는] 경성京城의 노 선배님들로부터 전해 내려오는 것으로, 집에서 키워낸 토종입니다. [또 복건의] 복주부福州府에서 난

42 洪邁, 『夷堅志』 第2册, 中華書局, 1981, p.841.

43 翠紅鄉과 鶯花寨는 모두 妓樓를 말한다.

달콤하고 냄새도 좋고 붉디붉은, 즙이 가득한 새로 깐 둥근 눈알 같은 여지가 있고요, [강소] 평강로平江路에서 난 시큼하고 시원하고 달짝지근한, 잎사귀도 달려있는 노란 등자橙子와 푸른 귤도 있고요, [절강] 송양현松陽縣에서 난 부드럽고 하얗고 꿀맛 같은, 분가루 묻고 납작하게 누른 서리 낀 곶감도 있고요, [절강] 무주부婺州府에서 온 시원하고 신선하며 반짝이는, 설탕에 버무려 이겨놓은 용전龍纏 대추[44]도 있고요, 꿀로 버무리고 설탕도 넣어 잘게 자른 [강서] 신건新建에서 온 생강채도 있고요, 햇볕 쬐이고 바람에 말려 껍질을 벗긴 [강소] 고우高郵 산 마름도 있고요, 까맣고 빨간 [하북] 위군魏郡에서 거둔 손톱만한 박씨도 있고요, 새콤달콤한 [안휘] 선성宣城에서 파는 잘 꿰어진 이조梨條[45]도 있답니다. 과품果品을 다 말씀드리지는 못하겠기에, 여기에 몇 가지를 펼쳐 놓았습니다. 규방의 풍류 넘치는 미녀가인님들과, 고당의 멋들어진 낭군자제님들아, 허풍이 아니니 [제가 어찌] 감히 허명虛名을 팔겠습니까요. 한번 드셔보세요, 드시고 나서 [맛이 있으면] 사주세요. 산사 꼬치 사려! 산사 꼬치요![46]

잡극「영풍류왕환백화정」는 지은이를 알 수 없고, 내용은 낙양 사람 왕환王煥과 기녀 하련련賀憐憐 사이에 벌어진 이야기를 그리고 있다. 두 사람은 처음 만난 뒤에 서로 좋아하여 산사 장수 왕소이王小二의 소개로 가까워지는데, 왕환이 기루에서 재산을 탕진하자 기생어미에게 쫓겨나고 하련련은 고막高邈에게 팔려 승천사承天寺에 기거한다. 하련련이 왕소이에게 부탁하여 왕환을 만나게 해달라고 하니, 그 소식을 들은 왕환은 산사 장수로 변장하여 승천사에 와서 하련련을 만나고, 하련

44 龍纏은 대추나무에 용이 감싼 무늬가 있는 것을 뜻하는 말인 듯하다.

45 배로 만든 나뭇가지 모양의 果脯를 가리킨다.

46 王季思 主編,『全元戲曲』第6卷, 人民文學出版社, 1999, pp.519~520.

련은 왕환에게 종군할 노자로 노리개를 준다. 왕환은 뒤에 공을 세우고 고막은 횡령죄를 저지르는데, 하련련과 왕환이 각각 고막을 부녀자 강탈과 횡령죄로 고소하여 고막은 벌을 받고 왕환과 하련련은 부부가 된다. 위에 인용된 대목은 산사 장수로 변한 왕환이 하련련이 있는 승천사를 찾아오는 장면이다. 정말正末이 남주인공 왕환을 연기하는데, 산사뿐만이 아니라 여지, 등자, 귤, 곶감, 대추, 생강채, 마름, 과자瓜子, 이조梨條 등 갖가지 과일들을 소개하면서 선전하는 말솜씨가 보통이 아님을 금방 알 수 있다. 그리고 이렇게 긴 선전의 말을 장단과 리듬을 변화시켜 가면서 하는 것이 발전하여 규과자라는 연희로 굳어지게 되었을 것이다.

마지막으로 발로 공을 차거나 채를 들고 공을 쳐서 상대방의 구문에 넣어 승부를 가리는 축구의 모습에 대해 더 살펴보자. 앞서 살펴본 바 있는 고려/조선 시대의 중국어 회화 교재인 『박통사언해』 제94단에는 「타구아打毬兒」라는 제목 아래에 채를 이용하여 공을 치는 축구 경기를 하는 대화가 펼쳐진다.

축구 경기의 모습
『박통사언해』「타구아」

갑: 우리 오늘 공을 치는 것이 어떻겠나?
을: 무엇을 걸고 할까?
갑: 돈을 걸지.
을: 거기 새로 온 최崔 형도 치겠는가?
병: 못할 것 없지.
을: 자네는 새로 온 촌놈인데 어찌 칠 줄 알겠는가?

갑: 안 될 것이니 더 묻지 말게.

병: 내가 이번에 한 번 배워보겠네.

을: 내 광주리와 가죽자루를 가져오고 공 채를 꺼내어 최 형에게 빌려주어 치게 하지. 표봉杓棒, 곤봉滾棒, 응자鷹觜,[47] 그리고 멀리 날릴 공을 모두 자네에게 빌려주겠네.

갑: 우리 어느 구멍에 쳐서 넣을 것인가?

을: 우리는 먼저 구문毬門 구멍에 넣고, 화대花臺 구멍에 넣고, 또 화방花房 구멍에 넣기로 하세.[48]

갑: 우리가 쳐서 넣지 못하니 노련한 사람에게 먼저 치게 하세.

금방 사람들이 싸우더니 새로 온 최 형이 세 번을 연달아 구멍에 공을 넣으니 다른 사람이 "꿈이로다!"라고 말했다.

또 한 번 쳤는데 최 형이 다시 구멍에 넣었다. 사람들이 갈채를 보내며 "새로 온 이 촌놈이 이렇게 손이 빨라 잘 칠 줄은 몰랐네. 이러니 사람은 얼굴만 보고 알 수 없고 바다는 말로 잴 수 없다고 하였지. 어찌 사람을 업신여겨서 되겠는가?

최 형이 말했다. "자네들이 또 감히 나와 공을 치겠는가? 사람을 업신여기지 말게." 옛말에 이르기를 "촌철寸鐵이 나무에 들어가는 것은 소 아홉 마리의 힘이로다."라고 하였더라.[49]

여기에서는 타구아라고 하였지만 앞에서 말한 축구 중에서 공채로 공을 쳐서 상대방의 구문에 넣어 승부를 가리는 경기를 묘사하고 있는

47 杓棒, 滾棒, 鷹觜는 모두 공채의 여러 종류이다. 杓棒은 높고 멀리 보내는 채이고, 滾棒은 공을 굴리는 채이며, 鷹觜는 부엉이 부리 모양의 채이다. 이육화, 「『朴通事諺解』의 打毬考」, 『중국어문논총』 제76집, 2016, p.35.

48 毬門 구멍은 평지의 구멍이고, 花臺 구멍은 화단의 꽃들 사이에 있는 구멍이고, 花房 구멍은 미상이다. 이육화, 「『朴通事諺解』의 打毬考」, 『중국어문논총』 제76집, 2016, p.36.

49 박재연 校點, 『노걸대·박통사 원문·언해 비교자료』, 선문대학교 중한번역문헌연구소, 2003, pp.304~306.

것이 분명하다. 위에서는 세 사람이 말을 타지 않고 경기를 벌여서 마을에 새로 온 초보자 최 형이 세 번이나 연속하여 공을 넣어 이기는 이야기를 보여주고 있는데, 여러 종류의 공채와 공을 넣을 여러 종류의 구멍들에 대해서도 소개하고 있어서 채를 가지고 공을 쳐서 상대방 구문에 넣는 경기인 축구의 성격에 대해 보다 구체적으로 이해할 수 있게 해주고 있다.[50]

지금까지 살펴본 북송 개봉의 여러 가지 공연 종목들은 서로 경쟁하고 때로 한 무대에 오르면서 개봉 시민들의 많은 환영을 받았을 것이다. 이들은 남송의 도성 임안의 와사에서도 더욱 발전하게 된다.

50 打毬兒에 대한 설명은 이육화, 「『朴通事諺解』의 打毬考」, 『중국어문논총』 제76집, 2016, pp.27~64 참고.

제2절
남송·금·원 시대 도성의 연극과 연희

북송 시대 개봉의 공연 종목들에 대한 상세한 기록은 『동경몽화록』이 유일한 데 비해, 남송과 금이 남북으로 대치한 시대에 남송 도성 임안의 공연 종목들에 대해서는 『도성기승都城紀勝』(1235년 서문), 『서호노인번승록西湖老人繁勝錄』(1250년대 전후), 『무림구사武林舊事』(1280~90년대), 『몽량록夢粱錄』(1334) 등에서 풍부하게 찾아볼 수 있다. 이들 문헌의 기록은 서술 분량과 내용이 『동경몽화록』보다 훨씬 많아서 남송 기예의 모습을 아는 데 중요한 자료일 뿐 아니라 북송 기예의 성격을 추측하는 데에도 큰 도움을 준다.

이 가운데 먼저 내득옹耐得翁이라는 호를 지닌 조趙 아무개라는 사람이 임안을 수차례 방문하고 나서 자신이 본 모습을 적었다는 1235년의 자서自序가 붙어있는 『도성기승』의 「와사중기瓦舍衆伎(와사의 기예들)」에 실린 임안의 공연 종목들을 보자. 이 책은 1234년 몽골 군대가 금의 마지막 도성 남경南京(지금의 하남성 개봉시)을 함락하여 멸망시킨 직후에 완성되었는데, 이같은 북방에서의 전란에도 불구하고 안정과 풍요를 구가한 남방의 중심 도시였던 임안의 성세盛世가 잘 드러나 있고 공연 종목들에 대한 서술도 매우 상세하다.

[임안 와사의 공연 종목들 1
내득옹, 『도성기승』「와사중기」]

[와사의] '와瓦'는 '들에서 모였다가 쉽게 흩어진다(野合易散)'[51]는 뜻으로, [와사가] 언제부터 있었는지는 알지 못한다. 그러나 경사京師(개봉)에 있었을 때에는 사대부와 서민들이 고삐 풀린 채 방탕하게 놀던 곳으로 자제들이 빠져들었다가 신세를 망친 곳이기도 하다.

[와사의] 산악散樂[52]에는 [개봉 시절의 궁정] 교방教坊 13부部의 기예가 보존되어 있는데, 다만 이 가운데 잡극雜劇만을 정색正色으로 삼고 있다. 옛 교방 [13부]는 필률부篳篥部, 대고부大鼓部, 장고부杖鼓部, 박판색拍板色, 적색笛色, 비파색琵琶色, 쟁색箏色, 방향색方響色, 생색笙色, 무선색舞旋色, 가판색歌板色, 잡극색雜劇色, 참군색參軍色이다. 각 색色에는 색장色長이 있고, 각 부部에는 부두部頭가 있었다. 상부에는 교방사教坊使, 부검할副鈐轄, 도관都管, 장의범掌儀範이라는 직책이 있었는데, 모두 잡류雜流[53]의 관원들이었다. 각 부部[와 색色]은 보라색, 붉은색, 녹색의 세 가지 관삼寬衫(품 넓은 적삼)으로 구분되었고, 양쪽 아래로 각기 노란색 의란義襴[54]을 늘어뜨렸다. 잡극부雜劇部는 원과諢

---

51 이보다 30여년 뒤에 편찬된 『咸淳臨安志』 권19에는 '聚則瓦合, 散則瓦解'로 되어 있다. 본서 제1장 제1절 참고.

52 여기에서는 의례 중심의 正樂에 상대되는, 雜劇을 비롯한 각종 연희들을 포괄하는 의미로 이해된다.

53 과거 출신의 문관이 아닌 음서, 무관, 胥吏 등을 가리킨다.

54 승마용 의복 등에서 옷자락이 나누어져 있는 부분을 가리킨다.

裹를 둘렀고, 나머지 부는 모자나 복두襆頭만 썼다. 다음으로 소아대小兒隊와 여동女童들의 채련대採蓮隊가 있었다. 또 균용반鈞容班도 별도로 있어서, 지금은 사계절의 각 첫날에 어가의 뒤를 따라 말을 타고 가며 음악을 연주하는데, 옛 의례와 같다. 소흥 31년(1162)에 교방이 폐지된 뒤에는 큰 연회가 있을 때마다 임안부臨安府 아전악衙前樂 등에서 사람들을 뽑아 충당하여 수내사修內司의 교악教樂이 관장하도록 했다. 교방대사教坊大使는, 경사京師 시절(북송)에는 맹각구孟角毬가 잡극 대본을 편찬했고, 갈수성葛守成은 대곡大曲 40편의 가사를 썼고, 정선현丁仙現은 민첩하고 음악에 밝았다. 소흥 연간(1131~1162)에 [임안으로 옮겨온 뒤로는] 정한필丁漢弼, 양국상楊國祥도 있었다.

잡극에서는 말니末泥가 우두머리이다. 네 명 또는 다섯 명이 [한 조를 이루어] 한 대목을 한다. 먼저 잘 아는 이야기를 한 단락 하고—이를 '염단豔段'이라고 한다—, 이어서 '정잡극正雜劇'을 한다. 이를 통상 '양단兩段'이라 부른다.[55] 말니색末尼色이 주장主張을 하고, 인희색이 분부分付를 하며, 부정색副淨色은 발교發喬를 하고, 부말색은 타원打諢을 한다. 이밖에 장고裝孤가 한 사람이 더해지기도 한다. 곡파曲破를 취주하여 단송斷送하는 사람을 '파색把色'이라고 부른다.[56] [잡극은] 대개 모두가 옛 이야기나 시사時事를 우스개로 풀어내는데, 본래는 거울로 삼게 하거나 간언의 뜻을 숨긴 것으로, 눈치를 보아가며 조금씩 [뜻을] 드러내므로 [잡극 배우들을] '무과충無過蟲'이라고 한다.

제궁조諸宮調는 본래 경사(개봉)의 공삼전孔三傳이 전기傳奇나 영괴

55 '兩段'이 무엇을 뜻하는지와 관련하여, '豔段'과 '正雜劇'을 '兩段'이라고 보는 견해와 '正雜劇'이 '兩段'으로 구성되어 있다고 보는 견해가 있다. 전자는 廖奔, 劉彦君, 『中國戲曲發展史』 第1卷, 山西教育出版社, 2000, pp.222~224가 대표적이고, 후자는 薛瑞兆, 『宋金戲劇史稿』, 三聯書店, 2005, p.35가 대표적이다. 여기에서는 전자를 따랐다.

56 曲破는 大曲 중의 특정 대목을 뜻하지만 南宋 때에는 大曲 자체를 가리키기도 하였다. 斷送은 본래 '취주하다'라는 뜻인데, '극의 내용 변화에 상응하여 잡극의 앞뒤에 악곡을 취주하는 부분'을 뜻하기도 한다. 余復生, 「宋雜劇'斷送'考變」, 『天津音樂學院學報』 2006年 第4期, pp.54~55 참고.

靈怪(괴기) 이야기를 엮어 노래를 입혀 설창說唱한 것이다.

세악細樂은 교방의 대악大樂에 비해 대고大鼓, 장고杖鼓, 갈고羯鼓, 두관頭管, 비파, 쟁箏을 쓰지 않고, 항상 소관簫管, 생笙, 진篆, 혜금嵇琴, 방향方響 등을 써서 합주한다.[57]

소악小樂은 한두 명이 함께 연주한다. 예를 들어 쌍운雙韻과 완함阮咸을 함께 연주하고, 혜금과 소관을 함께, 그리고 초금鍫琴과 호로금葫蘆琴을 함께 연주하는 식이다. 십사현十四絃을 단독 연주하거나 잠賺[58]을 취주할 때에는 고판鼓板(북과 박판)으로 반주한다. 발해악渤海樂은 한 박자에서 [시작하여] 열 박자까지 이르는데, 번고자番鼓子를 치고, 수잔水盞(물잔)과 나판鑼板(징판)을 두드리고, 고아鼓兒(북)를 맞추어 치는 것 등이 모두 이것(박자맞추기)이다.[59] 오늘날 거리와 시장에서는 악인樂人들이 세 명에서 다섯 명까지 악대를 이루어 설날, 조수潮水 구경, 부용꽃구경, 술자리 등의 초청에 응해서 공연을 하는데, 돈을 많이 주지 않아서 이를 '황고판荒鼓板'(싸구려 공연)이라고 부른다.

청악清樂은 마후악馬後樂[60]에 방향, 생, 적笛을 더한 것이고, 작은 제고提鼓를 쓰는데 그 소리도 가볍고 약하다. 순희淳熙 연간(1174~1189)에 덕수궁德壽宮의 용적색龍笛色[61] 인원은 40명이었는데, 중추절이나 달밤에 용적만 연주하게 명하면 그 소리가 궁궐 밖까지 들려서 정말 청악답게 맑은 소리가 울려 퍼졌다.[62]

57 頭管은 篳篥을 말하고, 篆은 箏과 비슷한 七絃 악기이다. 嵇琴은 嵇康이 처음 만들었다고 전해지는 거문고의 한 종류이고, 方響은 16개의 鐵片을 달아매어 구리 망치로 쳐서 연주하는 경쇠류의 타악기이다.

58 아래의 唱賺 부분 참고.

59 雙韻은 크기가 작은 四絃 月琴 종류이고, 阮咸은 몸통이 원형이고 목이 긴 月琴 비슷한 악기이다. 〈渤海樂〉은 금나라 음악으로, 南宋 淳熙 12년에 금지되었다고 한다. 『宋史』 권35 참고. 鍫琴, 葫蘆琴, 十四絃 등은 『宋史』에 이름은 확인되지만 상세한 특징은 미상이다.

60 將軍이나 文官 등의 말 뒤에 따라가는 樂隊이다.

61 龍笛은 구멍이 일곱 개인 橫笛으로, 머리에 龍頭가 장식되어 있었다.

62 馬後樂은 장군이나 군수 등을 따르는 군악대를 말한다. 龍笛色의 龍笛은 구멍이

창규唱叫. **소창**小唱은 박판을 잡고 만곡慢曲이나 곡파曲破를 부르는 것으로, 대개 무겁게 시작했다가 가볍게 끝마치므로 '천천히 술을 마시면서 나지막하게 노래한다(천짐저창淺斟低唱)'고 했다. [소창은] 40편의 대곡大曲 중의 무선舞旋과 형식이 같았다. 지금의 와시에서는 이미 끊어져 찾아볼 수 없다. **표창**嘌唱은 북에 맞추어 영곡令曲과 소사小詞 [같은 짧은 노래]를 부르는 것을 말하는데, 허성虛聲[63]을 구사하며 궁조宮調를 자유롭게 넘나든다. [표창은] 규과자叫果子(과일 사라고 외치는 소리)나 사곡아耍曲兒(장난스러운 노래?)와 같은 체제로, 본래는 거리와 시장에만 있었는데 지금은 집에서도 종종 한다. **규성**叫聲은 경사京師 시절부터 만들어진 것으로, 시정의 여러 가지 노랫소리나 물건 파는 소리에다 곡조를 입혀서 만든다. 만약 표창에 인자引子를 더하여 네 구절을 이어 넣으면 이를 '하영대下影帶(영대를 늘어뜨린다)'라고 하고, 영대가 없는 것은 '산규散叫'라고 한다. 북에 맞추지 않고 잔盞만 두드리면 '타박打拍'이라고 한다. **창잠**唱賺은 경사 시절에는 전령纏令과 전달纏達이 있었다. 인자引子와 미성尾聲이 있으면 전령이었고, 인자 뒤에 두 곡조만을 여러 차례 반복하여 노래하는 것이 전달이었다. [항주로 남하한] 중흥中興 이후에 장오우張五牛 대부大夫가 고판鼓板 연주 가운데 다시 태평령太平令 네 대목이나 잠고판賺鼓板—지금은 박판을 크게 흔들어 치켜 올리는 대목이다—이 있는 것을 듣고서 마침내 잠賺을 만들었다. '잠'은 속인다는 뜻으로, 사람들이 멋진 소리에 빠져들어 듣다가 언제 미성尾聲에 이르렀는지도 모를 정도라는 것이니, 전체 노래의 앞쪽에 두기에는 적당하지 않다. 지금은 **복잠**覆賺이라는 것도 있는데, 남녀가 정분이 나는 이야기나 말 달리며 싸우는 이야기 등이 펼쳐진다. 지금까지의 종류들 가운데 잠이 가장 어려운데, [잠이] 만곡慢曲, 곡파曲破, 대곡大曲, 표창嘌唱, 사령耍令, 번곡番曲, 규성叫聲

일곱 개인 横笛으로, 머리에 龍頭가 장식되어 있었다. 『夢粱錄』「妓樂」 조에도 보인다.

63 가사 없이 소리만 내는 발성일 것이다.

등 여러 종류의 악곡 곡조들을 모두 겸하여 갖추고 있기 때문이다.

잡분雜扮은 잡반雜班,[64] 뉴원자紐元子, 발화撥和[65]라고도 부르고, 잡극의 산단散段이다. 경사 시절에는 시골 사람들이 도성에 들어오기 어려워서 [도성 사람들이 시골 사람들을 볼 기회가 적었으므로] 마침내 이 단락을 만들어서 산동山東이나 하북河北의 시골 사람 차림을 하고 [연기하여] 웃음거리로 삼았다. 지금의 타화고打和鼓, 염소자撚梢子, 산사散耍 등이 모두 이와 같은 종류이다.

백희百戲는 경사 시절에는 좌군과 우군으로 나뉘어져 있었고, 개봉부의 아전악에서 운영하였다. [백희 중에] 상박相撲하며 겨루는 것은 **각저**角抵 놀이라고 부른다. 주먹으로 싸우는 종류도 따로 있는데, [이것은] 완곡한 상박과는 상반되어 [진짜 주먹 싸움인] 군두사軍頭司(군두인견사)의 대사大士와 비슷하다. **척농**踢弄은 [설날] 대례大禮[66]뒤 사면령을 내릴 때 [장대에 올라] 금계金鷄를 쟁탈하는 일[67]을 이 [척농 기예를 가진] 사람을 써서 한다. 이들은 상간上竿(장대 오르기), 타근두打

---

64 원문은 '雜旺'인데, 『古杭夢遊錄』, 『夢粱錄』「妓樂」 등에서는 '雜班'으로 되어 있다. 「都城紀勝譯注(二)」, 『立命館東洋史學』 第33號, 2010, p.128.

65 원문은 '技和'인데, 『古杭夢遊錄』, 『夢粱錄』「妓樂」 등에서는 '拔和'로 되어 있다. 「都城紀勝譯注(二)」, 『立命館東洋史學』 第33號, 2010, p.128.

66 大禮는 天子가 南郊와 明堂에서 올린 제사이다.

67 金鷄는 황금 머리를 한 닭 모양의 儀仗으로, 황제가 사면령을 공포할 때 장대에 매달아 세웠다고 한다. 『新唐書』「百官志」 3 참고. 『夢粱錄』 卷5 「明堂 제사 뒤에 城門에 올라 사면령을 내리시다(明禋禮成登門放赦)」 대목에도 제사를 마친 황제가 사면령을 내릴 때 金鷄 장대에 百戲人들이 오르는 모습에 대한 기록이 자세히 보인다. "(…) 장대가 곧게 솟아 있었는데, 그 중간에 받침이 있고 금계가 그 위에 서서 붉은 깃발을 물고 있었고 깃발에는 '皇帝萬歲'라는 네 글자가 씌어 있었다. 받침 아래로 붉은 비단 동아줄이 네 모서리로 늘어뜨려져 있어서 紅巾을 쓴 百戲人 네 명이 다투어 줄을 잡고 오르게 하면, 먼저 오른 자가 金鷄를 잡고 큰 소리로 천자의 은혜에 감사드렸다." 『東京夢華錄』 卷10 「사면령을 내리다(下赦)」에도 '鷄竿'을 세우고 네 명이 다투어 오르는 장면을 기록한 내용이 있는데 여기에서는 장대의 높이가 10餘丈에 이른다고 하였으니 상당히 높았음을 알 수 있다.

筋斗(재주넘기), 답교踏蹺(죽마놀이), 타교곤打交輥,[68] 탈삭脫索(포승줄 풀기), 장신귀裝神鬼(귀신연기), 포라抱鑼(징 춤), 무판舞判(판관 춤),[69] 무작도舞斫刀(작두 춤), 무만패舞蠻牌(방패 춤), 무검舞劍(검무), 마타구馬打毬(말 타고 공치기) 등이 있다. 또한 배 위에서의 수추천水鞦韆(그네 타다가 물에 뛰어들기),[70] 동서반東西班의 야전野戰, 제군諸軍의 마상 마술馬上馬術—북방에서는 '사류乍柳'라고 했다—, 길거리의 전초퇴轉焦鎚(돌아다니며 찐떡 팔기)[71] 등도 같은 종류이다. **잡수예**雜手藝는 모두 이름이 재미있다. 척병踢瓶(병 차기), 농완弄碗(그릇 놀리기), 척경踢磬(경쇠 차기), 농화고추弄花鼓搥(화채 놀리기), 척묵필踢墨筆(묵필 차기), 농구자弄球子(공놀리기), 찰축구桚築球(공차기),[72] 농두弄斗(국자 놀리기), 타경打硬(단단한 것 치기), 교충의급어教蟲蟻及魚(벌레 및 물고기 부리기) , 농웅弄熊(곰 놀리기), 소연화燒煙火(불꽃놀이), 방폭장放爆仗(폭죽 터뜨리기), 화희아火戲兒(불놀이), 수희아水戲兒(물놀이), 성화촬약聖花撮藥(대추로 약 만들기),[73] 장압藏壓(물건 감추기), 약법괴뢰藥法傀儡,[74] 벽상수壁上睡(담벼락 위에서 잠자기) 등이 있다. 작은 규모[의 잡수예]로는 극술劇術(재빠른 몸놀림 또는 손놀림), 사천노자射穿

68 교대하여 통 빨리 굴리기 정도로 볼 수 있으나, 자세한 것은 미상이다.

69 鍾馗 또는 閻羅가 징소리에 맞추어 추는 춤이다.

70 본서 제4장 제2절 참고.

71 焦鎚는 쪄서 익힌 떡이다. 轉焦鎚는 찐떡을 대나무 시렁 위에 올려놓고 그 위에 日傘을 꽂아 햇볕을 가리고, 시렁과 日傘에 붉은 등롱을 매달아놓고 북을 치며 돌아다니며 파는 것을 뜻하는 것으로, '打旋羅'라고도 했다. 『東京夢華錄』 卷6 「十六日」 참고.

72 桚은 '짓누르다', '핍박하다'의 뜻이 있으나, 桚築球의 구체적인 방식은 알기 어렵다. 梅原郁는 拶築球를 신체 전체를 사용하여 공을 떨어뜨리지 않고 놀리는 묘기라고 하고 있으나, 근거는 명확하지 않다. 吳子牧 著, 梅原郁 譯注, 『夢粱錄 3』, 平凡社, 2000, p.359.

73 『西湖老人繁勝錄』에는 林遇仙이 대추로 약 만들기 기예를 했다고 되어 있다. 본장 참고.

74 『東京夢華錄』에서는 藥發傀儡라고 하였다. 본서 제2장 제1절 참고.

弩子(쇠뇌로 쏘아 뚫기), 타탄打彈(공치기),[75] 찬호병攢壺瓶(병에 던져 넣기)—옛날의 투호投壺—, 수영희手影戱(손그림자 놀이), 농두전弄頭錢(동전 던지기),[76] 변선아變線兒(실 놀이),[77] 사사서寫沙書(모래에 글씨 쓰기), 개자改字(글자 바꾸기) 등이 있다.

[**괴뢰**는] 현사괴뢰懸絲傀儡 놀리기—진평陳平이 여섯 차례 기묘한 계책으로 포위를 벗어난 일에서 시작되었다[78]—, 장두괴뢰杖頭傀儡, 수괴뢰水傀儡, 육괴뢰肉傀儡—어린 아이들이 공연하였다— 등이 있다. 괴뢰는 연분煙粉(애정)이나 영괴靈怪(괴기), 그리고 철기鐵騎(전쟁)나 공안公案(재판) 등의 이야기를 펼치는데, 그 대본은 간혹 잡극이나 애사崖詞[79]와 비슷하다. [괴뢰는] 대체로 허구가 많고 실사實事가 적었으니, 거령신巨靈神[80]이나 주희대선朱姬大仙[81] 같은 것이 그것이다. **영희**影戱. 영희는 모두 경사 사람들이 했는데, 처음에는 흰 종이를 잘라 모양을 만들어 썼다가 나중에는 채색 가죽을 써서 만들었다. 대본은 강사서講史書 종류와 거의 같고, 대체로 허구와 실사가 반반씩 차지한다. 충성스러운 사람은 바른 모양으로 자르고, 간사한 자는 추한 모습으로 만드니, 저잣거리 사람들의 눈에 포폄褒貶의 뜻을 전하기 위함일 것이다.

75 막대기로 공을 치는 놀이이다. 南戱「張協狀元」에 "築球打彈謾徒勞(공을 차고 공을 쳐도 헛수고라네)"라는 구절이 보이고, 『水滸傳』 제2회에도 打彈이라는 말이 나온다.

76 동전 여섯 개를 함께 던져 앞뒷면이 나오는 개수로 승부를 가리는 놀이이다. 『東京夢華錄』 卷3 참고.

77 陳長方의 『步里客談』 卷下에 "대나무에 오색 실을 채우고 그것을 끌어내면서 놀이로 삼는 것을 變線이라고 부른다."라는 기록이 있다.

78 본서 제2장 제1절 참고.

79 葉德均은 崖詞는 6~7언 詩讚 형식의 강창이라고 하였다. 葉德均, 「宋元明講唱文學」. 葉德均, 『戱曲小說叢考』, 中華書局, 1979, p.649 재수

80 巨靈神은 華山을 둘로 쪼개어 그 사이로 黃河를 흐르게 하였다는 水神으로, 張衡의 「西京賦」 첫머리에 보인다. 元 雜劇 「巨靈神劈華嶽」도 있었다.

81 미상.

설화說話에는 네 종류가 있다. 하나는 소설小說이다. 소설은 '은자아銀字兒'라고도 부르고, 연분, 영괴, 전기傳奇(기이담) 같은 이야기를 펼친다. [다음은] 설공안說公案—모두 박도간봉搏刀趕捧(칼이나 봉을 들고 싸우는 이야기)이나 발적변태發跡變泰(가난한 사람이 출세한 이야기)—과 설철기아說鐵騎兒—병사와 군마가 무기를 들고 [적과] 싸우는 이야기—이다. [다음은] 설경說經—불교 고사를 강설하는 것—과 설참청說參請—스승과 제자가 참선하고 득도하는 이야기—이다. [마지막은] 강사서講史書로, 전대 역사서의 기록이나 흥쇠, 전쟁 등의 일을 강설하는 것이다. 이 가운데 가장 대단한 것은 소설을 하는 사람들인데, 소설은 한 왕조 한 시대의 이야기를 짧은 동안에 다 마치기 때문이다.

합생合生은 기령起令 및 수령隨令과 비슷한데, 각자 자기의 이야기를 이끌어가며 [주고받는다].[82]

상미商謎는 옛날에는 북과 박판을 이용하여 【하성조賀聖朝】 곡을 취주하면서 사람들을 모아놓고 시미詩謎(시 수수께끼), 자미字謎(글자 수수께끼), 여미戾謎,[83] 사미社謎[84] 등을 맞추게 했는데, 본래는 은어隱語라고 했다. 또 도미道謎—손님이 은어를 말하며 수수께끼를 내는 방식으로 타미打謎라고도 함—, 정시正猜—손님이 맞추는 방식—, 하투下套—기예인이 비슷한 물건에 빗대어 놀리는 방식으로 이를 대지對智라고도 함—, 첩투貼套—첩지貼智[85]로 생각하는 방식—, 주지走智—빗

---

82 起令과 隨令은 술을 마실 때 시제를 내고 그것에 답하여 싯귀를 짓는 일을 말한다. 合生은 본장의 앞부분 참고.

83 錢南揚은 戾家 곧 전문배우들의 수수께끼 맞추기라고 추측했고, 『西湖老人繁勝錄』에는 商謎를 암송한 배우에 대한 기록이 있다. 吳子牧 著, 梅原郁 譯注, 『夢粱錄 3』, 平凡社, 2000, p.371. 배우가 내는 수수께끼였을 가능성도 있으나, 뚜렷한 증거는 없는 실정이다.

84 梅原郁은 아마추어들의 수수께끼 맞추기가 아닐까 추측했지만 근거는 제시하지 않았다. 吳子牧 著, 梅原郁 譯注, 『夢粱錄 3』, 平凡社, 2000, p.371.

85 미상. 힌트를 주는 방식(?).

대는 물건을 바꾸어가면서 답을 맞추기 어렵게 하는 방식—, 횡하橫下—[돈을 낸 손님이 아닌] 옆의 구경꾼이 맞추도록 허용하는 방식—, 문인問因—기예인이 [수수께끼의] 첫머리를 큰 소리로 물어보는 방식—, 조상調爽—[한 사람이] 맞추기 어려운 것처럼 가장하여 [다른 사람의] 지력을 측정하는 방식— 등도 있다.[86]

여기에서 소개하고 있는 임안의 공연 종목들에 대한 내용은 『동경몽화록』에서 밝히고 있는 북송 시대의 내용에 비해 분량이 훨씬 많고 각 종목에 대한 설명도 매우 상세하여 참고의 가치가 크다. 각 단락별로 내용을 정리해보자. 먼저 첫 단락에서는 와사의 의미가 사람들이 모였다가 흩어지는 공간이라는 취지의 설명을 한 후에, 임안 와사의 산악 즉 공연 구성이 옛 북송 시절 궁정 교방의 제도를 거의 그대로 이어받아 13개의 부 또는 색으로 구성되었고 다만 이 가운데 '잡극색'이 가장 중시되었다는 점을 밝혔다. 이 밖에 남녀 청소년으로 구성된 단위와 군대에 소속된 단위도 별도로 있었음을 소개하고 있다. 그리고 남송 초기에 교방이 폐지된 이후에는 조정에서 연회가 있을 경우에 임안부의 아전악 등에서 민간 예인들을 선발하여 수내사에서 이들을 관리 감독하였다는 사실과 북송 개봉의 교방대사들과 남송 임안의 음악 전문가들을 소개한 뒤에 당시의 공연 종목들에 대한 소개로 이어가고 있다.

『도성기승』에서도 『동경몽화록』과 비슷한 방식으로 종목들을 소개하고 있다. 우선 여기에서 소개한 종목들을 보면, 순서대로 잡극, 제궁조, 세악, 소악, 청악, 창규(소창, 표창, 규성, 창잠, 복잠), 잡분, 백희(각저, 척

86 孟元老 等 著, 『東京夢華錄(外四種)』, 古典文學出版社, 1956, pp.95~98. 『景印文淵閣四庫全書』 第590冊, 臺灣常務印書館, 1986, pp.7~9도 참고하였다.

농, 잡수예), 괴뢰, 영희, 설화, 합생, 상미 등이다.[87] 그런데, 이 가운데 세악, 소악, 청악, 창잠, 각저 등은 『동경몽화록』에서는 소개되지 않은 새로운 명칭이고, 규성, 잡수예, 설화 등은 명칭은 새롭지만 『동경몽화록』에 이미 소개된 종목과 기본적으로 같은 것이다. 『동경몽화록』의 경우처럼 오늘날의 기준으로 『도성기승』에서 소개된 기예들을 분류해보면 아래와 같다.

연극류: 잡극, 잡분, 괴뢰, 영희

기악류: 세악, 소악, 청악

가창류: 창규

잡기류: 각저, 척농, 잡수예

강창류: 제궁조, 설화

구변류: 합생, 상미

위의 종목들 가운데 첫 번째 대분류인 연극류는 『동경몽화록』에서 이미 나타난 종목들이다. 이 중 **잡극**의 성격에 대한 설명이 좀더 상세한데, 즉 4~5명이 함께 나와서 두 단락을 공연하고, 이들 각색角色의 명칭과 역할이 소개되어 있으며,[88] 내용면에서는 고금의 이야기를 우스개로 풀어내면서 간언의 뜻을 완곡하게 드러냄으로써 권력자나 관객들

87 본서에서는 창규는 소창부터 복잡까지를 포괄하는 명칭으로 보고, 백희는 각저부터 잡수예까지를 포괄하는 명칭으로 본다. 다만, 창잠과 복잡을 창규로부터 제외하여 독립 항목으로 분리하고, 잡수예를 백희로부터 분리하여 독립 항목으로 분리할 수도 있을 것이다.

88 角色은 한 배우가 맡은 전공 연기 분야를 뜻하는 말로, 위의 末泥, 引戲, 副淨, 副末, 裝孤 등이 그것이다. 배우는 角色에 맞는 극 중 인물을 선택하여 연기할 수 있다. 이들 角色의 명칭과 역할에 대해서는 본서 제5장 제2절 참고.

로부터의 비난을 피할 수 있었다는 것을 지적하고 있다. 이 기록은 잡극의 연극적 성격과 문화적 위상이 점차 뚜렷해졌다는 표지로 받아들여진다. **잡분**은 잡극의 뒷부분에 추가되는 공연으로 시골 사람 연기로 웃음거리로 삼은 코미디 공연이었음이 밝혀져 있고, 각종 **괴뢰**와 **영희**에 대해서도 세부 종목들과 대본의 성격 그리고 인물의 형상화 등에 대해서 설명이 상세하다. 특히 수괴뢰와 육괴뢰는 처음 소개된 종목인데, 먼저 수괴뢰는 『동경몽화록』 권7의 북송 시대 궁정 공연 모습에서 자세히 묘사하고 있듯이 배 위에서 물을 이용하여 꼭두각시를 놀리면서 이야기를 펼치는 것이다.[89] 육괴뢰에 대해서는 여러 가지 해석이 있는데, 손해제孫楷第는 위에서 어린아이가 공연했다고 한 기록을 주목하여 아이가 어른의 어깨에 올라타고 연기한 것을 뜻한다고 하였다.[90] 이와 관련된 기록을 보자.

[육괴뢰의 형태
주밀, 『무림구사』 권2 「원석元夕」]

도성에서는 묵은해의 동짓날 어가御駕가 환궁하시면 [어른의] 어깨에 올라탄 소녀와 고취鼓吹를 하는 무관舞綰[91] 수십 무리들이 귀족이나 호족들 저택의 임시 장막에서의 여흥에서 공연을 하였다. 도성 거리의 찻집에서는 [동짓날부터] 이미 둥근 등을 내어놓고 팔고 있었는데, 이를 '등시燈市'라고 하였다. 이날 이후로는 밤마다 등을 팔았다.

89 본서 제4장 제2절 참고. 본 장의 『夢粱錄』 부분에도 南宋 시대 水傀儡의 모습이 묘사되어 있다. 水傀儡에 대한 최근의 연구로는 陳瑁辛, 「宋代水傀儡藝術研究」, 『藝術百家』 2015年 第S1期 增刊, pp.63~69 참고.

90 孫楷第, 『傀儡戲考原』, 上雜出版社, 1952, pp.52~54.

91 소년 무용수를 말하는 듯하다.

삼교三橋 등의 지역에는 객관客館이 가장 많았고, 춤을 추는 사람들도 가장 많이 왕래하였다. 밤마다 누각에 등이 켜지면 그 아래에서 통소와 북이 연주되었다. [사람들은] 술을 마시며 [공연을 보면서] 웃었는데, [공연자들에게] 돈을 많이 쓰지는 않았다. 이들은 사경四更이 되어서야 돌아가는 날이 적지 않았고, 이때부터 날이 갈수록 더욱 많아졌다.[92]

이 기록은 여자아이가 어른의 어깨에 올라타고 음악 반주에 맞추어 연기를 펼쳤음을 말해준다. 이밖에도 북경에서 유래한 쌍황雙簧이나 안휘安徽 지방의 가면극과 같은 연희라는 주장,[93] 사람의 몸에 줄을 매달고 인형처럼 움직이게 하는 연희라는 주장, 장갑처럼 손에 끼는 인형으로 극을 하는 종류라는 주장 등이 매우 다양하여 논란이 이어지고 있다.[94] 어떻든 수괴뢰, 육괴뢰를 포함하여 꼭두각시극이 남송에 이르러 더욱 다양해지고 풍부해졌다는 것을 잘 알 수 있다.

두 번째 대분류인 기악류는 악기 연주만으로 이루어진 공연으로, 『동경몽화록』에는 없는 종목들이다. 먼저 **세악**은 음량이 비교적 작은 관현악기 중심으로 합주한 종목이고 **소악**은 한두 악기가 합주하는 종목이며 **청악** 역시 관현악기 중심으로 합주하여 청량한 음색을 내는 종

92 孟元老 等 著, 『東京夢華錄(外四種)』, 古典文學出版社, 1956, pp.369.

93 雙簧은 두 사람이 등장하여 앞쪽에 있는 사람은 동작만 하고 뒤쪽에 숨은 사람이 노래와 이야기를 이어가는 종류의 연희이고, 安徽 지방의 특정 가면극에서는 가면을 쓴 사람이 동작을 하고 무대 안쪽에서 다른 사람이 노래와 이야기를 이어가는 종류의 민속극이다. 특히 후자에 대해서는 王兆乾, 「池州儺戲與成化本'說唱詞話'—兼論肉傀儡」, 『中華戲曲』 第6輯, 山西人民出版社, 1988, pp.156~161 참고.

94 肉傀儡에 대한 다양한 관점에 대해서는 黃李娜, 「肉傀儡卽布袋戲考論」, 『民族藝術』 2017年 第6期, pp.142~144 참고.

목이었다.

세 번째 대분류인 **창규**는 소창, 표창, 규성, 창잠 등을 아우르는 명칭으로 생각된다. 이 중 **소창**은 박판 반주, 표창은 북 반주로 이루어진 가창 종목이다. **표창**은 앞서 본 것처럼 '절도가 없고', '범염한' 소리였다고 하였는데 이러한 성격은 남송 때에도 이어졌을 것이다. **규성**은 물건 파는 소리를 발전시킨 종목이고, **창잠**은 북송 때에도 있었지만 남송에 와서 장오우가 더욱 발전시킨 악곡으로, 멋진 소리에 빠져들어 언제 노래가 끝났는지도 모를 정도였다니 그 흡인력이 어느 정도였을지 짐작하기가 어렵지 않다. 창잠은 연애담이나 전쟁 고사를 펼치는 **복잠**과 함께 여러 종류의 악곡의 곡조들을 모두 갖추고 있어서 가수의 입장에서는 훌륭하게 노래하기가 그만큼 어려웠을 것이니, 이를 잘하는 가수들은 매우 높은 평가를 받았을 것이다.

네 번째 대분류인 잡기류 종목 중에 **각저**는 두 사람이 씨름처럼 겨루기를 하는 놀이를 말한다. 또 **척농**과 **잡수예**는 손발과 신체를 이용한 다양한 묘기들을 포괄하고 있는데, 두 종류의 차이점이 무엇인지는 불분명하지만 대체로 척농은 힘이 더 필요하고 잡수예는 기술이 더 필요한 종류가 아니었을까 한다.[95]

다섯 번째 대분류인 강창류 종목 중에, **제궁조**는 공삼전孔三傳이 공연했다는 언급은 『동경몽화록』에도 이미 나와 있지만 기이한 이야기나 귀신 이야기들을 소재로 설창한 것이라는 설명이 추가되어 있다. 또 **설화**는 기본적으로는 신기하고 재미있는 이야기를 노래 없이 이야기만으

95 踢弄과 雜手藝에 속하는 각종 공연들의 성격에 대해서는 원문 옆의 괄호 안에 설명하였다.

로 전달해준 종류인데, 그 세부 종목이 네 가지라고 언급하고는 있지만 과연 그 네 가지가 무엇인지를 두고 많은 논란이 거듭되었다. 각자의 주장들이 다양하고 각 주장의 장단점이 모두 존재하여 어느 한 견해를 전적으로 따르기는 쉽지 않지만,[96] 본서에서는 길이가 짧고 소재가 연애담, 괴기담, 기이담 등 소형 서사小型敍事 종류에 가까운 종류를 '**소설**小說'[97]로 묶어서 보고, 각종 사건을 해결하는 단안斷案형 서사인 '**설공안**說公案'과 이러한 종류와 비교적 가까운 무협 및 싸움 종류의 내용으로 이루어진 '**설철기아**說鐵騎兒'를 한 가지로 묶어서 보았다. 그리고 종교적 색채가 강한 '**설경**說經'과 '**설참청**說參請'을 한 가지로 묶었고, 마지막으로 건국이나 왕조의 흥망성쇠를 다룬 장편의 대형 역사 서사인 '**강사서**講史書'를 한 종류로 보아 모두 네 종류로 구분하는 것이 합리적이라고 본다.

마지막으로 다섯 번째 대분류인 구변류 종목 중에 **합생**은 두 사람이 주고받으며 이야기나 노래를 이끌어가는 양식임을 설명하였고, 수수께끼를 내고 맞추는 종목인 **상미**에 대해서는 여러 가지의 세부 종목들을 상세하게 소개하고 있다.

지금까지 살펴본 것처럼, 『도성기승』에 소개된 남송 시대의 공연 종

96 논란의 자세한 경과에 대해서는 胡蓮玉, 「南宋'說話四家'研究的回顧與思考」, 『南京師大學報』 2010年 11月 第6期, pp.113~119 참고.

97 '小說'의 별칭이라고 한 '銀字兒'에 대해, 관악기를 가리키는 뜻으로 보아서 '小說'에는 이 '銀字兒' 반주로 노래한 부분이 있다고 본 학자들이 많다. 李嘯倉, 「釋銀字兒」, 『李嘯倉戲曲曲藝研究論集』, 中國戲劇出版社, 1994, p.339, 孫楷第, 「宋朝說話216人的家數問題」, 『滄州集』 上冊, 中華書局, 1965, pp.86~87, 葉德均, 「宋元明講唱文學」(葉德均, 『戲曲小說叢考』, 中華書局, 1979, pp.631~632 재수록본) 등.

목들은 북송 시대에 비해 훨씬 다양하고 풍부해졌음을 알 수 있다. 이어서 『도성기승』보다 20년쯤 뒤인 1250년대 경에 쓰인 『서호노인번승록』에 나타난 남송 임안 공연 종목들의 모습을 살펴보자.

임안 와사의 공연 종목들 2
『서호노인번승록』

[임안의] 와시瓦市는 남와南瓦, 중와中瓦, 대와大瓦, 북와北瓦 등이 있었는데, 그 가운데 북와가 커서 구란勾欄이 13개가 있었고, 그중 두 군데 구란에서는 항상 **사서**史書만 강설했는데, [예인은] 교만권喬萬卷, 허귀사許貴士, 장해원張解元 등이 있었다. 그 뒤쪽에는 봉화붕蓬花棚을 만들어놓고 늘 **어전 잡극**御前雜劇을 했는데, 조태趙泰, 왕□희王㚘喜, 송방녕宋邦寧, 하연청河宴清, 서두鋤頭 가자귀段子貴 등 기녀와 산악 배우들이 작장하였다. [북와의 다른 구란들에서] **상박**相撲은 왕요대王僥大, 당도산撞倒山, 유자로劉子路, 철판답鐵板踏, 송금강宋金剛, 도제산倒提山, 새판답賽板踏, 금중왕金重旺, 조철름曹鐵凜 등이 하였는데 모두들 거한巨漢이었다. **설경**說經은 장소화상長嘯和尚, 팽도안彭道安, 육묘혜陸妙慧, 육묘정陸妙淨 등이 있었고, **소설**小說은 채화蔡和, 이공좌李公佐가 잘했고, 여자 예인은 사혜영史惠英이 있었다. 소장사랑小張四郎은 평생 북와의 한 구란에서만 설화說話를 했고 다른 와자에 가서 공연한 적이 없어서, 사람들은 [그곳을] 소장사랑 구란이라고 불렀다. **합생**合生은 쌍수재雙秀才가 했고, **복사**覆射(덮어놓은 물건 알아맞추기)[98]는 여랑중女郎中이 했다. **척병**踢瓶(병차기)과 **농완**弄碗(그릇놀리기)은 장보

98 『삼국지연의』 제69회에, 曹操가 병이 들자 太史丞 許芝가 曹操를 찾아와 管輅라는 용한 점쟁이 이야기를 하면서 다음과 같이 말한다. "누가 管輅가 남몰래 감추어놓은 물건을 잘 알아맞힌다(覆射)고 하였더니 諸葛原이 믿어지지 않아 가만히 제비알과 벌집과 거미 세 가지를 함 세 개에다 따로따로 넣어놓고는 管輅더러 점을 쳐보라고 했더랍니다." 管輅는 과연 세 물건을 정확히 맞추어 사람들을 놀라게 한다.

가張寶歌가 잘했고, **장두괴뢰**杖頭傀儡는 진중희陳中喜, **현사괴뢰**懸絲傀儡는 노금선爐金線이 했고, **사봉**使棒(봉술) 연기는 주래아朱來兒가, **타경**打硬(단단한 것 치기)은 손칠랑孫七郎이 잘했다. **잡반**雜班(우스개연기)은 철쇄탕鐵刷湯, 강어두江魚頭, 토아두兔兒頭, 창포두菖蒲頭가 했고, **상미**商謎 읊기는 호육랑胡六郎, **교비금**教飛禽(새 다루기)은 조십칠랑趙十七郎이 했다. **장신귀**裝神鬼(귀신 연기)는 사흥가謝興歌, **무번악**舞番樂(이민족음악 춤)은 장우희張遇喜가 잘했다. **수괴뢰**水傀儡는 유소복야劉小僕射, **영희**影戲는 상보의尙保儀, 가웅賈雄이 했다. **표창**嘌唱은 번화樊華, **창잠**唱賺은 복삼랑濮三郎, 선이이랑扇李二郎, 곽사랑郭四郎이 잘했다. **제궁조**諸宮調 설창說唱은 고랑부高郎婦, 황숙경黃淑卿이 잘했고, **교상박**喬相撲(우스개 힘겨루기)은 원어두黿魚頭, 학아두鶴兒頭, 원앙두鴛鴦頭, 일조흑一條黑, 두문교斗門橋, 백조아白條兒 등이 잘했다. **척농**踢弄(몸으로 하는 재주부리기)은 오전각吳全腳, 사대두耍大頭가 잘했고, **담원화**談諢話(우스개 이야기)는 만장사랑蠻張四郎이 잘했다. **산사**散耍(잡반과 비슷한 우스개연기)는 양보흥楊寶興, 육행陸行, 소관서小關西가 했다. **장수재**裝秀才(수재 연기)는 진재랑陳齋郎, **학향담**學鄉談(시골 말씨 흉내)는 방재랑方齋郎이 잘했다. 가짓수가 매우 많아서 13곳의 구란은 쉴 틈도 없이 하루 종일 북적대었다.[99]

이 글은 남송 임안의 공연 공간을 살펴보면서 인용한『서호노인번승록』의 앞에 있는 단락이다.[100] 여기에서는 당시 임안에서 가장 컸던 와사인 북와의 상황에 집중하여 공연 종목과 대표 예인의 이름만을 열거하는 방식으로 소개하고 있다. 먼저 북와의 구란에서 공연한 강사서 예인들을 소개하고, 이어 역시 북와의 봉화붕에서 공연된 어전 잡극에 참

---

99 孟元老 等 著,『東京夢華錄(外四種)』, 古典文學出版社, 1956, pp.123~124.

100 본서 제1장 제1절 참고.

여한 배우들의 이름을 나열하였다. 그 뒤로는 대부분 『동경몽화록』과 『도성기승』에서도 나왔던 각종 종목과 예인들을 나열하고 있는데, 특별히 이해하기 어려운 내용은 많지 않다. 그런데 『서호노인번승록』에는 이 대목의 앞부분에도 더욱 잡다한 여러 가지 종목들에 대해 설명한 대목이 보인다. 다음을 보자.

임안 와사의 공연 종목들 3
『서호노인번승록』

십삼군 대교장十三軍大教場, 교혁군 교장教奕軍教場, 후군 교장後軍教場, 남창南倉 내, 전차자前杈子 안, 공원貢院 앞, 우성관佑聖觀 앞의 넓은 터에서는 노기인路岐人을 낀 야바위꾼들이 작장하면서 **칠성법**七聖法[101]을 행했다. [칠성법은] 먼저 사람의 머리를 자르고 나서 부적을 팔고 얼마 있다가 원래대로 다시 이어 붙이는 것이었다. 또 **답오자**畓鐓子,[102] **탄검**呑劍(칼 삼키기), **취안정**取眼睛(눈알 꺼내기), **대리착당삼전**大裏捉當三錢,[103] **교어도도문**教魚跳刀門(물고기가 칼문 뛰어넘기), **오구척농**烏龜踢弄(거북이가 재주부리기), **금시복사**金翅覆射(금시조金翅鳥가 덮어놓은 물건 알아맞추기), **두엽호손**斗葉猢孫,[104] **노아하기**老鴉下棊(까마귀가 바둑 두기), **사자무재랑**蜡觜舞齋郎(밀화부리 새의 재랑 춤),[105]

101 송대 杜七聖의 술법으로, 뒤에 살펴볼 『武林舊事』에도 같은 이름이 나온다. 사람의 머리를 잘랐다가 다시 이어붙이는 杜七聖의 술법에 대한 자세한 묘사는 元末明初 사람인 羅貫中이 지었다고 하는 『三遂平妖傳』 제29회에서도 찾아볼 수 있다.

102 畓은 沓(두드리다, 치다)의 잘못인 듯하고, 子는 음식이나 식기와 관련된 물건인 듯하나 자세히 알 수 없다.

103 미상.

104 미상. 원숭이 재주넘기(?).

105 재랑은 본래 종묘사직의 제례를 관장하는 하급 관리를 가리키지만, 송나라 때에는 남자 무용단을 가리키기도 했다.

암순노鵪鶉弩(메추라기가 쇠뇌 쏘기), **교웅사봉**教熊使棒(곰이 봉 부리기) 등도 볼 수 있었다. 왕선王宣은 **농면**弄麵(밀반죽 다루기)을 잘해서 한 길[丈]이나 되는 네모난 전병을 만들었다. **애사**涯詞를 부르는 곳에는 귀족 집안의 자제들만 가고, 도진淘真 듣는 곳에는 시골 사람들만 모였다. **타경저**打硬底(단단한 바닥 치기), **벽파철감람**擘破鐵橄欖(엄지 손가락으로 쇠구슬 깨뜨리기), **여가상박**戾家相撲(배우들의 씨름하기) 등도 있었다. 사냥꾼들은 마취약을 팔고 범의 가죽, 머리, 발톱을 펼쳐 놓았다. 황현귀黃顯貴는 눈이 멀었지만 **청악**清樂을 잘했고, 임우선林遇仙은 **성화촬약**聖花撮藥(대추로 약 만들기)을 했다. 천무장天武張은 **경석구**擎石毬(둥근 바윗돌 들기), 화마아花馬兒는 **철석돈**掇石墩(돌로 만든 돈대墩臺를 들어올리기), 곽개주廓介酒 이일랑李一郎은 **야가**野呵[106]와 **소설**小說을 잘했다. 장소마다 [공연] 종류가 달랐다. 또한 **촉두소식**促頭消息(순식간에 길러내기)도 있었는데, 휙 하는 사이에 오이가 복숭아로 변하게 하는 것은 무주婺州에서 온 사내가 했다. 초가을에 임금님이 이곳에 행차하실 때도 이와 같았다.[107]

이 대목에도 특이한 술법과 재주를 부리는 기예들이 어지러울 정도로 많이 소개되고 있다. 군사훈련장이나 창고, 거리, 과거시험장, 도관道觀 등의 안팎에 있는 공터에서 행한, 사람의 머리를 잘랐다가 다시 붙였다는 믿기 힘든—눈속임이었을—칠성법을 비롯하여 탄검이나 취안정은 모두 신체 기예이고, 교어도도문 이하의 7~8종류는 물고기나 금수 등의 동물을 훈련시켜 기상천외한 묘기를 보여주는 기예이며, 애사나 도진, 그리고 마지막에 나오는 소설은 모두 강창 종류의 기예이고,

106 송대에 여러 곳을 떠돌면서 공연하는 극단이나 사람을 '打野呵'라고 하였는데, 野呵는 이들이 공연한 투박한 스타일이나 내용을 뜻할 것이다. 떠돌이극단에 대해서는 본서 제5장 제3절 참고.

107 孟元老 等 著, 『東京夢華錄(外四種)』, 古典文學出版社, 1956, pp.119~120.

야가는 연극류의 종목으로 생각된다. 나머지도 모두 기묘한 재주와 공연들이다. 남송 임안의 공연 양상이 더욱 다양해지고 새롭고 특이한 종류가 많아졌음을 알 수 있다. 『서호노인번승록』에 열거된 종목들을 재분류해보면 다음과 같다.

기악류: 청악

가창류: 표창, 창잠

연극류: 어전 잡극, 장두괴뢰, 현사괴뢰, 잡반, 장신귀, 수괴뢰, 영희, 산사, 장수재, 학향담, 야가

잡기류: 상박, 복사, 척병, 농완, 사봉, 타경, 교비금, 교상박, 척농, 칠성법, 답오자, 탄검, 취안정, 대리착당삼전, 교어도도문, 오구척농, 금시복사, 두엽호손, 노아하기, 사자무재랑, 암순노, 교웅사봉, 농면, 타경저, 벽파철감람, 여가상박, 성화촬약, 경석구, 철석돈, 촉두소식

악무류: 무번악

강창류: 사서, 설경, 소설, 제궁조, 담원화, 애사, 도진

구변류: 합생, 상미

위의 종목들 중 대부분은 앞의 문헌들에 이미 나왔던 것이고 일부만이 새로 등장한 것인데, 새로 등장한 종목들을 중심으로 살펴본다. 먼저 연극류 중 **어전 잡극**은 궁정에서 이루어진 잡극 공연을 본따서 민간 배우들이 공연한 것인 듯하다. 궁정의 잡극에 대해서는 뒤에서 따로 살펴볼 예정이다. **장신귀**와 **장수재**는 귀신이나 수재의 형상을 연기한 종목이고 **산사**와 **아가**는 각각 우스개 연기와 투박한 연기 종목이며 **학향**

담은 시골 말씨를 흉내내어 우스개 연기를 펼치는 종목으로 보아 모두 연극류로 귀속할 수 있다. 이어 잡기류 중 씨름 종목인 **상박**은 예인들의 이름이 재미있다. 왕요대(길고 크다), 당도산(산을 쓰러뜨리다), 철판답(철판처럼 밟다), 송금강(금강 역사), 도제산(산을 거꾸로 들다), 새판답(철판답에 버금가다), 금중왕(무겁고 왕성하다), 조철름(쇠처럼 굳세다) 등처럼 모두 체구가 크고 힘이 세다는 뜻을 가진 예명들을 볼 수 있다. 또한 앞에서 본 여러 잡기류 종목 이외에도 칠성법이나 취안정 같이 속임수를 쓰는 종목이나 여러 가지 동물들의 묘기 종목들도 독특하다. 다음으로 악무류인 **무번악**은 서역 전래 악무 종류일 것이다. 그리고 강창류 가운데 **담원화**는 『동경몽화록』에서의 설원화와 같은 우스개 이야기 공연으로 보이고, **애사**와 **도진**은 각각 귀족들과 시골 사람들에게 인기를 얻은 종류라고 하였는데 모두 6~7언 또는 7언으로 이어지는 시찬체詩讚體의 강창임이 밝혀져 있다.[108]

이처럼 『서호노인번승록』의 기록은 『도성기승』보다 짧지만 많은 잡기류 종목을 비롯하여 새로운 공연 종목들을 적지 않게 소개하고 있어서 참고의 가치가 적지 않다고 하겠다.

『서호노인번승록』보다 30여년 뒤인 1280년대에서 1290년대 사이에 지어졌을 것으로 추정되는 주밀의 『무림구사』의 「제색기예인諸色伎藝人(여러 종목의 기예인들)」 대목에도 남송 시대의 공연 종목과 예인들에 대한 기록이 매우 상세한데, 여기에는 각 종목별 예인들의 명단이 일일이 열거되어 있다. 아래에서는 공연 종목을 중심으로 살피기 위해 대표 예

108 葉德均, 「宋元明講唱文學」. 葉德均, 『戲曲小說叢考』, 中華書局, 1979, pp.648~657 재수록본에 따름.

인 한 명씩만 소개하고 중요 종목의 예인들에 대해서는 뒤에서 다시 살펴보기로 한다.[109]

임안 와사의 공연 종목들 4
주밀, 『무림구사』 권6 「제색기예인」

어전 응제御前應制(궁정 시인): 강매산姜梅山 등 8명.
어전 화원御前畫院(궁정 화가): 마화지馬和之 등 11명.
기대조棊待詔(궁정 기사棋士): 정일신鄭日新 등 15명.
서회書會(극작가·작사가클럽): 이상애李霜涯 등 6명.
연사演史(강사講史): 교만권喬萬卷 등 23명.
설경說經(불경 강설) 및 원경諢經(불경 우스개 강설): 장소화상長嘯和尙 등 17명.
소설小說: 채화蔡和 등 55명.
영희影戲: 가진賈震 등 18명.
창잠唱賺: 복삼랑濮三郎 등 22명.
소창小唱: 소파파蕭婆婆 등 9명.
정미년丁未年(1187 또는 1247)에 여덟 구란에 배정된 표창잠嘌唱賺(교태를 섞은 창잠) 공연 관기官妓: 시이낭施二娘 등 8명.
고판鼓板(북과 박판 연주): 단방어段防禦 등 14명.
잡극雜劇: 조태趙太 등 39명.
잡분雜扮: 철쇄탕鐵刷湯 등 26명.
탄창인연彈唱因緣(불교 인연담 강창): 동도童道 등 11명.
창경사唱京詞(개봉開封 말씨로 노래 부르기): 장랑부蔣郎婦 등 4명.
제궁조諸宮調: 고랑부高郎婦 등 4명.
창사령唱耍令(우스개 노래 부르기): 대화태大禍胎 등 19명.

109 중요 종목의 예인들에 대해서는 본서 제5장 제1절 참고.

창발불단唱撥不斷(발불단 곡조로 부르기): 장호자張鬍子 등 2명.

설원화說諢話(우스개 이야기하기): 만장사랑蠻張四郎 1명.

상미商謎(수수께끼 맞히기): 호육랑胡六郎 등 13명.

복사覆射(덮어놓은 물건 알아맞히기): 여랑중女郎中 1명.

학향담學鄕談(시골 말씨 흉내내기): 방재랑方齋郎 1명.

무관백희舞綰百戱(무관의 백희): 장우희張遇喜 등 11명.

신귀神鬼: 사흥가謝興哥 등 4명.

촬농잡예撮弄雜藝(손재주 기예): 임우선林遇仙 등 19명.[110]

니환泥丸(흙구슬 놀기): 왕소선王小仙 등 4명.

두전頭錢(동전던지기 내기): 포현包顯 등 4명.

척농踢弄(병과 그릇 돌리기): 오금각吳金脚 등 3명.

괴뢰傀儡: 진중희陳中喜 등 10명.

정동답삭頂橦踏索(장대 올라 줄타기): 이새강李賽强 등 4명.

청악淸樂: 황현귀黃顯貴 등 2명.

각저角觝: 왕요대王僥大 등 44명.

교상박喬相撲(우스개 씨름): 원어두元魚頭 등 9명.

여점女颭(여자 힘겨루기): 한춘춘韓春春 등 7명.[111]

사봉使棒(봉술): 주래아朱來兒 등 2명.

타경打硬(단단한 물건 치기): 손칠랑孫七郎 등 2명.

거중擧重(무거운 것 들어올리기): 천무장天武張 등 6명.

타탄打彈(탄환 치기): 유마선兪麻線 등 6명.

축구蹴毬: 황여의黃如意 등 5명.

사노아射弩兒(쇠뇌 쏘기): 주장周長 등 5명.

산사散耍(우스개 연기): 양보楊寶 등 5명.

장수재裝秀才(수재 흉내내기): 화화모 손수花花帽孫秀 등 2명.

110 본장의『西湖老人繁勝錄』에서 나온 성화촬약과 같은 종류일 것이다.

111 본장의『夢粱錄』「角觝」부분 참고.

음규吟叫(읊조리고 외치기): 강아득姜阿得 등 6명.
합생合笙(즉흥 시 주고받기): 쌍수재雙秀才 1명.
사서沙書(모래에 글씨쓰기): 여도余道 등 3명.
교주수教走獸(네발짐승 가르치기): 풍희인馮喜人 등 2명.
교비금충의教飛禽蟲蟻(새·곤충 가르치기): 조십일랑趙十一郎 등 3명.
농수弄水(물놀이): 아팔啞八 등 4명.
방풍쟁放風箏(연날리기): 주삼周三 등 2명.
연화煙火(불놀이): 진태보陳太保 등 2명.
설약說藥(약이름 말하기): 양랑중楊郎中 등 3명.
포사捕蛇(뱀잡기): 대관인戴官人 1명.
칠성법七聖法(머리 잘랐다가 붙이기): 두칠성杜七聖 1명.
소식消息(사라지게 했다가 다시 나타내기): 육안자陸眼子 등 2명.[112]

위에서는 모두 55종의 공연 종목에 종사한 예인 501명의 명단을 열거하고 있는데, 이는 송원대 공연 종목 및 예인의 명단이 가장 자세하게 나타나 있는 소중한 기록이다. 우선 종사한 예인 수가 많은 종목들을 살펴보면 다음과 같다.

소설(55), 각저(44), 잡극(39), 잡분(26), 연사(23), 창잠(22), 창사령(19), 촬농잡예(19), 영희(18), 설경·원경(17), 기대조(15), 고판(14), 상미(13), 어전 화원(11), 탄창인연(11), 무관백희(11), 괴뢰(10)

이상은 10명 이상이 나열되어 있는 종목들로, 소설 예인이 55명으로 가장 많고 각저와 잡극 등이 뒤를 잇고 있다. 당시 종사자가 많고 인기도 많았던 종목들이 무엇이었는지를 잘 알 수 있다. 이에 비해 소수 예

112 孟元老 等 著, 『東京夢華錄(外四種)』, 古典文學出版社, 1956, pp.453~466.

인들만 열거된 종목들은 다음과 같다.

설원화, 복사, 학향담, 합생, 포사, 칠성법: 각 1명

창발불단, 청악, 사봉, 타경, 장수재, 교주수, 방풍쟁, 연화, 소식: 각 2명

척농, 사서, 교비금충의, 설약: 각 3명

창경사, 제궁조, 신귀, 니환, 두전, 정동·답삭, 농수: 각 4명

사노아, 산사: 각 5명

서회, 타탄, 음규, 여점, 어전 응제, 표창잠, 소창, 교상박: 각 6~9명

이들은 상대적으로 인기가 많지 않거나 공연 난이도가 높아서 해당 기예를 익히기 어려운 종류였을 것이다. 다시 이들을 공연 성격에 따라 정리해보면 다음과 같다.

기악류(16): 고판(14), 청악(2),

가창류(70): 창잠(22), 소창(9), 표창잠(8), 창경사(4), 창사령(19), 창발불단(2), 음규(6),

연극류(105): 영희(18), 잡극(39), 잡분(26), 학향담(1), 신귀(4), 괴뢰(10), 산사(5), 장수재(2)

잡기류(141): 복사(1), 촬농잡예(19), 니환(4), 두전(4), 척농(3), 정동답삭(4), 각저(44), 교상박(9), 여점(7), 사봉(2), 타경(2), 거중(6), 타탄(6), 축구(5), 사노아(5), 사서(3), 교주수(2), 교비금충의(3), 농수(4), 방풍쟁(2), 연화(2), 포사(1), 칠성법(1), 소식(2)

강창류(111): 연사(23), 설경·원경(17), 소설(55), 탄창인연(11), 제궁조(4), 설원화(1)

악무류(11): 무환백희(11)

구변류(17): 상미(13), 합생(1), 설약(3)

기타(30): 어전 응제(8), 어전 화원(11), 기대조(15), 서회(6)

이렇게 보면 전체적으로 잡기류(141), 강창류(111), 연극류(105), 가창류(70) 등의 세부 종목들에 많은 예인들이 종사했음을 알 수 있다. 세부적으로는 잡기류 공연에서는 각저(44)와 촬농잡예(19)에 많은 예인들이 있었던 것을 제외하면 모두 10명 이하의 소수 예인들이 각자의 다양한 특기를 개발하였음을 알 수 있다. 강창류 공연에서는 소설(55)과 연사(23) 예인들이 많고 연극류 공연에서는 잡극(39), 잡분(26), 영희(18) 예인이 많으며, 가창류 공연에서는 창잠(22)과 창사령(19) 예인들이 많았음을 알 수 있는 등, 남송 임안 와사 예인들의 종목별 분포가 어떠했는지를 이해하는 데 큰 도움이 되고 있다.

한편 『무림구사』 권3 「사회社會」에는 여러 가지 공연과 묘기를 익히고 공연하기 위한 전문적인 단체의 이름들도 보인다.

임안 와사의 공연 단체들
주밀, 『무림구사』 권3 「사회」

2월 8일 동천桐川 장왕張王의 생일에는 진산행궁震山行宮에 참배를 하러 오는 사람들이 극히 많아서 백희百戱들이 다투어 모여들었다. 이를테면 비록사緋綠社는 잡극, 제운사齊雲社는 축구蹴球, 알운사遏雲社는 창잠唱賺, 동문사同文社는 사사耍詞, 각저사角抵社는 상박相撲, 청음사淸音社는 청악淸樂, 금표사錦標社는 사노射弩, 금체사錦體社는 화수花繡, 영략사英略社는 사봉使棒, 웅변사雄辯社는 소설小說, 취금사翠錦社는 항원行院, 회혁사繪革社는 영희影戱, 정발사淨髮社는 소체梳剃, 율화사律花

社는 음규吟叫, 운기사雲機社는 촬농撮弄을 했다.[113]

장왕은 본래 한漢나라 때 치수와 농경에 힘썼던 인물 장발張渤을 가리키는데 사후에 신격화되었고 전당문 밖 곽산의 사당에서 그에게 제사를 모셨다고 한다.[114] 2월 8일 장왕의 생일을 맞아 곽산의 사당에 모여든 사람들에게 여러 '사회' 즉 공연 단체들이 모여들어 오락을 제공했던 것이다. 여기에 나열된 종목들은 대부분 앞에서 이미 나온 것들이고, 항원도 여성 배우들의 연기, 화수는 문신을 한 사람들의 연기를 뜻하는 것으로 생각된다. 소체는 이발을 해주는 사람들인 듯하다.

마지막으로 1334년에 편찬된 것으로 보이는 오자목의 『몽량록』에 기록된 남송 임안의 기예에 대한 기록을 살펴보자. 앞서 언급한 것처럼 『몽량록』은 연간 절기 관련 부분은 『동경몽화록』의 체제를 모방하여 남송 시대의 절기 행사를 기록하고, 나머지 부분은 『함순임안지』와 『도성기승』의 기록을 바탕으로 하여 자신이 알게 된 내용을 약간 추가하여 종합하고 있다.[115] 특히 아래에서 살펴볼 권20의 「기악妓樂」, 「백희기예百戲伎藝」, 「각저角抵」, 「소설강경사小說講經史」 등 공연문화와 직접적으로 관련된 기록들이 모두 『도성기승』의 내용을 대부분 재활용하고 있다. 「기악」부터 하나씩 살펴보도록 하자.

[임안 와사의 공연 종목들 5
오자목, 『몽량록』 권20 「기악」]

113 孟元老 等 著, 『東京夢華錄(外四種)』, 古典文學出版社, 1956, p.377.

114 김한신, 「장왕 신앙의 발전과정」, 『중국사연구』 제89집, 2014, pp.84~85.

115 본서 제1장 제1절 참고.

[와사의] 산악에서는 교방教坊의 13부[와 색]을 전수받아 배웠는데, [그 중] 잡극[색]만이 정색正色이었다. 옛 [개봉의] 교방에 [부는] 필률부篳篥部, 대고부大鼓部, 박판부拍板部가 있었고, 색은 가판색歌板色, 비파색琵琶色, 쟁색箏色, 방향색方響色, 생색笙色, 용적색龍笛色, 두관색頭管色, 무선색舞旋色, 잡극색雜劇色, 참군색參軍色 등이 있었다. 색에는 색장色長, 부에는 부두部頭가 있어서 [이끌었다.] [교방의] 상부에는 교방사教坊使와 부사副使, 검할鈐轄, 도관都管, 장의掌儀, 장범掌範 등이 있었는데, 이들은 모두 잡류雜流 출신의 관원들이었다. 각 부와 색은 자색, 비색, 녹색으로 [등급을] 구분하여 입었고, 관삼寬衫의 두 [소매] 아래쪽에는 각각 노란색 덧소매를 늘어뜨렸다. 잡극부는 모두 원과諢裹를 썼고, 나머지는 모두 복두幞頭나 모자를 썼다. [교방에는] 소아대小兒隊와 여동들의 채련대采蓮隊도 있었다. 그밖에 [교방과] 별도로 균용반鈞容班 사람들이 있었는데, [이들은] 각 계절의 첫 달에 말을 타고 어가御駕의 뒤를 따르며 음악을 연주하는 사람들이었다. 어마원御馬院[116]의 사신들도 천자께서 부르시거나 교련教鍊이 있을 때마다 입궐하여 승응주악承應奏樂하였다.

소흥 연간(1131~1162)에 교방의 직명職名을 폐지하였다. [그 후에는] 대조회大朝會나 성절聖節 때가 되면 어전의 연회와 어가 앞에서 선도할 때 주악하였는데, 임안부 아전악에서 뽑아 수내사修內司의 교악소教樂所에 위촉하여 명단을 모아 정하여 어전에 바치게 하였다.

옛날 변경汴京의 교방대사 맹각구孟角毬는 잡극 대본을 만들었고, 갈수성葛守誠은 대곡大曲 40편을 편찬하였으며, 정선현丁仙現은 민첩하고 음률에 밝았다. 남쪽으로 내려온(1127) 이후에는 교방에 정한필丁漢弼, 양국상楊國祥 등이 있었다. 경정景定 연간(1260~1265)부터 함순咸淳 연간(1265~1275)까지 [임안부] 아전악에서 교악教樂에 충당

116 御馬院은 兵部 太僕寺 소속의 御前馬院의 약칭으로, 御馬 및 胡羊, 나귀 등을 관리하고 騎馬 교습을 하여 조회, 전례, 행행 등의 행사에 동원되었다. 『宋會要』 「職官」 32의 53, 54 참고.

된 도관, 부두, 색장은 육은현陸恩顯, 시화時和, 왕견희王見喜, 하안희何雁喜, 왕길王吉, 조화趙和, 김보金寶, 범종무范宗茂, 부창조傅昌祖, 장문귀張文貴, 후단侯端, 주요경朱堯卿, 주국보周國寶, 왕영현王滎顯 등이 있었다.

잡극 중에서는 말니末泥가 우두머리이고, 한 마당마다 네댓 명이 등장하였다. 먼저 잘 알려진 이야기를 한 대목 하는데 이것을 '염단艶段'이라고 불렀다. 이어서 '정잡극正雜劇'을 했다. 이를 통상 '양단兩段'이라고 불렀다. 말니 색色이 대표를 맡고, 인희引戲 색이 지시를 하며, 부정副淨 색은 바보우스개를 하고, 부말副末 색은 [부정을] 치며 놀린다. 이밖에 장고裝孤가 더해진 경우도 있었다. 먼저 곡파曲破를 취주하여 단송斷送했는데 이 사람을 파색把色이라고 불렀다. [잡극은] 대개 모두가 옛이야기였는데, 중요한 것은 골계滑稽로 노래와 말을 서로 주고 받으며 끝까지 이르는 것이었다. 본래는 거울로 삼게 하거나 간언의 뜻을 숨긴 것으로, 눈치를 보아가며 조금씩 [뜻을] 드러내었으므로 [잡극 배우들을] '무과충無過蟲'이라고 불렀다. [이들이] 어전에서 승응承應해도 책임이나 벌이 없었고, 금방 용안龍顔에 웃음을 띠었다. 간쟁諫諍이 있거나 간관諫官이 말을 할 때 천자께서 따르지 않으시면 이들이 분장하여 이야기를 공연하면서 그 뜻을 숨겨 간언해도 천자의 용안에 노기가 나타나지 않았다. 또 잡분雜扮—'잡반雜班'이라고 쓰기도 하고, '뉴원자紐元子', '발화拔和'라고도 불렀다—이 있었는데, 잡극의 뒷부분에 있는 산단散段이었다. 옛날 변경 시절에는 촌락의 사내들이 도성에 들어갈 일이 드물었으므로 이 [잡분] 단락을 엮어 대개 산동山東이나 하북河北의 촌로로 분장하여 [공연하여] 웃음거리로 삼았다. 지금 [항주의] 사대부와 서민들은 대부분 간략한 것을 좋아하므로, 연회나 사회社會[117]에서 모두 융화방融和坊, 신가新街, 하와자下瓦子 등[118]

117 토지신을 모시는 마을 공동체의 모임 및 제사를 말한다.

118 融和坊과 新街는 御街의 남쪽 끝 서쪽에 있던 홍등가이고, 그 북쪽 衆安橋 옆에 下瓦子가 있었다. 吳子牧 著, 梅原郁 譯注, 『夢粱錄 3』, 平凡社, 2000, p.349.

의 산악가散樂家(공연자)들을 불러서 쓸 때 여동女童들이 말末로 분장하고 현삭絃索 악기로 반주하는 잠곡賺曲을 더해 지응祗應[119]하는 정도이다.

세악細樂은 대악大樂에 비해 대고大鼓, 장고杖鼓, 갈고羯鼓, 두관頭管, 비파琵琶 등을 쓰지 않고, 소簫, 생笙, 필률篳篥, 혜금嵇琴, 방향方響만 써서 음운이 맑고 아름다웠다.

소악기小樂器 **합주**는 두세 명만 합주하는 것이 더욱 좋으니, 이를테면 쌍운雙韻과 완함阮咸, 혜금과 소관簫管, 초금鍫琴과 호로금葫蘆琴을 합주하는 식이었다. 또는 하사현下四絃을 연주할 때, 방향方響을 독주할 때, 잠賺을 취주할 때에는 북을 반주하였다.[120] 발해악渤海樂은 한 박자에서 시작하여 열 박자까지 이르렀는데, 또 번고아番鼓兒를 두드리고, 수잔水盞을 치고, 나판鑼板을 치고, 북을 맞추어 치는 것 등이 모두 이것(박자맞추기)이었다. 거리와 시장에서는 악인樂人들이 세 명에서 다섯 명까지 악대를 이루어 무선舞旋을 추는 여동女童 한둘을 높이 들고 소사小詞를 노래하면서 거리를 다녔다. [이들은] 정월 대보름 저녁에 등을 켜는 행사, 봄날에 집에서의 상춘賞春 행사, 그리고 서호西湖 유람이나 관조觀潮 행사[121] 때, 또는 술집이나 화류가의 기루에서 지응하였는데, 돈을 많이 받지 못해서 이들을 '황고판荒鼓板'(싸구려 공연)이라고 불렀다.

또 **청음**淸音[122] 연주는 마후악에 방향, 생, 용적을 더하고 소제고小提鼓를 쓰므로 소리가 역시 맑고 섬세하며 가볍고 아름다워 아주 듣기 좋았다.

또한 **소창**小唱과 **창규**唱叫도 있었는데 박판을 잡고 만곡慢曲, 곡파

119 祗應은 공손히 기다려 명령에 응한다는 뜻이고, 뒤에 나오는 承應은 주로 궁궐이나 관청의 부름에 응하여 가무나 기예를 행한다는 뜻이다.

120 下四絃은 『都城紀勝』에 나온 현악기인 十四絃의 잘못으로 보인다.

121 錢塘江 가에서 바다에서 역류하여 올라오는 물살을 구경하는 일이다.

122 『都城紀勝』에는 '淸樂'이라고 되어있다.

曲破[를 부르는 것이]로, 대체로 가볍게 시작하여 무겁게 끝마쳤기 때문에 '천짐저창淺斟低唱(천천히 술을 마시면서 나지막하게 노래한다)' 이라고 하였다. 46편의 대곡大曲의 춤은 모두 같은 형식이었지만, 그러나 영곡令曲이나 소사小詞를 노래할 때는 반드시 소리가 부드럽고 아름다워야 했으니, 규과자叫果子나 창사령唱耍令 등이 [일정한] 곡조를 벗어나지 않는 것과 같은 이치였다. [소창과 창규는] 조정의 어연御筵에는 [와사의] 가판색歌板色이 승응하였고, 황족이나 부호들은 사가邪街[123] 등에서 노래 잘 부르는 기녀들을 골라다가 고용하여 지응하게 하였다. 또한 관가의 연회나 삼학三學의 재회齋會,[124] 사대부들의 동년회同年會,[125] 동향회 등에서도 모두 관청에서 각 주고酒庫의 각기角妓(가기歌妓)들을 불러 공연하게 하였다.[126] 경정景定 연간 이래로 각 주고에서는 술을 팔기 위해 규정을 마련하여 관기官妓와 유명한 사기私妓들 중에서 상급 및 중급자들을 뽑았다. 이들은 모두 다 아름답고 수려하였으니, 복숭아 같은 얼굴과 앵두 같은 입술에, 손가락은 가늘고 맑은 눈길은 가을 물결이 뚝뚝 떨어지듯 하였으며, 목소리는 부드럽게 구르고 가사는 분명하고 정확하게 토해내니, 사람들은 귀를 기울여 들으며 지루한 줄을 몰랐다. 관기로는 김새란金賽蘭, 범도의范都宜, 당안안唐安安, 예도석倪都惜, 반칭심潘稱心, 매추아梅醜兒, 전보노錢保奴, 여작낭呂作娘, 강삼낭康三娘, 도사고桃師姑, 심삼여沈三如 등이 있었고, 사기는 소주蘇州의 전삼저錢三姐와 칠저七姐, 문자文字에 능한 계

123 梅原郁은 邪街를 화류가로 해석하였다. 吳子牧 著, 梅原郁 譯注, 『夢粱錄 3』, 平凡社, 2000, p.342.

124 三學은 『夢粱錄』 권15 「學校」의 기록처럼 太學, 宗學, 武學을 말하고, 齋會는 기숙사의 연회를 말한다. 즉 三學齋會는 세 학교 기숙사의 모임이다. 孟元老 等著, 『東京夢華錄(外四種)』, 古典文學出版社, 1956, p.245.

125 同年會는 같은 해에 급제한 사람들의 모임이다.

126 酒庫는 官方에서 술을 빚거나 저장하는 저장소로, 관할구역 내의 酒樓들에 술을 보급하였다. 넓은 의미의 酒庫는 酒樓를 포함한 것으로 보인다. 酒庫와 기녀의 관계에 대해서는 『夢粱錄』 권10 「點檢所酒庫」 참고. 孟元老 等 著, 『東京夢華錄(外四種)』, 古典文學出版社, 1956, pp.213~214

석석季惜惜, 고판鼓板을 잘한 주일저朱一姐, 식부媳婦 주삼저朱三姐와 여쌍쌍呂雙雙,[127] 십번대十般大 호련련胡憐憐,[128] 무주婺州의 장칠저張七姐, 만왕이저蠻王二姐, 탑라搭羅 구삼저邱三姐,[129] 일장백一丈白 양삼마楊三媽,[130] 구사舊司 마이낭馬二娘,[131] 표배裱背 진삼마陳三媽,[132] 극편屐片 장삼낭張三娘,[133] 반파산半把傘 주칠저朱七姐,[134] 교번轎番 왕사저王四姐,[135] 대비大臂 오삼마吳三媽,[136] 욕당浴堂 서육마徐六媽,[137] 그리고 심분분沈盼盼, 보안안普安安, 서쌍쌍徐雙雙, 팽신彭新 등이 있었다. [그 뒤의] 후배들 중에도 노래하는 사람이 있었지만 아무래도 선배들만 못했다.

제궁조諸宮調 설창說唱은 옛 변경汴京의 공삼전孔三傳이 전기傳奇나 영괴靈怪 부류의 이야기들을 엮어서 노래를 입혀 설창했다. 지금 항성杭城[138]에서는 여류女流인 웅보보熊保保와 그 후배 여동들이 [공삼전을] 흉내내는데, 설창도 훌륭하고 북과 박판 반주에 맞추는 것도 둘도 없이 잘한다.

표창嘌唱 중에 인자引子 네 구절을 이어 넣는 것을 '하영대下影帶(영대를 늘어뜨린다)'라고 하였고, 영대가 없는 것은 '산호散呼'라고 불렀

---

127 媳婦는 여기에서는 혼인한 여자를 가리킨다. 주삼저와 여쌍쌍이 해당한다고 보았다.

128 十般大는 매우 크다는 뜻으로 해석된다. 胡憐憐의 별명으로 보았다.

129 搭羅는 어린아이들이 쓰는 모자를 뜻한다. 邱三姐의 별명으로 보았다.

130 一丈白은 楊三媽의 외모가 유독 하얘서 붙은 별명으로 보았다.

131 舊司는 옛 官司를 뜻한다. 馬二娘의 별명으로 보았는데, 이전에 官妓였을 가능성이 있다.

132 裱背는 표구, 배접을 뜻한다. 陳三媽의 별명으로 보았다.

133 屐片은 나막신 조각을 뜻한다. 張三娘의 별명으로 보았다.

134 半把傘은 우산 반쪽이다. 朱七姐의 별명으로 보았다.

135 轎番은 가마꾼을 뜻한다. 王四姐의 별명으로 보았다.

136 大臂는 어깨가 넓은 사람을 가리킨다. 吳三媽의 별명으로 보았다.

137 浴堂은 목욕탕이다. 徐六媽의 별명으로 보았다.

138 杭城은 南宋이 망한 뒤에 臨安을 부른 명칭으로, 이것이 『夢粱錄』이 南宋 멸망 이후에 작성되었다고 주장하는 근거로 활용되기도 한다.

다. [표창 중에] 북을 뉘어두고 잔盞만 두드리는 것은 '타박打拍'이라고 하였다.

창잠唱賺은 변경汴京 시절에는 전령纏令과 전달纏達만 있었다. 인자引子와 미성尾聲이 있는 것이 전령이고, 인자 뒤에 두 곡조가 번갈아 반복되는 것이 전달이었다. [항주로 남하한 뒤인] 소흥 연간에 장오우張五牛 대부大夫가 고판 연주 중에 태평령太平令 또는 잠고판賺鼓板—즉 지금의 박판의 대절大節에 억양이 있는 곳이다—이 있는 것을 듣고서 마침내 '잠賺'을 만들었다. '잠'은 속인다는 뜻으로, 사람들이 멋진 소리에 빠져들어 듣다가 언제 미성에 이르렀는지도 모를 정도라는 것이니, 전체 노래의 앞쪽에 두기에는 적당하지 않았다. 또 **복잠**覆賺이라는 것도 있었는데, 그중에는 남녀가 정에 빠지는 이야기나 말 달리며 싸우는 이야기 등이 펼쳐졌다. 지금 항성의 원로 예인들 중 '잠'을 노래할 줄 아는 사람은 두사관인竇四官人, 이칠관인離七官人, 주죽창周竹窗, 동서 양쪽에 있는 두 명의 진구랑陳九郎, 포도사包都事, 향심이랑香沈二郞, 조화雕花 양일랑楊一郞, 초육랑招六郞, 심마마沈媽媽 등이 있다. [기악 중에] 창잠이 가장 어려웠데, [창잠이] 만곡慢曲, 곡파曲破, 대곡大曲, 표창嘌唱, 사령耍令, 번곡番曲, 규성叫聲 등을 모두 갖추고 있어서, 여러 종류의 곡조가 이어지기 때문이었다. **창표**唱嘌와 **사령**耍令은 지금은 노기인路岐人 왕쌍련王雙蓮과 여대부呂大夫가 음률을 단정하게 노래한다.

지금 [항주]의 거리와 시장, 그리고 가택에서는 [옛] 경사京師의 **규성**叫聲을 흉내내어 시정에서 각종 물건을 파는 노랫소리에 가락을 넣어 노래를 완성한다.[139]

여기에서는 '기악伎樂'의 표제 아래에 연극류, 강창류, 기악류, 가창류 등을 포함하여 설명하고 있다. 이들 항목은 『도성기승』에도 대부분

139 孟元老 等 著, 『東京夢華錄(外四種)』, 古典文學出版社, 1956, pp.308~310.

수록되어 있고, 다만 창표와 사령이 새롭게 추가된 정도이다. 각 항목별로 설명하는 내용 역시 『도성기승』과 상당히 유사하여 이 책을 적극적으로 참조한 것이 분명한 듯하다. 다만 각 항목의 마지막 부분에 『도성기승』이 쓰인 이후인 경정 연간(1260~1265) 이후의 상황에 대한 언급이 추가되어 있는 점이 다르다고 하겠다. 주요 종목별로 『몽량록』이 『도성기승』과 달라진 점을 살펴보자.

먼저 연극류 중에 **잡극**에 대한 설명을 보면, 두 책의 기록이 기본적으로 일치하는데, 다만 『몽량록』에서는 '무과충'에 대한 언급 뒤에 어전에서 공연해도 황제가 화를 내지 않았다는 부연 설명이 추가되어 있다. **잡분**에 대해서도 앞부분의 서술은 두 책의 기록이 거의 같고, 다만 『몽량록』에서는 융화방, 신가, 하와자 등의 여동들이 남장하여 잠곡을 더해 노래하였다는 기록이 추가되어 있다. 이어 음악류 종목에서는, **세악**과 **청음**(『도성기승』에서는 청악)에 대해서는 두 책의 기록이 대동소이한데 비해, **소창**과 **창규**에 대한 설명은 두 책의 기록에 차이가 있다. 『도성기승』에서는 관련 항목들이 창규가 소창, 표창, 규성, 창잠, 복잠 등을 포괄하는 유개념으로 이해될 수 있는 반면, 『몽량록』에서는 소창과 창규가 유개념–종개념 관계가 아닌 같은 층차의 명칭으로 설명되고 있다. 1250년대에 기록된 『도성기승』에서 이미 소창 종류가 전승이 끊어졌다고 하였으므로 1330년대에 기록된 『몽량록』의 저자 오자목이 소창의 모습을 알기는 더욱 어려웠을 것이다. 오자목이 옛 기록을 일정 부분 잘못 받아들여 적었을 가능성이 적지 않다고 생각된다. 이와 함께 경정 연간 이후에 주고酒庫 소속의 용모가 뛰어나고 노래 실력도 우수한 기녀들의 명단도 열거되어 있어서 흥미롭다. **표창**, **창잠**, **규성**에 대한 설명은 두 책의 내용이 기본적으로 같다. 다만 창잠에 대해『몽량록』에서는 당시의 원로 예인들 명단이 추가되어 있다. 마지막으로 **창표**와 **사령**은『몽량록』에서 처음 보이는 종목인데, 다만 창표와 앞의 표창은 같은 종목일 듯하다. 이어『몽량록』「백희기예百戱伎藝」항목을 살펴보자.

[임안 와사의 공연 종목들 6
오자목,『몽량록』권20「백희기예」]

백희百戱. [천자께서] 명당明堂과 교사郊祀의 해가 돌아오면 여정문麗正門에서 사면령을 선포할 때 **척농**踢弄 예인들을 써서 금계 장대를 세워 놓고 장대에 올라 금계를 쟁탈하도록 하였다. 이들은 백희의 재능을 겸비하여, 타근두打筋斗(재주넘기), 척권踢拳(발차기와 주먹지르기), 답교踏蹺(죽마놀이), 상삭上索(줄타고 오르기), 타교곤打交輥, 탈삭脫索(포승줄 풀기), 삭상담수索上擔水(줄 위에서 물통 들기), 삭상주索上走(줄타기), 장신귀裝神鬼(귀신연기), 무판관舞判官(저승판관 춤), 작도斫刀(작두 춤), 만패蠻牌(방패 춤), 과도문過刀門(칼문 지나가기), 관권자過圈子(고리 지나가기) 등을 잘했다. 이종理宗 황제(1224~1264재위) 때의 노기인路岐人으로는 십장十將이라고 불린 송희宋喜와 상왕常旺 두 사람이 있었고, [와사의] 척농인으로는 사은謝恩, 장왕張旺, 송보가宋寶哥, 침가강沈家強, 자래강自來強, 송달宋達, 양가회楊家會, 송새가宋賽歌, 송국창宋國昌, 심희沈喜, 장보가張寶哥, 상가희常家喜, 소낭아小娘兒, 이현李顯, 심희沈喜, 탕가회湯家會, 탕철주湯鐵柱, 장덕莊德, 유가회劉家會, 소래강小來強, 포로아鮑老兒, 송정가宋定哥, 이성李成, 장보莊寶, 반귀潘貴, 송경가宋慶哥, 탕가준湯家俊 등이 있었다. [이들은] 조정의 대조회나 성절聖節(황제탄신일)이 돌아오면 전정殿庭에서 승응하라는 명을 받아 [공연하였다.] 또 관청에서의 공식 연회나 저택의 연회에서 지정하여 불렀을 때 지응하여 공연해도 모두 큰 상을 받았다. 또 시골의 백희 기예인들은 남녀 아이들을 데리고 거리와 동네를 다니며 백희를 바치고 점포나 가택에서 사례금을 받고자 했다.

또 **잡수예**雜手藝—즉 사예使藝—로는 척병踢瓶(병 차기), 농완弄碗(그릇 놀리기), 척경踢磬(경쇠 차기), 척항踢缸(항아리 차기), 척종踢鍾(종 차기), 농화전弄花錢(동전 놀리기), 화고추花鼓槌(화고 채 놀리기), 척필묵踢筆墨(붓과 먹 차기), 벽상수壁上睡(담벼락 위에서 잠자기), 허공괘화로虛空掛香爐(공중에 향로 걸기), 농화구아弄花球兒(공 놀리기), 찰축구拶築球(공 묘기), 농두弄斗(국자 놀리기), 타경打硬(단단한 것 치기), 교충의教蟲蟻(벌레 가르치기), 농웅弄熊(곰 놀리기), 장인藏人(사람 숨기기), 소화燒火(불놀이), 장검藏劍(검감추기), 흘침吃針(침 삼키기), 사노射弩(쇠뇌쏘기), 단친배端親背, 찬호병攢壺瓶(병에 던져 넣기) 등과,[140] 면포아綿包兒(솜으로 감싸기?),[141] 촬미주撮米酒(미주米酒 빚어내기), 촬방생撮放生(새 빚어내어 날리기?) 등의 기예가 있었다.[142] 순우淳祐 연간(1241~1252) 이후에 기예가 뛰어난 사람으로는 포희包喜, 육수陸壽, 시반선施半仙, 김보金寶, 김시호金時好, 송덕宋德, 서언徐彦, 심흥沈興, 조안趙安, 육승陸勝, 포수包壽, 범춘范春, 오순吳順, 김승金勝 등이 있었다. 이들 기예는 모두 기이하였지만, 사라지게 하는 기예는 손재주가 빠른 것일 따름이었다.

괴뢰傀儡는 연분煙粉(애정), 영괴靈怪(괴기), 철기鐵騎(전쟁), 공안公案(재판), 그리고 사서史書 중의 역대 군신과 장상將相들의 이야기를

140 梅原郁는 이 부분을 '射弩端親, 背攢壺瓶'으로 읽고 각각 쇠뇌로 과녁을 정조준하여 쏘는 것, 뒤로 서서 壺瓶에 화살을 던지는 것인 듯하다고 보았다. 吳子牧 著, 梅原郁 譯注, 『夢粱錄 3』, 平凡社, 2000, p.360. 여기에서는 『都城紀勝』에서 '射弩兒, 攢壺瓶'을 열거하고 있는 것을 참고하여 '射弩, 端親背, 攢壺瓶'으로 끊어 읽었다. 다만 端親背의 의미는 알기 어렵다.

141 미상.

142 '撮'은 오늘날의 마술에서 손에서 비둘기 등을 만들어내는 동작으로 보았다. 梅原郁도 이와 같이 보았다. 吳子牧 著, 梅原郁 譯注, 『夢粱錄 3』, 平凡社, 2000, p.360.

그렸다. 그 화본話本은 때로는 강사講史와, 때로는 잡극과, 때로는 애사崖詞와 비슷하였다. 현선괴뢰懸線傀儡는 진평陳平이 여섯 번의 기이한 계책으로 포위를 벗어난 이야기에서 비롯되었는데, 지금은 금선金線 노대부盧大夫와 진중희陳中喜 등이 진짜 사람처럼 똑같이 하는데, 주선走線[143] 연기를 함께 하면 더욱 훌륭하다. 또 장두괴뢰杖頭傀儡도 있었는데 유소복야劉小僕射의 기예가 정말 뛰어났다. 대체로 허구가 많고 실제 이야기는 적었는데, [이를테면] 거령신巨靈神이나 주희대선朱姬大仙 등과 같은 이야기이다. 수괴뢰水傀儡는 요우선姚遇仙, 새보가賽寶哥, 왕길王吉, 김시호金時好 등이 가엾고 슬퍼하는 모습을 잘 나타냈다. [수괴뢰에] 물을 이용한 백희를 함께 하면, [물에] 들어갔다 나왔다 하는 모습과 큰 규모로 춤을 추며 돌아다니는 모습과 물고기와 용이 변화무쌍한 모습이 진짜 같아서 그 기예가 신묘하였다.

또한 농영희弄影戱도 있었는데, 옛 변경汴京 시절에 처음에는 흰 종이에 그림들을 그려 오려내어 모았으나, 그 뒤로 정교해지고 양가죽을 잘라 모양을 만들고 색을 칠하여 꾸미니 잘 찢어지지 않았다. [남송의] 항성杭城에서는 가사랑賈四郎, 왕승王昇, 왕윤경王閏卿 등이 [인형을] 잘 움직이고 즉석 강설講說도 잘했다. 그 화본은 강사서와 상당히 비슷하여 대체로 실제와 허구가 반반 정도이다. 충신은 바른 모양으로 만들고 간신은 추한 모양으로 오렸으니, 그것에도 포폄의 뜻을 깃들인 것이다.[144]

위의 「백희기예」에서 설명한 종목들은 크게 척농, 잡수예, 괴뢰, 농

143 梅原郁는 走線을 선을 따라 화약을 폭발시켜 연막을 피워 효과를 내는 것으로 보고, 藥發傀儡와 유사한 점이 있다고 보았다. 吳子牧 著, 梅原郁 譯注, 『夢粱錄 3』, 平凡社, 2000, p.361. 耐得翁, 『武林舊事』 卷3 「西湖遊行」에도 走線에 대한 기록이 보인다. 孟元老 等 著, 『東京夢華錄(外四種)』, 古典文學出版社, 1956, p.375.

144 孟元老 等 著, 『東京夢華錄(外四種)』, 古典文學出版社, 1956, pp.310~311.

영희 등으로 나누어진다. 먼저 척농은 힘과 기술을 이용하여 여러 가지 묘기를 연출하는 신체 기예들로, 척권, 상삭, 삭상담수, 삭상주, 과도문, 관권자 등과 같은 이전에 보이지 않은 종목들이 처음으로 나타나고, 『도성기승』에 있던 상간, 포라, 무검, 마타구, 수추천, 동서반야전, 마술, 전초퇴 등은 보이지 않는다. 척농 전체 종목들 중 대략 절반 가까이가 새롭게 기록된 것인 셈인데, 이는 상당히 큰 변화라고 할 수 있다. 힘보다는 기교를 주로 사용한 묘기들인 잡수예 종목에서는, 명칭만 약간 변하고 실제는 동일한 종목인 것을 제외하면,[145] 척항, 척종, 농화전, 벽상수, 허공괘화로, 장검, 흘침, 단친배, 면포아, 촬미주, 촬방생 등이 새로 나타나고, 『도성기승』에 있던 방폭장, 화희아, 수희아, 성화촬약, 약법괴뢰, 벽상수, 극술, 타탄, 수영희, 농두전, 변선아, 사사서, 개자 등은 사라지고 없다. 역시 전체적으로 절반 정도의 종목들이 사라지고 새로 나타나서 큰 변화를 보이고 있다. 꼭두각시극인 괴뢰는 현사괴뢰, 장두괴뢰, 수괴뢰가 여전히 보이고 『도성기승』에 있던 육괴뢰는 보이지 않는다. 남송 이후에 육괴뢰의 전승이 약화되거나 일시적으로 끊어진 것을 반영하는 듯하다. 다만 수괴뢰에 대한 설명은 보다 자세해져서 참고가 된다. 마지막으로 그림자극 종류인 영희에 대해서는 『도성기승』과 거의 설명이 같다.

전체적으로 보면 『몽량록』 「백희기예」의 서술은 『도성기승』의 해당 부분을 바탕으로 하고 있으면서도 다른 대목들에 비해 상대적으로 변화가 큰 편이라고 할 수 있다. 이는 잡기류 종목의 특성상 예인에 따라

145 척묵필/척필묵, 농구자/농화구아, 교충의급어/교충의, 소연화/소화, 장압/장인, 사천노자/사노 등이다.

다양하고 잡다한 종류가 한때 나타났다가 사라지는 경향이 연극류나 음악류 종목에 비해 두드러졌기 때문이 아닐까 한다. 잡기류 종목 중에 전승 예인이 적은 종목은 빨리 사라지고 새로운 종목도 자주 등장할 수 있었던 것으로 생각해볼 수 있는 것이다. 이어 「각저角紙」의 기록을 보자.

임안 와사의 공연 종목들 7
오자목, 『몽량록』 권20 「각저」

각저는 상박相撲의 별명이고 쟁교爭交라고도 하였다. 조정의 대조회와 성절 어연聖節御宴(황제탄신일 연회)의 아홉째 잔盞 등에서 좌군과 우군에서 [선발하여] 상박을 하게 했는데, 시정市井의 무리가 아닌 까닭에 내등자內等子[146]라고 불렀다. [내등자는] 어전충좌군두인견사御前忠佐軍頭引見司(군두인견사)의 관할하에 있었는데, 전전사殿前司 보군步軍의 병사들 가운데 힘이 센 자를 [각저] 명단에 올리니, 바로 [옛날의] 호분랑장虎賁郎將[147]과 같은 격이었다. [이들은] 배교拜郊, 명당 대례明堂大禮, 각 계절 첫 달 황제의 친향親饗[148] 때마다 어가 앞의 좌우에서 관모官帽를 쓰고 살쩍머리를 흩날리며 주먹을 쥐고 좌우에 걸어가던 자들이다. 성절 어연과 대조회 때가 되면 좌군과 우군에서 상박을 하게 했는데, 이 내등자들이 승응한 것이다. 내등자의 정원은 120

146 軍頭司 소속의 호위 군사인 等子 중 궁정 내에서 근무한 군사이다.

147 虎賁은 제왕을 시위하고 왕궁을 호위하는 일을 관장한 벼슬이다. 虎賁郎將은 虎賁中郎將의 약칭으로, 삼국 시대부터 직책이 보인다.

148 拜郊는 정월대보름에 하늘에 지내는 제사이고, 明堂大禮는 천자가 朝會, 祭祀, 選士, 教學 등의 政教를 내리는 곳인 明堂에서 3년에 한번씩 올린 祖宗에게 올린 大祭이며, 車駕親饗은 제왕이 친히 祖廟에서 제사를 올리는 일을 말한다. 『夢粱錄』 卷5에 관련 내용이 많이 보인다.

명이었고, 그 중 관압管押 인원과 십장十將이 각 2명,[149] 상등上等과 중등中等 각 5조, 하등下等 8조, 검봉수劍棒手 5조 등이 있었다. 나머지는 모두 정원 내외로 준비하여 지응하였다. 3년에 한 차례 군두사에서 상등을 선발하고 그 이하는 순서에 따라 정원을 채웠다. 관압 이하 정원 내의 내등자들도 3년에 한 차례씩 전전殿前에서 상박을 시험받았는데, [합격하면] 백은과 비단을 하사받고 성은에 감사드리고, 관압 인원으로 승진하였다. [승진한 자는] 군두사에서 각 주州, 도道, 군郡의 군부軍府에 첩지를 발송하여 군영에서 관할하는 군두軍頭로 충당되었다. 옛날 어연에 참석했던 조정 관리가 읊은 시가 있다.

호분랑장 삼백 명이 모두 위용 넘치는데,
돌풍에 깃발 휘날리고 북소리가 이어진다.
비바람 일어나는 곳에서,
화난 용과 사나운 호랑이가 승부를 겨루는구나.

이 시는 저 [내등자]들을 보고 지은 것이라 하겠다.

와시瓦市에서 상박하는 자들은 노기인路岐人[150]이 일급의 동업자들을 모아 돈벌이 수단으로 삼으려고 준비한 자들이다. 먼저 여점女颭(여자선수) 몇 조를 약속 대련을 시켜서 사람들이 구경하게 한 뒤에, 힘이 센 자들이 [진짜로] 겨루도록 하였다. 호국사護國寺나 남고봉南高峰[151]의 노대露臺에서의 쟁교는 반드시, 각 도, 주, 군에서 힘이 강한 사람을 뽑아 겨루게 하여 천하에 대적할 수 있는 자가 없는 사람만이 상을 탈 수 있었다. 일등상은 기장旗帳(깃발과 장막), 은 술잔, 채색 비단, 비단 오자襖子(긴 저고리), 관회官會(지폐), 말 등이었다. 옛날 경정 연간에 가사도賈似道(1213~1275)가 집정하고 있었을 때 온주溫州 출

149 管押은 병졸들을 지휘한 하사관급이고, 十將은 그 위의 장교급이었다.

150 떠돌이극단 사람이다. 본서 제5장 제3절 참고.

151 護國寺는 杭州 西湖 북쪽에 있던 사찰인 護國仁王寺를 가리키고, 南高峰은 西湖 서북쪽에 있는 봉우리이다.

신의 한복韓福이라는 자가 있었는데 일등을 하여 군좌軍佐의 직책에 보임된 적도 있었다. 항성杭城에는 주급쾌周急快, 동급쾌董急快, 왕급쾌王急快, 새관색賽關索, 적모赤毛 주초朱超, 주망동周忙憧, 정백대鄭伯大, 철초공鐵稍工, 한통주韓通住, 양장각楊長腳 등과, 여점으로 새관색賽關索, 효삼낭囂三娘, 흑사저黑四姐 등이 있었다. 이들은 모두 와시와 각 군에서 겨룬 자들로 강하고 뛰어난 사람들이라는 평판을 얻었다.[152]

여기에서는 각저 즉 씨름 같은 겨루기 종목에 대해 적고 있다. 각저는 조정의 대조회나 황제탄신일 등 조정의 큰 행사에서도 공연되었는데, 금위군 가운데 힘센 사람 120명을 선발한 '내등자'들이 궁정에서 각저를 했다. 와시에서는 '노기인'이 사들여 모은 남녀 씨름꾼들을 등장시켰는데, 먼저 여성 씨름꾼을 대련시켜 사람들을 끌어들인 뒤에 남자 씨름꾼들이 등장하여 힘을 겨루었고, 일등상이 대단히 풍성했다는 것이 생생하고도 구체적으로 기록되어 있다. 각저의 기록이 간략한 『도성기승』에 비해, 위의 자세한 설명은 참고의 가치가 매우 크다. 마지막으로 많은 논란이 있어온 「소설강경사小說講經史」 대목의 설명을 보자.

임안 와사의 공연 종목들 8
오자목, 『몽량록』 권20 「소설강경사」

이야기꾼들은 설화說話를 '설변舌辯'이라고 불렀다. 설화에는 네 분야가 있고 각각 하위 분야도 있었다. 우선 소설小說은 '은자아銀字兒'라고 불렀는데, 연분煙粉, 영괴靈怪, 전기傳奇 같은 것이었고, 공안公案은 박도간봉朴刀桿棒, 발발종참發發蹤參 같은 이야기[153]로, 담담자譚

152 孟元老 等 著, 『東京夢華錄(外四種)』, 古典文學出版社, 1956, p.312.

153 『都城紀勝』에서는 公案에 대한 부연설명이 搏刀趕捧, 發跡變泰으로 되어 있다.

淡子, 옹삼랑翁三郎, 옹연雍燕, 왕보의王保義, 진량보陳良甫, 진랑부陳郎婦, 조아棗兒 서이랑徐二郎 등이 고금의 이야기를 물 흐르듯이 잘했다. [다음으로] 담경談經은 불서佛書를 강설하는 것을 말한다. 설참청說參請은 손님과 주인이 참선하고 도를 깨닫는 등의 일을 [이야기하는 것을] 가리키는 것으로 보암寶庵, 관암管庵, 희연喜然 스님 등이 있었고, 또 설원경說諢經이라는 것도 있었는데 이것은 대흔암戴忻庵 [스님이 잘했다.] [다음으로] 강사서講史書라는 것은 『통감通鑑』이나 한당漢唐 역대 사서의 내용이나 [나라의] 흥망 및 전쟁 등의 일을 강설하는 것을 말한다. 대서생戴書生, 주진사周進士, 장소낭자張小娘子, 송소낭자宋小娘子, 구기산邱機山, 서선교徐宣教 등이 있었다. 또 왕육대부王六大夫는 본래 어전에서 이야기를 하던 사람으로, 막사幕士(궁궐호위병)들을 위해 청하면 강설해주었는데, 여러 사서에 두루 통달하였다. 함순咸淳 연간(1265~1274)에 [그가] 『복화편福華篇』[154]과 『중흥명장전中興名將傳』[155]을 부연敷演할 때 듣는 사람들이 몰려들었는데, 그의 말씨가 속되지 않고 많은 이야기들의 연원을 잘 기억하여 이야기했기 때문일 것이다. 그렇지만 [소설, 담경, 강사서 중에] 소설을 하는 사람을 가장 경외했는데, 아마도 소설을 하는 사람이 한 시대의 이야기를 강설할 때 짧은 시간 안에 [이야기들을] 맞추어 [만들어]내어, 마치 기령起令 및 수령隨令처럼 각각 일사一事를 전담했기 때문일 것이다.[156]

상미商謎라는 것은 먼저 북을 두드려 축하 [노래를] 하고나서, 사람

즉 전자는 칼이나 봉을 들고 싸우는 이야기, 후자는 가난했던 사람이 출세하는 이야기라는 의미이다. 發發蹤參은 發跡變泰가 와전된 것으로 보인다.

154 南宋 간신 賈似道에 대한 說話이다. 寶祐 4년(1256)에 鄂州를 포위했던 몽골의 쿠빌라이 군이 憲宗 몽케의 急逝로 철수했는데, 그곳을 지키면서 비밀교섭을 하던 賈似道가 사실을 은폐하고 자신의 공적을 선전한 『福華篇』을 幕下의 廖瑩中에게 짓게 하였다. 『宋史』 권474, 周密, 『志雅堂雜鈔』 卷下.

155 남송 초의 중흥 명장인 張浚, 韓世忠, 劉錡, 岳飛 등의 이야기이다.

156 『都城紀勝』에서는 起令과 隨令은 合生을 설명하는 말이었으나 여기에서는 小說을 설명하는 말로 끼어 들어가 있다. 역시 와전되었을 가능성이 있다.

들을 모아 시미詩謎, 자미字謎, 여미戾謎, 사미社謎 등을 맞추게 하는 것으로 본래는 은어隱語였다. [상미에는 여러 방식이 있었는데] 도미道謎는 찾아온 손님이 생각을 하여 수수께끼를 내는 방식으로 타미打謎라고도 했다. 주지走智는 빗대는 물건을 바꾸어가면서 답을 맞추기 어렵게 하는 방식이었다. 정시正猜는 찾아온 손님이 수수께끼를 맞추는 것이었고, 하투下套는 기예인이 비슷한 물건에 빗대어 수수께끼를 내는 방식으로, 대지對智라고도 불렀다. 첩투貼套는 첩지貼智로 생각하는 방식이고, 횡하橫下는 옆의 구경꾼이 맞추도록 허용하는 방식이며, 문인問因은 기예인이 [수수께끼의] 첫머리를 큰 소리로 물어보는 방식이고, 조상調爽은 [한 사람이] 맞추기 어려운 것처럼 가장하여 [다른 사람의] 지력을 측정하는 방식이었다. 항주에서 상미를 하던 사람을 한둘 말해보면, 유귀有歸 스님과 마정재馬定齋 등이 있었다. 이들은 많은 수수께끼들을 기억하여 오랫동안 이름이 전해졌다.[157]

여기에서는 '소설강경사' 즉 소설, 강경, 강사 등과 같은 설화류 공연을 소개한다고 하였지만, 그 외에 수수께끼 맞추기인 상미도 부기하고 있다. 앞서 『도성기승』에서 설화의 네 종류를 소형 서사(소설), 단안형 서사(설공안/설철기아), 종교 서사(설경/설참청), 대형 역사 서사(강사서) 등으로 파악했는데, 『몽량록』의 기록도 비슷하여 소설, 공안, 담경/설참청/설원경, 강사서 등으로 구분된다. 따라서 설화류 종목은 이전과 달라진 특징은 거의 없다고 하겠다. 다만 설원경은 경전을 우스개를 섞어서 이야기해준 종류였을 듯한데, 『동경몽화록』에서 소개된 바가 있다. 마지막으로 상미에 대한 서술도 『도성기승』과 크게 달라진 내용이 없다. 다만 『도성기승』에서 상미와 함께 소개된 합생에 대한 언급은 보

157 孟元老 等 著, 『東京夢華錄(外四種)』, 古典文學出版社, 1956, pp.312~313.

이지 않는데, 이 역시 해당 종목의 전승이 약화되거나 끊어졌기 때문이 아닐까 한다.

지금까지 남송 시대 임안 와사의 공연 종목들에 대한 여러 기록들을 자세히 살펴보았다. 『도성기승』이 편찬된 1230년대부터 『몽량록』이 편찬된 1330년대에 이르는 약 100년 사이에 잡기류 종목에서 비교적 큰 변화가 나타났고 나머지는 대체로 약간의 변화만을 보이면서 전통을 유지하고 있었음을 알 수 있다. 물론 남송 시대 도성의 공연 종목들은 전반적으로 북송 시대에 비해 크게 증가하였음도 확연히 드러난다. 전란을 겪고 남방으로 천도한 상황에서도 민간의 공연문화가 이처럼 발달한 것은 국내외 정치적으로 비교적 안정된 가운데 남방의 풍부한 물산에 힘입은 바가 컸을 것이지만, 공연 종사자들의 뛰어난 연기 능력과 새로운 종목을 개발하고 고도의 수준에 오르려는 치열한 노력들이 없었으면 이와 같은 발전은 불가능했을 것이다.

다음으로, 1127년 송 황실이 남방으로 옮겨가고 회수 이북 지역을 금이 통치하기 시작한 때부터, 1234년 몽골이 금을 멸망시키고 다시 1279년 남송마저 멸망시킬 때까지의 전후 약 150년 동안 북방 지역에 있었던 공연의 종목들을 살펴보고자 한다. 먼저 앞서 본 것처럼 『삼조북맹회편三朝北盟會編』에 금군이 개봉을 함락시킨 뒤에 잡극, 설화, 농영희, 소설, 표창, 농괴뢰, 재주넘기, 쟁, 비파, 생 연주자 등 예인 150명을 모아 압송하여 북방으로 데려갔다는 기록이 있는 것으로 보아 금에서 이들을 필요로 하였을 것이라고 추정할 수 있다.[158] 그러나 이들이

158 본서 제1장 제2절 참고.

북방으로 끌려간 뒤의 행적에 대해서는 알려진 바가 없어서 아쉬운 실정이다. 이로부터 90여년이 지난 1214년에는 금이 몽골의 압박으로 옛 개봉(당시는 변량汴梁으로 개칭)을 남경 개봉부로 정하고 도성을 옮겨오면서 개봉은 다시 한번 북방의 중심 도시가 된다.

이 무렵 도성 개봉부의 공연 모습을 증언하는 「장가불식구란莊家不識勾闌」이라는 산곡 작품 중에는 "앞 공연은 원본院本 「조풍월調風月」이고, 뒤이어서 요말幺末을 유사화劉耍和가 공연합니다"라는 구절이 있는데, 여기에서의 원본과 요말은 당시 도성의 구란에서 크게 인기를 끌었던 공연 종목이다.[159] 특히 원본에 대해서는 앞서 인용한 바 있는 도종의陶宗儀의 『남촌철경록南村輟耕錄』에 자세한 설명이 보여 이해에 큰 도움이 된다. 이 책의 「원본명목院本名目」 부분을 보자.

[금 원본의 성격
도종의, 『남촌철경록』 권25 「원본명목」]

당에는 전기傳奇가 있었고, 송宋에는 희곡戲曲, 창원唱諢, 사설詞說이 있었으며, 금金에는 원본院本, 잡극雜劇, 제궁조諸宮調가 있었다. 원본과 잡극은 본래 하나였는데, 국조國朝(원나라)에 와서 원본과 잡극이 처음으로 둘로 나뉘게 되었다. 원본은 다섯 사람이 나오는데, 첫째, 부정副淨—옛날에는 참군參軍이라고 하였다—, 둘째, 부말副末—옛날에는 창골蒼鶻(매)이라고 하였는데, [매가] 뭇새를 공격할 수 있는 것처럼 [부]말은 부정을 때릴 수 있었다—, 셋째, 인희引戲, 넷째, 말니末泥, 다섯째, 고장孤裝 등이다. [다섯 명이 등장하는 까닭에 원본을] 오화찬농五花爨弄이라고도 하였는데, 혹자는 송 휘종徽宗이 찬국爨

159 「莊家不識勾闌」의 상세한 내용에 대해서는 본서 제3장 제1절 참고.

> 國[160]에서 [사신이] 내조來朝했을 때 옷이며 신발, 두건 등이 [재미나고 얼굴에] 분을 바르고 이와 같이 [우스꽝스럽게] 행동하는 모습을 보고 배우들로 하여금 그들을 흉내 내어 우스개 놀이를 하게 하였다고도 말한다. 또 염단豔段이라는 것도 있는데 역시 원본과 같고, 다만 차이는 [염단이 원본보다] 간단하다는 것이다. 마치 화염火焰이 확 타올랐다가 금방 꺼지는 것과 같다 하여 이 [염단이라는] 이름을 얻었다. 그 [짧은] 사이에 부정副淨이 산설散說(설명), 도념道念(대사), 근두筋斗(재주넘기), 과범科泛(동작연기)을 하였다. 교방의 [잡극]색의 색장色長인 위魏, 무武, 유劉 세 사람이 [원본을] 새롭게 엮었는데, 위 색장은 염송念誦(대사)에 능하고 무 색장은 근두를 잘 하며, 유 색장은 과범에 뛰어났다. 지금의 악인樂人들은 모두 이들을 모범으로 따르고 있다. 우연히 원본의 명목을 얻어서 여기에 게재하여 박식한 분들이 일람하도록 제공하는 바이다.[161]

이 글은 원 말엽의 저자가 금대부터 전해 내려온 원본의 각색과 구성 그리고 대표 작가와 작품 목록에 대해 상세하게 적고 있다. 먼저 원본의 성격에 대해, 금원대의 원본은 본래 송대에 잡극과 동일한 것이었는데, 금대에 이르러 잡극이 새롭게 부상한 양식을 가리키는 말로 전환되면서 옛 잡극에 대해서는 원본이라는 새 명칭을 쓰게 되었다는 내용을 밝히고 있다. 따라서 위의 기록은 송대 잡극의 성격을 말해주는 것이기도 하다. 이어 원본의 다섯 각색에 대해 설명하고 나서, 원본의 별칭인 오화찬농의 남방 기원설을 제시하였고, 다시 이어 짧은 원본을 염

160 爨氏는 魏晉代 并州刺史部의 士族이었는데, 爨習이 蜀漢 때 雲南으로 가서 주둔하였고, 東晉 이후 雲南, 貴州 지역에서 세력을 확장하여 隋나라 때 독립했다. 이들은 748년에 南詔에 의해 멸망 당했으므로, 송 휘종 때에는 독립된 나라가 아니라 雲南의 지방 정권이었을 것이다.

161 陶宗儀,『南村輟耕錄』, 中華書局, 1959, p.306.

단이라고도 하였다는 것을 밝힌 다음에, 원본 연기를 잘 한 세 배우들을 소개하고, 마지막에 원본 작품 목록을 부기한다고 적고 있다.[162] 본서의 성격에 비추어 650여 편에 이르는 방대한 목록 전체를 열거하는 것은 생략하고, 다만 세부 형식과 내용에 따른 분류는 아래의 [표 2]와 같이 정리할 수 있다.[163] 이에 따르면 원본의 명목들은 가무 위주, 골계 위주, 서사 위주로 성격이 다양하였고, 이들 각 명목은 공연에서 필요에 따라 단독 또는 복수로 무대에 올라 관객들을 만났을 것으로 보인다. 따라서 원본이나 송대 잡극은 모두 단일 종목이라기보다는 자체 내에 다양한 공연 양식들을 내포한 일종의 공연 복합체였다고 할 수 있을

	종류	특징
염단류 (357)	제잡원찬諸雜院爨(107)	– 춤, 음송, 노래, 우스개 – 독립 공연 가능
	충당인수衝撞引首(110)	– 언어, 동작을 이용한 충돌 – 독립 공연 불가
	전휵염단拴搐豔段(94)	– 본 공연과 긴밀히 연결 – 이야기 중심
	타략전휵打略拴搐(46)	– 본 공연과 긴밀히 연결 – 음송, 말재주 중심
본 공연 (264)	화곡원본和曲院本(14)	– 송대 악곡 이용
	상황원본上皇院本(14)	– 송 휘종 시대의 고사
	제목원본題目院本(20)	– 관료, 문사, 기녀 고사
	패왕원본霸王院本(6)	– 초패왕 항우 등의 고사
	제잡대소원본諸雜大小院本(189)	– 수량 가장 많음
	원요院幺(21)	– 원 잡극의 초보 형태
기타(30)	제잡체諸雜砌(30)	– 특정 도구 이용

[표 2] 『남촌철경록』에 수록된 원본 분류

162 세 배우들에 대해서는 본서 제5장 제2절 참고.

163 원본 종류에 대한 해설은 주로 廖奔, 劉彦君, 『中國戲曲發展史』 第1卷, 山西教育出版社, 2000, pp.293~297의 견해를 따랐다. 각 종류 뒤에 있는 괄호 안의 숫자는 열거된 작품 수이다.

것이다.

위에서 본 것처럼 금원대에는 원본과는 다른 새로운 양식이 부상하여 이를 잡극이라고 부르게 되었다고 하였는데, 『남촌철경록』「잡극곡명雜劇曲名」에는 이 신형 공연 양식에 대해서도 보다 자세하게 기록하고 있다. 다음 글을 보자.

원 잡극의 등장
도종의, 『남촌철경록』 권27 「잡극곡명」

> 패관稗官이 없어지자 [당나라 때] 전기傳奇가 지어졌고, 전기가 지어지고 나서 [송나라 때] 희곡戲曲이 그 뒤를 이었다. 금나라 말 국조國朝 초 무렵에 악부樂府(산곡散曲)는 여전히 송사宋詞의 말류末流였고, 전기는 여전히 송 희곡의 변체變體에 지나지 않았다가 후대로 전해지면서 잡극이라고 불리게 되었다. 금 장종章宗 때 동해원董解元이 엮은 〈서상기西廂記〉 [제궁조]는 시대가 먼 것도 아닌데 [곡조를] 아는 사람이 거의 없다. 하물며 오늘날 잡극의 수많은 곡조들은 어떻겠는가? 이런 까닭에 곡명曲名들을 궁조宮調별로 나누어 옛것에 관심 있을 후대의 호사가들에게 일람하게 하고자 한다.[164]

이 글은 원 잡극이 송 잡극(원본)에서 배태되어 분리되는 과정을 적은 뒤에, 원 잡극 악곡이 사라지기 전에 기록해둔다는 뜻을 밝히고 있다. 저자는 먼저 원 잡극의 선조 격이 되는 것으로 패관, 전기, 희곡 등을 들고 있는데, 여기에서 패관은 남북조시대의 지괴志怪를 가리키고, 전기는 당 전기를 뜻하며, 희곡은 송 잡극을 뜻하는 것으로 생각된다. 따라서 이는 원 잡극이 당 전기와 송 잡극의 전통을 이어받아 발전시켰

164 陶宗儀, 『南村輟耕錄』, 中華書局, 1959, p.332.

다는 인식을 보여주는 것이다. 다만 여기에서 전기는 당대 문언 단편소설을 가리키기도 하고 원 잡극의 초기 명칭으로도 쓰여 다소 혼란스러운데, 전체적으로 전기에서 송 잡극을 거쳐 원 잡극으로 이어졌다는 논지는 비교적 분명하다. 어떻든 송 잡극과 원 잡극이 시대를 달리 한 공연 양식이었지만 양자 모두 당시의 가장 주도적인 공연 종목이었던 것도 사실일 것이다.

금원 시대의 또다른 공연 종목에 대한 기록을 보자. 13세기 전반에 활동했던 산서山西 출신의 금의 관료 출신 유명 문인 원호문元好問(1190~1257)이 남긴 「문가회경사구유聞歌懷京師舊遊(노래를 듣고 경사京師에서 놀던 시절을 회고하다)」라는 시에 금의 마지막 도성의 공연을 회상하는 장면이 있다.

금대 개봉의 공연 종목
원호문, 「문가회경사구유」

누각 앞에서 누가 녹요綠腰 [대곡大曲의] 최催를 부르는가,
천리 떨어진 양원梁園을 향해 거듭 고개 돌려본다.
두杜 씨 댁 정자에서,
신지信之, 흠용欽用과 함께 들었던 노래로다.[165]

이 시의 제목에서 보듯이, 작자는 금이 망한 뒤인 1240~50년대에

165 "樓前誰唱綠腰催, 千裏梁園首重回. 記得杜家亭子上, 信之欽用共聽來." 姚奠中主編, 『元好問全集』 上册, 山西人民出版社, 1990, p.371. 杜氏는 元好問과 절친했던 문인 杜仁傑(1196~1276)이고, 信之와 欽用도 각각 동료였던 麻信之(麻革), 李欽用(李仙甫)을 가리킨다. 杜仁傑의 생애와 그의 작품에 대해서는 程民生, 「莊家不識句欄」創作年代與地點新考」, 『中州學刊』 2017年 第1期, pp.142~149 참고.

아마도 자신이 거주했던 산동山東이나 산서山西의 어느 누각에서 가무곡의 일종인 녹요綠腰 대곡의 '최催' 대목을 듣고 옛 도성인 양원 즉 개봉에서 노닐던 일을 회상하는 시를 썼다. 이 시를 통해 금 말엽 도성의 어느 저택에서 펼쳐졌던 녹요 대곡이 금이 망한 뒤 북방 향촌의 누각에서도 여전히 볼 수 있었음을 알게 된다. 금대에 가무 형태의 공연이 있었음이 이 시에서 분명하게 확인되는 것이다.

마지막으로 원 말엽에 편찬된 중국어회화 학습 교재 『박통사』의 언해본인 『박통사언해』에 나타난 강창류 공연의 기록을 보자. 여기에는 송원 시대에 서유기 이야기의 강창 대본인 『서유기평화西遊記平話』에 관한 대화가 수록되어 있다.[166] 앞서 본 것처럼 『박통사언해』는 국내에서만 전해 내려오고 중국에서는 찾아볼 수 없는 희귀 자료로서의 가치가 크다. 해당 부분을 보자.

원 말엽 북방 도시의 강창
『박통사언해』「서유기평화」

갑: 우리 함께 부部 앞에 책을 사러 가세.

을: 무슨 책을 사러 가나?

갑: 『조태조비룡기趙太祖飛龍記』와 『당삼장서유기唐三藏西遊記』를 사러 가지.

을: 사려면 사서육경四書六經을 사야 좋지. 공자님 책을 읽었다면 주공周公의 이치를 적은 책을 보아야 하지, 어찌 저 평화平話 따위나 사려고 하는가?

갑: 『서유기』는 재미가 있으니 답답할 때 보기 좋지. 당나라 삼장이

166 평화에 대해서는 김진곤, 「宋元 平話 硏究」, 서울대학교 박사학위논문, 1996 참고.

손행자孫行者를 데리고 차지국車遲國에 가서 백안대선伯眼大仙과 겨룬 일을 자네는 아는가?

을: 말해 보게, 들어줌세.

갑: [이후 서유기의 한 대목을 길게 이야기함][167]

이 대화에서 평화는 일종의 심심풀이용 통속 도서로 소개되고 있지만, 본래는 구란과 같은 공연장에서 사람들을 모아놓고 이야기를 하는 강창류 종목 공연에서 비롯된 것이다. 『서유기』를 비롯하여 『삼국지연의』, 『수호전』과 같은 중국의 대표적인 장편소설들이 모두 평화와 연극 작품들의 내용을 집대성하고 일체화된 작품으로 승화시켜 완성된 것이다. 따라서 위의 대화도 원대 공연 종목의 자취를 살필 수 있는 귀중한 사례가 된다.

참고로 대화 마지막 부분에 이어지는 내용은 이렇다. 삼장이 불법을 숭상하는 차지국에 도착하여 백안 선생을 만나는데 백안은 불법을 파괴하려는 사람이었다. 손행자가 백안에게 시비를 걸자 백안은 손행자에게 움직이지 않고 앉아있기, 궤짝 안에 든 물건 알아맞히기, 끓는 기름에 목욕하기, 머리를 베었다 다시 붙이기 등을 겨루자고 하나 앞의 세 대결은 모두 손행자가 이겼고 마지막 대결에서도 백안이 머리를 다시 붙이지 못해 손행자가 이기고 백안은 죽었다. 백안은 본래 호랑이 요괴였고 차지국은 더욱 불법을 숭상하는 나라가 되었다.[168] 손행자와 백안이 싸우는 장면은 책으로 정리되기 이전에 강창 공연 단계에서도

167 박재연 校點, 『노걸대·박통사 원문·언해 비교자료』, 선문대학교 중한번역문헌연구소, 2003, pp.293~294.

168 박재연 校點, 『노걸대·박통사 원문·언해 비교자료』, 선문대학교 중한번역문헌연구소, 2003, pp.294~297.

예인들의 입을 통해 흥미진진하게 펼쳐졌을 것이다.

지금까지 살펴본 송금원 시대의 도성을 중심으로 한 연극과 연희의 종목들은 시대를 막론하고 매우 다양한 종류가 번성하였다. 시대별로 보면 먼저 북송에 비해 남송의 공연 종목들이 더욱 여러 가지로 나타나 있는 것을 볼 수 있었는데, 이는 남송에 이르러 공연문화가 더욱 다양하게 발전했기 때문이기도 할 것이지만 남송의 공연문화에 대해 기록을 남긴 자료가 더욱 풍부하기 때문일 수도 있다. 그리고 남송 시대 이후 북방 지역에서는 연극류 공연이 중심이 되어 성장하면서 나머지 종류의 연희들을 압도하기 시작하여 결국 원 잡극이라는 시대적 장르를 탄생시키기에 이르렀음을 보았다. 다음 장에서는 지금까지 살펴온 송대 이후의 공연 종목들이 어떠한 방식과 형태로 공연되었는지 그 실상을 살펴보고자 한다.

제3장
공연의 현장과 광경

제1절

도성의 명절 공연의 광경

앞장에서 정리한 공연 공간 및 공연 종목들에 대한 이해를 바탕으로 하여, 이제는 도시와 향촌에서의 공연 활동이 어떻게 이루어졌는지를 중점적으로 살펴보고자 한다. 이를 위해 공연 활동을 기록한 자료들을 도성, 지방 도시, 향촌 등으로 공연 활동 기록을 분류하고, 도성의 공연 모습을 명절과 평상시로 나누어 검토한 뒤에 이어 지방 도시와 향촌에서의 공연 모습을 살펴보기로 한다.[1]

송대 도성의 공연 활동은 명절이나 절기를 전후하여 이루어진 것들에 대한 기록이 많다. 『동경몽화록』에는 북송 시대 명절의 행사와 공연 모습이 잘 나타나 있는데, 그중에서도 정월 대보름, 2월 사산대제祠山大帝 생일, 3월 20일 임수전臨水殿에서의 행사, 6월 관구이랑신灌口二郎

1 다만 궁정 안에서의 공연 활동은 제4장에서 별도로 살펴볼 것이다.

神 생일, 7월의 중원절中元節, 동지, 섣달 등의 모습이 특히 주목된다. 먼저 정월 대보름부터 보면, 이날 개봉성의 선덕문루 앞에서 여러 가지 공연 종목이 펼쳐져서 황제부터 보통 백성들에 이르기까지 함께 보고 즐긴 모습은 앞에서 살펴본 바 있다.[2] 대보름 이튿날에도 천자가 선덕문루 위에 나와서 백성들과 함께 명절을 경축하였는데, 『동경몽화록』 권6 「십육일十六日」에 설명이 상세하다.

북송 시대 정월대보름 이튿날의 공연 모습
맹원로, 『동경몽화록』 권6 「십육일」

> [정월] 열엿새에는 어가御駕가 [황궁 밖으로] 나오지 않으셨다. 조반을 마치신 뒤에 [선덕]문루에 오르셨다. 풍악이 울리며 발이 걷히면 천자께서 앞으로 나오셔서 만백성들에게 모습을 드러내셨다. 문루 아래에 먼저 온 사람은 천자의 모습을 올려다볼 수 있었다. [천자께서는] 소모小帽에 홍포紅袍 차림으로 탁자 뒤에 홀로 앉아계셨다. 좌우에는 시종들이 있고, 주렴 밖에는 황개와 장선을 든 사람들과 집사들이 있었다. 조금 뒤 주렴을 내리면 풍악이 시작되었고, 만백성들은 이를 마음껏 즐기도록 하셨다. [문루 양쪽에는] 두 타루가 마주 서 있었는데, 왼쪽 타루에는 운왕鄆王 [조해趙楷(1101~1130)] 이하 [황족의] 채붕 장막이 [중앙 문루 쪽을] 바라보고 서 있고, 오른쪽 타루에는 채 태사蔡太師(재상 채경蔡京) 이하 집정 및 외척들의 채붕 장막이 바라보고 서 있었다. 수시로 문루 위에서 황금색 봉황새가 각 장막으로 날아 내려와 끊임없이 선물을 하사하였다. 각 장막 안에서는 가기들이 새로운 노래들을 다투어 불렀고, 산붕 및 노대의 위아래와 함께 풍악 소리가 떠들썩하였다. 서쪽의 타루 아래에서는 개봉부윤이 장막을 통제하

2 본서 제1장 제1절 및 제2절 제1절 참고.

여 죄인들을 앞에 가득 늘어서게 해 놓고 수시로 판결을 내려 백성들에게 겁을 주었는데, 문루 위에서 때때로 어명이 전해져 사면을 명하기도 하였다. 이 무렵 화려한 등불과 횃불에 달빛과 꽃의 빛깔이 흩날리는 운무雲霧처럼 환하게 밝으니, 가까운 곳에서 먼 곳까지 모두 등촉을 밝혔다.

삼경三更이 되면 문루 위에서는 붉은색의 작은 비단 등구燈球가 줄을 타고 공중으로 올라가는데, 도성 사람들은 [이것을 보고] 천자께서 궁궐로 돌아가셨음을 알았다. 조금 뒤에 문루 밖에서 채찍으로 치는 소리가 들리면 산루山樓 위아래의 수십만 개의 등잔이 일시에 꺼졌다. 이와 함께 귀족들의 거마車馬가 황궁 앞에 빽빽하게 늘어서 있다가 모두 남쪽에 있는 상국사相國寺로 구경을 떠났다.

상국사의 대전大殿 앞에는 악붕이 만들어져 있고, 각 군軍이 음악을 하였다. 양쪽 주랑에는 시패등詩牌燈이 밝혀져 있었는데, '천벽은하욕하래天碧銀河欲下來, 월화여수조누대月華如水照樓臺(하늘은 푸르러 은하수 쏟아질 듯하고, 달빛은 밝게 누대를 비추는구나)'[3]나 '화수은화합火樹銀花合, 성교철쇄개星橋鐵鎖開(등불 밝힌 나무에는 은화銀花들이 반짝이고, 별빛 반짝이는 다리 위에서는 쇠빗장이 열렸구나)'[4] 등의 시구가 적혀있었다. 이 등은 목패로 만들었는데, 목패를 파서 글자를 만든 다음 얇은 명주로 덮고 그 안에 등불을 빈틈없이 밝혀서 순서대로 늘어놓은 것으로, 이 또한 볼 만했다.

자성각資聖閣 앞에는 불아佛牙를 모셔놓고 수등水燈을 띄웠는데, 재집宰執(중신重臣)과 외척, 근신近臣들만 구경할 수 있는 자리를 마련했다. 가장 시끌벅적한 곳은 구자모전九子母殿[5]을 비롯하여 동서쪽의 탑원塔院인 혜림원惠林院, 지해원智海院, 보범원寶梵院 등이었다. 여기에

3 宋 楊億(974~1020)의 시 「上元」 중의 "天碧銀河欲下来, 月華如水浸樓臺."라는 구절과 유사하다.

4 唐 蘇味道(648~705)의 시 「正月十五夜」 중 첫 두 구절과 같다.

5 九子母는 한번에 아홉 아들을 낳았다는 신으로 불교에서는 訶利帝母라고 부른다.

서는 다투어 등촉을 진설하여 환하게 빛났고 아침까지 계속 불을 밝혔다. [그 일대의] 나머지 궁관宮觀과 사원寺院에서는 모두 만백성들이 향을 살랐고, 또한 개보사開寶寺나, 경덕사景德寺, 대불사大佛寺 등의 앞에 모두 악붕樂棚을 만들고 작악하고 등불을 밝혔다. 다만 궁관과 불사 내에 등촉을 밝히는 것은 금하였다. 그다음으로는 보진궁葆眞宮이 옥주玉柱와 옥렴玉簾이 있고 창 너머에 등불이 밝혀져 있어서 [사람들이 북적였다].

각 골목과 큰길에는 향약포香藥鋪(향료가게), 다방茶坊(찻집거리), 주점의 등촉이 제각기 특이한 모습으로 밝혀져 있었다. 그중에서도 연화왕가蓮華王家 향약포의 등촉이 가장 출중했고, 또한 승려나 도사를 청하여 화발花鉢(바라)을 치고 북을 두드리며 법회를 하니 구경꾼들이 발길을 멈추지 않는 자가 없었다.

각 성문 앞에는 모두 관가에서 만든 악붕이 있어서, 온 거리와 골목들이 모두 번화하고 시끌벅적하였다. 각 골목 입구마다 악붕이 없는 곳에는 작은 영희影戲 악붕을 세워서 동네에서 놀러 나온 사람들이 아이들을 잃어버리지 않도록 그곳으로 모여들게 하였다.

전전반殿前班[6]은 궁궐의 우액문右掖門 안에 있었는데, 우액문 맞은 편에 악붕을 하나 만들고 전전반의 가족들이 황성에 들어와 구경할 수 있게 하였다. 관부에서는 [이들에게] 차와 술, 그리고 화장품을 살 돈까지 하사했다. [전전반 소속의] 각 영營, 반班, 원院 사람들은 밤에 놀러 나가는 것이 금지되어 있어서, 대나무 장대에 등구를 매달아 공중에 띄워 이리저리 흔들면서 [놀았는데, 마치] 유성들이 날아가는 것처럼 보였다.

거리와 골목은 종횡으로 교차하였는데, [명절 기간에] 성문은 [출입을] 통제하지 않았다. 또 깊은 골목에서는 수액繡額(간판)과 주렴을

6 殿前諸班을 말한다. 황제가 출행할 때 호위를 맡은 군대이다. 이들과 또다른 호위 군대인 諸直 인원을 합하면 모두 3,600여명이었다고 한다. 龔延明 編著, 『宋代官制辭典』, 中華書局, 1997, p.400.

멋지게 만들고 새 단장을 하여 다투어 화려함을 자랑하였으니, 춘정이 솟고 주흥이 도도하여 멋진 모임이 즐거워 촌음을 아쉬워했고, 경색景色이 변화하여 사람들은 밤이 깊어가는 줄도 몰랐다. 귀족들의 준마가 빠르게 내닫고 귀부인들의 마차가 굴러가고, 부잣집 자제들이 길 가득 걸어가며 노래 부르고, 집집마다 생황 소리가 그치지 않았다.

도성 사람들은 옥매玉梅(매화), 야아夜蛾(나방), 봉아蜂兒(벌), 설류雪柳(조팝나무)나 보리수 잎사귀 [모양의 머리 장식물]과 과두원자科頭圓子(탕원湯圓), 박두초추拍頭焦䭔(찐떡) 등을 팔았다. 이 중에서 초추만 대나무 시렁에 얹고, 청색 일산日傘에 금실로 장식한 작은 붉은색 등롱을 걸고 시렁 앞뒤에도 등롱을 매달고 박자에 맞추어 북을 두드리며 곳곳을 돌아다녔다. 이것을 '타선라打旋羅(돌아다니다)'라고 하였는데, 거리마다 곳곳에 있었다. 열아흐레가 되면 등을 거두었는데, [정월 대보름부터 이날까지] 닷새 동안은 성문을 막지 않았고 간혹 어명이 내려와 이 기간이 늘어나기도 하였다.

선화 연간에는 섣달부터 산조문酸棗門 문루 위에서도 선덕문에서 정월 대보름 밤에 불을 밝히고 문루 아래에 노대를 설치한 것과 같이 하였다. 남쪽으로 보록궁寶籙宮에 이르기까지 양쪽에서는 관박關撲 매매가 이어졌고,[7] 신휘문晨暉門 밖에는 간위看位(구경하는 곳)를 설치하고 그 앞을 나뭇가시로 둘렀는데 둘레가 약 오십 내지 칠십 보가 되었다. 도하都下에서는 암순골돌아鵪鶉骨飿兒(메추라기 모양 옹이 국수), 원자추圓子䭔(둥근떡), 박백장拍白腸(내장요리), 수정회水晶鱠, 과두세분科頭細粉(녹말 음식), 선초율자旋炒栗子(밤볶음), 은행銀杏, 염시탕鹽豉湯(짠콩국), 계단鷄段(닭고기), 금귤金橘, 감람橄欖, 용안龍眼, 여지荔枝 등을 팔았는데, 빽빽하게 줄지어 있으면서 어전에서 부를 것에 대비했다. 천자께서 간위 안에 들어오실 때에는, 문사門司(문지기), 어약御藥(의약 담당 관리), 지성知省(내시), 태위太尉(무관) 등이 모두 주렴 앞

7 關撲은 상품을 미끼로 삼아서 돈이나 재물을 걸게 하는 도박성 놀이이다.

에 서고 세 명 내지 다섯 명의 제자(배우)가 시중하였다. 신분粈盆(조명용 화로)에 불을 밝히면 대낮과도 같았다. 사녀仕女들이 구경 오면 근신이 불러 황금 술잔에 술을 한 잔 내리고 물러가도록 하였다. 이렇게 [섣달부터] 정월 대보름까지 하였으니, 이를 '예상豫賞(예비 감상)'이라고 불렀다. 추가: 주 대조周待詔 가게의 호갱瓠羹(박국)은 공납하고 남은 것을 한 사람당 백이십 문文에 팔았는데, 그 훌륭한 맛은 과연 시정의 십 문짜리와는 달랐다.[8]

글이 상당히 길지만 축제의 전체 모습을 보기 위해 앞에서 이미 살핀 첫 단락을 포함하여 전체를 인용하였다. 이날의 모습을 순서대로 요약해보자. 먼저 선덕문루 위에 나온 황제는 아침부터 한밤까지 백성들과 함께 문루 앞의 노대와 산붕에서 펼쳐지는 공연을 즐겼고, 황족과 대신들은 타루의 채붕에서 가기들의 노래를 즐기기도 하였다. 삼경三更이 되어 황제가 회궁한 뒤에도 귀족들은 다시 상국사로 가서 불아와 수등을 구경하였고, 사원 여기저기에 밝혀진 등촉은 이튿날 아침까지 꺼지지 않았다. 그리고 상국사 이외의 다른 절과 도관에서는 일반 백성들이 모여 악붕에서 공연을 즐겼고, 거리나 골목에도 모두 등촉이 밝혀졌다. 각 성문 앞에도 모두 악붕이 세워져 공연들이 펼쳐졌고, 골목에는 작은 악붕을 세워놓고 영희를 하여 어린아이들의 발길을 붙잡았다. 사람들은 밤이 깊은 줄 모르고 화려한 등촉 속에서 노래와 음악을 즐겼고, 갖가지 모양의 머리장식을 사서 꾸미고 탕원, 찐떡 같은 음식을 사서 먹었다. 이러한 축제는 정월 열아흐레가 되어서야 비로소 마무리되었다. 선화 연간에는 북문인 산조문에서도 선덕문처럼 노대와 극분을

8 孟元老 等 著,『東京夢華錄(外四種)』, 古典文學出版社, 1956, pp.36~38.

꾸며놓고 천자가 행차하여 백성들과 함께 즐겼다. 이렇게 정월 대보름 축제는 며칠 동안 성대하게 펼쳐졌고 여러 군데의 거점 장소들에는 모두 악붕 즉 무대들이 꾸며지고 다양한 공연들이 펼쳐져서 수많은 사람들이 함께 즐길 수 있었던 것이다.

정월 대보름 축제 및 공연 활동의 성황은 남송 때 오자목의 『몽량록』 「원소절」에서도 찾아볼 수 있다. 해당 부분을 보자.

남송 시대 정월 대보름의 공연 모습
오자목, 『몽량록』 권1 「원소절」

정월 열닷새 원석절元夕節은 상원일上元日로 천관天官이 복을 내려주시는 날이다.[9] 옛날 변경 시절에는 대내 앞에 산붕을 가설하였는데, 선덕문루 맞은 편에 모두 오색비단으로 산답山沓[10]을 엮고 그 위에는 모두 신선들의 이야기를 그려놓았다. [산붕의] 양옆에는 오색비단을 엮어 문수보살과 보현보살을 만들었는데, 각각 사자와 흰 코끼리를 탔고 다섯 손가락에서는 물이 좔좔 흘러나왔다. 그 물은 도르래를 등붕燈棚(산붕)의 가장 높은 꼭대기에 매달아서 목궤木櫃로 가득 채워 때에 맞추어 아래로 흘려보낸 것으로, 마치 폭포수 같은 모습이었다. 또 풀을 엮어 용 모양을 만들고 파란색 막을 그 위에 덮어싸고 등촉 만 개를 놓아두니 멀리에서 보면 구불구불한 모습이 용 두 마리가 날아 올라가는 형상 같았다. 임금님은 선덕문루에 올라 관등觀燈하셨다. [문루에는] '선화여민동락宣和與民同樂'이라는 편액이 걸려 있었고, 만백성이 임금님을 올려다보면서 모두 만세를 불렀다. 지금(원元) 항성

9 上元日은 정월대보름을 말하는 도교식 명칭이다. 이날은 天官들이 복을 내려준다고 믿었다.

10 산 모양이 겹겹이 쌓인 것을 뜻한다. 『東京夢華錄』에서는 山沓라고 하였다. 본서 제1장 제1절 참고.

杭城(항주)에서는 대보름날 즈음에 각 주州와 부府에 상원초上元醮(상원 제단)를 마련하고, 모든 감옥에는 정옥도량淨獄道場을 마련한다. 관에서는 공사公私의 집세를 사흘 동안 면제하여 백성들의 부담을 덜어준다.

무대舞隊는 묵은해 동짓날부터 행방行放(거리 공연)을 바치는데, 밤이 되면 관청에서 약간의 돈과 술을 보내어 그들을 위로하고, 대보름 때에는 14일부터 돈과 술을 정식으로 지급하며, 15일 밤에는 수신帥臣[11] 이 거리를 순찰하다가 무대를 만나면 통례대로 이들을 위로했다. 거리의 장사꾼들도 그들에게 돈을 얼마간 주었다. 이 위로금들은 해마다 주부의 세수稅收에서 지출되는 것으로, 조정이 백성과 함께 즐긴다는 뜻을 담은 것일 터이다. 잠시 무대에 대해 말해보자면, 청음淸音, 알운遏雲, 도도포로掉刀鮑老, 호녀胡女, 류곤劉袞, 교삼교喬三教, 교영주喬迎酒, 교친사喬親事, 초추가아焦鎚架兒, 사녀저가仕女杵歌, 제국조諸國朝, 죽마아竹馬兒, 촌전악村田樂, 신귀神鬼, 십재랑十齋郎 등의 각 사社가 수십 곳을 넘었고, 또 교택권喬宅眷, 한룡선汗龍船, 척등포로踢燈鮑老, 타상사馳象社도 있었고, 관항官巷 입구와 소가항蘇家巷[을 비롯한 여러 골목]에는 괴뢰를 하는 곳이 스물네 곳이 있었다.[12] [무대의] 복장은 화려하였으니, 세단細旦(여장 남배우)은 어깨에 꽃을 꽂고 주취관珠翠冠을 썼는데 허리와 사지가 가늘고 간드러져 정말 여자 같았다.

부제府第[13]에는 가악家樂[14]에 소년들이 있어서 각자 생황笙簧을 불고 금슬琴瑟을 탔다. 맑은 소리가 울려 퍼지면 아주 들을 만했는데, 거리를 막아놓고 놀면서 밤새도록 잠들 줄을 몰랐다. 또 집집마다 등불을

---

11 본래는 전쟁이나 재해를 입은 곳을 수습하기 위한 安撫司의 장관을 뜻했지만 나중에는 최고 지휘관이나 主將을 가리키기도 하였다.

12 官巷은 杭州 중심부에 있던 壽安坊의 俗稱이고, 蘇家巷의 위치는 미상이다.

13 귀족이나 관료의 저택을 말한다.

14 부호들이 자신의 집에서 운영한 樂舞隊를 말한다. 명청대에는 집에 家班을 두어 연극을 공연하게 한 부호나 귀족들도 적지 않았다.

밝히고 곳곳마다 관현악 소리가 울려 퍼졌다. 청하방淸河坊의 장 검열蔣檢閱 [찻집][15]에서는 진기한 차와 희귀한 탕국을 [손님들이] 원하는 대로 다 주었는데, 달처럼 큰 포등泡燈에 불을 켜면 그 빛이 집안에 가득하므로 지나던 사람들은 모두 발걸음을 멈추고 바라보았다. 신개문新開門 안 우양사牛羊司 앞의 장 원사蔣苑使 댁[16]은 비록 크기가 작았지만 정亭과 대臺를 장식하여 그 옥책玉柵에 기이하고 화려한 등을 달아놓았는데, 주렴을 내리고 생가笙歌가 울려 퍼지면 놀러 나온 사람들이 이를 즐기면서 차마 떠나지 못했다. 또 여러 주고酒庫에서도 등구燈球를 밝히고 떠들썩하게 북을 치고 피리를 불며 손님을 끌어 술을 팔았고, 기녀들도 여럿이 앉아 떠들면서 풍류자제들이 웃음을 사고 환락을 쫓도록 끌어들였다.

제영諸營의 반원班院에서는 법에 따라 야간 놀이를 할 수 없기 때문에 각자 죽간에 등구를 매달아 공중에 올려놓았는데 멀리서 바라보면 유성流星 같았다. 또한 거리와 골목에서는 화려한 편액과 주렴을 멋있게 만들어 새로 장식하여 화려함을 다투어 뽐내었다. 공자公子, 왕손王孫, 오릉五陵의 자제[17]들은 청사초롱을 앞세우고 미인들을 데리고 여기저기를 돌아다니며 놀았는데, 남들이 옥루屋漏가 재촉하고 금계金鷄가 여러 번 울었다고 말해도 흥을 멈추지 않았다.[18] 심지어 술에 잔뜩 취하여 미인의 부축을 받다가 비취가 떨어지고 비녀를 잃어버리는 일도 헤아릴 수 없을 정도로 많았다. 열엿새 밤에 등을 거두면 무대도

15 淸河坊은 항주 중심부에 있던 번화가 구역이다. 장 검열 찻집은 가장 유명한 찻집으로, 『夢粱錄』 卷13, 卷16 등에 보인다. 檢閱은 도서 등을 검열하는 직책인데, 蔣氏 집안에 檢閱 벼슬을 지낸 사람이 있었을 수도 있겠다.

16 新開門은 杭州城 동쪽에 있었고, 牛羊司는 황제의 음식 및 祭需를 공급한 관서이다. 苑使는 御苑에서 근무한 武官인 宮苑使의 약칭이다.

17 모두 귀족과 부잣집 자제들을 말한다. 五陵은 본래 다섯 황제의 陵墓가 있는 곳인 長安을 뜻하였고, 이후 五陵의 자제는 도성의 부잣집 아들을 가리키게 되었다.

18 屋漏는 물시계, 金鷄는 새벽닭을 말한다. 새벽이 되도록 돌아다니며 놀기를 멈추지 않았다는 뜻이다.

흩어졌다.[19]

첫 단락은 『동경몽화록』의 기록과 비슷하고, 두 번째 단락은 거리에서 공연한 여러 무대舞隊들에 대한 설명이 상세하다. 청음은 청음淸音 또는 청악淸樂을 위주로 한 무대였고, 알운사는 강창류 종목인 '창잠唱賺'으로 유명한 무대였으며, 도도포로는 칼을 놀리는 우스개 노인이 중심이 된 무대였고, 척등포로는 등차기 묘기를 하는 우스개 노인이 있는 무대였을 것이다. 또 우스개나 과장 연기를 뜻하는 '교喬'자가 붙은 무대도 여럿 보인다. 초추가아나 사녀저가는 각각 떡장수를 흉내내는 연기와 남녀가 주고받는 방아타령을 하는 무대였을 것이고, 촌전악이나 신귀는 시골 음악과 귀신 연기를 하는 무대였을 것이다. 한룡선은 배 모양을 만들어서 허리에 끼우고 춤을 추여 연기하는 오늘날의 포한선跑旱船과 비슷했을 것이고, 타상사는 낙타나 코끼리 같은 이국적인 동물의 모양을 만들어서 연기하는 종류가 아니었을까 한다. 구체적으로 알기 어려운 무대도 있지만, 어떻든 여러 무대들이 정월 대보름의 거리에서 사람들을 즐겁게 해주었을 것임은 분명하다. 이러한 여러 '무대'들을 보면 이들은 단순한 무용단이라기보다는 여러 종류의 춤이나 기예를 선보이는 공연단으로 보아도 좋지 않을까 한다. 세 번째 단락에서는 귀족 집의 가악 소년들의 음악 연주가 큰 인기를 얻었음을 말하고 있고, 찻집이나 주고 같은 상가에 매달아 놓은 화려한 등불들을 감상하면서 여흥을 즐겼음을 적고 있다. 마지막 단락에서는 직무상 자유롭게 놀지 못하는 반직班直들이 장대에 등을 매달아 아쉬움을 달래는가 하면

19 孟元老 等 著, 『東京夢華錄(外四種)』, 古典文學出版社, 1956, pp.140~141.

부잣집 자제들이 거리를 쏘다니며 방자하게 노는 모습도 보여주고 있다. 바람직하지 못한 장면도 없지 않지만 전체적으로 임안의 정월 대보름 풍경을 세세하게 보여주고 있고 여러 가지 공연의 모습도 소개하고 있어서 흥미롭게 읽을 수 있다.

앞의 제1장에서는 북송 시대에 개봉에서 펼쳐진 정월 대보름 맞이 경축 행사의 장소를 살펴볼 때 명대의 궁정 풍속화「헌종원소행락도권」을 참고하였는데, 여기에서는 그림 속에 묘사된 백희의 모습을 좀 더 자세하게 살펴보기로 한다.

먼저 [그림 7]에서 보는 것처럼 산붕의 아래쪽에서는 한 사람이 탁자 위에 드러누워 발로 장대를 지탱하고 있고 다른 한 사람이 타고 올라가 있는 상간上竿 연기가 펼쳐지고 있다. 이어서 산붕의 왼쪽에는 [그림 8]와 같이 한 사람이 탁자 위에 누워서 발로 수레바퀴를 받쳐 들고 그 위에 어린아이가 올라서서 피리를 불고 있는 모습을 연출하고 있다. 그리고 그 아래에는 [그림 9]과 같이 상체를 드러낸 사람들이 있는데, 한 사

[그림 7] 산붕 아래의 백희

[그림 8] 산붕 주위의 백희

[그림 9] 산붕 주위의 백희

람은 탁자 위에 놓여 있는 둥근 테를 뛰어넘으려고 하고 있고, 한 사람은 탁자 위에 드러누운 사람이 발로 차 올려 허공에 떠 있으며, 다른 사람들은 물구나무를 서거나 바닥에 엎드려 있는 등 제각기 묘기를 펼치고 있다. 이 그림은 민간의 민속을 모방한 궁성의 민속 행사를 그렸으므로 궁성에서 황제와 신하들만이 산붕 앞에서 펼쳐지는 백희를 구경하고 있지만, 궁성 밖에서 벌어진 정월 대보름 행사에서는 더욱 많은 사람들이 다양한 백희와 연극 등을 감상하고 즐기면서 명절의 의미를 함께 했을 것이다.

남송 때 도성의 명절 공연 활동에 대한 기록은 치수治水의 신인 사산대제祠山大帝의 생일에 올린 제사 활동을 기록한 『몽량록』「팔일사산성탄八日祠山聖誕(초파일 사산 성탄일)」에도 보인다. 다음을 보자.

이월 초파일 전당문 밖 사산대제 제사 때의 공연 모습
오자목, 『몽량록』 권1 「팔일사산성탄」

이월 초파일에는 전당문錢塘門[20] 밖 곽산로霍山路에 있는 사산정우성렬소덕창복숭인진군祠山正祐聖烈昭德昌福崇仁眞君의 11일 탄신일을 경축하였다. 그 조묘祖廟는 광덕군廣德軍[21]에 있는 사액賜額 사당 광혜묘廣惠廟이다. [남조] 양梁나라에서 우리 송조宋朝에 이르기까지 혈식血食(제사음식)을 올린 지 이미 천삼백여 년이나 되었는데, 나라에서 기원하는 것이나 사민士民들이 고하는 것에 바로 응답하였다.

이날은 도성 안팎에서 사당에 와서 바치는 물품이 무척 많았다. 가장 대단한 것은 부제府第와 내관內官이 바친 마사馬社였는데, 그 의장

20 杭州城 서북쪽에 있던 문으로, 西湖에서 가까웠다.

21 杭州의 북쪽에 있었던 행정구역이다.

이 단정하고 차림새가 화려하였다. 또 칠보행七寶行이 있어서 탁자 몇 개에 진기한 보물과 구슬과 작게 만든 전각들을 늘어놓았는데 모두 정교하였다. 각 후원작後苑作[22]에서는 똬리 튼 용과 날아오르는 봉황, 그리고 세밀하게 꾸민 신발과 여러 색깔의 모자들을 바쳤는데 물품들이 속되지 않았다. [이들은] 각각 채기綵旗, 고취鼓吹, 기악妓樂, 무대舞隊 등의 사社를 앞세우고, 기이한 꽃과 과일, 진귀한 날짐승과 수산물, 정교한 면작面作(탈?), 여러 가지 놋쇠 등을 가져왔는데, 거가車駕가 [이들을] 맞이하여 이끌면 노래를 부르고 외치는 소리가 경사(개봉)의 옛 모습과 비슷했다. 이날의 풍류와 풍모는 다른 곳에는 없는 것이었으니, 대각臺閣들이 높이 솟은 곳에서 신귀神鬼의 위용이 노대露臺 위에 드러났고, 아침부터 저녁까지 구경꾼들이 모여들었다. 열하루 날에는 사당 안에 [임안부] 아전악과 [수내사] 교악소教樂所의 인원이 각 악부樂部를 이끌고 전각에 가서 작악하여 바쳤다. 대관大官에게 명하여 음식과 과일을 스물네 잔盞 안배하고 각 잔마다 기예를 바치게 하였다. 수신守臣(항주지부杭州知府)은 좌관佐官(부副지부)에게 대리 배례하게 하였다.

초파일에는 서호西湖의 배들이 모두 손님을 태우니, 소제蘇堤의 유람객들이 마치 개미처럼 왔다갔다하였다. 그날 용주龍舟 여섯 척이 호수 한가운데에서 작희作戲하였다. 용주에는 모두 십태위十太尉, 칠성七聖, 이랑신二郎神, 신귀神鬼, 쾌행快行, 금체낭자錦體浪子, 황반黃胖 등을 싣고,[23] 선명한 색의 깃발과 꽃바구니, 요간鬧竿,[24] 고취鼓吹 등도 함께 실었다. 나머지는 모두 커다란 꽃을 꽂고 권각捲脚 모자를 쓰고 붉은

22 황제 직속의 수공예품 제작 부서이다.

23 十太尉는 武士 열 명, 七聖은 聖人 일곱 명, 二郎神은 수해를 다스리는 神, 快行은 궁중의 급한 명령을 빨리 전달하는 일을 한 하급 관리, 錦體浪子는 문신을 한 사내, 黃胖은 노란색 흙 인형을 뜻하는데, 모두 그렇게 분장한 배우들을 가리키는 듯하다.

24 장대에 여러 가지 완구들을 매단 물건이다.

색 녹색 희삼戲衫을 입고 노를 잡고 배를 몰아 물에서 놀았다.

수수帥守(주장主將)는 성을 나와 일청당一淸堂[25]에서 [용주 경기를] 지휘하였다. 용주들은 모두 지주知州와 지부知府에게 예를 올리고 호수 가운데에 표간標竿을 세우게 하고 그곳에 금채錦綵(비단), 은완銀椀(은그릇), 관저官楮(지폐) 등을 걸어 놓고 용주들 중 가장 빠른 배에게 호궤犒饋[26]의 포상을 내렸다. [그다음에] 절급 한 명이 노란색 적삼을 걸치고 청색 두건을 두르고 커다란 꽃을 들고 공작 꼬리를 꽂고 작은 배에 타고 호당湖堂(일청당)에 도착하여 절장節杖(지휘용 봉)을 눕혀 들고 소리를 내어 인사하고 지휘를 받아 돌아와서 용선을 향해 작은 채색 깃발을 휘둘러 신호를 하였다. 용주들은 모두 징을 울리고 북을 치며 두 갈래로 나뉘어 노를 저어 빙빙 돌다가 멀리 줄을 지어 행렬을 이루었고, [절급이] 다시 작은 채색 깃발을 휘둘러 끌어들이면 용주들이 함께 들어오기를 두 차례 하였다. 다시 깃발로 신호를 하면 용주들은 멀리 줄을 지어 행렬을 이루었고, 먼저 들어오는 배가 표간을 차지한 상을 받고 소리를 내어 인사를 하고 물러갔다. 나머지 배들에게는 돈과 술을 주어 위로하였다.

서호와 산에서 노니는 사람들은 저녁이 되어도 끊어지지 않았다. 대저 항주의 승경은 모두 서호에 있으니 다른 지방에는 이와 같은 곳이 없었다. 게다가 봄 경치가 아름답고 꽃들이 만발하니 공자나 왕손, 오릉의 자제들이 즐길 만한 이때를 어찌 놓쳤겠는가? 가난한 이들도 전당을 잡히고 빚을 내어 처자식을 이끌고 종일토록 즐기면서 취할 때까지 돌아가지 않았다. 이곳의 풍속은 옛날부터 있었는데 지금까지도 변함이 없다.[27]

사산대제는 강소, 절강, 안휘의 광범위한 지역에서 숭배된 치수의

25 杭州城의 서쪽에 있어서 西湖와 가까운 豊豫門 앞에 있었다.

26 음식을 주어 군사를 위로하는 것이다.

27 孟元老 等 著, 『東京夢華錄(外四種)』, 古典文學出版社, 1956, pp.144~145.

신으로 오늘날에도 이 신령을 모시는 제사 활동이 여러 곳에서 전승되고 있다. 위에서는 사산대제의 생일인 이월 열하룻날을 앞두고 초파일에는 부자, 내관, 그리고 궁중 부서에서 여러 가지 귀중한 물건들을 사당에 바쳤고, 이들이 데리고 온 고취, 기악, 무대 등이 노대에 올라 공연을 펼쳐 모여든 사람들을 즐겁게 해 주었으며, 생일 당일에는 임안부 아전악과 수내사 교악소에서 보내온 사람들이 24잔의 긴 절차로 이루어진 의례를 행하면서 공연을 펼쳤음이 설명되어 있다. 또한 초파일에 서호西湖에서 벌어진 용주들의 쟁표爭標 경주의 모습에 대해서도 자세하게 적었는데, 북송 시대에 금명지金明池에서 벌어졌던 경기를 이어받은 것이라고 하겠다.

북송 시대 금명지에서의 쟁표 경주는 3월 20일을 전후하여 열렸는데, 정월대보름을 보낸 뒤에 황제와 백성이 함께 즐긴 이날에는 쟁표 경주와 함께 보진루寶津樓의 남쪽에서 펼쳐지는 백희 공연을 구경하기도 하였다. 보진루는 금명지의 남쪽에 있던 7층 높이 누각으로, 남쪽에 있던 어원御苑인 경림원瓊林苑과 마주 보고 있었는데, 외성外城의 순천문順天門을 나가 서쪽으로 가면 있었다. 이곳은 원나라 때 폐쇄되었다가 지금은 복원되어 있다. 금명지 내의 건물과 배치 그리고 이곳에서 펼쳐진 쟁표 경주와 각종 공연의 모습에 대해서는 『동경몽화록』에 상세한 설명이 보인다. 먼저 매년 3월 초하루에 개장한 금명지에 황제가 3월 20일 경에 행차하여 관람한 쟁표 경기의 모습을 적은 「가행임수전관쟁표석연駕幸臨水殿觀爭標錫宴(천자께서 임수전에 행차하여 쟁표를 관람하고 연회를 내리시다)」 대목을 보자.

3월 20일 개봉 금명지의 쟁표 경주와 백희 공연
맹원로, 『동경몽화록』 권7 「가행임수전관쟁표석연」

천자께서는 먼저 금명지의 임수전에 행차하셔서 여러 대신들에게 연회를 내리셨다. 임수전 앞에는 수붕水棚이 세워졌고 의장儀仗과 위사衛士들이 도열했다. 임수전에 가까운 물에는 채주彩舟 네 척이 가로로 늘어서 있었는데, 그 위에서 각 군軍의 백희—이를테면 대기大旗, 사표獅豹, 도도棹刀, 만패蠻牌, 신귀神鬼, 잡극雜劇 등—들이 펼쳐졌다. 또 다른 배 두 척이 늘어서 있었는데 여기에는 모두 악부樂部가 타고 있었다. 또 작은 배 한 척이 있었는데, 위에 작은 채루彩樓를 엮고 아래에는 작은 문 세 개가 있었다. [채루는] 괴뢰를 하는 붕棚 같았고 [세 문은] 바로 물속으로 향해 있었다.

악선樂船 위에서 참군색參軍色이 치어致語를 바치고 풍악이 시작되면 [작은 배의] 채붕의 가운데 문이 열리고 작은 목우木偶들이 [배를 타고] 나왔다. [목우의 장면은 이러했다.] 작은 배에 흰옷을 입은 낚시꾼이 있고, 그 뒤에서 동자가 노를 들어 배를 저으며 몇 차례를 돌았는데, 그때 치어를 읊고 풍악이 울리면 작은 물고기 한 마리가 낚여 올라왔다. 다시 풍악이 울리면 작은 배는 채붕 안으로 들어갔다. 뒤이어 목우가 축구築球나 무선舞旋 같은 것들을 했는데, 역시 각각 치어를 읊고 창화唱和를 한 뒤에 풍악을 울렸다. 이를 '수괴뢰水傀儡'라고 하였다. 또 화선畵船(화려하게 장식한 배) 두 척이 있어 배 위에 그네가 가설되어 있었다. 선미船尾에서 기예인이 상간上竿(장대오르기)를 하면, 좌군과 우군의 우후虞候, 도감都監, 교두敎頭들이 북과 피리를 연주하며 호응하였다. 다른 한 사람이 그네를 타다가 가로대 높이까지 올라갔을 때 재주를 넘으며 몸을 던져 입수하였는데 이를 '수추천水秋千'이라고 하였다. 수희水戱가 끝나면 백희 채주와 악선들이 각기 징과 북을 울리며 풍악을 울리고 깃발을 흔들며 수괴뢰 배와 함께 두 갈래로 나뉘어 물러갔다.

소룡선小龍船이 스무 척 있었는데, 그 위에는 붉은색 옷을 입은 군사들이 각각 50여 명씩 타고 깃발, 북, 징을 실었다. 뱃머리에서는 군교軍校 한 사람이 깃발을 흔들며 이끌었는데, 이 사람은 호익지휘虎翼指揮(수군水軍 부대)의 장교였다. 또한 호두선虎頭船이 열 척 있어서, 배 위에는 비단옷을 입은 사람 하나가 작은 깃발을 손에 들고 뱃머리에 서 있고, 나머지는 모두 청색 짧은 옷에 폭이 넓은 두건을 쓰고 일제히 노를 저었는데 이들은 바로 퇴직한 민간 예인들이었다. 또 비어선飛魚船도 두 척이 있었는데, 채색이 화려하고 금빛도 칠해져 있어서 정말이지 아름다웠다. 배에는 여러 색깔로 된 희삼戲衫을 입은 사람이 50명이 넘게 있었고, 사이사이에 여러 색의 작은 깃발과 붉은색 일산日傘이 늘어서 있었다. 좌우에서는 춤을 추고 징, 북, 동발, 방울 등을 울렸다. 또 추어선鰍魚船이 두 척 있었는데, 각각 한 사람씩만 타서 노를 저을 수 있었다. 이 배는 통나무 하나를 파서 만든 배로, 모두 화석花石을 진상할 때 주면朱勔(1075~1126)이 함께 진상한 것이었다.[28]

작은 배들은 다투어 오옥奧屋으로 가서 대룡선大龍船을 예인하여 임수전 앞으로 끌고 갔다. 소룡선들은 다투어 춤추듯 돌면서 앞에서 길을 이끌었고, 호두선은 밧줄을 묶어 큰 용선을 끌었다. 대룡선은 길이가 30~40길(100~130미터), 너비는 3~4길(10~13미터) 정도이고, [용의] 머리와 꼬리, 그리고 비늘과 갈기털을 조각하여 황금색으로 장식하였고 다만 갑판은 모두 광택을 입히지 않았다. 양쪽에는 작은 방 열 칸을 만들어 비빈妃嬪들이 쉴 수 있게 했다. [갑판의] 중앙에는 어좌와 물에서 올라오는 용이 그려진 병풍을 두었다. 갑판부터 밑바닥까지는 몇 자 정도 되었고, 밑바닥에는 탁자만한 크기의 은전 모양 쇳덩어리들을 빽빽하게 늘어놓아 무게를 늘려 배가 쉽게 기울어지지 않게 하였다. 배 위의 층루層樓와 대관臺觀에는 난간이 둘러져 있는

28 花石은 기이한 화초와 커다란 수석을 말한다. 朱勔은 花石을 모아 궁중에 바쳐 황제의 총애를 받았지만 花石 운반을 위해 교량을 훼손하고 성벽을 뚫고 수문을 부수는 일을 20년 이상 자행하면서 백성들의 원성을 산 사람이다.

곳이 있었고 그곳에 어좌가 있었다.

용머리 위에 있는 사람이 깃발을 휘두르면 좌우의 수붕에 늘어서 있던 상앗대 여섯 개가 마치 날아오르듯 움직였다. 배(대룡선)가 임수전에 이르면 한쪽에 대었다. 임수전에서 선교까지는 미리 붉은 깃발들을 수중에 꽂아두어 거리를 표시했다. 소룡선들은 임수전 앞에서 동서로 향했고, 호두선과 비어선은 그 뒤에서 두 진영의 형세를 이루었다. 조금 뒤 임수전 앞의 수붕에서 군교 한 사람이 붉은 깃발을 휘둘러 신호를 하면, 소룡선들이 각각 징과 북을 울리며 나와서 노를 저으며 돌면서 원 모양을 이루었는데, 이를 '선라旋羅'라고 하였다. 임수전 앞에서 다시 깃발로 신호를 하면 배들이 둘로 나뉘어 각각 원 모양을 이루었는데, 이것은 '해안海眼'이라고 했다. 다시 깃발로 신호를 하면 두 무리의 배들이 서로 교차하여 지나갔는데, 이것을 '교두交頭'라고 했다. 다시 깃발을 휘두르면 각 배들이 모두 수심오전水心五殿의 동서에 늘어서서 임수전을 바라보고 행렬을 맞추었고, 이때 작은 배에서 군교 한 사람이 채색 비단과 은그릇 등이 걸려 있는 장대—이를 '표간標竿'이라고 했다—를 들고 나와서 임수전에 가까운 물에 꽂았다. 다시 깃발을 휘두르면 배들이 두 줄을 이루어 북을 울리면서 전진하였는데, 빨리 나아간 배가 표간을 획득하면 [가수와 기예인들이] '만세, 만세, 만만세!'를 외치고 절을 하고 춤을 추었다. 그리고 나서 호두선과 비어선도 합류하여 각각 세 차례씩 표간 획득 경주를 하고 마쳤다. [그 뒤] 작은 배들이 다시 대룡선을 예인하여 오옥 안으로 들여보냈다.[29]

3월 20일 금명지에서의 쟁표 경주는 수군의 춘계 훈련이자 황제와 백성들이 함께 즐길 수 있었던 큰 구경거리였다고 하겠다. 물론 이날에는 본 목적인 쟁표 경주 말고도 많은 공연과 놀이도 펼쳐졌다. 전체 내

29 孟元老 等 著, 『東京夢華錄(外四種)』, 古典文學出版社, 1956, pp.40~42.

용을 다시 정리해보자. 먼저 임수전 앞에는 백희 공연단을 실은 채주 4척과 악부樂部(악단)를 태운 악선 2척, 괴뢰희 채붕이 있는 작은 배 1척, 그리고 화선 2척 등이 있었다. 채붕이 있는 배에서 목우木偶 꼭두각시들이 작은 배를 타고 나와 낚시를 하는 연기가 펼쳐졌고, 이어서 다시 꼭두각시들이 나와 축구, 무선 등을 선보였다. 이들 '수괴뢰'와 함께 화선에서는 장대오르기와 그네를 타고 물에 묘기 동작으로 몸을 던져 빠지는 '수추천' 기예가 펼쳐졌다. 이어서 이날의 본 행사인 쟁표 경주가 펼쳐졌는데, 먼저 임수전 쪽에 있던 소룡선 20척, 호두선 10척, 비어선 2척, 추어선 2척 등이 오옥으로 가서 대룡선을 예인하여 임수전 앞으로 돌아온 다음, 소룡선들이 깃발 신호에 따라 원 모양을 만들거나 교차하여 지나가는 등의 묘기를 펼쳐 보였고, 다시 깃발 신호에 따라 전속력으로 배를 저어 임수전 가까이에 꽂혀 있는 채색 비단과 은그릇이 달려 있는 표간을 빼앗는 경주를 하였고, 다시 호두선과 비어선들도 합류하여 쟁표 경주를 세 차례 진행하였다. 전체적으로 임수전 가까운 곳에서 괴뢰를 비롯한 여러 가지 기예를 벌이면서 흥을 돋우고 나서, 대룡선을 끌고 나와 황제가 그 위에 오른 뒤에 작은 배들이 표간 빼앗기 경주를 벌인 것이었다. 이 대규모 행사를 황제나 귀족들뿐 아니라 보통 백성들도 와서 관람할 수 있도록 하였으니 황제는 '여민동락與民同樂'이라는 치세의 대의를 밝혔고, 백성들도 평소에 접하기 어려운 화려한 향연을 구경하며 봄날을 즐길 수 있었던 것이다.

금명지 내 건물들의 배치에 대해서는『동경몽화록』의 윗글의 앞부분에도 자세한 설명이 있지만, 이곳에서의 쟁표 경주를 그린 회화 자료를 통해서도 잘 알 수 있다. 바로 북송 말 남송 초의 유명한 풍속화가인

장택단張擇端(1085~1145)의 이름이 적혀 있는 「금명지쟁표도金明池爭標圖」, 원대의 「용주탈표도龍舟奪標圖」와 「용지경도도龍池競渡圖」 등이 그것이다. 여기에서는 「금명지쟁표도」를 기준으로 하고 『동경몽화록』의 기록을 참고하여 설명하기로 한다.[30] 또 이해를 돕기 위해 「용주탈표도」와 「용지경도도」도 함께 살펴본다.

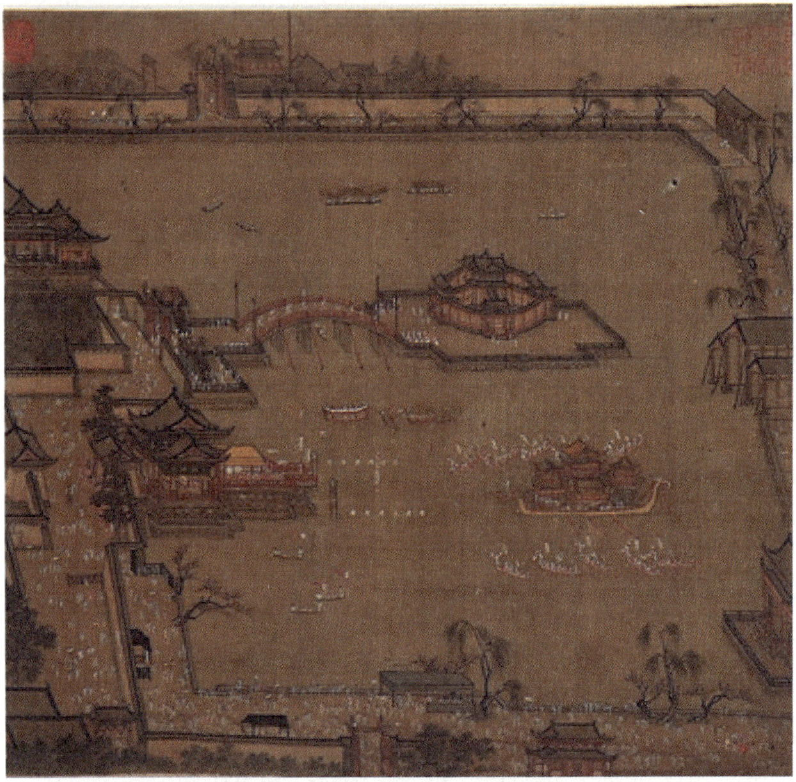

[그림 10] 남송 「금명지쟁표도」. 비단 채색화, 28.5 × 28.6cm, 천진 예술박물관 소장.

30 「金明池爭標圖」는 傅熹年 主編, 『中國美術全集』 繪畵編 4 南宋繪畵 下, 文物出版社, 1988, p.175에 수록되어 있다. 지금 전해지는 「金明池爭標圖」는 張擇端의 작품이 아니고 南宋 궁정화가가 張擇端의 원작(失傳)을 모사한 것이라는 주장이 많다. 余輝, 「尋找張擇端『西湖爭標圖』的蹤影」, 『文明』 2017年 第11期, pp.52~69 참고. 문헌 기록 부분은 孟元老 等 著, 『東京夢華錄(外四種)』, 古典文學出版社, 1956, p.40 참고.

앞의 [그림 10]이 「금명지쟁표도」이다. 이 그림은 동쪽에서 서쪽을 바라보고 그린 것이므로, 왼쪽이 남쪽이고 오른쪽이 북쪽이 된다. 우선 중앙에 있는 둥근 건물이 수심오전水心五殿으로, 안의 건물에 용상龍床이 있고 회랑에는 관박을 위한 돈과 음식이 있고 좌우에는 기예인들의 공연 장소가 있었다. 수심전의 왼쪽에는 무지개다리인 선교仙僑가 있고 선교를 건너면 영성문欞星門과 문 양옆으로 채루彩樓가 마주 서 있다. 쟁표가 펼쳐질 때 채루 위에서는 기녀들이 늘어서서 가무를 하였다. 영성문의 왼쪽에는 높고 큰 누각인 보진루寶津樓가 있다. 황제가 여기에 올라 금명지의 동쪽 마당(그림에서는 아래쪽)에서 바치는 백희를 관람하였는데, 이에 대해서는 뒤에 자세히 살펴보기로 한다. 보진루의 아래쪽 약간 오른편에는 황제가 쟁표를 관람하고 연회를 베푼 임수전臨水殿이 보인다. 임수전 앞에는 채붕彩棚이 있고, 그 앞의 물에는 흰색 깃발들이 여섯 개씩 두 줄로 꽂혀 있어서 물길을 표시하고 있다. 깃발과 선교 사이에 있는 배들 중 왼쪽은 '수괴뢰'를 하는 채붕이 있는 배이고, 오른쪽은 '수추천'을 하는 배로 보인다. 그림의 아래쪽인 금명지 동안의 물가 쪽에도 채붕이 있어서 사람들은 돈을 내고 이곳에서 쟁표를 더 잘 구경할 수 있었다. 또 그림 아래쪽의 담장 너머에는 술집, 음식점, 도박장, 공연장, 전당포 등이 있었다고 한다. 그리고 수심전의 아래쪽에는 왼쪽으로 향하고 있는 대룡선大龍船과 그 주위의 작은 배들이 보이고, 그 오른쪽에는 대룡선의 정박장인 지붕 세 개가 이어져 있는 오옥奧屋이 보인다.

원대의 「용주탈표도」와 「용지경도도」에도 이곳의 모습이 비슷한 방식으로 그려져 있다. 다만 「금명지쟁표도」가 정방형에 가까운 형태임에 비해 이 두 그림은 가로가 긴 두루마리 형태이고 큰 화폭에 자세한 묘사가 들어있다. 보진루, 임수전, 선교, 수심오전, 그리고 대룡선과 오옥 등의 중요한 대상들이 모두 그려져 있다.[31]

[그림 11] 원대 「용주탈표도」. 종이 필묵화. 25.0 × 114.6cm, 북경 고궁박물원 소장.

[그림 12] 원대 「용지경도도」. 비단 필묵화. 30.2 × 243.8cm, 대북 고궁박물원 소장.

이들 원대 그림에는 『동경몽화록』에 묘사된 사람들과 배들의 위치와 모습, 그리고 연희를 벌이는 모습이 더욱 잘 나타나 있다. 이를테면 「용주탈표도」에서는 주요 건물들이나 배들이 「금명지쟁표도」와 거의 유사한 구도이면서도 더욱 뚜렷하게 그려져 있다. 이에 비해 「용지경도도」는 임수전이 보이지 않고 수심오전도 앞의 두 그림 과는 다른 형태로 그려져 있으나, 보진루 앞에 신하들이 자리잡은 모습이 매우 상세하고 소룡선들도 매우 정교하게 그려져 있다. 또한 두 그림 모두 배에서 그네를 타다가 물로 뛰어드는 '수추천'의 모습이 잘 그려져 있다.

쟁표 경주의 관람을 마친 뒤에 황제는 금명지의 남쪽에 있는 보진루에 올라 각 군에서 바친 갖가지 백희 기예를 백성들과 함께 관람하였다. 『동경몽화록』 「가등보진루제군정백희駕登寶津樓諸軍呈百戲(천자께서

31 다만 「용지경도도」에는 임수전이 그려져 있지 있고, 수심오전도 다른 두 그림과는 다른 모습으로 그려져 있다.

[그림 13] 「용주탈표도」 일부. 보진루, 임수전, 선교. 선교 위쪽의 배에서는 수추천을 하는 모습이 보인다.

[그림 14] 「용지경도도」의 일부. 보진루가 웅장하고 아래쪽에 신하들이 도열한 모습이 정연하다.

[그림 15] 「용지경도도」의 일부. 왼쪽 아래에 수추천의 모습이 보인다.

보진루에 오르시고 각 군에서 백희를 바치다)」를 보자.

3월 20일 보진루 앞의 백희 공연
맹원로, 『동경몽화록』 권7 「가등보진루제군정백희」

천자께서 보진루에 오르시면 각 군은 누각 아래에서 백희를 바쳤다. 먼저 고수鼓手 수십 명이 줄을 지어 서고, 한 사람이 쌍고雙鼓를 흔들면서 앞으로 나와 치어를 올렸는데, '푸른 봄 삼월이라'로 시작되는 【맥산계驀山溪】 같은 노래를 많이 불렀다.

노래를 마치면 북과 피리가 연주되었고, 붉은 두건을 쓴 사람이 큰 깃발을 흔들며 들어오고, **사자와 표범** [분장을 한 사람들]이 이어 등장하였다. 이들은 앉았다 일어섰다 나왔다 들어갔다 하는 동작이 힘

차고 빨랐다.

춤이 끝나면 다음으로 붉은 두건을 쓴 사람이 손에 흰 깃발 두 개를 들고 높이 뛰어오르고 빙빙 돌면서 춤을 추었는데, 이것을 **박기자**撲旗子[32]라고 하였다. [그 뒤에] **상간**上竿(장대오르기), **근두**筋斗(재주넘기) 등이 끝나면 악대가 【금가농령琴家弄令】곡을 연주하였다.

[이어] 화려하게 차려입은 튼튼하게 생긴 병사 백여 명이 날랜 동작으로 깃발을 들고 앞으로 나와 줄지어 서서 각각 치미雉尾(꿩의 꽁지깃) 장식의 만패蠻牌와 목도木刀를 손에 들고, 열을 이루어 절을 올리고 춤을 추다가 돌아가며 개문開門, 탈교奪橋의 진법을 펼친 뒤에 이어 언월偃月의 진법을 펼쳐 보였다. 이어 악대가 다시 【만패령蠻牌令】곡을 연주하면 두 사람이 나와 마주 보고 춤을 추었는데, 모습이 마치 치고 찌르는 듯하여, 한 사람이 강하게 치면 다른 사람이 쓰러지는 연기를 하였다. 이런 춤을 다섯 차례에서 일곱 차례 정도를 연이어 추었는데, 창과 방패의 춤이거나 검과 방패의 춤 등이었다. [이때] 갑자기 벼락이 치는 소리—이를 '폭장爆仗'이라고 했다—가 나면 **만패** 연기를 하는 사람들이 퇴장하였다.

[뒤이어] 연기와 불꽃이 크게 일어났는데, 이는 가면을 쓰고 머리를 풀어헤친 사람이 입에서 이리처럼 연기와 불꽃을 내뿜으며 귀신같은 모습으로 등장한 것이었다. 이들은 청색 바탕에 황금색 꽃이 그려진 등 짧은 윗옷과 금박을 입힌 검은 바지를 입고 맨발에 큰 징을 몸에 안아 들고서 나왔다 물러갔다 하면서 춤을 추었는데, 이를 **포라**抱鑼라고 하였다. 이들은 무대를 몇 바퀴 돌다가 땅바닥을 향해 불꽃을 내뿜기도 하였다.

다시 폭장이 한 번 울리면 악대는 【배신월만拜新月慢】 곡을 연주하였다. 이때 얼굴에는 녹청碌青[33]을 바르고, 눈동자가 황금색인 가면을

32 '깃발을 휘두르다'로 해석할 수 있다.

33 청색 광물로, 염료로 쓰인다.

쓰고, 표범 가죽이나 비단으로 만든 간대看帶[34]를 두른 이들이 나왔는데—이를 **경귀**硬鬼라고 했다—, 어떤 이는 칼과 도끼, 어떤 이는 방망이 등을 들고 걷다 서다 하며 [무언가를] 쫓아가 붙잡거나 보고 듣는 시늉을 하였다.

다시 폭장이 한 번 울리면 긴 수염이 난 가면을 쓰고 전과展裹(요금遼金의 관복)과 녹포綠袍(하급 관복)를 입고 가죽신을 신고 홀笏을 든 모습이 마치 종규鍾馗[35]를 닮은 이가 등장하고 그 옆에서 한 사람이 작은 징을 치며 행차를 알리고 춤추며 걸어서 등장했는데, 이를 **무판**舞判이라고 하였다.

이들의 뒤를 이어 여윈 몸에 온통 [흰] 분을 바르고 황금 눈에 흰 얼굴을 한 해골 같은 모습의 사람이 두세 명 등장하여 비단 위두圍肚(복대)와 간대를 두르고 손으로 낭창거리는 지팡이를 짚고 각자 익살스럽게 우스개 동작을 하는 것이 마치 희戲를 하는 것 같았는데, 이를 **아잡극**啞雜劇이라고 했다.

다시 폭장이 울리면 연기와 불꽃이 솟아올라 사람들 얼굴을 알아볼 수 없었다. 그 속에서 일곱 사람이 나왔는데 모두 머리를 풀어헤치고 푸른 사紗로 만든 등 짧은 윗옷을 입고 비단 위두와 간대를 둘렀다. 그 가운데 한 명은 황금색 꽃을 꽂은 작은 모자를 쓰고 흰 깃발을 들고 있었고, 나머지 [여섯 명은] 모두 두건을 쓰고 진짜 칼을 들고 서로 싸우며 치고 찌르고 하면서 얼굴을 깨고 가슴을 가르는 모습을 연출했는데, 이를 **칠성도**七聖刀라고 하였다.

다시 갑자기 폭장이 울리고 연기와 불꽃이 일어났다가 흩어지면 청색 장막이 드리워져 있고 그 앞에 수십 명이 늘어서 있는 모습이 나타났는데, 모두들 가면을 쓰고 기이한 복장을 한 것이 마치 사당 안의 신령 같은 모습이었다. 이를 **헐장**歇帳이라고 하였다. [그리고] 다시 폭

34 눈 부분에 구멍을 뚫고 둘러 맨 띠가 아닐까 한다.

35 疫鬼를 쫓아낸다는 전설 속의 인물이다.

장이 울리면 모두 퇴장하였다.

이어 작은 징이 한 차례 울리면 백여 명이 몰려나왔다. 어떤 이는 두건을 두르고 어떤 이는 상투를 두 개 틀었는데, 각자 잡다한 색깔의 반팔 옷을 입고 위두와 간대를 차고 황백黃白색 분으로 얼굴을 칠하였다—이를 말창抹蹌이라고 했다—. 이들은 각기 목도木刀를 한 자루씩 들고 줄을 맞추어 서서, 징 치는 사람이 신호를 하면 모두 천자께 절을 올리고 춤을 춘 다음, 함성을 지르면서 진법을 몇 차례 바꾸다가 '一一'자 모양의 진을 만들었다. 두 사람씩 진에서 나와 서로 싸우면서 칼을 빼앗아 치고 찌르는 여러 가지 동작을 하였다. 그러다가 한 사람이 칼을 땅에 버리고 몸을 던졌다가 땅을 등지고 소리를 질렀는데, 이를 반락扳落이라고 했다. 이와 같이 수십 쌍이 싸움을 하고 마쳤다.

[이다음에] 다시 시골 사내로 분장한 사람 한 명이 입장하여 염송念誦을 하였고, 그 뒤에 시골 아낙으로 분장한 사람 한 명이 입장하여 시골 사내와 함께 각기 막대기를 들고 서로 치고받고 하면서 싸우는 모습을 연출했다. 시골 사내가 몽둥이로 아낙을 받쳐 업고 퇴장하면 끝났다.

그 뒤에 음악이 연주되고 각 군이 연합하여 **잡극**을 한 단락 하고, 이어서 노대 제자露臺弟子들이 **잡극**을 한 단락 하였는데, 이때 제자 소주아蕭住兒, 정도새丁都賽, 설자대薛子大, 설자소薛子小, 양총석楊總惜, 최상수崔上壽 등이 있었고, 그 아래의 후배들은 손꼽을 만한 사람이 적었다.

[잡극의] 노래와 춤이 모두 끝나면, 각 반직의 상입지후常入祗候(내궁당직관)의 자제들이 **마기**馬騎(말타기 기예)를 바쳤다. 먼저 한 사람이 빈손으로 말을 타고 나왔는데, 이를 인마引馬라고 하였다. 이어 한 사람이 깃발을 휘두르며 말을 타고 나왔는데, 이것은 개도기開道旗(길트기 깃발)라고 하였다. 또 이어서 [한 사람이] 말 위에서 붉은 실로 수를 놓은 공을 안고 [나와서] 붉은 비단 줄로 공을 묶은 다음 그것을

땅에 던지면, 몇 사람이 말을 타고 나와서 그것을 쫓아가며 활을 쏘았는데—왼쪽에서 쏘는 것을 앙수사仰手射, 오른쪽에서 쏘는 것을 합수사合手射라고 했다—, 이 기예를 타수구拖繡球(비단공 차지하기)라고 했다. 또 버들가지를 땅에 꽂아두고 몇 사람이 말을 타고 나와 촉이 뭉툭한 화살을 재어 활이나 쇠뇌로 쏘았는데, 이것은 자유지褯柳枝(버들가지 제사)라고 하였다. 또 말을 탄 사람이 작은 깃발 십여 개를 두루 꽂은 바퀴를 등에 지고 나왔는데, 이것은 선풍기旋風旗(깃발 돌리기)라고 하였다. 또 깃발을 들고 안장 위에서 똑바로 서 있는 기예도 있었는데, 이를 입마立馬(말에서 서 있기)라고 하였다. 또 몸을 말 아래로 내렸다가 손으로 안장을 붙잡고 다시 올라가는 기예도 있었는데, 이것은 편마騗馬(말에 올라타기)라고 하였다. 또한 손으로 등자鐙子의 아래쪽 가죽을 붙잡고 몸을 말 뒤쪽의 후추後鞦(후걸이)[36] 쪽에서 올라탔다 내려갔다 하는 기예도 있었는데, 이를 도마跳馬(말에 올라타기)라고 하였다. 또 갑자기 몸을 안장에서 떨어뜨렸다가 오른 다리를 구부려 말갈기 위에 걸고 왼 다리는 계속 등자를 밟고 왼손으로 갈기를 붙잡았는데, 이것은 헌안獻鞍(안장 바치기) 또는 기종배좌棄鬃背坐(말갈기와 안장 버리기)라고 하였다. 또 두 손으로 등자를 잡고 어깨를 안교鞍橋(안장 앞쪽의 튀어나온 부분)에 대고 두발을 들어 올렸는데, 이것을 도립倒立(물구나무 서기)이라고 하였다. 또 갑자기 다리를 땅에 던져 거꾸로 끌려서 말을 따라 가다가 다시 말에 뛰어오르는 것도 있었는데, 이것을 타마拖馬(말에 끌려가기)라고 하였다. 또 왼 다리를 등자에 두고 오른 다리는 등자를 치고, 안장에서 벗어나 몸을 가로눕힌 다음 안장 한쪽에서 오른손으로 안장을 잡고 왼손으로 갈기를 잡은 채 몸을 유지하면서 한쪽 다리를 뻗어 말을 따라 달리는 것도 있었는데, 이를 비선박마飛仙膊馬(신선이 말을 찢어놓다)라고 하였다. 또 몸을 안장의 한쪽에서 둥글게 구부린 채 있는 것을 등리장신鐙裏藏

36 안장에 걸어 말의 궁둥이를 꾸미는 여러 가지 기구를 말한다.

身(등자 안에 몸 숨기기)이라고 하였다. 또 오른팔로 안장을 끼고 발을 땅에 대고 말을 따라 달려가는 것도 있었는데, 이것은 간마趕馬(말 쫓아가기)라고 하였다. 또 어떤 이는 한 발을 등자에서 떼고 몸을 떨구어 후추에 닿게 하고 손을 아래로 뻗어 땅에 대는 기예도 있었는데, 이것은 작진綽塵(먼지 움켜쥐기)이라고 하였다. 또 먼저 말을 달리게 하고 자신은 그것을 따라가서 말꼬리를 잡고 올라타는 기예도 있었는데, 이것을 표자마豹子馬(표범이 말타기)라고 하였다. 또 안장 위에서 몸을 가로 눕히거나 예리한 칼날을 돌리면서 놀리거나 무거운 물건이나 큰 칼 또는 쌍칼 등의 갖가지 기예를 하기도 하였다.

이들 기예가 끝나면 누런 옷을 입은 노병老兵인 황원자黃院子들이 몇 명 나와서 작은 용 깃발을 들고 앞에서 인도하고, 궁녀와 환관 백여 명—이들을 묘법원妙法院이라고 하였다—이 말을 타고 뒤따랐다. 궁녀들은 모두 스무 살 미만의 출중한 미인들이었지만 남자처럼 차려입었으니, 작은 두건을 두르고 각자 갖가지 색깔의 외제 자수 비단으로 만든 좁은 폭 겉옷을 입고, 홍색과 녹색의 조돈弔敦(굽 높은 신발)을 신고 속대束帶(허리띠)를 둘렀고, [말들은] 옥 굴레와 금 재갈을 차고 보석 박힌 등자와 꽃무늬 언치(안장 밑 깔개)를 놓아, 화려한 색이 햇빛에 반짝이고 향기가 퍼져나갔다. [말들이] 달려 누각 앞에 이르러 몇 바퀴를 돌고, 북소리가 가볍게 울리면 역시 말타기 기예를 바쳤다. 그 가운데에서 환관 허전許畋이 무리를 통솔하여 호령을 내려 정렬시켰는데, 북이 일제히 울리자 몸을 던져 말에서 내렸다. 한 손에 활과 화살을 들고 [다른 손으로] 고삐를 쥐고 말에서 내리는 모습이 남자와도 같았다. [이들은] 천자께 절을 올리고 '만세, 만세, 만만세!'를 외치고 나서 다시 북소리가 울리면 말에 올라탔다. 대개 궁궐의 남장 궁녀들은 생활도 남자의 예법에 맞추어 하였다. 이들은 말을 달리고 회전하고 나뉘었다 합쳐지는 진법을 다 보이고 나서 두 진영으로 나누어 두 사람씩 출진하여 좌우에서 말을 부려 등을 펴고 활을 쏘았고, 창이나 몽둥이를 들고 말을 타고 교전하였다. [이들이] 말타기 기예를 모두 바치기를 마치면 퇴장하였다.

다시 풍악이 울리면, 먼저 전각 앞에 비단으로 매듭을 엮어 작은 구문毬門을 세우고 꽃단장한 남자 백여 명이 [나와서], 모두 각자角子(복두의 날개)가 뒤로 향해 굽은 화복두花幞頭(꽃이 그려진 복두)를 쓰고, 절반은 붉은색 비단 오자襖子(겨울용 겉옷)를 입고 나머지 절반은 청색을 입고, 의란義襴과 속대를 하고 비단신을 신고, 각자 화려한 안장과 안장받침을 댄 나귀를 타고, 양쪽으로 나뉘어 섰다. 각 진영에는 주장이 한 명씩 있어서 각 주장이 채색이 화려한 구장毬杖(공을 치는 막대기)을 들고 [공을 쳤는데], 이것을 소타小打라고 하였다. 한쪽의 주장이 구장으로 공을 치는데, 만약 연속으로 공을 치다가 공이 땅에 떨어지면 양쪽이 공을 차지하려고 다투었고 빼앗은 공을 자기 쪽 주장에게 주었다. 왼쪽 진영이 공을 쳐서 구문을 지나 망에 넣으면 이기는데, 오른쪽 진영에서 앞으로 나와 공을 다투면서 망에 들어가지 못하게 하였다. 서로 공을 쫓아다니면서 승부를 가린 뒤에 성은聖恩에 감사드리고 물러났다. 뒤이어 황원자가 궁녀와 환관 백여 명을 이끌고 나와서 소타처럼 [공을 다투되], 다만 구슬과 비취 장식을 더하고 옥대와 붉은 신발을 신고 각자 조랑말을 타고 [공놀이를 하였는데], 이를 대타大打라고 하였다. 사람마다 모두 기마술이 능숙하여 신령처럼 치달리고, 우아한 자태가 나긋나긋하고 아름다운 모습이 여유로워서, 궁궐 밖 사람들은 다만 그림 속에서나 볼 수 있었을 것이다. [이렇게 하여 기예를] 바치는 일이 모두 끝났다.[37]

보진루의 남쪽 마당에서 펼쳐진 각 군의 백희 공연의 모습이 매우 상세하다. 순서대로 내용을 간략하게 정리해보자. 먼저 한 사람이 노래를 부르며 치어를 올려 공연의 시작을 알린 다음, 사자춤과 표범춤이 펼쳐지고, 다시 깃발춤과 장대오르기, 재주넘기가 이어진 뒤에 악곡이

37 孟元老 等 著, 『東京夢華錄(外四種)』, 古典文學出版社, 1956, pp..42~45.

연주된다. 이어 창이나 칼과 방패가 겨루는 것을 춤으로 표현한 만패 연기가 펼쳐지고 나서, 가면 쓴 귀신이 등장하여 징을 들고 춤을 추는 포라와 역시 가면 쓴 귀신이 아마도 악귀를 쫓는 연기인 경귀를 하고, 다시 이어 종규 같은 인물이 등장하여 무판을 연기한다. 그다음에는 두 세 사람이 등장하여 우스개 연기를 하는 아잡극이 이어지고, 이어 일곱 명이 진검으로 겨루는 칠성도가 펼쳐진다. 그 다음에 신령 같은 모습을 한 수십 명이 가면을 쓰고 등장하여 무대를 정돈하는 헐장이 이어지고, 다시 백여 명이 나와 진법을 펼치다가 두 사람씩 칼을 들고 싸우는 칼춤 공연이 이어진다. 그다음에는 시골 사내와 아낙이 등장하여 서로 막대기를 치고 받으면서 싸우는 연기를 하는데, 위에서는 명칭을 밝히지 않았지만 이것은 잡극의 앞에 한 염단艶段 연기가 아니었을까 한다. 다시 다음에는 각 군과 노대 제자들의 잡극이 이어지고, 잡극을 마친 뒤에 상입지후 자제들과 묘범원 궁녀 및 환관들의 화려한 마기馬技가 펼쳐진다. 끝으로 남자 백여 명이 나귀를 타고 나와서 채로 공을 쳐서 상대방 구문에 넣는 시합 즉 축구蹴毬를 하는 것으로 이날의 전체 공연이 마무리되었다. 이를 다시 요약해보면 옆의 [표 3]과 같다.

1	치어	음악류
2	사자춤, 표범춤, 깃발춤	악무류
3	장대오르기, 재주넘기	잡기류
4	창칼과 방패 춤: 만패 연기	악무류
5	귀신 연기: 포라, 경귀, 무판	연극류
6	우스개: 아잡극	연극류
7	진검 겨루기: 칠성도	경연류
8	무대 정돈: 헐장	연극류
9	칼 싸움	경연류
10	염단, 잡극	연극류
11	마기	경연류
12	축구	경연류

[표 3] 보진루 앞 백희 공연의 순서

전체적으로 보면 마기, 축구, 칼싸움 등의 경연류가 많은 비중을 차지하고 염단, 잡극, 귀신 연기 등의 연극류나 사자춤, 방패춤과 같은 악무류도 적지 않게 포함되었다. 특히 마기와 축구에 대한 묘사는 매우 상세하여 사료적 가치가 크다. 이에 비해 장대오르기와 같은 잡기류가 현저하게 적은 것이 눈에 띈다. 많은 인원이 등장하는 경연류, 악무류 등은 황제가 참석하여 백성들에게 오락을 베푼다는 뜻에 부합하는 공연인 데 비해, 잡기류는 민간에서도 인원이나 비용의 큰 부담이 없이 쉽게 공연할 수 있는 종류였기 때문이 아닐까 한다. 어떻든 기후가 온화하고 화창한 봄날에 황제가 백성들과 함께 연못에서 벌어지는 배 경주를 구경하고 땅에서 펼쳐지는 각종 기예를 즐기면서 도성의 분위기는 한껏 흥겨웠을 것이다.

[그림 16] 하남성 온현에서 출토된 여성 잡극 배우 부조 벽돌. 왼쪽부터 양총석, 정도새, 요렴아, 설자소의 이름이 보인다.

덧붙여서 말하자면, 위에서 언급된 잡극을 연기한 노대 제자들의 이름과 모습이 새겨진 벽돌이 최근 하남성 온현溫縣에서 발견되어 관심을 끌고 있다.[38] 벽돌에는 정도새, 설자소, 양총석과, 다른 곳에서 기록을 찾아볼 수 없는 요렴아凹斂兒 등 네 명의 여성 배우의 모습이 선명하게 새겨져 있다. 유물을 통해서도 이들이 당시 가장 유명한 배우들이었음을 다시 한 번 확인 할 수 있는 것이다([그림 16] 참고).

3월의 축제가 지나간 다음에는 여름이 한창인 6월 24일 이랑신二郎神의 생일에 펼쳐진 공연 행사가 있었다. 이랑신은 본래 진秦나라 때 촉군蜀郡의 군수로 제방을 쌓아 수해를 막은 이빙李氷의 둘째 아들로, 부친을 도와 교룡蛟龍을 죽이고 수해를 물리쳤다는 전설이 송나라 때 생겨나성면서 숭배되기 시작한 신령이다. 관구灌口(지금의 사천四川성 도강언都江堰)에서 제방을 쌓아 홍수를 막았다고 하여 관구이랑灌口二郞이라고도 부른다.[39] 이날의 축제와 공연의 모습을 『동경몽화록』「유월육일최부군생일이십사일신보관신생일六月六日崔府君生日二十四日神保觀神生日(6월 6일 최 부군 생일, 24일 신보관신 생일)」에서는 이렇게 기록하고 있다.

6월 24일 이랑신 사당에서의 공연
맹원로, 『동경몽화록』 권8 「유월육일최부군생일이십사일신보관신생일'

6월 6일은 변주汴州 북쪽[에 모셔진] 최 부군崔府君[40] 생일로, [이날

38 廖奔, 「北宋雜劇藝人肖像雕磚的發現」, 『中原文物』 2015年 第4期, pp.94~98, 康保成, 「新發現的四方北宋銘文雜劇磚雕考」, 『中原文物』 2015年 第4期, pp.99~105.

39 李劍平 主編, 『中國神話人物辭典』, 陝西人民出版社, 1998, p.2.

40 唐의 관리 崔珏(字는 子玉)을 가리킨다. 당나라에서 지방관을 지내면서 여러 사

은] 바쳐오는 물품이 많아 풍성하기 이를 데 없었다.

[6월] 24일은 변주 서쪽[에 모셔진] 관구이랑의 생일로, [기념 활동이] 지극히 번성하였다. [관구이랑을 모신] 사당은 만승문萬勝門 밖으로 1리쯤 되는 곳에 있었는데, 천자께서 신보관神保觀이라는 편액을 하사하셨다. [하루 전날인] 23일이 되면 후원작後苑作과 서예국書藝局[41] 등에서 만든 노리개들, 이를테면 구장毬杖, 탄궁彈弓, 익사弋射 등의 도구들과 안장, 고삐, 재갈, 번롱樊籠(짐승의 우리) 등을 궁궐에서 보내왔는데, 모두 매우 정교했다. 풍악을 울려 [이들을] 맞아 사당으로 인도하였는데, 사당 앞에 있는 노대 위에 세워진 악붕에서는 교방과 균용직에서 작악하며 잡극과 무선을 번갈아 하였다. 태관국太官局[42]에서 음식을 준비하였고, 자정이 지나서까지 스물네 잔의 절차가 이루어졌다.

24일이 되면 아직 밤중인 오경五更(오전 3~5시)부터 첫 향을 사르려고 앞을 다투었는데, 사당에서 잠을 자다가 밤중에 일어나 먼저 향을 사르려고 하는 사람도 있었다. 날이 밝으면 각 관서와 다양한 직종의 백성들이 물품을 매우 많이 바쳐왔다. [이날] 사화社火(잡희)를 노대 위에서 바쳤는데, 이때 바친 물품도 수만 개나 되었다. 아침부터 백희를 선보였는데, 이를테면 상간上竿(장대오르기), 적농趯弄(뛰어오르기?), 도삭跳索(줄타기), 상박相撲(씨름), 고판鼓板, 소창小唱, 투계鬪鷄, 설원화說諢話, 잡분雜扮, 상미商謎, 합생合笙, 교근골喬筋骨(우스개 신체기예), 교상박喬相樸(우스개 씨름), 낭자잡극浪子雜劇,[43] 규과자叫果

건에서 공정하게 판결을 내려 백성들의 신망을 받았다. 사후에 '護國西齊王', '護國顯應公' 등으로 신격화되었다.

41 궁중에서 서적과 필묵의 공급과 관리를 담당한 부서이다.

42 제사 음식을 담당한 부서이다.

43 미상. 浪子는 건달, 유랑자, 한량 등의 뜻이 있다. 徽宗 때 재상 李邦彦이 비루하고 외설스러운 詞曲을 짓기 좋아하여 浪子宰相이라고 불렸다고 하는데, 浪子雜劇도 저속하고 외설스러운 雜劇이 아니었을까 한다.

子, 학상생學像生(흉내내기), 도도掉刀, 장귀裝鬼(귀신 연기), 아고砑鼓,[44] 패봉牌棒(?), 도술道術 등 갖가지 종류가 있어서, 날이 저물 때까지도 다 끝내지 못했다. 사당 앞에 있는 두 솟대는 높이가 수십 길이나 되었는데, 왼쪽 솟대는 경성소京城所,[45] 오른쪽 솟대는 수내사修內司에서 목재를 대어 각각 소유하였고, 상간 기예를 이곳에서 하였다. 어떤 때는 솟대 꼭대기 위에 가로목을 걸쳐놓고 [그 위에서] 귀신 모습을 한 사람이 불꽃을 토하기도 하였는데, 아주 위험하여 사람들을 놀라게 했다. [이날 행사는] 저녁이 되어서야 끝났다.[46]

이랑신은 본래 사천 지방에서 수해를 막은 신령이었지만 송대에 와서는 전국적으로 널리 숭배되었으므로, 도성 사람들도 그의 생일을 기념하여 제사를 올리고 축제를 벌였던 것이다. 이날에는 변주 서쪽에 있었다는 이랑신의 사당에 생일 전날에 궁중의 여러 부서에서 물건과 음식을 준비하여 운반하고, 사당 앞에 악붕을 세우고 교방과 균용직 예인들이 잡극과 무선을 공연하여 사람들을 끌어들였다. 생일 당일에도 여러 가지 백희를 벌여 날이 저물 때까지도 끝나지 않았는데, 대체로 앞에서 살펴본 잡기류 공연들이 중심을 이루었음을 알 수 있다.[47]

이랑신 생일에 이어진 송대의 큰 명절은 7월 15일의 중원절中元節이었다. 중원절은 도교식 명칭이고 불교에서는 우란분절盂蘭盆節이라고 부르는데, 부처님의 제자인 목련目連이 모친을 구원하기 위해 스님들의 하안거夏安居가 끝나는 이날에 온갖 음식을 준비하여 우란분盂蘭盆이라

44 迓鼓와 같다고 본다. 민간에서 관아의 鼓曲(衙鼓)을 본받아 지은 곡이다. 迓鼓 공연에 대해서는 본장의 뒷부분 참고.

45 開封城의 外城과 內城 수리와 관리를 맡은 부서일 것이다.

46 孟元老 等 著, 『東京夢華錄(外四種)』, 古典文學出版社, 1956, pp..47~48.

47 본서 제2장 제1절 참고.

는 그릇에 담아 공양하였으니, 평소에는 음식을 먹을 수 없는 아귀餓鬼들도 이날만큼은 마음껏 먹을 수 있도록 베푸는 뜻이 담겼다는 것이다. 『동경몽화록』 권8 「중원절」의 기록을 보자.

7월 15일 중원절 개봉 와사의 공연 모습
맹원로, 『동경몽화록』 권8 「중원절」

7월 15일은 중원절이다. 며칠 전부터 시정에서는 명기冥器[48]인 신발, 복두幞頭, 모자, 쇠나 무소뿔로 만든 모조 허리띠, 오색 의복 등을 팔았는데, 종이로 붙여 만든 시렁에 싣고 돌아다니며 팔았다. 반루潘樓와 변주汴州 동서 양쪽의 와사에서도 칠석 때처럼 사람들이 많이 모인 곳에서 과식果食(엿과 밀가루로 만든 식품), 종생種生(씨앗), 화과花果(세밀하게 가공한 과일) 등을 팔고 또 「존승경尊勝經」[49]과 「목련경目連經」을 인쇄해 팔았다. 또 세 자에서 다섯 자 길이의 죽간竹竿 [끝]을 세 갈래로 나누고 그 위에 등잔 그릇 모양을 엮어 놓고, 이를 우란분盂蘭盆이라고 불렀다. 등잔 그릇 위에 옷과 명전冥錢(지전紙錢)을 걸어놓고 불을 붙여 태웠다. 구사構肆(구란)의 악공들은 칠석이 지나면 바로 「목련구모目連救母」 잡극을 공연하였다. 잡극은 보름날이 되어서야 끝났는데, [끝날 무렵에는] 구경하는 사람들이 배로 늘어났다.

중원절 전날에는 단향목檀香木 잎사귀를 팔았는데, 이것을 사서 재를 올릴 때 탁자 위에 깔았다. 또 마곡麻穀으로 만든 과아窠兒(둥지)도 팔았는데, 이것도 사서 탁자 다리에 묶어놓았으니, 조상에게 가을걷이를 했음을 고하는 뜻이었다. 또 계관화雞冠花(맨드라미)도 팔았는

48 장례 때 무덤에 묻어주는 여러 가지 물건으로, 종이로 만든 수레, 말, 인형, 돈 같은 것들이다.

49 『佛頂尊勝陀羅尼經』을 말한다. 지옥에 가게 된다는 예언을 들은 善住天子가 帝釋天王께 호소하여 尊勝陀羅尼라는 주문을 받아 7일 동안 외워 수명이 연장되고 부처가 되리라는 예언을 받는 내용이다.

데, [개봉에서는] 이를 세수화洗手花라고도 불렀다.[50]

보름날이 되면 조상에게 소식素食을 바쳤는데, 날이 밝자마자 기장밥 장수가 집집마다 소리치며 돌아다니면서 팔았다. 이 역시 가을걷이를 했음을 [조상에게] 고하는 뜻이었다. 또 전명채轉明菜(?)를 비롯하여 갖가지 유병油餅(기름떡), 준함餕豏, 사함沙豏 같은 것도 팔았다.[51] 도성 밖에 새 무덤이 생긴 사람들은 나가서 성묘하였고, 궁궐에서도 마차를 내어 도자원道者院[52]에 가서 참배하였다. 본원本院에는 사부祠部에서 발급한 도첩度牒 10개를 지급하여 큰 법회를 열었는데,[53] 명전을 산처럼 쌓아 올려 태웠고 전사자들을 제사지내고 고혼孤魂을 위한 도량道場을 세웠다.[54]

위의 글에 따르면, 중원절 며칠 전부터 반루나 와사 같은 번화가에서는 여러 가지 명기 및 음식, 그리고 「존승경」, 「목련경」 등의 불경 등을 팔았고, 우란분이라는 그릇에 옷과 명전 등을 올려놓고 불태우며 명절을 준비하였다. 또 칠석 직후부터는 「목련구모」 잡극을 공연하여 보름날에 이르기까지 이어가면서 사람들을 끌어들였고, 보름날에는 조상들께 제사를 올리는 한편 여러 음식을 사 먹기도 하고 성묘도 하였는데, 전사자들이나 고혼들을 위로하기 위한 도량을 세운 것도 흥미롭다. 특히 「목련경」이나 「목련구모」 잡극은 유명한 목련구모 설화의 변천 과

50 鷄冠花도 조상에게 바치는 물품이었다.

51 餕豏은 酸豏의 잘못인 듯하다. 酸豏은 콩으로 소를 만들어 넣은 만두 종류이다. 沙豏은 콩으로 만든 소를 말한다. 孟元老 原著, 入矢義高·梅原郁 譯注, 『東京夢華録: 宋代の都市と生活』, 平凡社, 1996, pp.286~287 참고.

52 본명은 普安院으로, 宋 太宗의 皇后였던 元德太后를 모신 道觀이다.

53 祠部는 禮部 소속의 관서로, 제사, 천문, 의약 등과 승려의 簿籍 등을 관장하였다. 度牒은 승려의 신분증이다. 승려 10명이 법회를 주관하도록 승인하였다는 것을 말한다.

54 孟元老 等 著, 『東京夢華錄(外四種)』, 古典文學出版社, 1956, p.49.

정과 관련되어 많은 주목을 받고 있다. 「목련경」은 위진남북조 시대의 「불설우란분경佛說盂蘭盆經」, 당대의 「불설정토우란분경佛說淨土盂蘭盆經」과 「목련구모변문目連救母變文」 등의 목련구모 설화를 이어받아 발전시킨 「불설대목련경佛說大目連經」[55]을 말하는 것으로 생각되고, 「목련구모」 잡극도 이와 같은 내용을 포함한 공연이었을 것이다.[56] 다만 그것이 오늘날에도 여러 날을 연이어 공연하는 목련연극과 같은 장편의 공연이었는지 아니면 짧은 내용을 매일 되풀이해서 공연하는 것이었는지 분명하게 알기는 어렵다. 어떻든 목련구모의 연극은 명청대를 거쳐 오늘

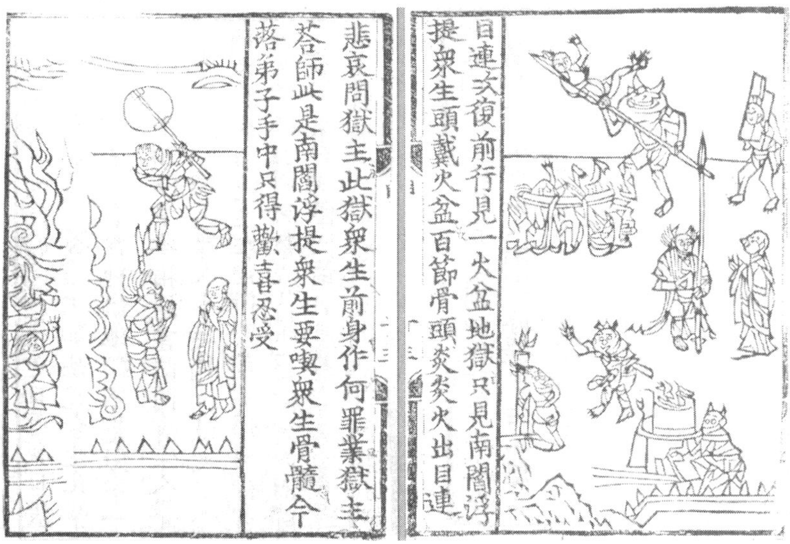

[그림 17] 조선 시대 간행 『불설대목련경』의 지옥 장면

55 일본에서는 「佛說目連救母經」이라는 제목으로 전해지고 있다.

56 목련구모 설화의 초기 전승 과정에 대해서는 이정재, 「目連救母 說話의 초기 형성 과정에 대한 小考: 초기 불교 문헌들과 『佛說盂蘭盆經』의 비교를 중심으로」, 『중국어문논총』 제95집, 2019, pp.183~213, 이정재, 「唐代 文獻에 나타난 目連救母 說話의 변화: 『彌勒會見記』와 『佛說淨土盂蘭盆經』을 중심으로」, 『중국문학』 제102집, 2020, pp.49~67 등 참고.

날에도 여러 지역에서 전승되고 있는 중요 민속신앙이자 문화유산으로 많은 주목을 받고 있다.[57]

중원절 이후에 도성에서 많은 사람들이 모여 공연을 즐긴 때는 동지부터 시작되는 연말이었다.[58] 동지가 가까워지면 사람들은 새 옷을 사고 제사를 모시고 관박關撲을 즐기면서 다가오는 연말을 준비하였고, 황제는 3년 만에 돌아오는 대례大禮가 있는 해에는 동지 사흘 전날에 대경전大慶殿에서 하루를 보내고 이튿날 태묘太廟와 하늘에 제사를 올리는 재궁齋宮인 청성青城(남청성南青城)에 행차하여 삼경三更에 교사郊祀의 제사를 모시고 동짓날 아침에 환궁하였다.[59] 사면령을 베풀어 백성들을 위로하였는데, 이때에도 경축 공연이 펼쳐졌다. 『동경몽화록』「하사下赦(사면령을 내리다)」의 기록을 보자.

동지 전 사면 행사에서의 공연 모습
맹원로, 『동경몽화록』 권10 「하사」

[교사를 마치고 환궁하신] 천자께서는 선덕문루에 오르셨다. 문루 앞에는 커다란 깃발이 몇 개 서 있었는데, 그중 가장 큰 깃발은 문루만큼 높았고, 이를 개천기蓋天旗라고 불렀다. 개천기는 어가御街 한가운데에 움직이지 않게 세워져 있었다. 개천기보다 약간 작은 깃발 하나는 천자의 옆에 세워져 있었는데 이를 차황룡次黃龍이라고 불렀다.

57 목련구모 설화의 변천 과정과 오늘날의 목련연극의 현황에 대해서는 陳芳英, 『目連救母故事之演進及其有關文學之研究』, 國立臺灣大學文學院, 1983, 劉禎, 『中國民間目連文化』, 巴蜀書社, 1997, 사재동, 『한국의 제의와 희곡문학』 제2부 제1장 우란분재와 목련전승의 예술적 양상, 소명출판, 2018, pp.301~352 등 참고.

58 『東京夢華錄』을 기준으로 하면, 8월 15일 추석에는 달구경, 9월 9일 重陽節에는 국화 감상이 가장 중요한 일이었고, 큰 공연 행사에 관한 기록은 보이지 않는다.

59 孟元老 等 著, 『東京夢華錄(外四種)』, 古典文學出版社, 1956, p.56.

청성과 태묘에도 이처럼 깃발들을 세웠는데 세간에서는 이 역시 개천기라고 불렀다. [문루 앞에서는] 궁가宮架[60]도 세워졌고, 풍악이 시작되면 바로 딱따기를 치는 소리가 울리면서 계간鷄竿이 세워졌다. 계간은 높이가 열 길(30미터) 남짓이었고, 장대의 끝에는 큰 나무 쟁반이 하나 있었다. 쟁반 위에는 황금 닭이 놓여 있었는데 부리에는 '황제만세皇帝萬歲'라는 글자가 적힌 붉은 깃발을 물고 있었다. 쟁반 바닥에는 비단으로 만들 줄이 네 가닥 드리워져 있었는데, 붉은 두건을 쓴 사람 네 명이 앞다투어 줄을 잡고 올라가서 황금 닭의 붉은 깃발을 먼저 차지하는 사람이 만세를 세 번 외치고 성은에 감사드리고 마쳤다.

문루 위에서 붉은 면사로 만든 줄을 내려뜨려 문루 아래의 채루綵樓에 연결시켜 놓았는데, 황금 봉황이 줄을 타고 사면 문서를 부리에 물고 내려와 채루에 당도하면 통사사인通事舍人[61]이 사면 서류를 받아 이를 낭독하였다. 개봉부開封府와 대리시大理寺[62]에서는 죄수들을 문루 앞에 도열시켰는데, 죄수들은 모두 붉은색 명주로 기운 노란색 베옷을 입었고, 옥리들은 모두 꽃을 꽂고 깨끗이 차려입었다. 북소리가 들리면 죄수들의 칼을 풀고 석방하였고 죄수들은 각각 만세를 세 번 외치고 성은에 감사하고 마쳤다. 이어 문루 아래의 균용직鈞容直이 작악하며 잡극과 무선을 하였고, 어룡직御龍直[63]은 장신귀裝神鬼(귀신흉내), 작진도斫眞刀(진검놀리기), 탁도倬刀(칼놀리기)를 하였다. 문루 위에서 백관들에게 차와 술을 하사하시면 각 반직班直들은 기마대의 진법들을 펼쳐 보였다. 군사들이 귀대하여 [저녁]밥 먹을 시간이 되면

60 궁중 악기를 놓는 시렁이다.

61 詔命을 전달하고 奏章을 올리는 등의 일을 맡은 관리를 말한다.

62 北齊 때부터 설치되었고 北宋 元豐 연간 이후에는 尙書省 소속된 九寺의 하나로, 형벌 및 감옥 관리를 맡은 부서이다.

63 殿前司 소속의 황제 최근접 경호 군사를 가리킨다. 황제 경호는 황제에게 가까운 위치에 따라 御龍直, 骨鍱子直, 弓箭直, 弩直 등으로 구성되었다. 龔延明 編著, 『宋代官制辭典』, 中華書局, 1997, p.402.

의례를 마쳤다.[64]

위에서 보듯이 이날에는 천자가 교사를 마치고 환궁하여 선덕문루에 오른 뒤에 사면 문서를 문루 아래로 내려보내면 죄수들을 석방하였고, 이때 균용직과 어룡직에서 연극과 각종 잡기 공연을 펼쳐 축하와 감사의 뜻을 나타냈음이 잘 나타나 있다. 사면을 받은 죄수들은 물론이고 사면 행사를 구경한 사람들도 공연을 즐기는 모습을 통해 황제는 선정善政을 베풀었음을 드러낼 수 있었을 것이다.

이어서 선달 말엽이 되면 연말의 분위기는 더욱 고조되었고, 이때는 역귀를 쫓아내는 행사가 펼쳐졌다.

섣달의 역귀 쫓아내기 행사 1
맹원로, 『동경몽화록』 권10 「십이월」

세밑이 다가오면 시정에서는 모두 문신門神, 종규鍾馗, 도판桃板, 도부桃符[65] 및 재문둔려財門鈍驢, 회두록마回頭鹿馬, 천행첩자天行帖子 등을 인쇄해 팔았다. 또 제야에 쓰게 될 가지 말랭이와 박 말랭이, 마아채馬牙菜, 교아당膠牙餳 같은 것들을 팔았다. 이달이 되면 가난한 사람들 서너 명이 한 무리를 이루어 부녀자나 귀신 등으로 분장하고 징과 북을 울려대며 집집마다 돌아다니면서 돈을 달라고 하였다. 사람들은 이를 '타야호打夜胡'라고 하였는데, 이것 역시 역귀疫鬼를 쫓는 일이었다.[66]

---

64 孟元老 等 著, 『東京夢華錄(外四種)』, 古典文學出版社, 1956, pp.60~61.

65 門神은 門을 지키며 잡귀를 물리치는 신이고, 鍾馗는 疫鬼를 쫓아내는 逐疫神이다. 桃板과 桃符는 辟邪의 신령인 神荼와 鬱壘를 새긴 널빤지로 이를 대문에 붙여 액운을 피하도록 기원했다.

66 孟元老 等 著, 『東京夢華錄(外四種)』, 古典文學出版社, 1956, pp.61~62.

이처럼 세밑 무렵에는 액막이의 뜻이 있는 그림이나 부적 같은 것들과 제야에 쓸 음식 재료들을 팔았다. 그림 중에는 뜻을 분명하게 알기 어려운 것도 있지만, 종규는 특히 송대 이후에 역귀를 쫓는 신으로 자주 등장한다. 여기에서는 또 연말의 역귀를 쫓는 의식을 '타야호打夜胡'라고 불렀다고 하고 있는데, '타야호打夜胡'라는 말은 '타야호打野狐'에서 나온 것으로 보인다. 청대 방이지方以智가 편찬한 『통아通雅』의 「언원諺原」편에는 "당唐 경종敬宗이 스스로 여우를 잡고 나서 그것을 '타야호打野狐(들여우를 잡다)'라고 불렀는데, 지금 사람들은 도귀跳鬼(굿)를 '타야호打野狐'라고 부르고 '야호野胡'라고 잘못 부르기도 한다."[67]라고 하였는데, 당 경종이 '타야호打野狐'라고 말했다는 것은 『구당서舊唐書』에서도 확인된다.[68] 즉 당나라 때 '야호野狐(들여우)'가 송나라에서는 '야호夜胡'로 바뀐 것인데, 역귀를 쫓는 의식을 이렇게 불렀다고 하므로 '호胡'는 이방인처럼 생긴 귀신이나 도깨비를 뜻하는 것으로 볼 수 있지 않을까 한다. 그렇다면 위의 '타야호打夜胡'는 '밤 귀신을 쫓아내다' 정도로 해석할 수 있다.[69] 이 타야호 행사는 와사에서의 공연과는 성격이 다소 다르지만 부녀자나 귀신으로 분장을 하고 연기한 의례儀禮라는 점에서 역시 공연의 요소를 찾아볼 수 있다고 하겠다. 개희開禧 2년(1206)의 자서自序가 붙어 있는 조언위趙彥衛의 『운록만초雲麓漫抄』 권8에도 『동경몽화록』과 비슷한 설명이 보인다.

---

67 『景印文淵閣四庫全書』 第857冊, 臺灣常務印書館, 1986, p.918.

68 許嘉璐 主編, 『二十四史全譯 舊唐書』 第1冊, 漢語大詞典出版社, 2004, p.436.

69 당시에 역귀를 쫓아내는 가장 큰 행사는 除夜에 궁중에서 이루어진 大儺였는데, 이에 대해서는 본서 제4장 제2절 참고. 또한 打夜胡는 뒤에 떠돌이극단인 路岐로 발전하는데, 이에 대해서는 본서 제5장 제3절 참고.

섣달의 역귀 쫓아내기 행사 2
조언위, 『운록만초』 권8

> 세속에서는 한 해가 저물 무렵에는 향인鄕人들이 서로 모여 나儺를 하였는데, 속어로 '타야호打野胡'라고 하였다. 『논어』 [「향당」편]에 "마을 사람들이 나儺를 할 때는 [공자님은] 조복을 입고 동편 섬돌에 서 계셨다."라고 하였고, 주석에 "대나大儺는 역귀疫鬼를 쫓은 것이다."라고 하였다. 이를 '야운희野雲戱'라고도 부르는데 [이는] 오늘날 다시 와전된 것일 따름이다.[70]

『운록만초』에서도 『동경몽화록』처럼 '타야호'를 향인들의 나儺 즉 역귀 쫓기 행사로 설명하고 있다. 다만 '타야호打夜胡'가 아닌 '타야호打野胡'가 달라진 점이니, 이 경우는 '들판의 귀신을 쫓다' 정도로 해석할 수 있을 것이다.

70 趙彦衛 撰, 傅根清 點校, 『雲麓漫鈔』, 中華書局, 1996, pp.149~150.

제2절
도성의 상시 공연의 풍경

한편 송대에 명절이 아닌 평소에는 앞에서 본 것과 같은 여러 와사의 구란에서 상시적인 공연이 이루어졌을 것인데, 아쉽게도 이들 구란에서의 공연 모습을 직접 기록한 자료는 많지 않다. 와사를 출입한 사람들은 아무래도 중하층민들이 많았을 것이고, 이들이 기록을 남겨 후세에 전해지기는 쉽지 않았을 것이기 때문이다. 설사 일부 사대부 문인들이 구란의 공연을 보았더라도 그 실상에 대해 적극적으로 기록을 남기고자 하는 사람은 드물었을 것이다. 다만 구란의 배우들이 관련된 특별한 사건을 기록한 자료들을 통해 공연의 모습을 간접적으로 알 수 있는 사례들이 있다. 예를 들어 북송 말엽에 개봉에서 일어난 사기 사건이 있었는데, 여기에는 배우들이 연루되어 있어서 흥미롭다. 홍매洪邁의 『이견지夷堅志』 보補 권제卷第20 「신소궁초神霄宮醮(신소궁의 초제醮祭)」의 기록을 보자.

송대 도성 배우들의 속임수 연기
홍매, 『이견지』 보 권제20 「신소궁초」

임령소林靈素가 신소궁神霄宮에서 밤 초제醮祭를 지냈는데, 수렴전垂簾殿에 신소왕神霄王, 청화제군靑華帝君, 구화안비九華安妃, 한군장인韓君丈人의 신위를 두었다.[71] 삼경이 되자 막사幕士에게 명하여 촛불을 끄게 하고 수렴전 밖에 서 있었는데, 처음에 바람과 우렛소리가 처마에 감도는 것이 마치 순색巡索이 있는 듯하였다. 이어서 불빛 속에 바퀴 같은 것 몇 개가 공중에서 한 길 정도 높이로 떠오르고, 공중에는 신선들이 용과 난새를 타고 있었는데, 패옥의 소리가 뎅그렁거리는 것이 들을 만했다. 이윽고 구름 사이로 내시의 이름을 부르는 소리가 들렸는데 완전히 지존至尊의 옥음玉音 같았다. 위에서 무언가 그려진 부적을 던져 내려보냈는데 먹이 마르지도 않았다. 얼마 뒤에 다시 처음처럼 적막해졌다. 다시 촛불을 켜니 먼저 벌여놓았던 큰 은주발에 술이 가득했는데 이때가 되자 한 방울도 남지 않았고 과일 쟁반에는 껍데기와 씨만 가득 있었다. 이때 도성 사람들은 임령소가 신이하다고 말하여 그 소문이 퍼졌고, 지존도 경탄하시면서 그 연유를 알지 못했다. [이에 대해] 갈초보葛楚輔 승상이 말했다. "소흥紹興 연간 말엽, 호주湖州 정촌旌村의 조 순검曹巡檢은 경사(개봉) 사람으로 옛날 숙위宿衛(금군)에 적을 둔 적이 있었는데, 선화宣和 연간(1119~1125)의 옛이야기를 잘했는데, 한번은 이렇게 말했다. '정 태사鄭太師의 집에서 도사에게 초제를 지내도록 명하였는데 다른 도사가 와서 그가 도력道力이 없다고 깎아내리면서 정 태사에게 집을 깨끗이 치우고 먼저 재계를 한 뒤에 음식들을 차려놓으라고 하였다. 이튿날 초저녁이 되자 집안사람들이 마당 아래에 정숙하게 서 있고 안팎으로 기침 소

---

71 神霄王은 神霄玉淸王으로 上帝의 長子이고, 靑華帝君은 神霄王의 동생이다. 九華安妃는 仙女인 九華眞妃인 듯하다. 이들과 韓君丈人은 모두 유명한 도사 林靈素가 세운 神霄宮에 모셔진 道教 신령이다.

리 하나 들리지 않았다. 그때 홀연히 선악仙樂이 아름다운 소리를 내며 공중에서 채운彩雲을 타고 아래로 내려왔다. 사당에서 영관伶官들은 앞에서 생笙과 소簫를 불며 합주하고, 여동女童 7~8명이 허공에 떠서 걸어가며 여유롭게 노래하며 춤을 추고, 신관神官과 선중仙衆들은 뒤에서 거닐었다. 이윽고 연기가 자욱하게 덮여 얼굴을 맞대고 있어도 보이지 않을 정도가 되었다. 채찍을 휘둘러 길을 트는 것 같은 큰 소리가 나더니 다시 조용해졌는데, 도사는 사라지고 금은으로 만든 제기祭器는 하나도 남아있질 않았다. 정 태사는 사기꾼에게 속은 것을 알았지만, 밤중에 제사를 지낸 일이 궁중에 알려질까 두려워 한마디도 말을 꺼내지 못했다.' 이날 저녁 사기를 친 사람들은 모두 산악散樂이었다. 오색 연기는 염초焰硝(질산칼륨)와 유황으로 만든 것이니, 희장戱場에서 사자나 코끼리의 입에서 연기를 뿜어내는 방법과 같은 것이었다. 여동들은 모두 줄타기와 발차기 재주를 하는 어린 배우들로, 먼저 집 모퉁이의 수두獸頭[72]에 줄을 매어놓고 그것을 밟고 걸어가니 멀리서 바라보면 허공에서 걷는 것처럼 보인 것이다. 나머지 신선들은 모두 늙은 배우들이 [연기]한 것이었고, 조 순검도 그 중의 일원이었다. 그렇다면 신소궁의 일은 이것과 같지 않았을까!"[73]

이 글은 송 휘종徽宗 때의 유명한 도사였던 임령소(1076?~1120?)가 밤에 초제를 지낼 때 신선이 공중에 나타나고 부적이 내려오고 신령한 소리가 들리는 등의 기이한 현상이 나타난 것을 본 사람들이 그 이유를 알지 못하였는데, 이에 소흥 연간(1131~1162) 이후에 승상을 지낸 갈초보가 그 현상의 내막을 설명한 것이다. 갈초보는 조 순검이라는 사람이 북송 말엽에 개봉에서 겪었다는 이야기를 전했는데, 그것은 정 태사라

72 지붕 모퉁이에 있는 짐승 모양의 기와이다.

73 洪邁, 『夷堅志』 第4册, 中華書局, 1981, pp.1737~1738.

는 고위 관료의 저택에서 어느 도사가 초제를 지내면서 배우들을 동원하여 가짜 신령들을 나타나게 하고 사람들이 홀린 사이에 금은 제기들을 모두 훔쳐서 달아나버렸다는 이야기이다. 배우들이 와사에서 공연하여 사람들을 즐겁게 한 것이 아니라 속임수를 써서 물건을 도둑질했다는 사건의 기록은 씁쓸함을 남기지만, 그 연기와 여러 속임수 장치들이 대단했던 점이 주목된다.

이어 금대 도성에서 벌어진 공연 활동을 살펴보자. 금은 중도中都 즉 지금의 북경이 몽골의 위협을 받아 위태로워지자 1214년에 도성을 변량汴梁(개봉)으로 다시 옮기고 이를 남경南京이라고 불렀다. 당시 변량에서의 공연 모습에 관한 기록은 많지 않지만 앞에서 잠깐 언급한 두인걸杜仁傑(1196~1276)이 쓴 투곡套曲 「장가불식구란莊家不識勾闌」이 매우 유명하다.

금대 도성의 민간 공연
두인걸, 「장가불식구란」

【반섭조般涉調·사해아耍孩兒】 비바람이 순조로우니 백성들은 편안하지만, 우리네 농사꾼처럼 즐겁지는 않을 걸세. 누에고치며 오곡백과 풍성하고, 관가의 노역이나 세금은 심하지 않다네. 마을에서 제사를 올리게 되어, 지전紙錢과 향을 사러 성내城內에 왔다네. 거리를 지나다 보니, 화려한 지방紙榜(광고지)이 걸려 있었는데, 그곳처럼 시끌벅적 사람들이 많이도 모여 있는 곳이 없었네.

【육살六煞】 어떤 이가 서까래로 만든 문을 [닫히지 않게] 손으로 버티면서, 목청을 높여서 "어서옵쇼"라고 외치고, "늦게 오시면 자리가 없답니다"라고 말하며, "앞 공연은 원본院本 「조풍월調風月」이고, 뒤이어서 요말幺末을 유사화劉耍和가 공연합니다"라고 말하고, "산악散樂

공연 구경은 쉽지만, 이런 갈채 받는 공연은 만나기가 어렵답니다"라고 외치고 있었네.

【오五】 이백 전錢을 내니 입장시켜 주어, 문을 지나 나무로 된 비탈을 올라가니, 사람들이 겹겹이 둘러앉아 있는 모습이 보였네. 고개를 들어 보니 [희대는] 종루鍾樓 같은 모양이고, 아래를 바라보니 사람들이 소용돌이처럼 가득 앉아 있었네. 여자 몇 명이 대臺에 앉아 있었는데, 영신새사迎神賽社도 아닌데, 쉬지 않고 북과 징을 치고 있었네.

【사四】 한 여자아이가 몇 차례 [희대를] 돌더니, 조금 뒤에 한 무리를 데리고 나왔네. 그중에는 요괴 같은 이가 한 명 서 있었는데, 검은 두건을 둘러 이마에 붓을 꽂고, 온 얼굴에 석회를 바르고 검은색도 좀 발랐구나. 그 사람은 어떻게 하려고 하는 것일까? 온몸에는, 그저 알록달록한 천으로 된 긴 도포만 입었네.

【삼三】 시詩와 사詞를 한동안 읊고, 부賦와 가歌를 한동안 읊었는데, 조금도 잘못이 없네. 말솜씨는 막상막하, 교묘하고도 화려한 언변으로 많이도 외웠네. 끝마칠 때가 되어, 고개 숙이고 발 모아 절을 하니, 찬爨(원본)이 끝나고 요幺(요말)가 시작되었네.

【이二】 한 사람이 장 태공張太公으로 분장하고, 다른 사람은 소이가小二哥로 바꾸어 분하고, 서로 말을 주고받으며 걸어서 성 안으로 들어갔네. [성 안을 걷다 보니] 한 젊은 여자가 주렴 아래 서 있었는데, 저 노인(장 태공)은 여자를 아내로 맞아들이려고 이리저리 궁리하였네. [장 태공은] 소이가에게 잘 이야기를 맞춰보라고 하지만, [여자가] 바라는 것은 콩이며 쌀이며 보리, 그리고 비단 같은 것만 물어보네.

【일一】 [소이가는] 장 태공을 앞으로만 밀고 뒤로 물러서지 못하게 하고, 왼발만 들고 오른발은 들지 못하게 하고, 앞으로 갔다 뒤로 갔다 엎어졌다 뒤집어졌다를 모두 소이가의 마음대로 하였네. 장 태공은 마음이 초조해져서, 피봉皮棒(가죽 몽둥이)[74]으로 [소이가를] 내려

74 磕瓜라고도 한다. 본래 唐代 參軍戲에 쓰인 도구로, 자루가 긴 망치 같이 생겼는

쳤지만 [피봉이] 두 동강 나버렸네. 나는 "머리통이 깨졌으니, 관가에 고소를 해야지"라고 말하는데, 영문도 모르게 [사람들은] 깔깔대고 웃네.

【미尾】 그러다가 오줌이 잔뜩 마려워져서, 나는 터질 것 같아 참을 수가 없게 되었네. 참고 참으며 좀 더 보려고 하였는데, [그랬다면 오줌을 싸고 말아] 괜시리 이놈들 때문에 큰 웃음거리가 되었겠지.[75]

두인걸은 금나라가 기울어가던 1196년에 산동山東 동평東平에서 명문가의 아들로 태어나 스물한 살이던 1217년에 변량에 가서 과거를 준비하면서 원호문元好問을 비롯한 명사들을 알게 되었다고 한다. 그리고 약 10년 후인 1226년에 변량을 떠나 고향으로 돌아가서 은거하였고, 1276년에 세상을 떠날 때까지 벼슬을 하지 않았다. 그리고 그의 「장가불식구란」은 농촌 사람이 금의 마지막 도성이었던 남경(변량)에 가서 당시의 명배우 유사화의 공연을 구경한 것을 묘사한 작품으로 생각된다.[76] 위와 같은 형식은 산곡散曲 중에서도 【반섭조】라는 곡조에 속하는 소령小令 8곡이 연결된 투곡套曲이다. 각 소령별로 내용을 정리해보자.

먼저 【사해아】에서는 시골 농부가 제수용품을 사려고 도성에 와서 번화한 모습을 보고 감탄하는 모습이 그려져 있다. 이어 【육살】에서는 극장에 가서 호객꾼이 외치는 소리를 듣는데, 원본 「조풍월」과 유명 배우 유사화의 요말 공연이 있다는 것과, 이번 공연이 아주 훌륭하다고 자찬하는 것이다. 원본은 짧은 우스개 극 공연이고, 요말은 노래와 대

데 끝을 부드러운 천으로 감쌌다. 상대방의 머리를 때리는 뿅망치 같은 것이다.

75 隋樹森 編, 『全元散曲』, 中華書局, 1963, pp.31~32.

76 程民生, 「『莊家不識勾欄』創作年代與地點新考」, 『中州學刊』 2017年 第1期, pp.142~149 참고. 劉耍和에 대해서는 본서 제5장 제2절 참고.

사로 구성된 연극–후에 원 잡극으로 발전됨–공연이다. 【오】에서는 돈을 내고 들어가 나무비탈로 된 관객석으로 가서 종루 모양으로 생긴 무대와 그 아래 빽빽하게 모여 있는 사람들, 그리고 공연을 앞두고 북과 징을 치면서 흥을 돋우는 모습 등이 묘사되고 있다. 【사】에서는 첫 공연으로 석회를 바른 얼굴에 검은 두건을 두르고 요괴 같은 모습을 한 사람이 다른 배우들과 함께 여자아이를 따라 등장하였다고 하였는데, 다음 소령에서 알 수 있듯이 이것이 바로 원본 「조풍월」의 한 장면이었을 것이다. 【삼】에서는 원본 배우들의 시사詩詞와 노래 실력이 뛰어나고 말솜씨도 일품이었다고 말하면서 유사화가 주인공인 요말 공연이 시작됨을 알리고 있다. 【이】에서는 요말의 내용이 소개된다. 장 태공이 젊은 여자를 아내로 맞아들이려고 동행자인 소이가에게 주선을 부탁하는데 여자는 재물에만 관심을 가진다. 이어 【일】에서 소이가가 초조한 장 태공을 놀려먹는 우스개 장면이 펼쳐지는데, 극을 아마도 처음 보았을 농부는 이 '폭력 사태'를 진짜로 받아들여 심각하게 생각하지만 사람들이 웃고 즐기는 것을 보고 의아해한다. 마지막으로 【미】에서는 극을 다 보지 못하고 중간에 나왔는데, 여기에서도 극장에 처음 구경 간 시골 농부의 어리숙한 모습이 웃음을 자아내게 한다. 시골 농부는 비록 처음 구경한 도성의 연극을 잘 알아듣고 즐기지는 못한 것으로 묘사되고 있지만, 두인걸은 농부의 눈을 통해 본 당시 도성의 극장과 공연 모습을 생생하게 전달해주고 있다. 그렇기 때문에 「장가불식구란」은 금대 민간 공연의 모습을 알려주는 귀중한 자료로 인정받고 있다.

이제 원대의 도성 대도大都에서 벌어진 공연에 대해 묘사한 기록들을 살펴보자. 먼저 호지휼胡祗遹(1227~1295)이 남긴 시 작품들을 본다.

호지휼은 자주磁州 무안武安(지금의 하북성 자현磁縣 내) 사람으로 쿠빌라이 즉위 초기에 대도에서 한림문자翰林文字 벼슬을 하였고 그 뒤 산동, 강남 등지에서 지방관을 역임한 문관이다. 그의 시문詩文 중에는 배우나 기녀들을 언급한 글과 시들이 많은데, 모두 원대 연극 및 공연의 모습을 이해하는 데 중요한 자료들이다.[77] 그는 원나라 도성에서의 공연 모습을 읊은 칠언절구 시를 여러 수 남기기도 하였다. 이들은 『자산대전집紫山大全集』 권7에 수록되어 있는데, 하나의 제목마다 각각 절구 두 수씩을 싣고 있다. 차례로 살펴보자.

원대 도성 대도에서의 공연 모습
호지휼, 『자산대전집』 권7

「사봉시使棒詩」
봉 하나 들고 당당히 서서 장부 백 명을 상대하는데,
비바람처럼 빠르게 앞을 향해 달려가네.
태평성세의 조야에는 별다른 일이 없으니,
임금님께서는 열두 자 봉을 쓰도록 하지 않으시네.

치고 붙잡고 밀고 두드리니 쉬운 기예가 아니로다,
몸을 보호하며 휘돌아대니 귀에 바람 소리가 인다.
오늘은 사해가 한 집안이 된 날이니,
한바탕 웃음 속에 기예 바친 뒤에 전각 동편에 기대어 서네.[78]

---

77 아래에서 소개하는 연작시와 「朱氏詩卷序」, 「黃氏詩卷序」, 「優伶趙文益詩序」, 「贈宋氏序」 등의 序文등이 대표적이다. 劉知漸, 鮮述文, 「胡祗遹詩文中的元初戲曲史料」, 『河北學刊』 1985年 第5期, pp.100~101. 序文들에 대해서는 제5장 제2절 참고.

78 "一梃雄威敵百夫, 捷如風雨敢前驅. 太平朝野無餘事, 不得君王丈二殳." "擊搏推敲未易工, 護身旋轉耳生風. 今逢四海為家日, 一笑供餘倚舍東." 胡祗遹 著, 魏崇

「사봉시」는 봉술을 하는 사람이 여러 명을 상대하여 뛰어난 재주를 보여주는 장면을 읊고 있다. '사해가 한 집안이 된' 태평성대를 맞이하여 모두가 기뻐하는 가운데 오락을 즐기고 있는 것이다. 첫째 수의 마지막 구절은 당나라 시인 두목杜牧의 시에서 빌어온 것인데, 태평성대에 임금님이 병사에게 싸울 수 있는 무기를 주지 않음을 말한 것이다. 이 시에서 읊고 있는 봉술이 펼쳐진 날짜와 장소는 분명하지 않지만 나라의 경축일에 '백 명도 넘는' 기예인이 등장하고 있는 도성에서의 연희의 한 장면이라고 보아도 좋지 않을까 한다.

「아고迓鼓」
죽마놀이 하며 옛 원님 맞이하고,
성탄 맞이하여 생신을 축하드리네.
상서로운 북춤을 아이들이 추는데,
비췻빛 덮개와 푸른 적삼이 모두 다 새롭구나.

노년에 다행히 태평 시대를 만나서,
아이들보다도 더욱 즐거워하네.
그림 속에 춤추는 모습 남기면 좋겠으니,
지원 2년의 영원한 봄날이라네.[79]

「아고」 시는 지원 2년(1265)의 봄날에 귀족의 생신을 맞이하여 민간에서 경축하는 뜻의 북춤을 추는 아이들을 보고 읊은 것이다.[80] '아고迓

武, 周思成 校點, 『胡祗遹集』, 吉林文史出版社, 2008, pp.187~188.

79 "竹馬曽迎舊使君, 幸逢聖誕拜佳辰. 至和鼓舞兒童樂, 翠蓋青衫一樣新." "老癃幸遇太平辰, 不似兒童樂更眞. 好向畫圖留舞態, 至元二載萬年春." 胡祗遹 著, 魏崇武, 周思成 校點, 『胡祗遹集』, 吉林文史出版社, 2008, p.198.

80 생일의 주인공이 '옛 원님'일 가능성이 있으나 참고로 그의 이름은 알기 어렵다. 쿠빌라이 칸의 생일은 1215년 9월 23일(음력 8월 28일)이었다.

鼓'는 민간에서 관아의 고곡鼓曲(아고衙鼓)을 본받아 지은 곡이다.

「상박相扑」
무성한 음악 소리가 싫증나서,
사내들 씨름판 쪽으로 가서 구경해보네.
강한 손 노련한 주먹 물러서지 말아라,
신나서 북돋우니 그 흥이 끝이 없구나.

팔뚝에는 붉은 비단 두르고 수놓인 바지저고리 입고,
두 사내가 범과 용처럼 치고받네.
예로부터 도성 사람들은 원기元氣를 좋아해서,
어깨 부딪히고 발자국 겹쳐 밟으며 큰길을 가득 메웠네.[81]

저자는 북춤이 벌어지는 장소를 지나서 씨름판이 펼쳐지는 곳으로 옮겨가서 도성의 많은 사람들과 함께 용호상박이 펼쳐지는 씨름의 승부를 구경하였다. 「아고」와 「상박」 두 시 모두 도성(대도)의 많은 사람들이 오가는 마당에서 펼쳐진 재미있는 구경거리였을 것이다.

「투하마鬭蝦蟆」
용이 길들고 범도 엎드려 밝은 시대를 기뻐하니,
양쪽에서는 어찌하여 공과 사를 나누는가.
배를 불려 서로 노려보며 용감함을 자랑하니,
봉황 연못에 와서 놀아야겠구나.

숨을 내쉬어 배를 비울 필요는 없으니,
성덕이 봄과 같아 만물이 조화롭기 때문일세.

81 "滿前絲竹厭繁濃, 勾引眈眈角抵雄. 毒手老拳毋借讓, 助歡鼓勇興無窮." "臂纒紅錦繡襠襦, 虎搏龍拏戰兩夫. 自古都人元尚氣, 摩肩累跡隘康衢." 胡祗遹 著, 魏崇武, 周思成 校點, 『胡祗遹集』, 吉林文史出版社, 2008, p.198.

달 밝고 바람 맑으며 가을 물도 넓으니,
사이좋게 함께 가서 은택의 물결에 목욕하거라.[82]

「투하마」 시는 두꺼비 싸움을 구경하고 읊은 것이다. 두 마리가 서로 배를 불려 맞상대를 위협하는 모습을 익살스럽게 묘사하면서 용이나 범도 순종하는 태평 시대에 두꺼비들도 더이상 싸우지 말고 사이좋게 임금님의 은혜를 감사히 받으라고 당부한다.

「소아파간小兒爬竿」
입으로만 자랑하려 하지 말지니,
마당에서 아슬아슬한 놀이 하는 사람들을 보아라.
칼집처럼 높은 장대가 기울었다 바로 섰다 하면,
백만 명의 탄성이 서울을 진동시키네.

아슬아슬한 곡예를 몇 차례 선보이니,
북과 피리 부는 사람들아 재촉하지 말아라.
잔치를 맞아 용안龍顔에 기쁜 모습 보이시니,
백 척 높이 꼭대기에서도 평안하게 내려오네.[83]

「소아파간」 시는 나라의 잔칫날을 경축하는 놀이판에서 높은 장대를 오르는 소년의 묘기에 대도의 '백만 명'의 백성들이 탄성을 자아내고 쿠빌라이 칸도 그 모습을 함께 즐겼던 일을 노래하고 있다. 장대오르기를 비롯하여 저자가 읊은 기예들이 펼쳐진 장소는 북송 시대 개봉의 선덕

82 "龍馴虎伏喜明時, 兩部何分公與私. 脹腹瞠瞠誇勇决, 也須來戲鳳凰池." "不須作氣腹空膰, 聖德如春萬物和. 月白風淸秋水闊, 相將好去沐恩波." 胡祗遹 著, 魏崇武, 周思成 校點, 『胡祗遹集』, 吉林文史出版社, 2008, p.201.

83 "休憑口舌慢矜誇, 看取當場戲險家. 劍鞘高竿斜復正, 喧聲百萬動京華." "險藝呈來已數回, 弄人鼓笛莫相催. 當筵一博天顔喜, 百尺竿頭穩下來." 胡祗遹 著, 魏崇武, 周思成 校點, 『胡祗遹集』, 吉林文史出版社, 2008, p.202.

문루처럼 제왕과 백성들이 함께 자리하기에 편리한 대도 내성의 가장 큰 성문인 영성문欞星門 문루文樓의 어가御街 마당이 아니었을까 생각해 본다.

「제궁조諸宮調」
말솜씨는 콸콸 폭포수를 터놓듯 하고,
치음徵音이며 궁음宮音이며 음조도 다채롭구나.
지원至元 시대의 봉헌곡을 부르는 대목에 이르러,
향 연기에 바람 살랑대니 봄의 기운 가득하구나.

옛사람들의 자취는 말할 필요도 없고,
성대聖代의 문장은 더욱 전해질 만하네.
마음과 품격 갖춘 곡들 남겨서,
중통中統과 지원 때를 천천히 노래하네.[84]

제궁조는 본래 여러 궁조의 노래들을 길게 이어 재미난 이야기를 엮어가는 서사 강창의 한 종류로, 금나라 때부터 유행하기 시작한 것으로 알려진다. 저자가 어떤 이야기를 노래한 제궁조를 듣고 이 시를 읊었는지는 알 수 없지만, '폭포수처럼 터놓듯'한 노랫가락과 '품격 갖춘' 노랫말로 쿠빌라이 치세를 칭송하는 대목이 여러 군데 있었던 것은 분명하다.

「태평고판太平鼓板」
환이桓伊의 〈삼농三弄〉 소리 정말 조화로워,[85]
사나운 비바람이 막 핀 연꽃을 흔들 듯하구나.

84 "談鋒袞袞決懸河, 嚼徵含宮格調多. 唱到至元供奉曲, 篆煙風細藹春和." "古人陳迹不須言, 聖代文章合剩傳. 留著才情風調曲, 緩歌中統至元年." 胡祇遹 著, 魏崇武, 周思成 校點, 『胡祇遹集』, 吉林文史出版社, 2008, p.202.

85 東晉 음악가 桓伊가 연주한 〈梅花三弄〉을 가리킨다.

풍년 들어 백성들 즐겁고 임금님의 은혜는 끝이 없으니,
그 소리가 이원梨園의 법곡法曲에도 밀리지 않는구나.[86]

음악 소리 이미 절로 아름다운 이름 얻었으니,
만수연萬壽筵에서 태평 시대를 즐거워하네.
또다시 동풍에 기대어 취한 소매 들어 올리니,
일시에 많은 사람들이 힘껏 새로운 소리를 펼쳐내네.[87]

태평고판은 북과 박판을 함께 연주하는 악곡의 한 종류로 생각된다. 태평성대를 칭송한다는 뜻으로 붙인 이름일 것이다. 옛 동진東晉 사람 환이가 지었다는 〈매화삼농梅花三弄〉을 많은 사람들이 함께 북과 박판으로 반주하는 소리는 '사나운 비바람이 연꽃을 흔들 듯' 하였으니, 이 시에는 만수절 즉 대칸의 생일에 백성들이 즐거워하며 임금님의 은혜에 감사하는 마음을 고판으로 연주한 모습이 잘 묘사되어 있다.

지금까지 살펴본 호지휼의 시들이 모두 한 시기에 같은 장소에서 지어진 연작시라는 분명한 증거는 없다. 하지만 이들 작품이 쿠빌라이 치세 초기에 자신이 벼슬을 지내며 생활했던 대도에서 지어졌을 가능성은 매우 크고, 특히 일부 시편들은 쿠빌라이 칸의 생일을 맞이하여 제왕이 백성들과 함께 즐긴 공연을 묘사한 것이 분명하다. 또한 이들 공연은 전체적인 내용을 볼 때 황궁 안보다는 황궁 앞 도성 내의 많은 사람들이 모인 곳에서 이루어졌을 것으로 보는 것이 더 좋지 않을까 한다.

86 梨園은 唐 玄宗 때 만든 궁정 가무 기구 또는 소속 예인들을 뜻한다. 法曲은 불교적 색채가 있는 음악이다.

87 "三弄桓伊聲正和, 猛風白雨戰新荷. 歲豐民樂君恩重, 不讓梨園法曲歌." "樂音先自得佳名, 萬壽筵前樂太平. 更倩東風扶醉袖, 一時繁劇弄新聲." 胡祗遹 著, 魏崇武, 周思成 校點, 『胡祗遹集』, 吉林文史出版社, 2008, p.202.

호지휼은 이밖에 강창 공연의 모습을 묘사한 사詞 작품도 남겼는데, 【목란화만木蘭花慢】「증가기贈歌妓(가기에게 주다)」가 그것이다.

가기의 강창 공연 모습
호지휼, 【목란화만】「증가기」

천고의 흥망을 이야기하니, 옳고 그름을 들어보세.
강과 바다에서 세차게 부는 비바람 같은 소리,
예쁜 꾀꼬리와 어린 봉황 같은 소리들이,
서로 어울려 이끌어가는 것을 좋아하네.
경쾌한 목소리로 천천히 시작하니,
들보의 먼지 떨어뜨리고 채색 구름 날아가게 두지 않네.
가녀린 손으로 상아 박판을 내려치더니,
수많은 구슬들을 세심하게 쏟아놓는 듯.
또한 변사辯士가 소진蘇秦, 장의張儀를 만난 듯하니,
육국六國의 책략은 아이들 놀이나 같구나.
종횡으로 이간하거나 끌어들이니,
동쪽이 강하고 서쪽이 약했으나,
단번에 위험한 지경이 되는구나.
천 명이 조용히 귀 기울여 들으니,
꽃가지 끝에 해가 걸리고 날 어두워지는 줄도 모르네.
날마다 새로운 소리와 멋진 말로 이끌어가니,
세상에서 무슨 일로 눈 찌푸릴까.[88]

---

88 "話興亡千古, 試聽取、是和非. 愛海雨江風, 嬌鶯雛鳳, 相和相催. 泠泠一聲徐起, 墜梁塵、不放彩雲飛. 按止玉纖牙拍, 細傾萬斛珠璣. 又如辯士遇秦儀, 六國等兒嬉. 看捭闔縱橫, 東強西弱, 一轉危機. 千人洗心傾耳, 向花梢, 不覺月陰移. 日日新聲妙語, 人間何事顰眉?" 胡祗遹 著, 魏崇武, 周思成 校點, 『胡祗遹集』, 吉林文史出版社, 2008, p.213.

위의 사 역시 어떤 가기에게 준 작품으로 언제 어디에서 썼는지는 밝혀져 있지 않지만, 그가 관직 생활을 한 대도나 남북 어느 지방에서 '천고의 흥망'의 역사를 이야기와 노래로 이어간 여성 예인의 공연을 보고 나서 적었을 것이다. 원대 강창 공연 모습을 증언하는 기록이 많지 않은 상황에서 이 작품은 매우 귀중한 자료라고 하겠다.

원대 대도에서의 공연 상황은 조정의 금령禁令을 통해서도 간접적으로 엿볼 수 있다. 특히 원대의 법령 문서를 모은 문헌인 『원전장元典章』을 보면 관련 기록이 적지 않은데, 그중에 한 사례를 살펴본다.

도성 거리에서의 노래 공연 금지
『원전장』 권57 「잡금雜禁」

지원至元 12년(1275), 중서성 병부 및 형부는 중서성의 다음 판송判送을 받듦: "형방刑房이 보고하기를 '지금 무도한 소인들이 뱀이나 벌레, 금수禽獸를 놀리면서 사람들을 모아 거리에서 약을 파는데, 병을 고치지도 못할 뿐만 아니라 도리에 사람들에게 해를 끼치는 일도 있습니다. 또 도성에서 비파사琵琶詞나 화랑아貨郎兒를 부르는 자들이 사람들을 모아 길을 막고 남녀가 뒤섞여 있게 하니 싸움이 일어날 뿐 아니라 다른 사단도 일어나게 될까 걱정입니다'라고 하였으니, 이에 도당都堂[89]의 논의를 통해 이들을 금지시키고 하부에 전달하니 이와 같이 시행하라."[90]

『원전장』은 1257년부터 1322년까지의 각종 법령들을 모은 책으로, 방대한 분량과 풍부한 내용, 그리고 원시 자료로서의 가치 등 그 중요

89 각 尙書들을 총괄하는 都省의 사무처를 말한다.

90 陳高華 等 點校, 『元典章』, 中華書局, 2011, p.1938.

성이 매우 높은 사료이다. 특히 형부刑部에는 각종 민형사상의 사건과 소송 사례 등을 모아놓았는데 이를 통해 당시 기층 사회의 모습을 살필 수 있어서 자료 내용의 희소성 면에서도 매우 가치가 높은 책이다.[91] 위의 글은 형부의 「잡금」 가운데 보이는 내용으로, 뱀이나 벌레, 금수를 놀리면서 사람들을 모아놓고 약을 파는 사람들과 비파를 연주하며 노래하고(비파사) 물건 파는 소리를 노래처럼 만들어 부르는 공연(화랑아) 때문에 사람들이 모여들어 말썽이 날 우려가 있으니 이러한 행위들을 금지해야 한다는 형방의 건의를 받아들여 금령을 선포한 기록이다. 사고를 미연에 막자는 관료들의 우려가 드러나 있지만, 이러한 풍조가 대도에 상당히 유행하였음을 역설적으로 알려주고 있는 것이다.

『원전장』에는 쿠빌라이가 직접 공연을 금지하며 내린 명령도 기록되어 있다.

도성에서의 천마무와 잡극 등의 공연 금지
『원전장』 권57 「잡금」

[지원 18년] 윤 팔월 스무닷새에 팔가八哥 봉어奉御와 독렬禿烈 봉어가 다음과 같은 성지를 전해 옴: "소리小李에게 전하여 앞으로 누구든지 막론하고 십륙 천마十六天魔를 하지 말고 잡극雜劇을 하지 말고 취탄吹彈을 하지 말고 사천왕에 치장을 하지 말고 해골 [가면]을 뒤집어쓰지 말라고 해라. 어기는 자는 죄를 물을 것이니라. 이를 따르라."[92]

91 陳高華 等 點校, 『元典章』, 中華書局, 2011, '前言' 참고.

92 陳高華 等 點校, 『元典章』, 中華書局, 2011, p.1939.

이 기록은 쿠빌라이가 '십륙 천마', 잡극 공연과 취탄, 그리고 사천왕상을 치장하는 행위 등을 금지시킨 일을 봉어(환관)들의 전언을 통해 공표한 것이다. '십륙 천마'는 본래 궁녀 열여섯 명이 머리에 불관佛冠을 쓰고 몸에는 붉은색 짧은 치마를 입고 손에는 '가불라완噶布喇完'이라는 법기나 꽃을 들고 찬불讚佛하며 춤을 추는 천마무天魔舞로, 처음에는 궁정에서 공연되다가 나중에는 궁정 바깥에서도 크게 유행하게 된 가무희이다.[93] 사천왕상에 치장을 하는 것도 불교 행사의 일환이었을 것이다. 특히 잡극 공연과 취탄을 금지했다는 것도 이들 공연이 빈번하게 이루어졌음을 말해주는 것이다. 기록에는 공연이 이루어진 장소를 밝히지는 않았지만 궁정 밖 도성에서 성행한 공연을 두고 말했을 가능성이 크다.

93 中國大百科全書總編輯委員會, 『中國大百科全書·音樂舞蹈』, 中國大百科全書出版社, 1998, pp.592~593.

제3절
지방 도시와 향촌의 공연 현장과 광경

이제 도성 밖의 지방 도시와 향촌에서 있었던 공연 활동으로 눈을 돌려보자. 지방 도시와 향촌에서의 공연 모습에 대한 기록은 도성에 비해 적은 편인데, 이는 명절이나 평소의 공연 활동이 도성만큼 활발하지 못했기 때문이겠지만, 공연의 기록을 남길 만한 사람이 도성에 비해 적었기 때문이기도 할 것이다. 하지만 일부 지방 도시나 향촌에서의 공연 모습을 남긴 기록이 일부 남아있고, 도성과는 또다른 특색을 지닌 공연 모습이 기록되어 있어서 주목할 만한 가치가 적지 않다. 수집된 자료들을 중심으로 해당 지역들의 공연 현장을 찾아가보자. 먼저 남송 때 평강平江(지금의 강소성과 상해시 경계) 출신의 관료였던 주남周南(1159~1213)의 『산방집山房集』 권4 「유선생전劉先生傳」에는 어느 도시의 시정에서 우스개를 하여 돈벌이를 한 젊은이들에 대한 일화가 소개되어 있다.

남송 시대 지방 도시의 공연 모습
주남, 『산방집』 권4 「유선생전」

시장 남쪽에 불량한 남자 셋과 여자 둘이 있었는데, 형제들인지 동서 사이인지는 모르겠으나 우스개를 하면서 돈을 구걸했다. 한 시인市人이 말하기를 그들은 잡극을 하는 자들이라고 하고, 또 어떤 이는 우優라고 했다. [그들은] 사람들이 모여드는 요충지, 사람들로 꽉 찬 시장, 관청의 소송하는 장소 옆, 영신迎神 제사를 지내는 곳 등에서 줄을 그어 마당을 그려놓고 [그곳에서] 구경꾼들에게 우스개를 들려주었다. 동전 한 닢 이상이면 모두 받고 [공연해] 주었는데, 다만 공짜로는 구경할 수 없었다. 그들이 흉내 내어 웃음거리로 삼은 사람은 말을 괴이하게 하는 자, 두건을 이상하게 두른 자, 등이 굽은 채 걸어가는 자, 외발로 걷는 자, 절룩거리는 자 등이었고, 그들이 희롱하는 바를 사람들은 알아채고 모두들 웃었다.

유 선생이라는 사람이 있었는데, 젊었을 때는 유생이었으나 도사를 만나 양생술을 배웠다. 어느 날 문득 배운 것을 모두 버리고 약초를 판 소득으로 처자식을 먹여 살렸는데, 문을 닫아걸고 사람들과 왕래하지 않았다. 이때 이미 예닐흔 살이 되었는데, 어깨가 정수리보다도 높고 턱은 배꼽에 숨어있어서, 외모가 특이하고 소리를 전혀 내지 않았다. 그가 시장을 지나갈 때마다 포복절도하지 않는 사람이 없었다. [우스개를 하는] 젊은이들이 모두 그를 흉내내지 않은 자가 없었다. 이들이 공연하면 구경꾼들은 반드시 '유 도사를 보러 간다'고 하였다. [시장에서] 하루에 하는 우스개 공연이 여러 가지였는데, 이 젊은이들이 유 선생의 약초 파는 소리를 흉내내면 반드시 [그날의] 공연이 시작되었다. 이로부터 3~5년 동안 유 선생이 집밖으로 나오면 이 못된 젊은이들이 반드시 그를 따라다니며 약초 광주리를 빼앗거나 따귀를 때렸고, 유 선생은 약초를 팔 수 없었다. 하루는 부슬비가 내렸는데, 영인伶人(배우)들이 시에서 술을 마시다가 마침 유 선생이 약초를 팔면서 그 앞을 지나가는 것을 보았다. 영인들은 취하여 그를 모욕 하면서 사람들을 웃기니 길이 막혀 다닐 수가 없을 지경이었다.[94]

주남은 남송 광종光宗 소희紹熙 원년(1190)에 급제한 뒤 지주 교수池州教授를 지냈고 영종寧宗 개희開禧 연간(1205~1207)에 황제 앞에서 정책을 논하다가 권세가의 미움을 사서 탄핵당한 사람이다.[95] 위의 글이 어느 도시를 배경으로 한 것인지는 밝혀져 있지 않은데, 그의 고향 평강, 그가 과거에 응시한 도성 임안, 그가 벼슬을 한 지주(지금의 안휘성 지주시) 등을 비롯한 강남 지역 도시 가운데 하나일 것이다. 어떻든 윗글은 어느 도시의 시장이나 관청 앞, 사당 등과 같이 사람들이 많이 모이는 곳에서 놀이마당을 펼쳐놓고 몸이 불편한 사람을 흉내내며 우스개 연기를 하면서 돈벌이를 한 사람들에 대한 기록이다. 오늘날의 시선으로도 문제가 많지만, 당시에도 선량하고 약한 유 선생을 괴롭힌 점이 강조되어 있어서 잡극에 대한 저자의 부정적 인식이 뚜렷했음을 알 수 있다.

원대 도시의 민간 공연 활동에 대해서는 「상담항원嗓淡行院」이라는 투곡을 통해 살펴볼 수 있다. 이 투곡은 원 말엽 사람 고안도高安道가 지었는데, 그의 생애는 거의 알려져 있지 않다. 다만 원 말엽 사람 종사성鍾嗣成이 편찬한 극작가 명부인 『녹귀부錄鬼簿』에 '방금재인문명불상지자方今才人聞名不相知者(오늘날의 작가로, 이름은 들었지만 서로 알지는 못하는 사람)'의 명단에 올라 있는 것으로 보아 원 말엽의 사람임을 알 수

94 『景印文淵閣四庫全書』 第1169册, 臺灣常務印書館, 1986, p.47. 胡忌, 『宋金雜劇考(訂補本)』, 中華書局, 2008, pp.42~43에도 인용되어 있는데, 몇몇 글자가 다르다.

95 張撝之, 沈起煒, 劉德重 主編, 『中國歷代人名大辭典』, 上海古籍出版社, 1999, p.1522.

있다. 작품의 제목 「상담항원」의 의미에 대해, '상'은 풍자, 조롱, '담'은 노래, '항원'은 예인 또는 극단을 뜻하여, '예인들(극단)을 풍자하여 노래하다'라는 뜻으로 해석할 수 있다는 견해가 있는데,[96] 삼류의 공연을 비난하는 작품의 내용과도 잘 부합하여 설득력이 있다. 이 작품의 공간적 배경은 명시되어 있지 않지만 어느 도시에서 있었던 배우와 극단의 활동 모습을 묘사한 것이라고 하겠다. 먼저 전체 내용을 살펴본다.

원대 도시에서의 삼류 공연 모습
고안도, 「상담항원」

【반섭조般涉調·초편哨遍】 따스한 햇볕과 부드러운 바람이 있는 맑은 날, 배불리 밥 먹고 차도 마시고 난 때라. 스스로 한탄하노니 관청에 얽매인 신세라, 명리에 이끌려 쉬지도 못하네. 친구들을 찾아가니, 모두들 의관을 깨끗하게 차려입고 나오는데, 모습이 단정하여, 한 사람 한 사람 빼어나네. 모두들 문 앞에서 기다리며, 가루歌樓에 가서 즐기면서, 시름을 씻으려 하네. 유맥柳陌(기생집) 드나들며 기생과 놀기는 싫증나서, 배우들 감상하러 붕란棚闌(구란)으로 가네. 멋들어진 춤과 맑은 노래를 즐기고, 하얀 이와 맑은 눈망울[의 배우들]을 구경하고, 차와 술은 잠시 젖혀두겠네.

【사해아耍孩儿】 절뚝거리는 외다리 사내는 정말이지 촌스럽고, 소리 지르는 짐꾼들은 크게 외치는구나. [구란에 가까이 가니] 눈은 더욱 침침하고 어지럽고, 문지기는 몸집이 황소만 하네. [구란 밖에서] 피리 부는 파색把色(관악기 연주자)은 뾰족한 입을 비뚤어 불고, 북 치는 사내는 왼손에 굳은살이 돋았는데, 엉터리로 땅따당 하고 북을 두드리네. 구란 밖에 가까이 있는 이는 [제목을 보려고] 등을 구부리고,

96 劉曉明, 「『嗓淡行院』考」, 『文獻』 1999年 10月 第4期, pp.95~99.

박하 장수는 목이 다 쉬었구나.

【칠살七煞】 배장排場(공연)하는 곳에는 여자 여러 명이 앉아 있는데, 악상樂床[97]에 앉은 모습이 마치 수두獸頭[98]와도 같고, 자기소개하는 모습을 찬찬히 살펴보니 추하기 짝이 없네. 하나같이 청포靑布 치마로 배를 꽉 조여 매었고, 검은 깁 쪼가리의 [두건을] 깊숙하게 이마에 둘러썼네. 구란의 위아래에서 사내들에게 선을 보이고는, 파자破子(노래의 마지막 대목)를 부를 때에는 노랫가락을 망치고, 틀리게 노래하며 입을 제멋대로 실룩대네.

【육六】 찬단攛斷(연주)하는 이들은 정말 흐리멍덩하고, 주장主張하는 이(말末 배우)만 홀로 똑똑하네. [이들이] 황금빛 소매를 본 적이나 있을지? 이(虱)들이 어깨 위를 기어 다니지만, 그것을 보고도 "구슬들이 어깨에 나란히 늘어섰다"고 말하는구나. 네 명이 사뿐거리며 우스운 춤을 구부정하게 비틀어 추는데, 그 언제 궁매宮梅(매화)를 이마에 그렸던가, 그 누가 촉금蜀錦(비단)으로 머리를 감싸려고 하는가?[99]

【오五】 붉은 깃발 흔들다가 등에 감기고, 하얀 비단 잡아끌다가 다리에 엉키네. 토끼 같은 털이 자란 노인은 [앞을] 제대로 보지 못하고, 답교踏蹻(죽마) 하는 이는 하마터면 걸려서 머리가 깨질 뻔하고, 번도番跳(재주넘기) 하는 이는 하마터면 넘어져 나뒹굴 뻔하네. 높은 곳에 오른 판관은 늙고 야위었고, 조대자調隊子(대열바꾸기)는 절도도 없고 정교하지도 않으며, 흘두귀疙瘩鬼(부스럼 난 귀신)는 하나도 무섭지 않네.

【사四】 소래捎□[100]는 멍청하여 머리가 깨졌고, 주말□□[101]은 배고파서 입이 깨졌으며, 말니末泥와 첨희尖戲는 정말이지 떠듬거리기만

97 여자 예인들이 演唱을 하기 전에 있는 앉아 기다리는 장소를 말한다.

98 짐승 머리 모양의 기와나 돌을 말한다.

99 배우들이 제대로 단장하지 않은 모습을 비난하는 것이다.

100 래는 '扌'와 '來'를 합친 글자이다.

101 주는 '口'와 '昼'를 합친 글자이고, 말은 '亻'과 '末'을 합친 글자이다.

하는구나. 옛날의 산酸, 고孤, 단旦을 할 줄 몰라, 저 유명한 위魏, 무武, 유劉를 욕보이는구나. "인재와 기녀가 높은 누각에서 술을 마시네"[102] 라는 구절을 읊고 나서는, 어느 누구도 휘리릭 하며 재주 넘기를 이백 번 하는 이가 없구나.

【삼三】 단旦은 예쁘지 않으니, 우둔한 몸집은 물소 같고, 떠돌이 개가 짖다가 목이 쉰 것마냥 소리가 거칠다네. 관대冠帶 차림으로 빗을 들고 두꺼운 목을 뻣뻣하게 쳐들었는데, 장기掌記(대본)를 든 까만 손가락이 반들거리네. 간판을 내거는 이가 사람들을 끌어들이는데, "하늘거리는 멋진 춤과, 부드러운 노래가 있습니다"라고 씌어 있네.

【이二】 [외外가] 연기하는 목소리는 생경하고, 작은 정로頂老(기녀)는 족두리를 비뚤어지게 썼고, 늙은 보아保兒(부인)는 어색하게 몸을 구부리고 있네. [또한] 절가切駕(황제?)의 얼굴에는 서리와 눈이 쌓여 있고, 파관자把關子(해설자)는 고문拷門[103] 옆에서 번드르르하게 말하고, 외단外旦은 비린내를 풍긴다네. 모두들 지저분한 체말砌末(소도구)과, 저속하고 비루한 항두行頭(복장) 차림이라네.

【일一】 마지막 공연하는 무리가 늘어서서, 한 대목을 마치려고 하네. 회 바르고 흙칠하여 멋대로 망쳐버렸으니, 되는 일 없이 동와東瓦로 갔다가 서와西瓦로 왔다 하고, 남주南州나 북주北州로 나가보아도 별 볼 일 없다네. 망치고도 만회하기 어려우니, 사방에서는 흙먼지만 날리고, 팔방으로 자갈들만 뒹구는구나.

【미尾】 양원梁園에 자주 가보았고, 상원桑園도 여러 번 다녔지만,[104] 무광두武光頭, 유 색장劉色長, 조아수曹娥秀 같다고 소문이 난 이 [배우]

102 「神仙會」 잡극 속의 '添壽院本' 말미에 비슷한 표현이 있다. 원본에서 자주 쓰던 상용구인 듯하다.

103 무대의 등장문 또는 퇴장문을 뜻하는 것으로 볼 수도 있고, 拷門 즉 '문을 두드리라'는 뜻으로 볼 수도 있다. 여기에서는 전자를 택하였다.

104 梁園은 開封에 있던 훌륭한 구란을 뜻하고 桑園은 시골에 있는 수준이 낮은 구란을 뜻하는 듯하다.

들은, 그저 시골 공터나 돌아다니는 수밖에 없겠네![105]

이 작품은【반섭조】라는 곡조에 속하는 소령 10곡으로 이루어져 있고, 전체적으로 관청에서 일하는 화자가 구란에 가서 다양한 기예를 구경하고 품평한 내용으로 이루어져 있다. 먼저【초편】에서는 '관청에 얽매인 신세'의 화자가 시름을 씻기 위해 친구들과 함께 구란에 가서 춤과 노래를 구경하겠다는 마음을 밝히고 있다. 다음 노래인【사해아】에서는 구란에 도착한 화자가 입구 앞에서 손님을 끌기 위한 피리와 북 연주가 펼쳐지고 주전부리를 파는 사람이 목청을 높여 외치고 있는 모습을 묘사하였다. 이어【칠살】부터【일】까지의 노래들은 모두 극장 안의 배우나 악단의 수준이 형편없음을 차례로 묘사하고 있는데, 먼저【칠살】에서는 악상樂床에 앉아서 공연을 준비하는 여자 배우들의 모습이 '추하기 짝이 없'고 노래도 망치는 등 실력 미달이라고 비난하고,【육】에서는 배우들이 지저분하고 춤 솜씨도 엉망이라고 힐난한다.【오】에서는 죽마나 재주넘기 같은 묘기와 노인이나 판관 연기, 대열바꾸기, 귀신 연기 등의 기예들이 펼쳐졌는데, 묘기도 위태롭고 무서워야 하는 판관이나 귀신 연기도 전혀 무섭지 않아서, 역시 모두 수준이 떨어졌다고 지적한다.【사】에서는 소래, 주말, 말니, 첨희 등의 여러 각색명이 등장하는데 역시 모두 제대로 된 연기를 하지 못한다고 말한다. 이 중 말니는 '주장主張을 한다'(『몽량록』)는 설명처럼 역할이 알려져 있지만, 소래, 주말, 첨희 등은 각색 명칭이라고만 추정할 뿐 구체적으로 어떤 역할을

105 隋樹森 編, 『全元散曲』, 中華書局, 1963, pp.1109~1111. 胡忌, 『宋金雜劇考(訂補本)』, 中華書局, 2008, pp.248~259에 이 작품이 비교적 상세하게 해설되어 있다. 다만 난해한 부분이 적지 않아 후속 연구가 더 필요하다.

하는지는 알기가 어렵다. 또 산, 고, 단 등의 명칭도 각색명이라고도 볼 수 있고, 예를 들어 각각 「합방산合房酸」, 「교탁고喬託孤」, 「모시단毛詩旦」 등과 같이 원본院本의 제목에 많이 사용되는 명칭들이어서 원본의 통칭으로 볼 수도 있다. 어떤 경우이든 산, 고, 단은 각각 위, 무, 유, 세 배우들이 잘했던 연기 또는 작품일 것이고, 작자는 이제는 이들 같은 명배우들의 연기를 찾아볼 수 없음을 안타까워하고 있다.[106] 이어지는 【삼】과 【이】에서도 단, 외를 비롯하여 기녀, 부인, 황제, 해설자 등 군소 각색들의 모습과 연기가 모두 수준 이하라고 비난하고 있고, 【일】과 【미】에서는 이날 본 공연을 총평하여 유명 배우들의 연기라고 소문났지만 실은 시골 마당에서나 공연할만한 수준 떨어지는 것이었다고 혹평하면서 끝을 맺고 있다.

이처럼 「상담항원」의 전체적인 내용은 도시에서 관청 업무에 얽매여 지내다가 모처럼 구란 구경을 나간 화자가 수준 이하의 예인들의 모습을 보고 실망한 마음을 잘 드러내고 있다. 독해가 상당히 어려운 작품이고 아직 완전히 이해되지 못한 부분도 있지만 원 말엽 어느 도시에서 있었던 민간의 공연 모습을 이해하는 데 큰 도움을 주고, 또한 이 작품에서 언급된 다양한 기예와 각색, 그리고 유명 배우들의 이름 등은 당시의 기예 활동을 이해할 수 있게 해주는 의미가 상당히 크다고 하겠다.

원 말엽 도시 공연의 모습은 당시 지어진 잡극 작품들을 통해서도 잘 살펴볼 수 있는데, 앞에서도 소개한 바 있는 「한종리도탈남채화」가

106 魏, 武, 劉 세 사람은 雜劇色의 色長으로 각각 念誦, 筋斗, 科汎을 잘했다. 본서 제2장 제2절 참고. 이들 중 武는 마지막 小令 중의 武光頭를 가리킬 것이고, 劉는 劉耍和를 말한다.

대표적이다. 원 말엽에 지어진 것으로 추정되는 이 작품은 변량汴梁의 양원붕梁園棚에서 활동하는 가족극단의 배우 남채화藍采和를 신선 종리권鍾離權이 출가시켜 신선이 되게 한다는 내용으로 이루어져 있는데, 당시 배우와 극단들의 생활상을 잘 보여주고 이들의 공연 모습을 이해하는 데 크게 도움이 된다. 제1절의 한 대목을 읽어본다.

원대 변량에서의 공연 모습 1
「한종리도탈남채화」 제1절

(단旦이 외단外旦과 함께 내아俫兒를 데리고 등장하고,[107] 두 정淨이 왕 파색王把色과 이박두李薄頭로 분하여 등장한다. 정이 말한다) 우리 두 사람은 하나는 왕 파색, 하나는 이박두올시다. 우리 형님이 남채화이지요. 이곳 양원붕 안의 구란에서 작장作場하고 있습니다. 이분은 형수님입니다. 우리가 먼저 구란에 들어와서 준비를 마쳤으니, 구란 문을 열고 누가 오는지 보겠습니다.

(종리권鍾離權이 등장하여 말한다) 빈도貧道가 구름 앞쪽을 눌러 곧장 내려가서 양원붕 안의 구란으로 한 번 가보겠습니다. 벌써 당도했구나. (악상樂床을 보고 거기에 앉는다)

(정이 말한다) 선생님, 저기 신루神樓나 요붕腰棚에 가서 보세요.[108] 여기는 여자들이 준비하는 곳이지 선생님이 앉을 곳이 아닙니다.

(종리권이 말한다) 너희 그 말니末尼 허견許堅이 집에 있느냐?

(정이 말한다) 선생님, 조금만 기다리시면 곧 올 것입니다. 무슨 하실 말씀이라도 있으신지요?

(종리권이 말한다) 그 사람이 오면 내가 직접 말하겠다.

107 旦은 藍采和의 처 喜千金, 外旦은 며느리 藍山景, 俫兒는 아들 小采和이다.

108 樂床은 여자 배우들이 앉아서 대기하는 곳이고, 神樓는 무대 맞은편에 있는 객석을 말하며, 腰棚은 무대와 神樓 사이에 양쪽으로 있는 측면 객석이다.

(정이 말한다) 잠시 앉아계시면 형님이 곧 올 것입니다.

(정말正末[109]이 등장하여 말한다) 저는 성은 허이고 이름은 견이며 악명은 남채화藍采和라고 합니다. 제 처는 희천금喜千金이고, 아들이 하나 있는데 소채화小采和라고 하고, 며느리 이름은 남산경藍山景입니다. 고종사촌은 왕파색, 이종사촌은 이박두입니다. 저는 이곳 양원붕의 구란에서 작장하고 있습니다. 어제 화초아花招兒(광고판)를 붙였고, [오늘은] 두 아우가 먼저 준비하러 갔습니다. 이제 구란에 가면 되겠네요. 우리네 작장하는 일은 쉽지 않답니다.

(노래한다)

【선려仙呂·점강순點絳脣】 나는 이 낡은 대본을 전하니, 노기路岐(유랑극단)의 모습이라네. 항원의 기예를 익혀, 타원打諢(우스개)를 하니, 하잘것없는 기예라도 깊고 얕음 정도는 안다네.

【혼강룡混江龍】 내가 바늘 놀려 실을 누비는 듯한 모습을 보시게. 나는 이 양원성에서 지낸 지 벌써 이십 년이 되었다네. 늘 남을 도와주고, 손님도 열심히 맞았다네. 사랑과 미움이 있고 효도 권하는 새 원본을 한 대목 하여, 주림과 추위 면하고 따뜻하게 가족 부양할 돈 몇 푼을 벌었다네. 이곳은 다른 고을에 비할 바가 아니라네, 작은 기예 좀 배우면, 좋은 밭 천 마지기보다도 낫다네.

(말한다) 구란에 도착했구나. 동생들, 구경 오는 사람들이 좀 있는가? 시작하기 좋은 때이니 얼른 준비를 마치게.

(정이 말한다) 저희가 막 구란 문을 열었을 때 어떤 선생이 악상에 앉아 있길래, 제가 "선생님, 저기 신루나 요붕에 가서 보세요. 여기는 여자들이 준비하면서 앉아있는 곳입니다."라고 했더니, 제게 욕을 하더라고요.

(정말이 말한다) 자네들이 그 사람에게 시비를 건게 아니고? 내가 직접 가보겠네. ([종리권을] 만나서 말한다) 인사 올립니다, 선생님!

109 주인공 藍采和이다.

(종리권이 말한다) 너는 어디를 돌아다니다가 오는 것이냐?

(정말이 말한다) 선생님, 이 초패招牌(광고판)를 좀 붙여 주십시오. 거리에서 친구 몇 명이 차 한잔 하자고 해서 늦게 돌아왔습니다.

(종리권이 말한다) 내가 이 구란에 온종일 앉아 있었는데, 너는 이제야 왔구나. 음악이 손님을 기다려야지 손님이 음악을 기다릴 수는 없는 법이거늘. 내가 일부러 네가 잡극 하는 것을 보러 왔으니 무슨 잡극을 한 대목 보여주겠느냐?

(정말이 말한다) 선생님은 무슨 잡극이 좋겠습니까?

(종리권이 말한다) 네가 외고 있는 것을 꼽아보너라.

(정말이 말한다) 제가 몇 대목을 꼽아드리겠습니다.[110]

위의 장면은 신선 종리권이 남채화가 이끄는 극단에 찾아와서 잡극 구경을 원한다는 구실로 남채화가 신선이 될 마음이 있는지를 떠보는 대목 중의 일부이다. 남채화는 아내 희천금, 아들 소채화, 며느리 남산경, 그리고 두 사촌동생 왕파색과 이박두 등과 함께 극단을 꾸려 변량(개봉)의 구란에서 20여 년째 공연하고 있는 것으로 묘사되고 있는데, 실제가 아닌 극 중 장면이지만 원대 변량에서 활동했을 가족 극단들의 전형적인 모습을 보여준다고 할 수 있다. 이 뒤로 남채화는 남녀 사이의 애정을 그리거나 양가장楊家將이나 수호전水滸傳의 이야기들을 극화한 작품들을 공연하겠다면서 나열하고, 종리권은 모두 마음에 들지 않는다며 불평하다가 실랑이를 벌이는 장면이 이어진다.

「한종리도탈남채화」의 마지막 절에서는 종리권을 따라 출가했던 남채화가 30년 만에 가족들을 다시 만나서 옛날의 공연하던 모습을 회상하며 지금도 여전히 연기할 수 있다고 노래하는 장면이 있어서 이

110 王季思 主編, 『全元戲曲』 第7卷, 人民文學出版社, 1999, pp.117~118.

들의 공연 모습을 좀 더 살펴볼 수 있다.

원대 변량에서의 공연 모습 2
「한종리도탈남채화」 제4절

(정이 풍악을 울린다) (정말이 노래한다)

【경동원慶東園】 어디서 사람들이 요란할까? (말한다) 풍악 소리로구나. (노래한다) 촌구석 노기路岐 패들인가보다. 저 마당 쪽에서, 창칼을 들고, 꽹과리에 박판 치고 북과 피리 맞추며, 게다가 저기 저 휘장과 깃발도 있구나. 광대들이 누구네 패일까? 아마도 이름도 없는 자들이겠지. (말한다) 알고 보니 광대 패였군. 당신들은 누구네 패거리요?

(단이 말한다) 우리는 남채화 패입니다.

(정말이 말한다) 당신은 남채화 집의 누구요?

(단이 말한다) 나는 당신 마누라예요! 저 두 사람은 당신의 아우 왕파색과 이박두이고요!

(정말이 말한다) 어째서 모두 늙어버렸는가?

(정이 말한다) 형님이 떠나신 지 삼십 년이 지났으니, 제가 여든 살, 아우가 일흔 살, 형수님이 아흔 살이 되어버렸네요. 모두 늙어버린 게 당연하지요.

(…)

(정이 말한다) 당신은 누구요?

(정말이 말한다) 나는 바로 남채화라네.

(정이 말한다) 형님은 떠나가신 지가 삼십 년이 지났는데도 아직도 늙지 않고 여전히 그대로이시군요.

(정말이 말한다) 내가 떠난 지는 겨우 삼 년이 지났을 뿐인데 너희들은 어째서 모두 늙어버렸느냐?

(정이 말한다) 우리는 모두 노인네가 되었는데 형님은 아직도 중년

이시니 구란에 가서 잡극이나 며칠 해 주시면 좋지 않겠습니까?

(정말이 노래한다)

【천발도川撥棹】 날더러 잡극을 하여, 흥망을 펼치고, 시비를 따지라고 하는구나. 날더러 북 치고 피리 불며, 장단 맞추고 준비하라고 하는구나. 꾸물거리지 말고 신경을 잘 써서, 얼른 서두르고 늑장 부리지 말라고?

【칠제형七弟兄】 왕년에 내가 나서기만 하면, 허풍이 아니라, 내가 저들에게 희희낙락 웃으면서 옷과 모자를 모두 새로 입게 해 주었지. 예전의 요말과 원본을 내가 잘 알고 있고, 이 바닥의 재주를 내가 낱낱이 할 줄 안다네.

【매화주梅花酒】 남들이 어디 따라잡을 수 있었던가? 내 계획을 누가 따를 수 있었던가? 내 수단을 대적할 사람이 없었으니, 조였다 늦추었다 하는 것도 잘 알았다네.[111]

출가한 지 30년이 지난 남채화가 어느 날 길을 가다가 한 떠돌이 극단이 음악 반주에 맞추어 창칼을 휘두르며 연기하는 모습을 보게 되는데, 알고 보니 그들은 바로 자신의 헤어진 가족이었고, 여전히 떠돌면서 공연을 하고 있는 신세였다. 아내와 사촌동생들을 만난 남채화는 자신의 연기가 녹슬지 않았음을 자랑하고 가족들은 그에게 다시 돌아오라고 권하며 공연을 부탁하는 장면이다. 하지만 남채화는 종리권 등의 훈계를 듣고 승천하여 신선이 되는 것으로 극은 마무리된다. 문학 작품 속의 이야기이기는 하지만, 아마도 왕조나 영웅의 흥망 고사를 잘 연기했던 왕년의 배우 남채화가 변량의 구란에서 뛰어난 솜씨와 기교로 관객들의 박수갈채를 받았을 모습이 생생하게 그려진다.

111 王季思 主編, 『全元戲曲』 第7卷, 人民文學出版社, 1999, pp.128~129.

시대가 바뀌어 명대 초기에는 명 태조 주원장의 손자이자 극작가였던 주유돈朱有燉(1379~1439)이 당시의 도시 공연 모습을 묘사한 잡극 작품을 여러 편 남겼다. 그는 잡극을 31편이나 남겼고 이들이 모두 현재까지 전해진다. 그 가운데 기녀들의 이야기를 그린 것이 9편에 달한다. 주유돈은 40대 중반이던 1425년에 부친을 이어 주왕周王에 책봉되어 세상을 떠날 때까지 14년 가까운 기간을 개봉[112]에서 지냈다. 이 기간에 지은 잡극이 24편에 달하는데, 여기에서 소개할 기녀의 생활을 그린 작품들은 모두 그가 개봉에서 살았던 시기에 지어졌다.[113] 먼저 주유돈이 1433년에 지은 많은 잡극 작품 중에서 「선평항유금아부락창宣平巷劉金兒復落娼」에는 기녀들의 도시 공연 활동이 잘 묘사되어 있다. 이 작품은 개봉부 선평항宣平巷에 살던 방탕한 기녀 유금아劉金兒가 양민이 되기 위해 남편을 여러 번 바꾸고 마지막 남편에게는 살인죄의 누명까지 씌워 관가에 고발했다가 실상이 밝혀져 다시 기녀로 되돌아가게 되는 이야기를 그리고 있다. 유금아에게는 언니와는 달리 착실하고 기예가 뛰어난 동생 유납아劉臘兒가 있는데, 그가 자기소개를 하면서 당시 기녀들의 기예 활동에 대해 언급하는 장면이 소개할 만하다.

112 朱元璋이 汴梁을 다시 開封으로 개칭하였다.

113 이상은 廖立, 廖奔 校注, 『朱有燉雜劇集校注』 上册 '前言', 黃山書社, 2017 참고. 朱有燉의 생애와 雜劇에 대해서는 伊維德(Wilt Idema) 著, 張惠英 譯, 『朱有燉的雜劇』, 北京大學出版社, 2009를 참고할 수 있다. 그의 문집은 朱有燉 著, 趙曉紅 整理, 『朱有燉集』, 齊魯書社, 2014이 있고, 잡극 주석서로 廖立, 廖奔 校注, 『朱有燉雜劇集校注』, 黃山書社, 2017이 최근 출간되었다.

명대 초 개봉에서의 공연 모습
주유돈, 「선평항유금아부락창」 제1절

(정단正旦이 등장하여 말한다) 저는 성은 유劉가이고 이름은 납아臘兒라고 합니다. 선평항의 상청행수上廳行首입니다. 언니 유금아는 요반교腰畔喬에게 시집갔는데 의원 당리초襠裏俏와 불륜을 맺고 이 오노五奴(남편)에게 밥을 먹이고 있지요. 오늘은 언니 생일인데 제가 마음도 좀 전하고 충고도 좀 하려고 합니다. 생각해보면 이 항원에는 좋은 사람도 있고 나쁜 사람도 있지만 아무래도 염치없는 사람이 많은 것 같습니다. (노래한다)

【선려仙呂·점강순點絳唇】 풍월風月은 아름다운 기약이지만, 운우雲雨로 생계를 꾸려가네. 열 살도 채 되지 않아, 노래와 춤을 익히게 하여, 단색旦色으로 치장하여 창기娼妓로 키운다네.

【혼강룡混江龍】 여자라는 귀중한 그릇을 가지고, 새 사람 맞고 옛 사람 떠나보내며 밥벌이하네. 찻집에 늦지 않게 가고, 술집에 모시고 쫓아가는 것일 따름이지. 발 작은 토끼나 새끼 양 같은 새 자제를 유혹하고, 큰 만두나 양의 등거죽이 있는 훌륭한 잔치를 벌이지. 날마다 배장排場하고 앉는다 구란을 한다 하면서 쟁箏 타고 박판 치고, 관원을 맞고 손님을 접대하며 장고 치고 피리 부네. 염상鹽商을 만나고 다객茶客을 붙잡고 마음 다해 비위를 맞추고, 관신官身[114]에 응하고 산창散唱을 부르며 정력을 소비하네. 거짓 맹세하고 허튼소리 하는 것은 집안 대대로 내려오는 것이요, 가짜 자비와 거짓 효도로 말만 바르고 마음은 그릇되지. 장단粧旦들은 금실 두른 적삼을 입고, 답찬踏爨들은 채색 수놓은 유행 저고리 입고, 첩기捷譏들은 관원의 신발과 관모를 썼고, 부정付淨들은 웃음을 주려고 흙과 재를 발랐네. 오늘은 술자리에서 표수摽手들(경쟁자?)을 구해 은정을 여럿으로 나누고, 내일은

114 기녀가 관청의 부름을 받아 시중드는 일을 말한다.

거리에서 화초자花招子(광고판)에 새 잡극 제목을 써서 걸어두네. 원숭이 같은 우리네 체말砌末(소도구)은, 실은 모두가 표범의 물건이라네.[115]

개봉부 선평항의 기녀 유납아는 자신을 비롯한 개봉부 기녀들이 열 살도 되지 않은 나이에 기예를 익혀 기녀가 되고 손님들을 맞고 구란에서 연기를 펼치면서 몸과 마음을 고생하며 비위를 맞추느라 거짓말을 일삼아가며 생계를 이어간 모습을 알려준다. 이와 함께 뒷부분에서는 여성 인물을 연기하는 장단, 발춤을 추는 답찬, 골계 연기를 하는 첩기와 부정 등의 각색의 모습도 생생하게 묘사하고 있다.

이어 1431년에 지은 「미인연풍월도원경美姻緣風月桃園景」은 하북河北 보정부保定府(지금의 보정시)에 사는 장臧씨의 딸 도원경桃園景이 기녀 생활을 그만두고 선비 이조李釗와 혼인하여 양민이 되는 이야기를 그리고 있다. 제1절에서 장씨가 딸 도원경을 데리고 나와 소개하는 장면을 보자.

명대 희곡에 묘사된 보정의 공연 모습
주유돈, 「미인연풍월도원경」 제1절

(복卜이 단旦[116]을 데리고 등장하여 말한다) 저는 성은 장臧가이고 남편은 한韓씨입니다. 본래는 이곳 하남 무섭현武涉縣의 민호民戶였습니다. 딸이 하나 있는데 이름은 도아桃兒라고 합니다. 어려서부터 할머니와 함께 보정부에서 살면서 항원 일을 배웠는데, 탄주와 노래를 잘하고 여러 악예樂藝들을 다 잘합니다. 이 성 안의 서회書會의 노선

115 廖立, 廖奔 校注, 『朱有燉雜劇集校注』 上册, 黃山書社, 2017, pp.502~503.

116 卜은 臧氏이고, 旦은 臧氏의 딸 桃園景이다.

생들이 아이가 노래를 잘하고 생긴 것도 풍류가 있는 것을 보고서 아이에게 악명을 하나 지어주어 도원경이라고 불렀습니다. 지금은 스물한 살입니다. 일전에 이李씨 어멈이 와서는 제 딸아이를 자기 아들 교아咬兒에게 주어 아내로 삼게 해달라고 했습니다. 제 딸아이의 생각이 어떨지 모르겠습니다. 이씨 어멈이 오면 딸아이를 불러내어 생각이 어떤지 물어보아야겠습니다.

(…)

(단이 노래한다) 【[선려仙呂]상화시賞花時】 제 노래 목소리가 아주 뛰어나다고 말씀하시고,

(복이 말한다) 너의 잡극은 이 성안에서 따라갈 사람이 없지.

(단이 노래한다) 제가 연기 마당에서 적수가 없다고 말씀하시지만, 제 자태를 부풀리고 풍류를 과장하지 마세요. 다만 지금 눈 한번 깜빡이는 사이에 스무 살 남짓이 되었는데, 낙엽 떨어지는 가을이 곧 되겠지요.

(복이 말한다) 지금 이교아에게 시집가서 노래하는 사람 몇 명과 함께 성안에서 관장官長 댁에 가고 시골에서 굿마당에 가면 밥벌이하기 좋지 않겠니?

(단이 노래한다) 【요幺】 저더러 노아猱兒(원숭이) [같은 기녀들] 몇 명과 함께 다니고, 궐정撅丁(기둥서방) 하나 지켜서 짝을 맺으라고 하시는데, 누가 난새와 봉새, 제비와 꾀꼬리 같은 짝일까요? 부질없이 저를 추해지게 만드는 것이니, [이런 혼인이] 어찌 저의 평생의 출구가 되겠나요? (퇴장한다)[117]

이 대목에서는 하남 무섭현(지금의 초작焦作시) 출신의 민호民戶였던 장씨가 하북 보정부로 이사와서 딸에게 항원行院 일을 배우게 하여 어렵게 생계를 꾸려가던 가운데 보정부의 악호樂戶 이씨로부터 혼담이 들

117 廖立, 廖奔 校注, 『朱有燉雜劇集校注』 上册, 黃山書社, 2017, p.411.

어오게 된 사정을 소개하고 있다. 그러나 도원경은 양민이 되고 싶어 이를 거절하고 생원 이조를 흠모하여 곡절을 거쳐 소원을 이루게 된다는 것이 이 극의 결말이다. 이 극에는 도원경이 공연을 펼치는 장면이 많이 나오지는 않지만 노래와 잡극 연기가 뛰어난 배우들이 성안 관리들의 저택이나 성밖 민속 제사를 지내는 곳에 가서 공연 활동을 하여 생계를 이어갈 수 있었던 당시의 풍경을 잘 보여준다.

마지막으로 향촌의 공연 모습을 살펴볼 차례인데, 향촌의 공연 모습을 남긴 문인들의 기록은 더욱 찾아보기 어렵다. 하지만 법령집이나 소설 등을 통해 간접적으로 그 모습을 엿볼 수 있다. 먼저 『원전장元典章』 권57 「제금잡금諸禁雜禁」에는 지원至元 11년(1274) 10월에 하북도河北道와 하남도河南道의 순행권농관巡幸勸農官이 상부에 보고한 공연 금지령 시행 관련 문서가 실려 있다. 해당 부분을 보자.

원대 법령 속의 향촌 민속 공연의 모습
『원전장』 권57 「제금잡금」 '산악散樂과 사전詞傳 학습을 금지함'

대사농大司農이 다음 안건을 [중서성에] 보고함. "하북도와 하남도의 순행권농관이 다음과 같이 [대사농에] 보고하였습니다. '순천로順天路 속록현束鹿縣 진두점鎭頭店의 [한] 인가 안에 약 100명이 모여 스스로 사전詞傳을 반연搬演하고 풍악을 하며 술을 마셨습니다. 이에 따라 본현 사또는 사장社長 전수병田水幷, 전요려田拗驢 등을 문초하여, 멋대로 조카 등에게 돈을 모으게 하여 면희面戲 등의 물건을 마련하게 하였다는 자백을 받았습니다. 본사本司(순행권농관)는 이들을 형량에 따라 처벌하도록 하고 다음과 같이 조치하였습니다. [향후] 정식 악인樂人 이외에 농민이나 시호市戶 양가 자제들이 만약 본업에 힘쓰지 않고 산악을 배우고 사화詞話를 반설搬說하는 사람 등은 모두 단속할 것입니다. 이는 장기 방책으로 준수해야 할 것입니다.'" 도성都省(중서성)은 [대사농의] 보고를 비준함과 함께 금약을 실시할 문서를 대사농에 송부함. 위와 같이 시행되기를 앙망함.[118]

이 글은 쿠빌라이 치세 때 지금의 하북성 신집辛集시 속록현의 한 시골 마을에서 벌어진 기예 활동을 조사하여 단속을 건의하는 내용을 담고 있다. 100여 명이 모여 스스로 '사전詞傳'을 공연하였고 면희 즉 가면을 마련했다는 것으로 보아 상당히 큰 규모의 민속 가면극 공연이었을 것으로 추측할 수 있다. 또한 '사전'이나 뒤에 나오는 '사화詞話'는 모두 7언을 기본으로 하는 구절을 길게 이어 부르는 형식으로 명청대에 특히 성행한 것이지만 원대에도 이미 향촌에서 전승되고 있었음을 알게 해준다. 관청에서 이를 단속하고자 한 것은 사회 기풍을 어지럽히는 것으로 판단했기 때문일 것인데, 그만큼 민간의 공연 활동이 활발했다는 것을 뜻하기도 할 것이다.

원대 향촌의 공연 활동을 증언하고 있는 또 다른 자료로는 원 말엽에 지어진 유명 소설 『수호전』에 시골에서 '제반 품조諸般品調'를 연창하는 장면에 대한 묘사가 있다.

[원 말엽 소설 속의 향촌 강창 공연의 모습
시내암, 『수호전』 제51회 **]**

양산박을 떠나 봇짐을 지고 박도를 들고 운성현鄆城縣에 돌아온 뇌횡雷橫은 집에 들러 연로한 모친을 만나 본 다음 옷을 갈아입고 받아온 글을 가지고 현청으로 나갔다. 그는 지현에게 인사를 올리고 갔다

118 陳高華 等 點校, 『元典章』, 中華書局, 2011, pp.1937~1938.

온 이야기를 아뢰고 공문첩을 바친 뒤에 집에 돌아와 잠시 쉬었다. 그러고는 여느 때와 다름없이 날마다 묘시卯時면 현청으로 나가 일을 보다가 유시酉時에 돌아오곤 하였다.

하루는 현청 동켠을 걷고 있는데 뒤에서 웬 사람이 "도두께서는 언제 돌아오셨습니까?" 하고 불러서 뇌횡이 돌아다보니 그는 이 현에서 식객으로 떠도는 이소이李小二였다.

"며칠 전에 돌아왔네."

"도두께서는 오랫동안 나가 계시다 보니 근자에 동경에서 이곳으로 온 항원行院 [배우]를 모르실 겁니다. 그의 이름은 백수영白秀英이라고 하는데 인물이 절색인 데다가 기예도 뛰어나답니다. 그 여자가 도두에게 인사하러 갔다가 그만 도두께서 공사로 외출하고 계시지 않은 때라 만나지 못했지요. 지금은 구란에서 제반 품조諸般品調를 설창說唱하고 있습니다. 날마다 이같은 타산打散(추가공연)들이 있는데 춤도 추고 악기도 타고 노래도 부르는지라 구경꾼들이 거기에 끌려 인산인해를 이룹니다. 그런데도 도두께서는 어찌하여 가 보시지를 않습니까? 정말 여자가 절색인데요!"

그렇지 않아도 심심해하던 뇌횡이라 그 말을 듣고 곧 이소이와 함께 구란에 이르러 보니 문 위에는 비단에 금문자를 쓴 액면이 수두룩이 걸려 있고 깃대에는 희사품으로 받은 사람 키만큼 긴 깃폭들이 드리워져 있었다. 뇌횡이 안으로 들어가서 청룡두青龍頭의 첫 번째 좌석에 앉아 희대戲臺를 바라보니 소악원본笑樂院本을 하고 있었다. 이소이는 뇌횡을 사람들 속에 놓아두고 밖으로 나와 술을 마시러 가버렸다. 원본이 끝나자 이마까지 두건을 푹 내려쓰고 다갈색 비단 적삼에 검은 띠를 두른 노인이 부채를 쥐고 나와서 말하는 것이었다.

"이 늙은 것은 동경 사람으로 백옥교白玉喬라고 하옵니다. 이제는 늘그막이라 다만 딸 수영이의 가무와 취탄을 밑천으로 온 천하를 돌아다니며 나으리들을 모시고 있습니다."

그러자 징소리가 "챙!" 하고 울리는 가운데 백수영이 희대에 올라 여기저기에 대고 인사를 하고 다시 징을 쳐서 콩알이 쏟아지는 듯한 소리를 낸 다음 또 한 번 "챙!" 하고 울리고는 7언시 네 구절을 읊고 말을 시작했다.

"오늘 제가 광고판에 이 화본話本[의 제목]을 잘 써 두었는데, 풍류 넘치면서도 은근한 이야기로, 「예장성豫章城의 쌍점雙漸이 소경蘇卿을 쫓아가다」라는 제목입니다."

이렇게 서두를 떼고는 이야기를 했다가 노래로 이어가고 노래를 마치고 다시 이야기로 이어가니, 온 붕棚의 사람들이 떠나갈 듯 끊임없이 박수갈채를 보냈다. 뇌횡이 쳐다보니 그 여인은 과연 인물이 절색이고 기예도 절묘하였다.

능라 옷은 백설이 덮인 듯하고, 까만 상투는 구름 일듯하구나.
앵두 같은 입술, 살구 같은 얼굴에, 복숭아 같은 두 볼,
허리는 능수버들처럼 날씬하고, 마음씨는 난초, 혜초처럼 아름답네.
목청은 고와서 가지에 앉은 꾀꼬리 노래하듯 하고,
너울너울 춤추는 모양은 꽃밭에 노니는 봉황새인가.
노랫가락 옛 곡조 그대로이고, 소리는 자연스럽구나.
고저장단 음률에 어김이 없고, 경중완급 격조에 어긋남이 없네.
자죽紫竹 피리 불 때엔 곡조마다 아름답고,
홍아紅牙 박판에 맞추는 노래는 마디마디 새롭구나.

백수영의 노래가 최고조에 이르렀을 때 백옥교가 크게 외쳤다.

"큰 돈을 모으는 재주는 없사오나, 총명하고 사리에 밝은 여러분께 상을 부탁드립니다. 나으리들께서 보내주시는 박수갈채가 끝나면 제 아이가 한 바퀴 돌겠습니다. 이어서 북을 치면서 원본을 보내드리겠습니다."

백수영은 손에 든 쟁반을 가리키며 말했다.

"재산 많은 가문에서 나와 이득 많은 곳에서 살며, 길한 곳을 지나 흥왕한 곳으로 가실 것입니다. 앞에 이르게 되면 빈손으로 대하지 마

시기를 바라옵니다."

"얘야, 여러 나으리께서 상을 주실 것이니 어서 한 바퀴 돌아라."[119]

앞에서 『수호전』 제103회와 제104회에 걸쳐 방주房州(지금의 호북성 방현房縣)의 단가장段家莊에서 제반 품조 강창을 보기 위해 사람들이 많이 몰려든 모습을 그린 대목을 살펴보았는데,[120] 위에 인용한 제51회의 장면에서는 제반 품조 공연의 모습이 매우 상세하다. 뇌횡이 동경(개봉)에서 산동 운성현으로 왔다는 '제반 품조' 배우 백수영의 소문을 듣고 구란에 가서 구경을 하는데, 백수영은 쌍점과 소경의 연애담을 이야기와 노래를 번갈아가며 펼쳐가면서 구경하는 사람의 박수갈채를 받는다. 쌍점雙漸과 소소경蘇小卿의 이야기는 시대별로 변천을 겪지만 대체적인 내용은 선비 쌍점과 기녀 소소경이 서로 좋아하다가 헤어졌는데 그 사이 소소경은 부자 상인 풍괴馮魁에게 시집가고 이를 안 쌍점이 배를 타고 소소경을 쫓아가서 재회하게 된다는 이야기이다.[121] 이 이야기를 소재로 한 제궁조와 잡극이 송원 시대에 여러 편 지어졌지만 지금까지 전해지는 작품은 없다. 다만 이 이야기의 제궁조 작품은 『도성기승』과 『몽량록』에도 이름이 등장하는 북송 말엽의 작자 장오우張五牛가 처음 짓고 금 말엽 원 초기의 작자 상도商衟가 다시 엮은 것으로 알려지고 있다.[122] 백수영은 도성 출신의 세련된 연기와 노래 실력을 과시하면서

119 시내암 지음, 연변대학수호전번역조 역, 『신역수호전』 제4권, 청년사, 1996, pp.86~88을 참고하되 일부 표현을 수정하였다.

120 본서 제1장 제2절 참고.

121 劉晶光, 「雙點蘇卿故事的演變探析」, 『北方文學』 2018年 第5期, p.59.

122 葉德均, 「雙漸蘇卿諸宮調的作者」, 葉德均, 『戲曲小說叢考』, 中華書局, 1979, pp.693~695.

쌍점과 소소경의 연애담을 들려주며 운성현 사람들의 눈과 귀를 사로잡았던 것이다. 비록 소설의 기록이지만 이 당시 향촌의 강창 공연 모습을 생생하게 묘사하고 있어서 참고할 만한 가치가 크다고 하겠다.

이번 장에서는 공연의 현장과 공연 광경에 대한 기록을 지역별로 살펴보았는데, 도성에서는 정월 대보름, 중원절, 동지, 섣달 같은 전통 명절뿐만 아니라 사산대제 생일, 3월 20일 전후의 임수전 행차, 이랑신 생일 등과 같은 새로운 명절에도 대규모의 경축 행사를 열고 여기에서 잡극과 백희 등의 여러 가지 공연을 펼쳐 도성의 백성들이 즐길 수 있게 하였고, 특히 정월 대보름, 임수전 행차, 동지 등에는 천자가 직접 참석하여 백성들과 함께 즐기며 '여민동락'의 이념을 내외에 과시하였다. 한편 평소에는 도성의 구란과 사찰이나 도관 등의 종교 시설에서 여러 가지 공연이 펼쳐져서 사람들에게 오락을 제공하고 신앙 활동에 도움을 주었고 도성 사람들의 큰 환영을 받으면서 성행하였음을 알 수 있었다. 여러 지방 도시와 향촌에서도 다양한 공연 활동에 이루어졌는데, 공연 수준이 높지 않은 배우들의 소동이나 생계를 위해 고생하며 공연을 이어간 배우들의 이야기가 담겨있는 문학 작품들을 통해 서민들의 삶의 현장을 여과 없이 살펴볼 수 있었다. 이들은 정부로부터 자주 공연을 금지당하기도 하고 권력자들의 횡포를 견뎌야 하는 일도 많았지만, 이들을 통해 공연문화의 현장은 풍성해지고 진솔해질 수 있었다.

제4장

궁정의 공연문화

제1절

궁정 공연 기관의 종류와 변천

여기에서는 앞의 도시나 향촌 공연과는 성격이 상당히 다른 궁정 내에서의 여러 가지 공연에 대해 살펴보고자 한다. 궁정 공연의 특수성은 그것이 황제로 대표되는 국가의 의례 및 오락 활동과 긴밀하게 관련되었다는 데에 있다. 이에 따라 형식적으로는 정기적 또는 부정기적 대규모 행사에 수반되는 대형 공연, 궁정 내외의 최고 배우 및 예인들이 동원되는 고급 공연의 특징이 나타난다고 하겠는데, 이러한 대규모의 고급 공연을 준비하고 운영하는 전담 기구가 필요하지 않을 수 없었다. 이하에서는 궁정 공연 담당 기구의 변천을 먼저 살피고 이어 궁정에서의 공연 활동의 사례들을 살펴보고자 한다.

송대 궁정에서는 아악雅樂, 고취악鼓吹樂, 연악讌樂 등의 음악 활동이 있었는데, 아악은 궁정의 제사의례 및 조회, 책봉, 연회 등의 각종 전례 행사에 쓰인 음악이었다. 고취악은 태상시太常寺 산하 고취서鼓吹署

에서 담당한 음악으로, 금군의 군악, 황제 출행시의 의장 음악, 그리고 조정의 조회 음악 등을 포함하였다. 고취악대의 인원은 가장 많았을 때에는 1,800명에 육박할 정도였다.[1] 그리고 연악은 잡극, 가창, 무용, 기악, 백희 등을 포괄하는 것이다. 여기에서는 바로 이 연악 부문의 공연 기구 및 활동에 대해 살필 것이다. 송대에 연악을 담당한 주요 기구로는 교방教坊을 비롯하여 운소부雲韶部, 균용직鈞容直, 동서반악東西班樂 등이 있었다. 아래에서 교방부터 차례로 살펴보자.

사서에 따르면 교방이 처음 생긴 것은 당 고조高祖 무덕武德 연간(618~626)으로, 이때 태상시太常寺 아래에 내교방內敎坊을 설치하여 아악을 전수시켰다. 그리고 교방이 연악 담당 기구로 된 것은 현종 개원 2년(714)으로, 이때 장안과 낙양에 각각 좌교방과 우교방을 설치하여 연극류와 잡기류 공연을 관장하게 하고 태상시로부터 독립시켜서 환관 출신의 교방사敎坊使가 이끌도록 하였다.[2] 진양陳暘(1064~1128)이 편찬한 『악서樂書』라는 책에는 당대 교방 소속 악공은 내인內人, 운소궁인韻韶宮人, 추탄가搊彈家, 잡부녀雜婦女 등이 있었다고 적고 있고, 그밖에도 전성기에는 앞의 예인들이 많이 소속된 의춘원宜春院, 운소부韻韶部 등의 인원을 제외하고도 2천 명에 가까운 남성 예인들이 있었다고 하였으니, 그 규모가 어떠했는지를 짐작하기가 어렵지 않다. 또한 이들 예인은 민간에서 선발되거나, 지방 귀족들이 헌상하거나, 죄신罪臣의 가

1 양인리우, 이창숙 역, 『중국고대음악사』, 도서출판 솔, 1999, pp.612~616.

2 許嘉璐 主編, 『二十四史全譯 舊唐書』 第2册, 漢語大詞典出版社, 2004, p.1449, 許嘉璐 主編, 『二十四史全譯 新唐書』 第2册, 漢語大詞典出版社, 2004, pp.995~996.

족 또는 친척들 중에서 뽑아서 충당하였다고 한다.[3]

송대의 교방은 기본적으로는 당의 제도를 이어받았으나, 차차 규모가 줄어들고 내용도 변화되었다. 송대 교방에 대한 기록도 진양의 『악서』에서 찾아볼 수 있다. 이 책은 음악에 정통한 문관이었던 진양이 1101년에 완성하였고 그의 사후인 1200년에 200권으로 처음 간행되었는데, 중국 음악의 이념과 이론, 그리고 당시의 악기, 악무, 그리고 각종 음악 및 기구 등을 상세하게 논하고 있는 중요 전적이다. 『악서』 권188 「잡악雜樂」에서는 여러 종류의 음악과 기관 등을 다루는데, 여기에 교방에 대한 설명이 보인다.

송대 교방의 기원과 규모
진양, 『악서』 권188 「잡악」

성조聖朝(송)에서는 당의 제도를 따라 교방을 4부部로 나누었습니다. 형남荊南을 취하여 악공 32명을 얻었고, 촉蜀을 깨뜨리고 악공 139인을 얻었으며, 강남江南을 평정하고 악공 16인을 얻었습니다. 이때 비로소 좌부坐部를 폐지했습니다. 그리고 하동河東을 평정하고 악공 19인을 얻었고, 번신藩臣들이 헌상한 83인과 태종太宗께서 번저藩邸에 계실 때 거느린 7천여 명[4]을 모두 입적入籍하여 포함시켰습니다. 이리하여 뛰어난 자들이 크게 모이게 되었습니다. 악기는 비파琵琶, 오현五絃, 쟁箏, 공후箜篌, 생笙, 소簫, 필률觱篥, 적笛, 방향方響, 장고杖鼓, 갈고羯鼓, 대고大鼓, 박판拍板 등이 있었고 가歌를 합하여 14종이었습니다. 4부를 하나로 통합하고 난 뒤에는 악공들이 [여러 악곡들을]

3 陳暘, 『樂書』 卷188, 『景印文淵閣四庫全書』 第211冊, 臺灣商務印書館, 1986, p.849.

4 『宋史』에는 太宗 藩邸 藝人을 71명이라고 하였는데, 이것이 옳은 듯하다. 許嘉璐 主編, 『二十四史全譯 宋史』 第5冊, 漢語大詞典出版社, 2004, p.2745.

두루 배울 수 없었고 대곡大曲 40편만을 응봉應奉하였으니, 임금님께서 출행하시거나 두 연회에서는 당나라 때 부部를 나누어 주악奏樂했던 것처럼 하지 못했습니다. 당나라 전성기 때에는 내외 교방이 근 2천 명, 이원梨園이 3백 명에 달했는데, 의춘원宜春院, 운소원雲韶院 및 액정掖庭[5]의 악공들은 그 수에 포함되지 않았습니다. 그리고 태상시의 악공은 1만여 호에 달했습니다. [이에 비해] 성조에서는 교방을 2백 명으로 잘랐고, 운소원, 균용직, 동서반東西班을 모두 합해도 1천 명이 되지 않았습니다. 이는 국사에 힘쓰고 풍악에 빠지지 않겠다는 깊은 뜻을 조종祖宗들께 보이고자 하신 것입니다. 그러나 아악의 곡조에는 아직도 연악讌樂과 호악胡樂의 소리가 섞여 있고, 성음과 악기는 여전히 법곡法曲과 구자악龜玆樂의 비루함을 그대로 습용하고 있으니, 이는 선왕들께서 아송雅頌을 만드신 뜻이 아닙니다. 이를 고쳐 바르게 하는 것이 어찌 오늘날의 급무가 아니겠나이까.[6]

이 글에서는 먼저 송대 교방이 4부로 구성되었다는 것과 교방 예인들이 어디에서 충당되었는지를 밝히고 있다.[7] 이어 어떤 악기들로 편성되었는지를 설명한 뒤에, 구체적인 시기는 밝히지 않았지만 교방 4부를 하나로 통합하여 당나라 때의 교방 소속 인원 2천 명에 비해 규모도 200명으로 십분의 일 이하로 대폭 줄었고, 다른 기관에 소속된 예인들을 모두 합해도 1만여 명 수준에서 1천여 명이 안 되는 규모로 크게 축소되었다는 사실을 밝혔다. 이어 마지막 대목에서는 당시의 음악이 옛 선왕들의 뜻과 달리 『시경詩經』 아송雅頌의 '순수함'을 잃었으니 이를 반

5 正殿 곁에 있는, 妃嬪들이 거처하는 궁전이다.

6 『景印文淵閣四庫全書』 第211冊, 臺灣常務印書館, 1986, pp.848~849.

7 楊蔭瀏는 교방 4부를 大曲部, 法曲部, 龜玆部, 鼓笛部 등으로 보았다. 그렇다면 송나라 때 단행된 교방 4부의 통합은 대곡부를 중심으로 이루어졌을 것이다. 양인리우, 이창숙 역, 『중국고대음악사』, 도서출판 솔, 1999, p.620.

드시 고쳐야 한다고 강조하고 의견을 밝히고 있다. 하지만 교방 규모의 축소에도 불구하고 송대에도 궁정 공연의 모습은 매우 풍성하게 기록되어 있는데, 이에 대해서는 뒤에 자세히 살피도록 하겠다.

북송 시대 교방의 기능과 조직 구성에 대해서는 송대에 기록된 사료인 『송회요집고宋會要輯稿』에서 보다 자세하게 적고 있다.

송대 교방의 기능과 조직
『송회요집고』「직관이이職官二二」'교방'

국조國朝의 모든 대연大宴과 곡연曲宴(소연小宴), 임금의 외부 행차에 응봉應奉하는 일은 [교방에서] 모두 따랐다. 또 대신과 종실에게 연회를 베푸실 때에도 모두 교방을 썼다. 사使 1인, 부사副使 1인, 도색장都色長 4인, 색장色長 3인. 고반도지高班都知 2인, 도지都知 4인, 제1부部 11인, 제2부 24인, 제3부 6인, 제4부 54인, 첩부貼部 98인. 옛날에는 사에서 첩부까지가 204인이었는데 다시 증원한 것이다. 고반도지 이하는 모두 집색執色이다. 잡극 24인, 판版 20인, 가歌 2인, 비파 21인, 공후箜篌 2인, 생笙 11인, 쟁箏 18인, 필률觱篥 12인, 적笛 12인, 방향方響 11인, 갈고羯鼓 3인, 장고杖鼓 29인, 대고大鼓 7인, 오현五絃 4인 등이다. 또 별도로 [편곡 담당] 배악排樂 39인과 [작사 담당] 장찬문자掌撰文字 1인이 있었다.[8]

『송회요집고』는 청나라 후기의 학자 서송徐松(1781~1848)이 명대에 편찬된 『영락대전永樂大典』에 수록되어 있던 송대 회요會要 기록들을 일일이 모으고 출처를 밝혀 펴낸 책이다. 위에 인용한 단락의 말미에는

8 劉琳, 刁忠民, 舒大剛, 尹波 等 校點, 『宋會要輯稿』 第6册, 上海古籍出版社, 2014, pp.3628~3629.

『국조회요國朝會要』라는 출처 표시가 있는데, 이는 남송 영종寧宗 가정嘉定 3년(1210)에 진헌進獻된 『총류국조회요總類國朝會要』 588권을 가리킬 가능성이 크다. 이 글에서는 교방이 응봉應奉하는 행사를 대연, 곡연을 비롯하여 임금의 외부 행차나 대신과 종실의 연회 등으로 밝혔는데, 이는 궁정에서 진행되는 행사들 가운데 제사나 조회 등과 같이 아악이 필요한 경우를 제외한 크고 작은 주요 연회 등의 행사에서 모두 교방의 속악이 펼쳐졌음을 말해준다. 또한 교방의 조직으로는 사와 부사를 비롯한 교방의 악관들을 비롯하여 악기나 기예에 따른 전공 분야의 악공들을 집색執色이라는 이름 아래에 나열하고 있어서 교방 조직의 실상을 잘 알 수 있다.

송대 교방에 대한 기록은 『송사宋史』에서도 『악서』, 『송회요집고』 등의 내용을 반영하여 비교적 잘 정리되어 있다. 『송사』 「악지樂志」의 교방 조직 부분을 보자.

송대 교방의 조직 운영
『송사』 권142 「악지 17」

교방은 본래 선휘원宣徽院[9]의 예하에 있었고, 사使, 부사副使, 판관判官, 도색장都色長, 색장色長, 고반高班, 대소도지大小都知 등이 있었다. [인종仁宗] 천성天聖 5년(1027)에 내시內侍 두 명을 총책임자로 임명하였다. 가우嘉祐 연간(1056~1063)에는 [천자께서] 각종 악공樂工의 정원을 각 2명씩으로 제한하고 교두敎頭를 3명으로 하며 결원이 있으면 즉시 채우도록 명하셨다. 간혹 특별히 증원하라는 어지御旨가 내려와 해당 부서에서 논의하여 상주할 수 있도록 허락하셨다. 사와 부사는

9 宣徽院은 당 말엽에 처음 설치되어 郊祀, 朝會 등에 필요한 器物을 관장하였다.

해마다 잡극색雜劇色을 점검하여 사람들을 세 등급으로 나누고 [천자, 태후, 황후의] 삼전三殿에서 봉직할 사람이 모자라게 되었을 때 등급에 따라 보임하셨다. 각 부서에서 일한 지 20년이 되고 나이가 50세가 넘은 사람은 [악묘嶽廟를 관장하는] 묘령廟令이나 [지방 군대를 통솔하는] 진장鎭將으로 보할 수 있도록 허가하셨다. 이러한 제도의 집행은 태상시太常寺에서 하였다.[10]

『송사』의 기록은 『송회요집고』와 약간 다르지만 시기별 교방 조직의 변화에 대해 언급한 점이 특색이고, 특히 잡극색에 대한 정기 점검이나 정년 이후의 대우에 대한 언급은 다른 곳에서 볼 수 없는 주목할 만한 것이라고 하겠다. 어떻든 송대 교방이 당대에 비해 규모는 줄었지만 궁정의 크고 작은 연회나 외부 행차 등의 행사를 진행할 때 반드시 필요한 중요 공연 기구였음을 잘 알 수 있다.

참고로 북송 시대 교방의 위치에 대해서는 역시 『동경몽화록』에서 기록을 찾아볼 수 있는데, 내성內城의 남문인 주작문朱雀門에서 남쪽으로 가면 길의 양쪽에 동교방東敎坊과 서교방西敎坊이 있다고 하였다(앞의 [그림 1] 참고).[11] 교방이 궁정의 공연을 담당한 기구였지만 부서 자체는 외성에 있었던 것이다. 두 교방의 성격이 어떻게 다른지는 더 알기 어려운데, 다만 앞서 본 것처럼 개봉 와사에서 주도적 역할을 했던 배우인 맹자서가 내교방 소속의 악관이라고 하였으니 외교방도 있었을 가능성이 있고, 동서 양쪽의 교방이 내교방內敎坊과 외교방外敎坊으로

10 許嘉璐 主編, 『二十四史全譯 宋史』 第5冊, 漢語大詞典出版社, 2004, pp.2754~2755.

11 孟元老 等 著, 『東京夢華錄(外四種)』, 古典文學出版社, 1956, p.13.

기능이 분담되었을 가능성도 생각해볼 수 있겠다.[12] 다만 이에 대해서는 관련된 문헌 기록이 발견되어야 확인될 수 있을 것이다.

송대 교방 이외의 여러 공연 기구 가운데 먼저 남방의 환관으로 구성된 운소부韻韶部에 대해 살펴보자. 운소부에 대한 기록은 앞에서도 인용한 바 있는 단안절段安節의 『악부잡록樂府雜錄』에 처음 보이고, 진양의 『악서』에는 『악부잡록』과 비슷한 내용에 송대의 상황이 추가되어 있다. 『악서』를 보자.

운소부: 남방 음악의 흡수
진양, 『악서』 권188 「잡악」

운소악. 당나라 때 운소부는 옥경玉磬 4가架를 썼습니다. 악樂은 금琴, 슬瑟, 축筑, 소簫, 지篪, 약籥, 발슬跋膝, 생笙, 우竽, 등가登歌,[13] 박판拍板이 있었습니다. 악은 당상과 당하로 나누었고, 등가 4인은 당하에 앉았습니다. 무동자 5인은 비단옷을 입고 각기 금련화金蓮花를 들고 무용수들을 이끌었습니다. 금련화는 불가佛家의 행도자行道者와 같은 것입니다. 무용수들은 섬돌 아래에서 비단 자리를 깔고 했습니다. 궁중에 따로 [운소악을 맡은] 운소원이 있었습니다. 때문에 어루御樓 아래로 희대戲隊가 나왔는데, 의춘원宜春院에 사람이 적으면 운소원 사람을 더했습니다. 운소원 사람을 궁인宮人이라고 불렀는데, 비천한 노비이기 때문이었을 것입니다. 의춘원 사람이 [금은으로 장식한] 어대魚袋를 차고 내인內人이라고 불리는 것과는 달랐습니다.

성조聖朝(송) [태조] 개보開寶 연간(968~976)에 영남嶺南을 평정하시고 [옛 남한南漢 궁정의] 중인中人(환관) 가운데 민첩한 자를 뽑아

12 본서 제2장 제1절 참고.

13 미상. 악기 또는 가수를 뜻하는 말일 것이다.

80명을 얻어 소소부簫韶部를 설치하고 교방에 가서 악을 배우게 하였습니다. [태종] 옹희雍熙(984~987) 초에 운소부로 이름을 바꾸고 궁시宮寺(황궁과 관청)의 내품內品(내시)으로 [사使를] 삼았습니다. 가歌 3명, 생, 비파, 쟁箏, 박판拍板 각 4명, 방향方響 3명, 적笛 7명, 필觱, 률篥 각 2명, 잡극 24명, 괴뢰 8명 등이 있었습니다. 정월 보름밤 즉 상사일, 단오, 물놀이 구경 날이 되면 궁중에서 작악作樂하도록 하였습니다. 동지, 설, 청명, 원사元社(춘사春社와 추사秋社) 등 명절의 궁중 연회에서도 이들을 썼습니다. 하지만 신은 궁정에서 호악과 속악을 섞어 쓰는 것은 선왕의 제도와 어긋나지 않을까 두렵습니다.[14]

첫 단락은 당대 운소악에 대해 불교적 성격이 있다고 한 것이나 운소원이 의춘원에 비해 지위가 매우 낮았다고 말한 것이 주목된다. 이어 송나라 때에는 지금의 광동廣東 지방에 있었던 나라인 남한南漢을 멸망시킨 뒤에 망국의 환관 80명을 도성 개봉으로 데리고 와서 교방에서 훈련시킨 뒤에 소소부에 소속시켰다가 후에 운소부로 개명하였음이 설명되어 있다. 따라서 송대의 운소부는 남방에서 붙잡혀와서 음악을 배운 사람들이 소속된 기관이었음을 알 수 있다. 마지막 대목에서는 주요 절기 때 궁정 연회의 공연에 이들 운소부를 썼음을 밝히면서 '호악'과 '속악'을 중심으로 한 운소부의 공연이 궁중에서 이루어지는 데 대한 걱정도 드러나 있다. 『악서』 이외에도 『송회요집고』, 『문헌통고』, 『송사』 등에도 모두 운소부에 대한 기록이 있는데 기본적으로 『악서』의 내용과 같다.[15] 어떻든 송대의 운소부는 남방 환관 출신의 예인들이 공연하여 호

14 『景印文淵閣四庫全書』 第211冊, 臺灣常務印書館, 1986, pp.846~847.

15 『宋會要輯稿』에서는 내시 30명이 이끌었고, 필률은 8명이 연주했으며, 장고 7명, 갈고 2명, 대고 2명 등이 추가되어 있는 점, 그리고 마지막 부분에 대곡 13곡의 곡목이 추가되어 있는 점이 다르다. 또 『문헌통고』에서는 내시 80명이 이끌었

악의 성격이 있었을 것이고, 따라서 교방 예인들의 공연과는 적지 않게 달랐을 것이다. 이것이 바로 운소부를 설치하여 운영한 가장 중요한 목적이었을 것이다.

교방과 운소악 이외에 군악을 맡은 균용직과 동서반악이 궁정 공연 활동에서 중요한 역할을 하였다. 먼저 균용직에 대해 살펴보자. 진양의 『악서』에 다음과 같은 기록이 보인다.

균용직: 어가 인도 군악
진양, 『악서』 권188 「잡악」

균용직. 성조 [태종] 태평흥국太平興國 5년(980)에 조령을 내리셔서 군중에서 악樂을 잘하는 자를 뽑아 인룡직引龍直이라고 불렀습니다. [태종] 순화淳化 3년(992)에는 균용직으로 개명하고, 내시로 하여금 통솔하게 했고, 압반押班 2명, 배악排樂 40명, 주작가사主作歌辭 1명을 두었습니다. 악기는 생笙, 적笛, 필률觱篥, 비파琵琶, 방향方響, 박판拍板, 장고杖鼓, 갈고羯鼓, 대고大鼓, 그리고 잡극雜劇 등이 있었습니다. 처음에는 136명을 두었고 뒤에는 200여 명으로 늘렸습니다. 황제께서 바깥으로 순행巡幸하실 때마다 말을 타고 거가를 인도하며 주악했는데, 그 광경이 성대했다고 할 만합니다. 호악과 속악을 버리고 아송雅頌의 소리에 힘쓴다면 악이 행해지고 백성들이 향하는 바가 올바르게 될 것입니다. 신이 보건대 서한西漢 때 일찍이 조령을 내려 올바른 법도를 따르지 않고 정위鄭衛의 음란한 소리[16]를 이룬 곳은 모두 없애게 하셨으니, 이는 진정 훌륭하신 결단이었습니다. 이를 본받아 행하

다고 되어 있기도 하다. 劉琳, 刁忠民, 舒大剛, 尹波 等 校點, 『宋會要輯稿』 第6冊, 上海古籍出版社, 2014, p.3630, 馬端臨, 『文獻通考』 第7冊, 中華書局, 2011, p.4405, 許嘉璐 主編, 『二十四史全譯 宋史』 第5冊, 漢語大詞典出版社, 2004, p.2756.

16 『詩經』 중의 鄭風과 衛風은 어지럽고 음란한 노래로 간주되어 왔다.

신다면 어찌 그 공이 작겠나이까.[17]

이 글에 따르면 균용직은 군중에서 음악이나 기예에 뛰어난 사람을 선발하여 조직하였고 규모가 클 때는 200명을 넘기도 하였다. 이들은 임금의 순행을 인도하면서 주악하는 일을 맡았는데, 이는 초기 명칭인 '인룡직'에서도 잘 나타나 있다. 『송회요집고』에는 균용직에 대해 『악서』와는 약간 다르면서도 조금 더 자세한 설명이 보인다.

균용직의 조직과 변화
『송회요집고』「직관이이職官二二」'균용직'

균용직은 군악이다. 내시 1~2명이 감독하였다. 압반 2명, 집악執樂 232명이 있었다. 옛날에는 136명이었는데 [진종眞宗] 경덕景德 3년(1006)에 가歌 2명, 잡극 40명, 판 10명, 비파 7명, 생 9명, 쟁 9명, 필률 45명, 적 35명, 방향 11명, 장고 34명, 대고 8명, 갈고 3명, 갈탄喝誕 10명, 소악기小樂器 1명, 배악 40명, 장찬사掌撰詞 1명을 추가했다. [본래 태종] 태평흥국 3년(978)에 군중에서 악을 잘하는 사람들을 뽑아 인룡직이라고 명명하고, [황제의] 순행巡幸, 유행遊幸, 친정親征 때 말을 타고 어가를 인도하며 주악하였다. 어루御樓에서 관등觀燈을 하거나 연회를 하사하시거나, 꽃구경, 활쏘기연습, 농사시찰 등을 하실 때에도 교방과 함께 응봉하였다. 연회를 내리실 때에는 [인룡직을] 맨 앞쪽의 산거山車[18]에 태우셨다. [태종] 단공端拱 2년(989)에 또 봉일捧日, 천무天武, 공성拱聖 등의 각 금군禁軍[19]에서 음률을 잘 아는 자를 뽑

17 『景印文淵閣四庫全書』第211冊, 臺灣常務印書館, 1986, p.848.

18 山車는 제왕이 덕이 있고 천하가 태평하면 나타난다는 전설상의 상서로운 물건이다. 여기에서는 산 모양으로 꾸민 천막을 친 수레를 뜻한다.

19 이들 세 부대는 모두 殿前司 소속 禁軍 부대이다. 捧日隊와 拱聖軍은 기병대이고 天武廂은 보병대였다. 龔延明 編著, 『宋代官制辭典』, 中華書局, 1997,

아 증원하여 중사中使(환관)로 하여금 감독하게 하고, 번신藩臣이 바친 악공들도 예속시켰다. [태종] 순화淳化 3년(992)에 균용직으로 개명하였는데, 이는 '균천鈞天(하늘의 중앙에 있는 제왕)'의 뜻을 취한 것이다. 처음에는 [규모가] 운소부와 같았으나, [진종] 대중상부大中祥符 5년(1012)에 고공鼓工들이 연습에 필요하다고 요청하여 구자부龜玆部를 증설하여 교방과 같아졌다. 황제의 조서를 받들 때와 네 곳의 궁관宮觀(도관道觀)에서도 모두 균용직을 썼다.[20].

이 글에서는 978년에 인룡직이 창설되고, 989년에 금군 선발 악공 증원 및 번신들이 헌상한 악공의 편입을 통해 규모가 확대되었으며, 992년에 균용직으로 개명되고, 1012년에 구자부를 증설하여 호악이 강화되었음이 잘 나타나 있다. 뿐만 아니라 균용직이 순행 이외에도 유행, 친청, 관등, 연회, 꽃구경, 활쏘기연습, 농사시찰 등의 거의 모든 궁중 행사에서 교방과 함께 주악했음이 밝혀져 있고, 또한 각 기악과 기예를 맡은 인원수도 구체적으로 적혀 있다. 이는 균용직의 담당 행사가 본래 맡았던 어가 행차를 인도하는 일뿐 아니라 점차 교방과 유사하게 전반적인 행사에서 공연하는 방향으로 확대되었음을 말해준다. 이와 관련하여 『송사』에는 다음과 같은 내용이 보인다.

균용직의 변화
『송사』 권142 「악지 17」

[진종 대중상부 5년(1012)에는] 지휘사指揮使 1명, 도지都知 2명,

---

pp.403~404.

20 劉琳, 刁忠民, 舒大剛, 尹波 等 校點, 『宋會要輯稿』 第6册, 上海古籍出版社, 2014, p.3630.

부도지副都知 2명, 압반 3명, 응봉문자應奉文字 1명, 감령내시監領內侍 2명이 있었다. [인종] 가우嘉祐 원년(1056)에는 재적자가 383명이었고, 6년(1061)에는 조령을 내리셔서 434명으로 늘리고 결원이 생기면 보충하도록 하셨다. 7년(1062)에는 조령을 내리셔서 균용직에서 24년 이상 일하고 나이가 50세 이상이 되는 사람은 희망에 따라 군직에 보하여 군두사軍頭司에 소속되게 하셨다. 옛날에는 16조調를 연주하였는데, 대곡大曲 36곡, 고적곡鼓笛曲 21곡, 그리고 기타 많은 곡목들이 있었다. 가우 2년(1057)에 감령내시가 균용직과 교방이 함께 연주하면 소리가 조화되지 않다고 말하니, 황제께서 조령을 내리셔서 균용직의 옛 16조를 없애고 교방의 17조로 연습하도록 하셨다. 이에 손익이 있었지만 대곡, 곡파曲破를 비롯하여 빠른 곡과 느린 곡이 모두 교방과 상당히 비슷해지게 되었다.[21]

이 글에서는 1012년 이후 균용직의 규모의 변화, 은퇴자에 대한 처우, 연주 목록 등을 설명하였다. 특히 1057년에 균용직의 고유 곡목을 폐지하고 균용직에서도 교방의 곡목을 익히도록 조치하여 균용직만의 특색이 사실상 사라지게 되었음을 밝히고 있다. 이는 균용직이 이제는 교방과 성격이 사실상 거의 같아졌음을 뜻한다.

군악 기구 가운데에는 균용직 이외에 동서반악이라는 조직도 있었는데, 이에 대해서도『악서』에 설명이 보인다.

[동서반악: 어가 수행 군악
진양,『악서』권188「잡악」]

동서반악. 성조聖朝 태종太宗(976~997 재위) 때 동서 두 반班에서

21 許嘉璐 主編,『二十四史全譯 宋史』第5册, 漢語大詞典出版社, 2004, pp.2756~2757.

악을 잘하는 자를 선발하여 [동서반악이라고] 이름을 붙였습니다. 악기는 소필률小觱篥, 소생小笙, 소적小笛 등만 썼습니다. 이들은 말을 타고 거가車駕를 따르며 주악하였고, 순행하실 때에는 밤에 행궁行宮의 마당에서 주악하였습니다.[22]

이 글에 따르면 동서반악은 말을 타고 어가를 뒤따르며 세 종류의 관악기를 연주하는 일을 했고, 행궁 마당에서도 주악한 일종의 수행 군악대였음을 알 수 있다. 동서반은 본래 11~12개의 반班으로 구성된 전전사殿前司 소속의 부대였다.[23] 초기 균용직이 어가의 앞에서 인도한 군악이었던 것에 비해 동서반악은 어가의 뒤를 따른 군악이었던 것이다. 이들은 관악기로만 구성되었고 행궁의 마당에서 주악했다고 하였으니 음악 위주의 공연을 펼쳤다고 하겠다.

이밖에도 『악서』에는 각 영군營軍 내의 악공, 옥청소응궁玉淸昭應宮 내의 청위군淸衛軍, 친종친사영악親從親事營樂 등 다양한 군악과 개봉부 아전악 즉 개봉부에 예속된 악무 기구에 대한 설명이 이어진다.

[여러 군악과 개봉부 아전악
진양, 『악서』 권188 「잡악」]

또 각 영군營軍에는 모두 악공이 있어서 전체가 5백 명이었는데 이 중 악공 50명을 선발하여 어가御駕가 제사를 모시고 환궁하실 때마다 악공들은 모두 울긋불긋한 옷을 입고 행궁에서 황성문에 이르기까지 치도馳道에 양쪽으로 나누어 줄지어 서서 작악作樂하며 영봉迎奉하

22 『景印文淵閣四庫全書』 第211册, 臺灣常務印書館, 1986, p.849.

23 禁軍 東西班에 대해서는 龔延明 編著, 『宋代官制辭典』, 中華書局, 1997, p.400 참고.

였는데, 관현악과 북소리가 수십 리를 서로 이어졌습니다. 군중에서 연회가 열릴 때에도 이들을 써서 주악했습니다. [연회 때에는] 도도棹刀, 창순槍盾, 번가蕃歌 등의 놀이가 있었습니다. [진종] 대중상부 연간(1008~1016)에는 옥청소응궁을 세워 [청위군을 두었는데],[24] 이들 중에서도 악공을 뽑아 균용직에서 가르치고 중인中人(환관)으로 하여금 통솔하도록 하셨습니다. 봄과 가을에 연회를 하사하시면 [옥청소응궁의] 여러 원苑과 관館에서 [청위군 소속 악공을 보내] 거란 사절을 접대하였습니다. 또한 친종친사영악과 개봉부 아전악의 악공들도 있었습니다. 천하의 군국郡國에는 모두 아전악영이 있어서 악공과 기인伎人이 소속되어 있습니다. 그런데 번가蕃歌와 호악으로 거란 사절을 접대하는 것은 괜찮은지, 어가가 도성 성문 밖을 순행하실 때에 도성 안에서 [군악대를] 쓸 수 있는지, 신은 알지 못하겠나이다.[25]

이 대목에서는 차례대로 황제가 환궁할 때 치도 양쪽에서 음악과 기예를 연행한 각 영군의 악대, 거란 사절을 접대한 옥청소응궁 소속 군악대, 황궁의 수문守門과 숙위宿衛를 맡은 군사들로 구성된 친종친사영악,[26] 그리고 각 주州와 부府에 설치된 악공과 기인의 교습 및 공연을 담당한 기관인 아전악에 대한 설명이 이어지고 있다. 이 중 앞의 세 종류는 군인들로 구성된 공연 기구이고 아전악은 개봉부 소속 예인들로 구성된 공연 기구로, 각각 고유의 주어진 역할을 맡아 수행했음을 알 수

24 『宋會要輯稿』, 『文獻通考』, 『宋史』 등을 참고하여 보충하였다. 淸衛軍은 宮觀들의 청소를 담당한 잡역부대였다. 앞의 玉淸昭應宮은 大中祥符 2년(1009)에 건설을 시작하여 7년(1014)에 완성한 궁정 내 道觀으로, 방이 3600개가 넘는 초대규모의 건물이었다고 한다.

25 『景印文淵閣四庫全書』 第211冊, 臺灣常務印書館, 1986, p.849.

26 親從官은 궁궐 문의 열쇠를 관리하고 황궁 순찰, 宿衛, 청소 등을 맡은 금군 병졸을 말하고, 親事官은 친종관을 보조한 병졸들을 말한다. 龔延明 編著, 『宋代官制辭典』, 中華書局, 1997, p.416.

있다.

북송 때 궁정 공연을 이끌었던 교방은 금의 공격으로 황실이 남방으로 내려간 직후에 폐지의 운명을 맞는다. 『송회요집고』에 따르면 남송의 첫 황제였던 고종高宗(1127~1162 재위)은 임안으로 옮긴 이듬해인 1128년에 전란으로 명목만 남아있던 교방 폐지 명령을 내렸고, 1144년에 남송 정권이 어느 정도 안정되자 북송 때와 같은 규모로 교방을 재건하고자 했으나, 다시 10여 년이 지난 후인 1161년에 완전히 폐지하였다.[27] 그렇다면 교방이 폐지된 이후 궁정의 각종 공연은 어디에서 담당하였을까? 이에 대해서는 남송 말엽 사람인 조승趙升이 쓴 『조야류요朝野類要』에서 실마리를 찾을 수 있다.

교방의 폐지와 예인들의 소속 변경
조승, 『조야류요』 권1 「교방」

한나라 때부터 호악에서 비파와 필률이 들어온 뒤로 중국은 오랑캐의 소리를 섞어 썼고, 육조六朝 때에는 더욱 심해졌다. 당나라 때에는 이들을 모두 태상시太常寺에 예속시켜 관장하게 하였고, 명황明皇(현종)께서 마침내 교방을 별도로 설치하셨다. 여악女樂은 이원梨園의 제자弟子였다. 이들은 『교방기敎坊記』에 기재되어 있다. 본조本朝(송)에 들어와서는 동서東西 두 교방으로 증설하고 다시 화성전化成殿에 균용반鈞容班을 따로 설치하였다. [남방으로 옮긴] 중흥中興 이후에도 [이들은] 존속되었지만, 소흥 연간(1131~1162) 말엽에 대신臺臣 왕십붕王十朋이 상소하여 [교방을] 폐지하였다. 그 뒤 유명하고 뛰어난 배우와 예인들은 모두 덕수궁德壽宮 속관으로 보임되었고, 나머지 다수

27 劉琳, 刁忠民, 舒大剛, 尹波 等 校點, 『宋會要輯稿』 第6册, 上海古籍出版社, 2014, p.3629.

의 예인들은 임안부 아전악에 배속되었다. 지금은 비록 교방의 이름이 있고 이들은 수내사 교악소에 예속되어 있지만, 대연大宴 등이 있을 때에는 [임안부] 아전악을 차출하여 임시로 채우고, 부족하면 다시 시인市人들을 계약 관계로 고용한다. 근년의 아전악에는 이미 교방에 있던 옛 사람들은 찾아볼 수 없고 시정과 길거리 사람들이 다수를 이루고 있다. 이들의 음악 재능을 탓하려고 해도 어렵지 않을까 한다.[28]

조승은 대략 남송 영종寧宗(1194~1224 재위) 치세의 전후에 활동한 사람으로, 임안의 서적포에서 소송문서나 공문서를 작성하면서 지낸 인물로 추정된다. 『조야류요』는 그가 송대의 제도, 습속, 용어 등에 대해 사전식으로 설명하고 있는 필기류 저작으로, 이종理宗 단평端平 3년(1236)의 저자 서문이 붙어 있다.[29] 여기에서는 소흥 말엽에 대신 왕십붕(1112~1171)이 상소하여 최종적으로 교방을 폐지하였고, 예인들 가운데 지위가 상대적으로 높고 기량이 뛰어난 소수는 덕수궁에 배속시키고, 나머지 다수는 임안부 아전악에 배속시켰음이 나타나 있다. 덕수궁은 망선교望仙橋 동쪽에 있던 진회秦檜(1090~1155)의 옛집을 수리하여 궁실로 삼은 곳으로, 고종이 아들에게 황위를 물려주고 나서 태상황이 되어 거처했던 장소이다.[30] 또한 이후에는 예인들을 수내사 교악소에 소속시켰다고 했는데, 수내사는 본래 황성 내 궁전 보수의 일을 맡은 관서였고, 남송 때에 와서는 금군의 군수품을 제작하는 일도 맡은 기관이었다.[31] 여기에 옛 교방 예인들을 소속시키고, 큰 규모의 행사 때에는

28 趙升, 『朝野類要』, 中華書局, 2007, pp.30~31.

29 趙升, 『朝野類要』, 中華書局, 2007, '前言'.

30 龔延明 編著, 『宋代官制辭典』, 中華書局, 1997, pp.611~612.

31 龔延明 編著, 『宋代官制辭典』, 中華書局, 1997, p.369.

이들을 비롯하여 임안부 아전악 및 민간 예인들을 모두 차출하여 공연하게 하였음을 알 수 있다. 다시 말해 덕수궁이나 수내사는 모두 본래 예인과는 별다른 관계가 없는 곳이었지만, 교방 폐지 이후에는 궁정 예인들이 소속된 기구의 성격이 추가되었던 것이다. 교방 폐지 이후 민간 예인들이 궁정 공연을 준비한 모습에 대해서는 『송사』에서 좀 더 자세히 적고 있다.

교방 폐지 이후 민간 예인의 궁정 공연 준비

『송사』 권142 「악지 17」

고종 건염建炎 연간(1127~1130) 초기에 교방을 폐지하였다. 소흥 14년(1144)에 [교방을] 재설치하여 악공 460명을 두고 내시를 검할鈐轄[32]로 삼았다. 소흥 말엽 [1161년]에 다시 폐지하였다. 효종孝宗 융흥隆興 2년(1164) 천신절天申節에 작악作樂하여 축수하고자 하였는데, 천자께서 "한 해에 양궁兩宮의 생일 말고는 [기예가] 쓰이는 데가 없는데 무슨 이름으로 할지 모르겠도다."라고 하셨다. 대신들이 모두 "필요할 때 불러 모으면 되며, 교방을 둘 필요는 없겠나이다"라고 하니, 천자께서 좋다고 하셨다. 건도乾道 연간(1165~1173) 이후 북방 [금나라] 사신이 해마다 두 번씩 내조할 때에도 작악하였다. 이때에도 시인市人들을 불러다가 시켰는데, 교방을 두지 않고 수내사에 명하여 20일 동안 교습을 시키게 하였다. 옛 [교방 시절의] 관례에 따르면 악인樂人 300명, 백희군百戲軍 100명, 백금명百禽鳴 2명, 소아대小兒隊 71명, 여동대女童隊 137명, 축구군築球軍 32명, 기립문행인起立門行人 32명, 기고旗鼓 40명, 상박등자相撲等子 21명 등으로 구성했는데, [수내사에서는] 이 중 소아대와 여동대를 쓰지 않고 나머지는 그대로 하였

32 鈐轄敎坊을 말한다. 敎坊의 업무를 감독하고 규제한 직책이다.

다.[33]

1161년 교방이 폐지된 뒤 3년이 지난 해에 고종이 생일(천신절)을 맞아 경축 연회에서 작악할 사람들을 쓰고자 했을 때 상설기구인 교방이 없어 문제를 제기하자, 신하들은 필요할 때마다 불러 연습시켜서 공연하게 하자고 건의하고 황제는 이를 받아들인다. 이에 따라 수내사에서는 궁정 공연이 필요할 때 민간의 예인들을 옛 교방의 규모에 준하게 소집하여 20일 동안 연습시켜 공연하게 하였음을 재확인할 수 있다.

균악 기구였던 균용직도 남송에 와서 폐지되는 운명을 맞는다. 이에 대해서는 『송회요집고』, 『송사』 등에 기록이 있는데, 여기에서는 『송회요집고』를 보자.

균용직의 폐지
『송회요집고』 「직관이이」 '균용직'

고종 소흥 9년(1139) 4월 21일에서 성상께서 보신輔臣들에게 말씀하셨다. "내가 듣건대 전전사殿前司에서 균용직 악공을 모집하는데 자못 소란스럽다고 한다. 군대에 본래부터 있었던 사람들은 그대로 남겨두되, 나머지는 더이상 모집하지 말라." 이에 앞서 양존중楊存中이 균용반에 옛날에는 400명이 있었으나 지금은 겨우 69명만 있으니 보충하여 200명 정도를 임시 정원으로 해달라고 청원하였다. 그리하여 이미 지휘사指揮使에서 모집하게 된 것인데, 뒤에 소란이 일어나 결국 조령을 내리셔서 중지하도록 하신 것이다.

소흥 14년(1144) 2월 14일에 중신重臣이 상소를 올려 균용직에 상을 내려 [증원하도록] 주청하니, 성상께서 말씀하셨다. "상은 한 번만

---

33 許嘉璐 主編, 『二十四史全譯 宋史』 第5册, 漢語大詞典出版社, 2004, p.2755.

내릴 수 있으니 처음에 지응祗應한 공로만 인정할 것이다. 앞으로도 이와 같이 할 것이니, 장래의 희망을 버리기를 바라노라."

소흥 30년(1160) 정월 18일에 조령을 내리셨다. "균용반은 폐지하고 전전사에 명하여 일반 반직班直[34]으로 배치하게 하라. 본래 여러 곳에서 차출되어 온 자들을 원대복귀시키고, 노약자와 병이 있는 자는 기준을 정해 퇴직시키도록 하라." [이에 따라] 216명을 감파減罷하고 기준에 따라 퇴직하게 했다. 퇴직 규정에 따라 두 달 치 급료를 지급하였다.[35] .

이를 보면 남송 초의 균용직은 북송에 비해 규모가 크게 줄어 증원 시도를 여러 차례 하였으나 결국 교방보다 1년 앞선 1160년에 최종 폐지되는 운명을 맞게 되었음을 알 수 있다.[36]

남송의 교방과 균용직 등 궁정의 상설 공연 기구들은 이렇게 사라졌지만, 금, 원 등의 이민족 왕조에서도 교방에 대한 기록이 남아 있어서 주목된다. 아래에서는 금과 원에 설치된 교방의 성격은 송대와 비교하여 어떻게 달라졌는지를 살펴보기로 한다. 먼저 금은 도성이 중도 대흥부中都大興府(지금의 북경)에 있었던 60년 정도의 기간(1153~1213)이 사회적, 문화적으로 비교적 안정된 시기였고, 금의 궁정에서 악이 정비된 것도 이때였다. 『금사金史』의 기록을 보자.

34 班直은 송대에 황제를 수행한 각종 侍衛 및 扈從 부대의 총칭이다. 이 중 騎軍은 殿前指揮使, 內殿直, 散員, 散指揮, 散都頭, 散祗候, 金槍班, 東西班, 招箭班, 散直, 鈞容直, 그리고 捧日 이하 각군 指揮가 있었고, 步軍은 御龍直, 骨朵子直, 弓箭直, 弩直, 그리고 天武 이하 각군 指揮가 있었다. 이들 班直은 모두 殿前司에 속했다. 『宋史』 제5책, p.3247 참고.

35 劉琳, 刁忠民, 舒大剛, 尹波 等 校點, 『宋會要輯稿』 第6冊, 上海古籍出版社, 2014, pp.3630~3631.

36 『宋史』의 기록도 비슷하다. 『宋史』 卷42 「樂志 17」. 許嘉璐 主編, 『二十四史全譯 宋史』 第5冊, 漢語大詞典出版社, 2004, p.2757.

금의 교방
『금사』 권39 「악지樂志」

금이 송을 정복한 지 오래지 않아 금석金石의 악樂을 갖추게 되었지만 완비되지는 못했다. [세종世宗] 대정大定 연간(1161~1189)과 [장종章宗] 명창明昌 연간(1190~1196) 즈음이 되어서야 날로 정비되어 훌륭히 갖추어지게 되었다. 태상太常에 속하는 것은 교묘郊廟, 사향祀享, 대연大宴, 대조회大朝會, 궁현이무宮縣二舞[37]등이 있었고, 교방에 속하는 것은 요가고취鐃歌鼓吹가 있었는데, 이는 천자의 출행 시에 의장하며 인도한 악이었다. 산악散樂과 발해악渤海樂도 있었다. 본국(여진)의 옛 음악은 세종 때 그 뜻을 써서 아곡雅曲으로 만들었는데, 사서史書(『금사』)에 그중 한 수를 수록하였다. 나머지 속된 것은 싣지 않았다.[38]

이 글은 12세기 후반에 이르러 금 궁정의 악제樂制가 정비되었고, 그 구조는 태상과 교방으로 양분되었음을 밝히고 있다. 그리고 산악, 발해악, 그리고 여진악 등에 대한 언급도 보인다. 그런데 이 글만을 보면 금의 교방은 북송의 교방과는 기능이 달랐고, 오히려 북송의 균용직처럼 천자의 출행 때 인도한 일을 맡은 기구였던 것처럼 보인다. 그러나 『금사』 「백관지」에 실린 교방 관련 최고위직 관원인 제점提點의 업무를 보면 '궁정 음악을 관장하고 관련 업무를 총괄'하는 것으로 되어 있다.[39]

37 宮縣은 궁정에서 사방에 악기를 설치하는 일을 말하고, 이무는 文舞와 武舞를 가리킨다. 궁현이무는 악기를 설치하여 임금을 나타내는 춤인 文舞와 武舞를 추는 것을 가리키는 듯하다.

38 許嘉璐 主編, 『二十四史全譯 金史』 第1册, 漢語大詞典出版社, 2004, p.657.

39 『金史』 卷56 「百官 2」 '敎坊'. 許嘉璐 主編, 『二十四史全譯 金史』 第2册, 漢語大詞典出版社, 2004, p.958.

물론 예악, 제사, 연향 등의 아악은 예부 및 태상시에서 맡았지만, 교방의 업무 범위는 황제의 출행에 인도하는 것과 궁정 음악(연악)을 총괄하는 것을 함께 맡았음이 분명하게 확인된다. 따라서 금대의 교방은 북송 때 교방과 균용직의 업무를 통합하여 관장한 것으로 이해하는 것이 옳을 것이다.

금을 멸망시키고 대륙을 통일한 몽골도 초기부터 교방사教坊司를 설치하여 궁정 연악을 관장하게 하였다. 『원사元史』「백관지百官志」에서는 쿠빌라이 즉위 초인 1261년에 교방사를 설치하여 악인들 및 흥화서興和署 등의 5백 호를 통할하게 하였다고 하였고,[40]「예악지禮樂志」에서는 1271년에 옛 금나라의 교방에서 일한 악공들을 물색하여 기능을 강화해야 한다는 상소문을 싣고 있다.

원대 교방에 소집된 옛 금 교방 예인들
『원사』 권67「예악지 1」'제조의시말制朝儀始末'

세조 지원 8년(1271) 가을 8월 기미일에 조의朝儀를 제정하기 시작했다. (…) 유병충劉秉忠이 다시 상주하였다. "악樂이 없으면 예禮가 완비되지 못합니다." [그리하여] 성상의 뜻을 받들어 옛 교방의 악공들을 수소문하여 찾아다닌 끝에 장고색杖鼓色 양호楊皓, 적색笛色 조집曹楫, 전행색前行色 유진劉進, 교사教師 정충鄭忠을 찾아서 악률대로 채보하여 기악과 노래를 입혔다. 여섯 달 만에 완성되어 소리가 조화를 이루어 만수산萬壽山 편전便殿에서 주악하니 황제께서 들으시고 좋다고 하셨다.[41]

40 『元史』卷85「百官 1」. 許嘉璐 主編, 『二十四史全譯 元史』第3册, 漢語大詞典出版社, 2004, p.1687.

41 許嘉璐 主編, 『二十四史全譯 元史』第3册, 漢語大詞典出版社, 2004, pp. 1292~

유병충(1216~1274)은 금나라 관리 출신으로 금 멸망 후에 쿠빌라이를 적극 보좌하여 광록대부光祿大夫 등의 높은 벼슬을 지낸 인물이다. 그가 위의 내용을 상주한 1271년은 남송이 아직 망하기 전이므로 여기에서의 옛 교방은 금나라의 교방을 가리킨다고 하겠다. 다시 말해 원나라 조정에서 옛 금나라 교방에서 일했던 예인들을 찾아내어 모아서 원의 교방의 기능을 강화하고자 했음을 알 수 있다. 이처럼 원대의 교방사는 궁정의 악인들을 모집하고 통할하는 일을 담당하여 궁정 행사에서 필요한 역할을 하였다. 원대 교방의 규모에 대해서는 황실에서 개최한 불교 행사의 기록을 통해 추정할 수 있다.

원대 교방의 규모

『원사』 권77 「제사 6」

세조 [쿠빌라이] 지원 7년(1270)에 황제의 스승 팔사파八思巴(팍파)의 건의에 따라 대명전大明殿의 어좌 위에 흰 산개傘蓋를 설치하였다. 산개의 꼭대기는 흰 비단으로 만들고 그 위에 니금으로 '梵(범)'자를 썼다. 이렇게 함으로써 마귀를 진압하고 나라의 사찰을 보호한다고 하였다. 그 뒤 해마다 2월 15일에 대명전에서 산개를 설치하는 불사佛事를 거행하였다. (…) [이에 앞서] 정월 15일에 선정원宣政院이 중서성과 함께 상주하여 불사 전에 미리 중서성에서 성상의 뜻을 받들어 추밀원에 문서를 보내어, 팔위八衛에서 발산고수撥傘鼓手 120명과 전후군갑마殿後軍甲馬 500명, 한漢 관우關羽의 신교神轎를 운반하고 단壇을 관리할 군사 및 잡용군사 500명을 준비하게 하였다. 선정원에서 관할한 관사官寺 360곳에서는 불상, 단면壇面, 당번幢幡, 보개寶蓋, 거고車鼓, 두기頭旗 등 360단壇을 제공했는데, 각 단에는 경집擎執과 대

1293.

여擡舁 26명, 발고승鈸鼓僧 12명이 포함되어 있었다. 대도로大都路에서는 각색의 금문대사金門大社 120대隊를 제공하였다. 교방사의 운화서雲和署에서는 대악고大樂鼓, 판악고板杖鼓, 필률篳篥, 용적龍笛, 비파, 쟁, 진秦, 등 7색을 모두 400명 제공하였고, 흥화서興和署에서는 기녀, 잡분雜扮, 대희隊戲 150명을 제공했으며, 상화서祥和署에서는 잡파희雜把戲 남녀 150명을 제공하였다. 또 의봉사儀鳳司에서는 한인漢人, 회회回回, 하서河西 등 세 족속의 세악細樂을 관장하여 각각 3대씩 모두 324명을 제공하였다. 모든 집역자執役者들에게는 관청에서 개갑鎧甲, 포복袍服, 기장器杖 등을 제공해주었는데, 모두 선명하고 화려하며 가지런하여 주옥과 금수로 장식한 신기하고 아름다운 모습이 처음부터 끝까지 30여 리를 늘어섰다. 도성의 남녀들은 골목마다 모여서 이들을 구경하였다.[42]

이 글에서는 1270년 이후 매년 2월 15일에 '마귀를 진압하고 사찰을 보호'하기 위해 대명전에 산개를 덮는 불사를 거행했는데, 이 행사를 준비하기 위해 팔위, 선정원, 대도로, 교방사, 의봉사 등에서 많은 인원과 물자를 제공하였고, 화려하고 웅장한 모습이 도성 사람들의 구경거리가 되었음을 말해주고 있다. 특히 교방사에서는 운화서의 악기 연주자 400명, 흥화서의 연기자 150명, 상화서의 연기자 150명 등 총 700명을 지원하였다고 하니 당시 교방사의 조직 규모가 북송 때 가장 컸던 규모에는 미치지 못하지만 그래도 상당히 컸음을 잘 알 수 있다.

원을 북쪽으로 밀어낸 명도 건국 직후에 교방을 설치하여 궁정 공연을 맡게 하였는데, 원대 귀족 대가문의 후예들, 영락제가 정권을 잡은 뒤에 반대파 대신의 친척들, 그리고 지방의 악호樂戶들을 다수 소집하

42 許嘉璐 主編, 『二十四史全譯 元史』 第3冊, 漢語大詞典出版社, 2004, p.1504.

여 교방 예인으로 삼았다.[43] 이들은 궁정 특히 황제가 조신朝臣들과 정사를 처리하는 정치적 공간인 외정外廷의 공연을 전담하여, 원본院本과 잡극, 그리고 악무 및 백희 등을 공연하고 극본을 편찬하고 민간 예인들을 관리하는 등의 일을 관장하였다.[44] 교방이 민간 구란의 예인들을 관장한 일에 대해서는 명대 초기 작가인 탕식湯式이 쓴 산곡「신건구란교방구찬新建构欄敎坊求贊」을 통해 살펴볼 수 있다. 이 작품은 궁정 밖에 신축한 구란에 대해 교방의 의뢰를 받아 예찬한 것으로, 명대 초기 구란의 모습을 알려주는 중요한 기록이기도 하다.

[명대의 외정 공연 기구 교방의 구란 탕식,「신건구란교방구찬」]

【반섭조般涉调·초편哨遍】 성스러움이 가득하여 비룡飛龍이 태양 되시니, 불의 정령이 타올라 하늘의 덕을 밝히시도다. 삼척 검 들고 갑옷 입고, 담소하시는 가운데 만리의 화이華夷들을 평정하셨네. 음양의 기운 속에서, 팔방 먼 곳에서 축수하고, 사해에 봄이 가득하니, 태평한 치세가 무르익었네. 도성이라 금릉金陵은 아름답고 화려하니, 노나라의 기린이 서기瑞氣를 드러내고, 주나라의 봉황이 의례를 올리는구나. 하늘의 향기가 퍼지니 술집 깃발이 펄럭이고, 감로가 낙화와 어울려 촉촉해졌네. 군사 깃발을 거두고, 봉화를 끄고, 창칼을 녹이셨도다.

【사해아耍孩兒】 정말이지 교방에서 밝고 따뜻한 곳을 독차지하였으니, 앵무새와 꽃(기녀)들이 더욱 아름답게 보이는구나. 진정으로 자미궁紫微宮[45]의 악성樂星들이 모여들어, 새로이 위대한 터를 세웠도다.

43 張影,『歷代敎坊與演劇』, 齊魯書社, 2007, pp.159~161.

44 張影,『歷代敎坊與演劇』, 齊魯書社, 2007, p.169, 186, 191, 195. 雜劇은 元의 敎坊에서 남겨진 것을 흡수한 것이 많았다고 한다.

45 큰곰자리를 중심으로 170개의 별로 이루어진 별자리이다. 제왕의 자리를 비유한다.

방위는 모두 곽경순郭景純[46]의 천지를 재는 음양 요결要訣에 따라 정하고, 걸음쇠와 곱자는 노공수魯公輸[47]의 고금을 꿰뚫는 조화기造化機를 썼다네. 밤낮으로 쉬지 않고, 쿵쿵 도끼를 번개 같이 내려치고, 쓱쓱 톱밥과 대패밥이 별처럼 날렸네.

【칠살七煞】 기와 만들고 벽돌 깎아서 평평하게 다져놓고, 바람과 불을 막을 벽을 빨리도 쌓아 올렸네. 백 년 동안 천 년 계획을 세웠구나. 좋은 목재 고르느라 남산南山의 단단한 나무와 하얀 고목들을 모두 베어냈고, 큰 주춧돌감 옮겨오려고 동해의 금성석金星石과 설랑석雪浪石[48]을 다 건져냈다네. 대단하도다, 공중에 용마루가 높이 솟았고, 평지 위에 웅장한 건물들이 빛나는구나!

【육살六煞】 위에는 바람과 달빛 들어오는 아름다운 팔방八方 창을 내었고, 아래에는 별도 딸 수 있는 높다란 백 척 계단을 깔아놓았네. 아로새긴 난간 아래로 굽어보니 장강長江이 삼천리 끝없이 뻗어있네. 바람막이 처마에는 가녀린 첨아檐牙[49]가 원앙새 날개처럼 높이 펼쳐져 있고, 나는 구름 같은 용마루에는 아찔한 첨각檐角[50] 이 맹수의 꼬리처럼 높이 펴져 있구나. 다채롭도다, 벽사창碧紗窓[51]에는 저녁구름과 아침비가 들이치고, 붉은 주렴 밖에는 북두성北斗星과 남기성南箕星이 미끄러져 지나가네.

【오살五煞】 [구란의] 문은 이태백이 시로 썼던 천 척 높이의 봉황대

---

46 晋나라 때 사람 郭璞을 말한다. 辭賦를 잘 지었고 점술에 밝았다.

47 魯나라 때 사람 魯班을 말한다. 工匠으로 기예가 뛰어나고 발명도 많도 많아 후대의 건축 장인들이 祖師로 모셨다.

48 金星石은 금빛으로 반짝이는 돌을 말하고, 雪浪石은 표면에 물보라 무늬가 있는 돌을 말한다.

49 처마 끝에 이빨처럼 돌출한 장식물이다.

50 처마 끝의 뿔처럼 솟은 부분이다.

51 짙푸른 빛깔의 비단을 바른 창이다.

鳳凰臺를 마주하고 있고,[52] 땅에는 장려화張麗華[53]가 화장을 씻어낸 연지수胭脂水가 휘감아 흐르는데, 창남헌敞南軒에서는 백운白雲에 덮였다 보였다 하는 푸르른 종산鍾山[54]은 다 볼 수가 없구나. 삼 척 높이의 누대에는 꾀꼬리와 잠자고 제비와 노니는 한량들의 소굴이 숨겨져 있고, 네거리에는 웅크린 호랑이와 똬리 튼 용[55]을 끼고 있는 옛 제왕들의 터가 자리해 있네. 버들 그림자는 짙고 꽃그늘은 진한데, [구란이 있는] 골목은 주작교朱雀橋 바로 옆에 이어지고, 편액이 오의항烏衣巷에 비스듬하게 날아갈 듯 걸려있네.

【사살四煞】 이쪽 상廂[56]의 술집에서는 생笙이 반주하는 노래가 떠들썩하게 들려오고, 저쪽 상의 찻집에서는 사향麝香과 난향蘭香이 퍼져나와 코를 찌르네. 이곳은 오색구름 떠있는 궁궐에서 멀지 않구나. 북을 치니 둥둥 소리가 천자의 의장儀仗을 따라 □□를 맞이하고, 박판을 두드리니 딱딱 소리가 바람을 타고 궁궐에 들어가네. 팔음八音이 갖추어지니, 토포혁목土匏革木과 사죽금석絲竹金石[57]이라.

【삼살三煞】 [구란은] 넓고 훤한 모습이 마치 황금색과 옥색으로 단장한 채하관彩霞觀 같고, 위세 당당한 모습이 구슬과 비취로 둘러싸인 자운루紫雲樓 같으며, 빛처럼 밝은 모양이 가을 자취 없는 피한대辟寒臺[58]나 수정궁水晶宮 같고, 탁 트인 모양이 하늘에 있는 광한궁廣寒宮(달)의 청허부淸虛府 같으며, 넓고 큰 것이 서방에 있는 도솔천兜率天의

52 李白은 「登金陵鳳凰臺」를 썼다. 첫 부분이 "鳳凰臺上鳳凰遊, 鳳去臺空江自流.(봉황대에 봉황이 노닐었다더니, 봉황은 가고 누대도 비고 강물만 흐르네.)"이다.

53 南朝의 陳 後主가 총애했던 妃이다.

54 南京 북동쪽에 있는 紫金山을 말한다.

55 수도가 되기 알맞은 南京의 지형을 비유한다.

56 명나라 때 행정구역 명칭이다. 성안은 坊, 성 밖 가까운 곳은 廂이라고 불렀다.

57 각각 흙, 박, 가죽, 나무, 줄, 대나무, 쇠, 돌 등으로 만든 여덟 종류의 악기를 가리킨다. 각각의 예를 들면 塤, 笙, 鼓, 木魚, 琴, 笛, 鐘, 磬 등이 해당한다.

58 魏나라 때 昆明國에서 嗽金鳥를 바쳤는데, 이 새가 추위를 싫어하여 水晶으로 창을 만든 집을 지어주고 이를 避寒臺라고 불렀다고 한다.

극락국極樂國 같구나. 화려하기도 하도다! 소쇄瀟灑하기로는 봉래도蓬萊島의 임궁琳宮과 감우紺宇[59]같고, 풍류 넘치기로는 곤륜산崑崙山의 자부紫府와 요지瑤池[60] 같도다.

【이살二煞】 첩극捷劇들은 골계 이야기와 재미난 모습에 능하고, 인희引戲들은 음률을 잘 맞추고 예절을 잘 알며, 장고裝孤는 당당하고 기백 있는 모습으로 입에서 화려한 말들을 쏟아내네. 부말색付末色은 전후의 왕조들을 논하며 장편을 연설하고 단구短句를 노래하는데, 말솜씨는 강물처럼 흐르는 것이 임기응변이 뛰어나네. 부정색付淨色은 방정맞은 낯을 뻔뻔하게 들고 괴상한 얼굴을 펼치며 우스개 동작을 하고 차가운 익살을 읊조리는데, 뻣뻣한 몸뚱이는 세상과는 어울리지 않는다네. 요타要㷲들은 봄바람이 불기도 전에 먼저 꽃 소식을 전해주고, 장단색裝旦色은 춤추는 모습이 간드러져 능수버들 같고, 말니색末泥色은 노랫소리가 퍼지는 것이 꿰어놓은 구슬들이 흩어지듯 하다네.

【일살一煞】 왕손들은 두근거리는 마음으로 상금을 가슴에 품고 있고, 낭군들은 눈을 크게 뜨고 선물을 준비해두었네. 용문龍門에 오르고 안탑雁塔에 이름을 올린 사람들(과거급제자)이나 양머리를 내걸고 개꼬리를 밟은 사람들(사기꾼)도 모두들 상을 주네. 이리저리 어깨를 부딪히고 등을 부딪혀며 자루를 털고 재산을 팔아 백설 같은 은전銀錢을 사십 냥이나 내어놓고, 유객遊客들은 머리를 다투어 내밀고 두드리고 눈썹을 폈다가 눈을 부릅떴다 하면서 춘풍옥春風玉(기녀들)을 둘러서서 자세히 살펴보네. [배우들은] 잠시 산 위로 떠오른 태양이 되어, 이름은 북녘 땅까지 드날리고, 명성은 남녘 변방까지 퍼졌다네.

【미尾】 구중천九重天에서 비와 이슬 내려주신 은혜와, 해와 달의 광휘 덕택이리니, 이 꾀꼬리와 꽃들을 거느린 구란은 천하에서 으뜸이니, 보통 구란 일만 개도 이에 미치지 못하리라![61]

---

59 琳宮은 신선의 거처, 紺宇는 佛寺의 별칭이다.

60 紫府는 신선의 거처, 瑤池는 西王母가 사는 곳이다.

61 郭志國, 馬冀 編輯校注, 『湯舜民散曲校注』, 內蒙古大學出版社, 2009,

탕식은 자세한 생애는 불분명하지만 원말명초에 활동한 산곡과 잡극에 능한 문인 작가였고 영락제의 총애를 받은 사람이었던 것으로 알려지고 있다.[62] 이 산곡의 제목 「신건구란교방구찬」은 '새로 건축한 구란에 대해 교방에서 예찬을 구함'이라고 해석할 수 있으므로, 탕식이 교방의 의뢰를 받아 지은 작품임을 알 수 있다. 영락제와의 가까운 관계가 교방에서 특별히 그에게 작품을 의뢰한 배경일 수도 있을 것이다. 이 산곡은 【반섭조】라는 곡조에 속하는 노래 10곡을 이어 부른 투곡이다. 내용을 요약해보면, 먼저 【초편】에서는 전쟁이 끝나고 태평치세가 펼쳐지기 시작했음을 예찬하였고, 【사해아】와 【칠살】에서는 뛰어난 장인들이 좋은 목재와 석재 등을 써서 훌륭한 구란을 건축했음을 노래하고 있다. 이어 【육살】부터 【삼살】까지는 웅장하고 아름다운 구란의 모습과 구란에서 바라본 도성의 경치를 읊은 다음 구란의 위치에 대한 묘사가 이어지고 음악 소리가 울려 퍼지는 구란이 마치 신선의 거처 같다고 예찬한다. 이어지는 【이살】에서는 구란의 무대에 여러 각색들이 등장하여 각자 특색있는 연기를 훌륭하게 펼쳐내는 장면을 묘사하고 있다. 마지막으로 【일살】과 【미】는 훌륭한 연기를 펼친 배우들에게 상을 내리는 장면과 뛰어난 극장에 대한 찬미로 마무리되고 있다. 전체적으로 고급스럽게 건립된 새 교방에서 훌륭한 배우들이 연기를 펼치는 모습을 정성을 들여 예찬한 빼어난 작품이다. 어떻든 교방에서는 나라에서 새로

pp.259~261. 랴오번 저, 오수경 외 역, 『중국 고대 극장의 역사』, 도서출판 솔, 2007, pp.333~334의 번역을 참고하고 일부 수정보완하였다.

62 현재 전하는 그의 散曲 작품은 小令 170首, 套數 68套 등으로, 수량이 많고 주제도 다양한 것으로 평가된다. 그의 작품은 郭志國, 馬冀 編輯校注, 『湯舜民散曲校注』, 內蒙古大學出版社, 2009에 정리되어 있다.

건립한 이 구란이 우수한 공연의 무대가 될 수 있기를 기대하며 그 운영에 관여했을 것으로 생각된다.

명대에 궁정 공연을 맡은 기구는 교방 이외에 종고사鐘鼓司도 있었는데, 앞서 말한 것처럼 교방이 외정外廷의 공연을 맡은 기구인데 비해 종고사는 황제와 황족들의 일상적 업무나 생활의 공간을 뜻하는 내정內廷의 공연을 전담하였다.[63] 종고사의 설치 시기는 불분명한데, 금원金元 시대의 구제舊制를 따랐다고 한 것으로 보아 명대 초에 설치되었을 가능성이 있다.[64] 『명사』「직관지」에서는 종고사의 직무 등에 대해 "출조出朝를 알리는 종과 북을 치는 일을 비롯하여 내악內樂, 전기傳奇, 과금過錦, 타도打稻 등과 같은 각종 잡희雜戲를 맡았다."고 적었다. 또한 최고 책임자의 품계는 정5품으로, 교방 최고책임자가 정9품이었던 것에 비해 크게 높았다.[65] 종고사에 대해 더욱 상세한 기록을 남기고 있는 자료가 있는데, 바로 명 말엽의 환관 유약우劉若愚(1584~1642경)이 쓴 『작중지酌中志』 권16 「내부아문직장內府衙門職掌」이 그것이다. 해당 부분을 보자.

명대의 내정 공연 기구 종고사
유약우, 『작중지』 권16 「내부아문직장」

종고사. 장인태감掌印太監 1명, 첨서僉書 수십 명, 사방司房, 학예관學藝官 200여 명. 출조出朝의 종고鐘鼓를 관장했다. 성가聖駕(황제)의

63 張影, 『歷代教坊與演劇』, 齊魯書社, 2007, pp.184~199.

64 沈德符, 『萬曆野獲編』 補遺卷1, '禁中演戲', 中華書局, 1959, p.798.

65 『明史』 卷74 「職官志 3」. 許嘉璐 主編, 『二十四史全譯 明史』 第3册, 漢語大詞典出版社, 2004, p.1430.

출조, 성모聖母(황태후)의 회궁回宮을 비롯하여 만수성절萬壽聖節(황제 생일), 동지, 설날의 승전升殿과 회궁 때 [종고사 인원들이] 모두 붉은 수를 놓은 첩리帖裏를 입고 머리에는 청찬靑攢을 쓰고 이마에는 오색의 융絨을 늘어뜨리고 어전에서 작악하며 궁중의 자리에 오르시도록 인도하고 승응했다.

구월의 등고登高, 성가의 만수산萬壽山 행차, 단오 때 용주龍舟 경기, [청명절 때의] 삽류揷柳,[66] 세밑의 궁중 구나驅儺, 그리고 일식과 월식 때 구호救護를 위한 타고打鼓 등을 모두 본사(종고사)에서 맡았다.

서궁西宮에서 추수 행사를 할 때에는 타도打稻의 희戱가 있었는데, 성가가 선마대旋磨臺, 무일전無逸殿 등으로 행차하시면 종고사에서는 농부와 아낙네, 그리고 권농관으로 분하여 조세를 걷어 납부하고 소송을 하는 등의 일을 [연기]하고 내관감內官監의 아문衙門은 대기하고 있다가 함께 용구들을 썼는데, 조종祖宗께서 농사의 어려움을 가르쳐 주시는 훌륭한 뜻이었다.

또 과금過錦의 희는 약 100회가 있는데, 각 회는 10여 명 정도가 나와 진한 이야기와 가벼운 이야기를 섞고 아속雅俗을 겸하여 펼친 것으로, 모두 마무리가 즐겁게 맺어지니 마치 소화笑話 같은 것을 이야기하는 것과 같았다.

또 잡극고사雜劇故事 종류 같은 것은 각 대목마다 깃발 두 개가 인도하여 종고鐘鼓를 두드리며 이야기 속의 인물들을 내보내는데, 세상의 속임수나 추태, 규수나 못난 남녀, 시정의 상인들, 무뢰배들의 송사訟事, 그리고 잡사雜耍와 파희把戱 등을 모두 승응할 수 있었다. (…)

또 상원上元 전에는 건청궁乾淸宮의 단폐丹陛 위에 7층의 패방등牌坊燈을 놓거나 수황전壽皇殿에 방원오산등方圓鼇山燈—때로 13층 높이에 이르는 것도 있었다—을 놓았다. 근시近侍를 보내 등을 켜고 종고사에서 작악하여 등을 노래하고 내부內府에서 초를 제공하고 내관감

66 청명절에 버들가지를 꽂는 풍속이다.

에서 기화奇花, 화포火礮, 교선합자巧線盒子, 연화煙火, 화인火人, 화마火馬 등을 준비하였다. 이들은 진실로 이른바 순식간의 악으로 태평성대를 장식하였다. 간혹 이때를 이용하여 성모께 즐거움을 드려도 안 될 것이 없었지만, 다만 촛불을 조심해야 하고 비용이 많이 들어 백성들이 아플까 걱정이 미쳤으니 실로 안타까운 일이었다.

또 목괴뢰희木傀儡戲는 가벼운 나무를 조각하여 해외 사이四夷의 만왕蠻王들과 신선, 장군, 사졸士卒 등의 목상을 만들었는데, 남녀가 같지 않고 높이는 두 자 남짓으로 엉덩이 위로만 있고 다리와 발은 없었으며 오색 기름으로 칠하여 생생하게 채색하였다. 괴뢰 아래쪽 평평한 바닥에 장붓구멍을 하나 파서 세 치 길이의 죽판竹板으로 그것을 받쳤다. 길이가 한 길 남짓 되고 폭이 몇 자가 되며 깊이가 두 자 남짓 되는 나무로 만든 네모난 못에 주석으로 빈틈없이 메우고 물을 십분의 칠 정도 채우고 밑에서 등자櫈子로 받치고 다시 깁으로 못을 둘러 장막을 쳐서 막고, [사람의] 손으로 움직이는 괴뢰들이 모두 장막 안에 있다가 장막 아래로부터 헤엄쳐서 움직이며 돌아다녔다. 물 안에는 살아있는 물고기, 새우, 게, 소라, 개구리, 미꾸라지, 드렁허리를 풀어놓았고, 개구리밥과 마름이 물 위에 떠 있었다. 성상께서 승전하셔서 어좌가 남쪽으로 향하면 종고사 관원이 장막의 남쪽에서 절차節次의 인물들을 각각 죽편竹片으로 밀어 물 위에 띄워 겨루기를 하면서 놀리고 고악鼓樂이 울려 퍼졌다. 다른 사람 한 명이 옆에서 징을 들고 제목을 외치며 괴뢰의 등답登答(회답)을 이끌면서 큰 소리로 칭송하였다. 혹은 영국공英國公이 여왕黎王을 세 번 싸워 세 번 이긴 이야기[67]를 하거나, 혹은 제갈공명이 맹획孟獲을 일곱 번 붙잡았다가 일곱 번 놓아준 이야기를 하거나, 혹은 삼보태감三寶太監이 서양西洋으로 내려간

67 永樂帝 때의 장수 張輔가 越南의 黎王을 여러 차례 공격하여 평정한 이야기이다.

이야기[68]나 여덟 신선이 바다를 건너간 이야기[69]나 손행자孫行者(손오공)가 용궁에서 소란을 피운 이야기 등을 하였는데, 오직 여름날 한낮에만 하여 마치 파희를 하며 노는 것 같았다. (…)

선제先帝(희종熹宗)께서는 무희武戲를 가장 좋아하셨으니, 무근전懋勤殿에서 어좌에 앉으시면 악무목岳武穆(악비岳飛)의 희문戲文을 시키셨다. 풍화상瘋和尙이 진회秦檜를 욕하는 장면[70]이 되면 역현逆賢들이 항상 회피하면서 보지 않으니 좌우에서 그들을 비웃는 이가 많았다.[71]

유약우는 명 중엽인 만력萬曆 26년(1598)에 입궁하여 공문서를 관리하는 일을 맡았고 여러 차례 사건에 휘말려 죽을 때까지 고초를 겪었다. 그가 만년에 옥중에 있으면서 황궁에서 자신이 보고 들은 일들을 기록한 책이『작중지』이다.[72] 그는 자신이 살았던 명 말엽의 상황을 중심으로 적은 것이지만, 종고사의 기본적 직무는 명 초와 크게 다르지 않았을 것이다. 유약우가 목격한 종고사는 황제의 출조(출근), 황제의 생일, 동지나 설날의 승전 등 크고 작은 내정 행사 때 악무를 맡았고, 추수 때의 서궁에서의 권농 공연, 정월 대보름 때 내정에서의 작악, 그리고 우스개 공연인 과금, 여러 가지 이야기가 펼쳐진 잡극과 괴뢰 등도 내정에서 공연하였음이 자세히 밝혀져 있고, 이는 종고사의 역할이 외정 공연을 전담한 교방사와 뚜렷이 대비되는 것이었음을 확인해 준다.

68 永樂帝 때의 太監 鄭和가 어명을 받아 船團을 이끌고 동남아시아와 아프리카까지 탐험한 이야기이다.

69 여덟 명의 神仙이 각자의 신기한 능력으로 東海로 건너간다는 전설이다.

70 宋의 간신 秦檜가 忠將 岳飛를 모함하여 죽인 뒤 靈隱寺를 찾아갔다가 '미친' 和尙으로부터 비난을 받아 혼절했다가 病死하는 이야기이다.

71 劉若愚,『酌中志』, 北京古籍出版社, 1994, pp. 107~108.

72 劉若愚,『酌中志』, 北京古籍出版社, 1994, '前言'.

제2절
궁정 행사와 공연의 사례들

교방을 비롯하여 여러 부서에서 맡은 궁정 공연의 모습은 어떠하였을까? 궁정 공연이 활발했던 청대의 관련 기록에 따르면, 궁정에서의 공연은 주요 절기 때의 의례 활동에 수반된 공연, 황제 및 황후의 생신, 황족의 혼인 등과 같은 행사 때의 축하 공연, 외국 사절을 환영하기 위한 공연, 전쟁 승리를 축하하기 위한 공연, 황족들의 여가 및 오락을 위한 공연 등이 있었다.[73] 본서에서는 이 가운데 기록이 상세한 송대 궁정의 여러 가지 경축 행사 즉 대연大宴의 전반적인 절차와 그에 수반되는 다양한 공연을 중심으로 살펴보기로 한다. 먼저 『동경몽화록』 「재집친왕종실백관입내상수宰執親王宗室百官入內上壽(재집, 친왕, 종실, 백관 등이 입궁하여 천자께 축수하다)」에 북송 휘종徽宗(1100~1125 재위)의 생일(10월

73 Ye Xiaoqing, *Ascendant Peace in the Four Seas: Drama and the Qing Imperial Court*, The Chinese University Press, 2012, p.57.

10일)인 천녕절天寧節을 즈음하여 거행된 경축연의 기록이 자세히 보인다.

송 휘종 생일의 경축 행사와 공연
맹원로, 『동경몽화록』 권9 「재집친왕종실백관입내상수」

[황제 탄신일 이틀 뒤인] 10월 12일에는 재집, 친왕, 종실, 백관 등이 입궁하여 천자께 축수하는 대기거大起居[74]—'진홀무도搢笏舞蹈(홀을 꽂고 예를 올리다)'라고 했다—를 하였다. 풍악이 울리기 전에 집영전集英殿의 산루山樓 위에서 교방의 악인樂人들이 온갖 새소리를 흉내내면 내외가 조용한 가운데 새소리만이 허공에 울려 퍼져서 마치 난鸞새와 봉鳳새가 날아서 모여드는 듯했다.

백관 이하가 자리에 대한 감사의 예를 표하고 나서, 재집(재상과 집정), 금종禁從(시종관), 친왕, 종실, 관찰사 이상과, 대요大遼, 고려高麗, 하국夏國의 정사正使와 부사副使 등이 전상殿上에 앉고, 각 경卿과 소경少卿 이하의 백관 및 각국 사절의 수행원들은 양쪽 낭하廊下에 앉고, 군교軍校 이하는 산루 뒤에 도열하였다. [이들에게는] 모두 앉는 자리는 붉고 나머지는 청색으로 칠해진 돈墩(좌판)과 낮고 편편하며 검은 칠이 된 등櫈(탁자)이 주어졌고, 한 사람당 각각 환병環餅(고리 모양의 떡), 유병油餅(기름떡), 조탑棗塔(대추탑) 같은 간반看盤(음식)이 나뉘어 놓였고, 다음에 과일이 놓였다. 다만 대요의 사신에게는 돼지, 양, 닭, 거위, 토끼 등을 뼈를 바르지 않은 채 실로 묶어 익힌 고기가 더해졌다. 또한 생파, 부추, 마늘, 초가 한 사람당 한 접시씩 놓였고, 장漿이 서넛 또는 네댓 명당 한 통씩 국자 몇 개와 함께 놓였다.

[한편] 전상의 난간 쪽에는 교방의 색장色長 두 명이 서 있었는데, 모두 원과諢裹를 두르고 품이 넓은 자주색 도포를 입고, 금대金帶와 의

74 문무대신이 닷새마다 입궁하여 천자를 알현하는 행사를 말한다.

란義襴을 차고, 간잔看盞[75]을 맡았다. 천자께 술 올리는 일은, 간잔을 맡은 색장이 소매를 들어 '수어주綏御酒(어주를 드시옵소서)!'라고 외치고, 이 소리를 마치면 두 소매를 난간 위에 추어올리고 멈추었다. 재상들에게는 '수주綏酒(술을 드십시오)!'라고 외치고 [나머지는] 앞과 같이 했다.

교방의 악부樂部는 산루 아래의 채붕 안에 줄을 서 있었는데, 모두 장각長脚 복두를 쓰고 각 부별로 자주색, 붉은색, 녹색 등 세 가지 색깔의 품 넓은 적삼을 입고 황색 의란에 도금한 오목 요대를 찼다. [이들 중] 맨 앞줄은 박판 10개가 한 줄을 이루었고, 다음 줄에는 그림이 그려진 비파가 50개 배치되었으며, 그다음 줄에는 공후箜篌가 두 개 배치되었다. 공후는 높이가 석 자쯤 되고 반쪽짜리 나무빗 모양이고, [자루는] 검게 칠을 하였고 꽃을 새긴 부분은 황금색으로 그렸다. 아래에는 대좌臺座가 있고 25현을 매어놓아 한 사람이 무릎을 꿇고 엄지손가락을 오가며 연주하는 방식이었다. 그 다음 줄에는 높이 받쳐둔 대고大鼓가 두 개 있었는데, 여러 색깔로 꽃을 그리고 그 위에 금룡金龍도 그려져 있었다. 고수는 등에 매듭 장식을 한 넓은 소매의 옷을 입고 다시 황색의 좁은 토시를 끼고 매듭이 있는 띠를 늘어뜨렸다. [고수가] 금박으로 싼 북채를 두 손으로 높이 들어 번갈아 북을 치면 마치 유성流星이 날아오는 듯했다. 그 뒷줄에는 갈고羯鼓가 두 개 있었는데, 보통의 번고자番鼓子(오랑캐 북)처럼 작은 탁자 위에 올려놓고 양손에 채를 잡고 치면 장고杖鼓가 이에 호응하였다. 다음 줄에는 철편이나 석편의 방향方響이 있었는데, 밝은 황금색 바탕에 채색 그림이 그려진 틀에 매달려 있었고 [틀에는] 술이 한 쌍 늘어뜨려져 있었다. 다음 줄에는 소簫, 생笙, 훈塤, 지篪, 필률觱篥, 용적龍笛 등이 있었다. [그리고] 양쪽 가장자리에는 장고 이백 개가 마주 보고 있었는데, [장고 고수들은] 모두 장각 복두를 쓰고 자주색 수가 놓인 말액抹額(두

---

75 황제에게 축수하고 술을 올리는 의식을 말한다.

건)을 둘렀으며, 등에 매듭 장식을 한 자주색의 넓은 소매 옷에 황색의 좁은 토시를 끼고 매듭이 있는 띠를 늘어뜨리고 황색 의란을 둘렀다. 각 잡극 예인들은 모두 원과를 썼고, 복식은 각 소속별로 자색, 붉은색, 녹색의 품 넓은 적삼을 입고 의란과 도금한 띠를 매었다. [잡극 예인들은] 집영전 섬돌에서 악붕樂棚에 이르기까지 마주 서 있었다. 춤추는 사람이 입장하면 늘어서 있던 사람들은 두 손을 들어 가슴에 대고 교차시키며 양쪽 어깨를 들어올리고, 발을 움직여 박자를 맞추며 일제히 군무를 추었는데, 이를 '뇌곡자挼曲子(곡을 바치다)'라고 하였다.

첫째 잔. 천자께 술을 올릴 때에는 가판색歌板色 한 명이 【중강中腔】을 한 번 부르고 마치는데, 먼저 생, 소, 적 각각 하나씩으로 맞추어 반주한다. 다시 한번 부를 때에는 여러 악기들이 일제히 반주를 함께 하였는데도 가수의 노랫소리가 특히 잘 들렸다. 재신宰臣에게 술을 따를 때에는 악부樂部에서 【경배傾杯】 곡의 연주를 시작하였다. 백관百官들에게 술을 따를 때에는 【삼대三臺】 곡에 맞춘 무선舞旋을 추었는데, 춤은 대개 뇌중경雷中慶이 추었다. 다른 악인과 무용수들은 [모두] 원과를 쓰고 관삼寬衫(품 넓은 적삼)을 입었는데, 뇌중경만은 관리였으므로 전과展裹(관복)를 입었다. [이어서] 곡파曲破 춤을 추었는데, 전攧 앞부분을 한 차례 연주하고 나면 무용수가 입장하여 [춤을 추다가] 헐박歇拍에 이르면 한 사람이 더 입장하여 서로 마주 보며 여러 박 동안 춤을 추었다. 먼저 등장한 무용수가 퇴장하고 뒤에 등장한 무용수가 곡을 마칠 때까지 춤을 추었는데, 이 [마지막 부분]을 '무말舞末'이라고 하였다.[76]

76 이 단락은 大曲을 공연한 것으로 생각된다. 대곡은 散序(6단, 박자 없이 기악만 연주), 排遍(10단, 박자 있는 기악과 노래 중심), 破(7단, 박자 있는 기악과 춤 중심)의 세 부분으로 구성되는데, 위에 나오는 攧은 排遍의 제10단락이고, 歇拍은 破의 제6단락이고, 舞末은 破의 제7단락일 것이다. 그리고 【中腔】, 【傾杯】, 【三臺】는 大曲의 각 단락에 쓰인 曲名이었을 것이다. 唐宋代의 大曲에 대해서는 劉永濟 輯錄, 『宋代歌舞劇曲錄要』, 古典文學出版社, 1957, pp.15~25, 양인리우,

둘째 잔. 천자께 술을 올릴 때에는 첫째 잔 때와 같이 하였고, 재신들에게 술을 따를 때에는 【만곡자慢曲子】 곡을 연주했고, 백관에게 술을 따를 때에는 【삼대】 춤을 첫째 잔 때와 같이 추었다.

셋째 잔. 좌군左軍과 우군右軍의 백희가 입장하여 한꺼번에 기예를 바쳤다. 좌군과 우군은 경사京師 방시坊市의 양상兩廂을 말한 것이지, 금위군 같은 군대가 아니었다.[77] 백희는 상간上竿(장대오르기), 도삭跳索(줄타기), 도립倒立(물구나무서기), 절요折腰, 농완주弄盌注, 척병踢瓶, 근두筋斗(재주넘기), 경대擎戴 등이었고, 사자춤, 표범춤, 대기大旗(큰 깃발 흔들기), 신귀神鬼(귀신놀이) 등은 하지 않았다.[78] 예인들은 남자와 여자 모두 있었는데 모두 붉은 두건을 쓰고 채색 복장을 하였다. 전각 앞에는 장대를 꽂을 수 있는 구멍이 파인 돌이 있었는데, 백희가 입장하면 희간戲竿을 그곳에 세웠다. 어연御宴에서는 셋째 잔 순서가 왔을 때 비로소 안주가 나왔는데, 육肉, 함시鹹豉(짠콩), 폭육爆肉(구운 고기), 쌍하타봉각자雙下駝峰角子(낙타 쌍봉 모양의 교자餃子) 등이었다.

넷째 잔. 위 [첫째 잔]의 의례와 같이 하였다. 춤이 끝나면 담자譚子

이창숙 옮김, 『중국고대음악사』, 도서출판 솔, 1999, pp.351~357 참고.

77 北宋의 開封城은 처음에는 左第一廂, 左第二廂, 右第一廂, 右第二廂 등의 네 개의 廂으로 구획되었고, 뒤에는 城東廂, 城西廂, 城南廂, 城北廂으로 구분되었으며, 眞宗 때에 다시 아홉 개의 廂이 추가되었다. 龔延明 編著, 『宋代官制辭典』, 中華書局, 1997, p.521. 백희 기예인들은 평소에는 左軍과 右軍의 廂軍(예비군)에 소속되어 각 廂에서 생활하다가 大宴이 있을 때 宣徽院에서 이들을 소집하여 공연하게 하였다. 馬端臨, 『文獻通考』 第7册, 中華書局, 2011, p.4424.

78 陳暘의 『樂書』 卷187에 이들과 같거나 비슷한 기예들에 대한 설명이 보인다. 折腰와 비슷한 拗腰伎는 몸을 뒤집어 팔다리로 지탱하여 선 뒤에 입으로 물건을 물어 일어서는 기예이다. 弄盌注와 비슷한 弄椀珠伎는 그릇이나 구슬을 막대 끝에 올려놓고 돌리는 기예이다. 踢瓶과 비슷한 蹩瓶伎는 병을 철봉 막대 위에 발로 차 올려 회전시키는 기예이다. 擎戴伎는 한 사람의 머리 위에 다른 사람이 물구나무 서서 가는 기예이다. 陳暘, 『樂書』 卷187. 『景印文淵閣四庫全書』 第211册, 臺灣常務印書館, 1986, pp.843~845 수록.

를 하였는데,[79] 참군색參軍色이 죽간 불자竹竿拂子를 들고 치어致語와 구호口號를 읊으면 각 잡극색雜劇色들이 호응하여 [우스개를 하였다]. 다시 치어를 읊으면 대곡大曲의 춤도 추가되어 합쳐졌다. 안주로는 합적자榼炙子(통에 구운 고기?), 골두삭분骨頭索粉(뼈다귀와 당면?), 백육호병白肉胡餠(돼지고기를 넣은 호떡) 등이 있었다.

다섯째 잔. 천자께 술을 올릴 때에는 비파를 독주하였다. 재신에게 술을 따를 때에는 방향方響을 독주하였다. 모든 독주는 악인이 먼저 성은에 감사를 올리고 어전에 올라 연주하였다. 백관에게 술을 따를 때에는 악부가 【삼대】 춤을 시작하고 앞과 같이 하고 마쳤다. [이어서] 참군색이 죽간자竹竿子를 들고 치어를 올리고 소년 군무를 이끌었다. 열 두세 살이 된 소년들을 2백여 명 뽑아서 네 줄로 세워 각 줄의 대표를 두고, 네 명씩 한 조를 이루게 하였다. 작은 은사모隱士帽를 쓰고, 붉은색, 녹색, 자주색, 청색 등의 꽃무늬 적삼을 입었는데, 위쪽의 옷깃에는 네 군데 트임이 있었다. 또 의란과 속대를 하고 각자 꽃가지를 들고 정렬하였다. [군무가 시작되어] 먼저 권각卷脚 복두와 자주색 적삼 차림을 한 소년 네 명이 채색된 [모형] 전각殿閣—그 안에는 금색 글씨가 쓰인 패牌가 있었다—을 들고 북을 치며 나아갔는데, 이것을 '대명패隊名牌'라고 하였다. 패 위에는 '구소상채봉九韶翔彩鳳, 팔일무청란八佾舞青鸞'[80]과 같은 구절이 적혀 있었다. 악부에서 풍악을 시작하면 소년들은 걸어서 앞으로 나아가 어전의 계단에 머리를 조아렸다. 참군색이 치어를 읊고 [구호를] 물으면 소년 대표가 앞으로 나와 구호를 바치고 잡극하는 사람들이 모두 이에 호응한 뒤에 마쳤다. [이어] 음악이 울리면 군무와 합창이 이루어져 춤과 노래가 어우러졌

79 원문은 發譚子이다. 『夢粱錄』 卷3에서는 發諢子(우스개하기)라고 하였는데, 發譚子는 發諢子의 잘못인 듯하다. 孟元老 等 著, 『東京夢華錄(外四種)』, 古典文學出版社, 1956, p.154.

80 '九韶 음악에 봉황이 날아오르고, 八佾 춤 출 때 난새가 춤을 추네.'라고 해석할 수 있다.

고 곡파曲破까지 노래하고 마쳤다. [이어] 소아반小兒班 대표가 들어와 치어를 읊고 잡극을 이끌어 입장시키면 잡극 일장양단一場兩段을 하였다. 이때 [공연한] 교방의 잡극색 별팽鼈膨 유교劉喬,[81] 후백조侯伯朝, 맹경초孟景初, 왕안희王顔喜 이하는 모두 교방정사敎坊正使나 교방부사敎坊副使였다. 내전內殿에서의 잡희는 [외국] 사신들이 있는 연회에서 하였으므로 어려운 우스개는 감히 하지 못하고 다만 여러 명이 나와서 시정市井의 속된 말씨를 흉내내는 정도였다. 이것을 '예관拽串'이라고 하였다. 잡극이 끝나면 참군색이 치어를 올리고 소년들을 퇴장시키고, 이어 다시 【응천장應天長】 곡에 맞추어 추는 군무群舞가 등장하였다. 안주로는 군선적群仙炙(모듬산적), 천화병天花餠(눈꽃떡), 태평필라太平畢羅(보리로 만든 과자), 건반乾飯(맨밥), 누육갱縷肉羹(고깃국), 연화육병蓮花肉餠(연꽃고기떡) 등이 있었다. 천자께서 일어나 자리를 떠나시면 백관들은 전문殿門의 천막으로 물러나 있다가, [천자께서 돌아오시면] 얼른 자리에 따라 천자께 절을 올리고 다시 앉았다.

여섯째 잔. 천자께 술을 올릴 때에는 생笙 [연주자가] 【만곡자】 곡의 연주를 시작하였다. 재신에게 술을 따를 때에도 【만곡자】 곡을 연주하고, 백관에게 술을 따를 때에는 【삼대】 춤을 추었다. [이 때에는] 좌군과 우군에서 축구築毬를 하였는데, 어전 앞에 여러 가지 비단 매듭을 엮어 구문毬門을 약 세 길 높이로 세웠다. 공이 들어가는 곳은 한 자 정도였다. 좌군의 주장 소술蘇述은 장각 복두長脚幞頭를 쓰고 붉은 비단 오자襖子(긴 저고리)를 입었고, 나머지 10여 명은 모두 권각 복두卷脚幞頭를 쓰고 역시 붉은 비단 오자를 입었다. 우군의 주장 맹선孟宣과 10여 명은 모두 청색 비단옷을 입었다. 악부에서는 피리를 불고 북을 치며 단송斷送(취주)하였다. 좌군이 먼저 공을 치며 [마당을] 돌았는데, 여러 명이 몇 차례 약하게 치다가 부주장 두 명이 몇 번 약하게 찼다. [그러다가] 공이 멈추면 공을 주장에게 전달하고 [주장은] 대

81 鼈膨은 자라처럼 뚱뚱하다는 뜻으로 劉喬의 별명으로 보았다.

렴大臁으로 차서[82] 구문에 넣었다. 우군이 공을 이어받아 다시 [공을 차며 마당을] 돌았는데, 몇 차례 약하게 차다가 부주장이 앞처럼 공을 주장에게 전달하고 [주장은] 대렴으로 [공을] 보내어 구문에 넣었다. 만약 연속하여 구문에 넣은 쪽이 있으면 [그쪽이] 승리하였다. 승자는 은그릇과 비단을 하사받았고 성은에 감사하며 하사받은 비단을 걸치고 [천자께] 절을 올렸다. 이기지 못한 쪽은 주장이 채찍을 맞고 얼굴에 황백색 분을 발랐다. 안주로는 가원어假黿魚(가짜 자라), 밀부수날화密浮酥捺花[83]가 있었다.

일곱째 잔. 천자께 술을 올릴 때에는 【만곡자】 곡을 연주하고, 재신에게 술을 따를 때에도 【만곡자】 곡을 연주하였으며, 백관들에게 술을 따를 때에는 【삼대】 춤을 추었다. [헌주를] 마치면 참군색이 치어를 읊고 여동女童 무리를 이끌어 입장하게 하였다. 여동들은 모두 좌군과 우군에서 스무 살 미만의 용모가 뛰어난 4백 명을 선발하였는데, 어떤 이는 화관花冠을 쓰고 어떤 이는 선녀 쪽을 지고 검은색의 얇고 화려한 춤옷을 입고, 어떤 이는 구불구불한 화각花脚 복두를 쓰고 네 곳이 트이고 금실을 붙인 붉고 노란 비단옷을 입었다. [이들은] 차림새가 평범하지 않았는데, 모든 것이 당시 새로 유행하던 단장법이어서 아름답기 이를 데 없었다. [이들 중] 우두머리 네 명은 모두 꽃을 꽂고 날개가 뒤쪽으로 휘고 위로 뻗은 복두를 쓰고, 붉고 노란 넓은 소매의 적삼을 입고, 의란을 두르고 은으로 끝을 감싼 지팡이를 들었다. 이들은 모두 도성의 기녀들이었는데, 당시에는 진노가陳奴哥, 조저가粗姐哥, 이반노李伴奴, 쌍노雙奴 등이 유명하였고 나머지는 손꼽을 만하지 못했다. [여동들을] 네 명씩 조를 이루어 서로 모여 서게 하였는데, 선동仙童처럼 쪽을 두 갈래로 지고 선녀 치마를 입고 꽃을 들고

82 일역본에서는 숏 동작으로 해석하였다. 孟元老 原著, 入矢義高·梅原郁 譯注, 『東京夢華録: 宋代の都市と生活』, 平凡社, 1996 ,p.314.

83 酥는 밀가루를 튀긴 부드럽고 바삭한 음식을 뜻한다. 捺花는 떡과 같은 음식에 꽃무늬를 눌러 만드는 것을 뜻하는 듯하다.

걸어 나와 줄을 이루게 하였다. 이들은 간혹 【채련采蓮】 춤을 추기도 하였는데, 이때 어전 앞에는 온통 연꽃을 늘어놓았다. [전상殿上의] 난간에서도 무용단의 이름을 [천자께] 고했는데, 참군색이 치어를 읊고 무용단의 이름을 물으면 우두머리가 앞으로 나와 구호를 아뢰고 춤을 추며 노래를 하였고, 악부는 단송을 하여 【채련】 춤을 마쳤다. 곡이 끝난 뒤에 [여동들이] 다시 군무를 추며 【중강】을 노래하고 마쳤다. [이어] 여동들이 치어를 읊고 잡극 배우들을 이끌어 입장하게 하였다. [잡극 배우들은] 역시 [다섯째 잔 때처럼] 한 바탕에 두 대목을 하고 마쳤다. 참군색이 치어를 읊어서 여동 무리를 퇴장하게 하면 [여동들은] 다시 노래를 합창하며 걸어서 퇴장하였다. 이는 [다섯째 잔 때의] 소년들의 가무보다 절차가 늘어난 것이었다. 안주로는 배취양排炊羊(양고기찜), 호병胡餅(호떡), 자금장炙金腸(내장구이) 등이 있었다.

여덟째 잔. 천자께 술을 올릴 때에는 가판색 한 명이 【답가踏歌】를 불렀다. 재신에게 술을 따를 때에는 【만곡자】를 하였고, 백관에게 술을 따를 때에는 【삼대】 춤을 추었고, 곡파曲破의 무선舞旋도 더해졌다. 안주로는 가사어假沙魚(가짜 상어), 독하만두獨下饅頭(찐빵?), 두갱肚羹(내장탕) 등이 있었다.

아홉째 잔. 천자께 술을 올릴 때에는 【만곡자】를 연주하였고, 재신에게 술을 따를 때에도 【만곡자】를 연주하였으며, 백관들에게 술을 따를 때에는 【삼대】 춤을 추었다. 곡은 앞과 같았다. 좌군과 우군이 상박相撲(씨름)을 하였다. 안주로는 수반水飯(물에 만 밥)과 수북이 담은 반찬이 있었다. [아홉째 잔을 마치면] 천자께서 일어나셨다.

어전 연회의 술잔은 모두 굴치屈卮를 썼는데, 이것은 음식 그릇 모양에 손잡이가 달린 것이었다. 전상殿上에서는 순금 잔을, 낭하에서는 순은 잔을 썼다. 식기는 금이나 은으로 테두리를 두른 그릇과 접시들을 썼다.

연회에서 물러 나온 신료들은 모두 [머리에] 꽃을 꽂고 귀가하였다. 소리를 외치며 길을 트는 하인들도 모두 꽃을 꽂고 나랏돈을 썼다. 여동女童들이 우액문右掖門으로 나오면 젊은 사내들이 다투어 보물을 주고 음식과 술로 초청하여 [초청에 응한 여동을] 각자 말에 태우고 돌아갔다. 어떤 이는 화관花冠을 쓰고 어떤 이는 사내 차림으로 어가御街를 달리며 화려함을 다투었다. 구경꾼들은 [구름같이 몰려들어] 담장처럼 그들 주위를 에워쌌다.

상서성尙書省에서 베푼 [급제 축하] 연회도 이와 같았다.

윗글에서는 휘종 생일을 경축하는 행사의 절차가 매우 상세하게 기록되어 있고, 이 행사에 포함된 공연에 대해서도 많은 정보를 알려주고 있다. 장문의 중요 내용을 파악하기 위해 글의 전체 구성을 먼저 살펴보자. 우선 서두에서 경축연이 열린 일시와 장소가 휘종 탄신일 이틀 뒤인 10월 12일에 황궁의 집영전 앞이었음을 밝힌 다음, 경축연에 참석한 대신, 황족, 외국 사절 등의 자리 배치와 각각에게 제공된 음식에 대한 설명이 이루어진다. 그 뒤에 경축 행사의 진행을 맡은 교방의 색장과 각 악기 연주자 및 연기자들의 배치가 상세하게 서술되고, 이어 본 행사가 아홉 단락으로 나누어 역시 상세하게 설명되고 있다. 마지막 부분에서는 경축연을 마친 뒤에 황궁을 나온 사람들의 모습에 대해서도 간략하게 적고 있다.

경축연의 순서와 내용을 살피기 전에 이날 경축연의 공간 배치를 종합해 보면, 집영전 앞에는 산루가 세워져 있었고, 대신, 황족, 외국 사절 및 각급 관리들은 신분에 따라 전상과 낭하에 각각 앉고 군인들은 산루 뒤에 도열하였고, 악기 연주자들과 연기자들은 산루 아래의 채붕에 종류별로 각각 줄지어 앉았다. 이를 그림으로 그려보면 [그림 15]와 같다.

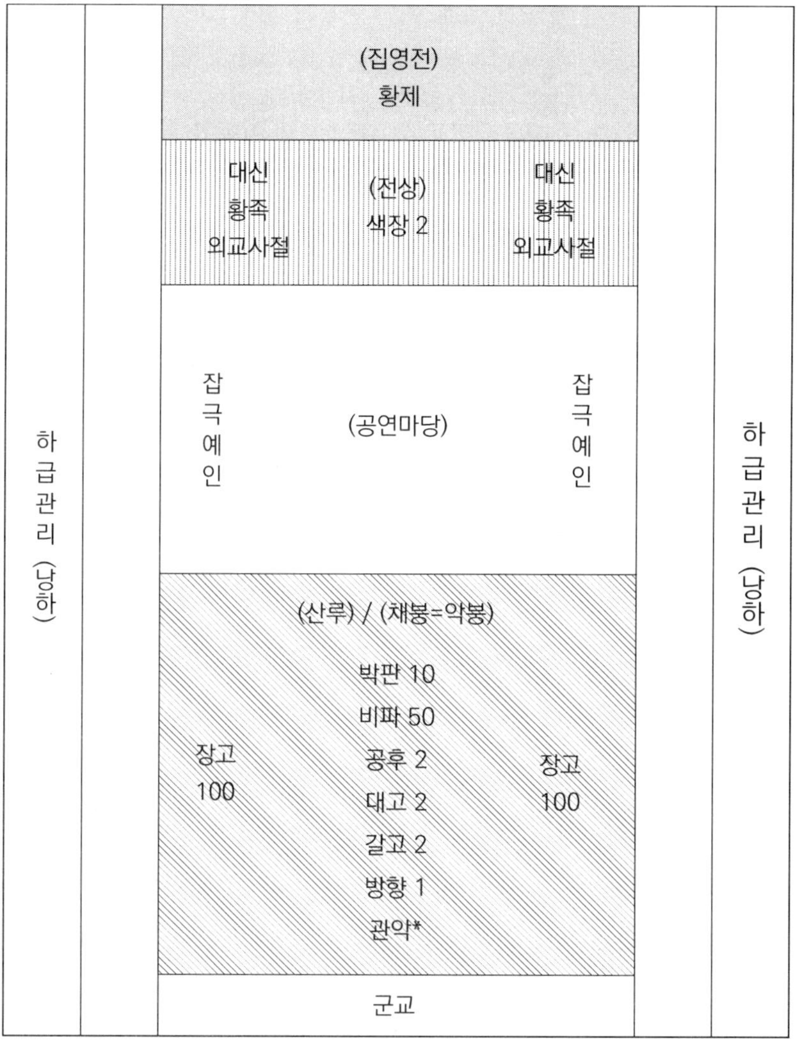

[그림 18] 휘종 생일 경축 행사의 공간 배치 (*관악은 소, 생, 훈, 지, 필률, 용적.)

이어서 이날 행사의 중심인 아홉 단락의 내용과 특징을 정리해보자. 우선 각 단락은 '잔盞'으로 표현된다. 이는 황제와 재신 그리고 백관들에게 술을 한 '잔' 올리는 의식을 진행한 뒤에 각 단락별로 음악 및 연희의 공연이 이루어지는 단위로 이해할 수 있다. 황제, 재신, 백관에게 술을 권할 때에 각각 정해진 노래 또는 가무를 펼치는데, 셋째 잔만은 이 절차가 기록되어 있지 않은 것이 눈에 띈다. 또한 셋째 잔부터는 단락별로 각종의 안주가 제공되었는데, 다양하고 진귀한 품목들이 인상적이다. 어떻든 권주의 노래 또는 가무 뒤에 이어지는 각 단락별 공연은 다음의 [표 4]와 같이 정리된다.

단락	공연 종목
제1잔	곡파
제2잔	곡파
제3잔	백희
제4잔	담자(원자) / 대곡의 춤
제5잔	소년 군무와 합창 / 잡극 / 군무
제6잔	축구
제7잔	여동 군무와 합창 / 잡극 / 여동 합창
제8잔	곡파
제9잔	곡파 / 상박

[표 4] 송 휘종 생일 경축연 아홉 단락의 공연 종목

위의 기예들 가운데 곡파, 대곡, 군무 등은 가무 위주의 공연이고, 백희는 각종 묘기들을 한데 모아 구성한 종합 연희이다. 그리고 담자(원자)와 잡극은 모두 잡극 예인들이 맡아 진행한 것으로, 두 가지의 규모나 구성은 서로 달랐어도 모두 골계적인 성격이 짙었을 것임은 분명하다. 그리고 제6잔의 축구는 발로 공을 차면서 두 편으로 나누어 승부를 가리는 종류의 경기였고, 제9잔의 상박도 두 편이 승부를 겨루는 씨름 경기였다. 그야말로 여러 가지 다양한 연희들이 펼쳐지면서 황제의 생신을 경축한 모습이 생생하게 그려지는 것이다.

위의 절차들 중 기록이 특히 상세한 제5잔, 제6잔, 제7잔의 구성에

대해 조금 더 살펴보자. 제5잔은 소년 2백여 명이 등장하여 군무와 합창을 하였고 곡파까지 마쳤다고 한 것으로 보아 대규모에 공연 시간도 상당한 가무 공연이었음을 짐작할 수 있다. 이어 잡극 '일장양단一場兩段'이 진행되었다고 하였는데, 이는 북송 시대 잡극의 구성 형식을 알려주는 중요 기록으로 받아들여지고 있다. 어떻든 잡극을 공연할 때 외국 사신들에게는 이해하기 어려운 우스개보다는 말씨 흉내 같은 비교적 이해하기 쉬운 우스개를 위주로 선보였다는 것도 잡극의 골계적 성격을 반증해주는 설명이어서 흥미롭다. 이어지는 제6잔에서는 축구 경기가 이루어졌는데, 각 팀의 구성이 10여 명이라거나 구문이 있고 서로 공을 전달하여 구문에 넣는 쪽이 승리한다는 설명은 당시의 축구가 현대 축구와 꽤 유사한 방식이었음을 알게 한다. 또한 이긴 쪽이 상을 받는다는 설명은 상식적이지만, 진 쪽이 채찍을 맞거나 얼굴에 분을 바르는 벌을 받았다는 것은 다소 지나쳐 보이기도 한다. 제7잔에서는 제5잔과 기본적으로 같은 공연이 펼쳐지는데, 다만 공연자가 소년이 아닌 여동들이었고, 등장 인원도 4백 명이었다고 하니 소년 군무보다 두 배나 되는 최대 규모의 공연 절차였음을 알 수 있다. 제8잔과 제9잔은 정리하는 성격의 가무와 상박으로 마무리되므로, 제7잔이 이날 경축연의 절정이었다고 보아도 지나치지 않을 듯하다. 어떻든 이처럼 성대한 경축연에서 연극류와 잡기류의 여러 가지 공연이 빠질 수 없는 중요한 요소였음은 쉽게 알 수 있다.

『동경몽화록』에 기록된 것과 같은 북송 황제 생일 경축 행사는 마단림馬端臨(1254~1323)이 1307년에 완성한 『문헌통고文獻通考』에도 기록되어 있다. 여기에는 경축연의 절차가 『동경몽화록』에 비해 더욱 긴 제19

잔까지 기록되어 있어서 『동경몽화록』과 다르거나 『동경몽화록』에 없는 내용을 보충할 수 있다. 해당 부분을 보자.

[북송 황제 생일의 경축 행사와 공연
마단림, 『문헌통고』 권146 「악고樂考 19」]

봄과 가을의 성절聖節 때에 대연大宴을 세 차례 하였는데, [그 절차는 다음과 같았다.] 제1잔: 황제가 어좌에 오르면 재상들이 술을 올리고 뜰에서는 필률觱篥을 불고 다른 악기들이 화성을 맞춘다. [황제는] 신하들에게 술을 하사하고 모두 자리에 앉는다. 재상이 술을 마실 때 【경배악】을 연주하고, 백관들이 마실 때 【삼대】를 연주한다. 제2잔: 황제가 다시 술을 들면 군신들이 자리에서 일어난 뒤에 악부樂部에서 노래를 시작한다. 제3잔: 황제가 술을 들면 제2잔 때처럼 하고 차등에 따라 음식을 진상한다. 제4잔: 백희가 모두 펼쳐진다. 제5잔: 황제가 술을 들면 제2잔 때처럼 한다. 제6잔: 악공이 치사致辭하고 시詩 한 장章을 읊는데 이를 '구호口號'라고 했다. 모두 [황제의] 덕과 아름다움, 그리고 중국과 외국의 춤과 노래에 담긴 마음을 읊은 것이었다. 처음 치사할 때에는 신하들이 모두 일어나서 치사를 듣고 치사가 끝나면 재배한다. 제7잔: 대곡을 합주한다. 제8잔: 황제가 술을 들면 전상에서 [악인이] 비파를 독주한다. 제9잔: 소아대小兒隊가 나와 군무를 하는데 역시 치사를 드리면서 덕과 아름다움을 칭송한다. 제10잔: 잡극이 끝나면 황제가 일어나 옷을 갈아입는다. 제11잔: 황제가 다시 앉아 술을 들면 전상에서 [악인이] 생笙을 독주한다. 제12잔: 초楚나라식 축국蹙鞠을 한다. 제13잔: 황제가 술을 들면 전상에서 [악인이] 쟁箏을 독주한다. 제14잔: 여제자女弟子들이 나와 군무를 하는데, 역시 아이들의 군무 때처럼 치사를 드린다. 제15잔: 잡극을 한다. 제16잔: 황제가 술을 들면 제2잔 때처럼 한다. 제17잔: 고적곡鼓笛曲을 연주하는데 법곡法曲이나 구자악龜玆樂을 쓴다. 제18잔: 황제가 술을 들면 제

2잔 때처럼 하고, 식사가 끝난다. 제19잔: 각저角觝를 하고 연회가 끝난다.

어루에서 신민들에게 연회를 베푸실 때에도 대연과 같았다. 숭덕전崇德殿에서 거란 사신에게 연회를 베풀 때에는 뒤쪽 [제14잔과 제15잔]의 잡극과 여제자 군무는 하지 않았다.[84]

마단림은 남송 말엽에 태어나 원나라 때 세상을 떠난 유학자로, 그가 편찬한 『문헌통고』는 고대부터 송대까지의 여러 제도에 관한 내용이 348권 분량으로 모여 있는 대형 전적이다. 이 글은 어느 시기의 성절 경축연인지를 분명하게 밝히지 않고 있지만, 숭덕전에서 거란 사신에게 연회를 베풀었다는 기록으로 보아 북송 때의 일을 적은 것은 분명하다. 숭덕전은 송 태조 조광윤 때부터 있었음이 확인되고 거란이 멸망한 것도 북송이 망하기 전인 1125년이기 때문이다. 이 글은 『동경몽화록』의 기록에 비해 짧지만 경축연의 절차는 훨씬 많다. 우선 순서를 정리해보면 [표 5]와 같다.

단락	공연 종목
제1잔	필률 등 연주
제2잔	노래
제3잔	노래
제4잔	백희
제5잔	노래
제6잔	구호
제7잔	대곡
제8잔	비파 독주
제9잔	소아대 군무
제10잔	잡극

단락	공연 종목
제11잔	생 독주
제12잔	축국
제13잔	쟁 독주
제14잔	여제자 군무
제15잔	잡극
제16잔	노래
제17잔	고적곡
제18잔	노래
제19잔	각저

[표 5] 북송 황제 생일 경축연 열아홉 단락의 공연 종목

84 馬端臨, 『文獻通考』 第7册, 中華書局, 2011, pp.4401~4402.

전체 행사 중에서 주요 절차를 중심으로 나열해보면 전체적으로 노래, 백희, 대곡, 소아대 군무, 잡극, 축국, 여제자 군무, 잡극, 노래, 각저 등의 순서로 진행되고 있어서, 기본적으로는『동경몽화록』의 절차와 크게 다르지 않다. 다만, 구호나 몇 악기의 독주 등이 각각 개별 단락을 이루고 있는 것은『동경몽화록』과 다른 점이라고 하겠다. 그러나 무엇보다도 가장 큰 차이는 역시 단락의 숫자가 두 배 이상 차이가 난다는 것인데, 이는 아마 각 시기별 황제의 선호에 따라 달라진 것이 아닌가 한다. 이를테면 자주 술을 마시기를 좋아하는 황제는 단락을 세분하여 여러 잔을 마시는 절차를 더하고 싶지 않았을까 하는 것이다.

남송에서도 성절 경축연의 기록이 있는데, 이종理宗(1224~1264 재위)의 황후 사씨謝氏의 생일 4월 8일과 황제의 생일 4월 9일을 경축하기 위하여 4월 8일에 거행된 연회의 기록이『무림구사』권1「성절聖節」에 자세하게 나온다. 이에 따르면 이때의 절차는 북송 때보다 더욱 많아져 있어서, '상수上壽' 13잔, '초좌初坐' 10잔, '재좌再坐' 20잔 등 모두 무려 43잔에 이르는 긴 절차로 구성되어 있다. 여기에는 각 절차에서 쓰인 악곡명과 공연에 참여한 예인들의 이름까지 매우 구체적으로 기록하고 있어서 자료 가치가 크다. '재좌' 부분만을 살펴보기로 한다.

남송 이종 생일의 경축 행사와 공연
주밀,『무림구사』권1「성절」'재좌'

제1잔: 필률觱篥【경방춘만慶芳春慢】연주(양무楊茂), 적笛【연수곡만延壽曲慢】연주(반준潘俊).

제2잔: 쟁箏【월중선만月中仙慢】연주(후단侯端), 혜금嵇琴【수로향만壽爐香慢】연주(이송李松).

제3잔: 필률 【경소소만慶簫韶慢】 연주(왕영조王榮祖), 생笙 【월명대등만月明對花燈慢】 연주(임영조任榮祖).

제4잔: 비파 독주 고쌍조高雙調 【회군선會郡仙】, 방향方響 【옥경춘만玉京春慢】 연주(여승余勝), 잡극 하안희何晏喜 등이 「양반楊飯」을 공연하고 【사시환四時歡】을 단송斷送함.

제5잔: 모든 악기로 【노인성강황룡老人星降黃龍】 곡파曲破를 합주.

제6잔: 필률 독주 상각조商角調 【연전보수악筵前保壽樂】, 잡극 시화時和 등이 「사약소년유四偌少年游」를 공연하고 【하시풍賀時豐】을 단송함.

제7잔: 고적곡鼓笛曲 【배무육요拜舞六幺】, 괴뢰 「척가아踢架兒」 공연(노봉춘盧逢春).

제8잔: 소簫 독주 쌍성조雙聲調 【옥소성玉簫聲】.

제9잔: 모든 악기로 무역궁無射宮 【쇄금양주가두碎錦梁州歌頭】 대곡大曲을 합주, 잡수예雜手藝 「영단원永團圓」 공연(조희趙喜).

제10잔: 적笛 독주 고평조高平調 【경천추慶千秋】.

제11잔: 비파 독주 대려조大呂調 【수제천壽齊天】, 촬농撮弄 「수과방생壽果放生」 공연(요윤姚潤).

제12잔: 모든 악기로 【만수흥륭악萬壽興隆樂】 법곡法曲을 합주.

제13잔: 방향 독주 고궁高宮 【석춘惜春】, 괴뢰무傀儡舞, 포로鮑老.

제14잔: 쟁, 비파, 방향이 【영신곡令神曲】을 합주.

제15잔: 모든 악기로 이칙우夷則羽 【육요六幺】를 합주, 교백희巧百戲 공연(조희趙喜).

제16잔: 관하管下 독주 무역상無射商 【유초신柳初新】.

제17잔: 고판鼓板, 무관舞綰 「수성壽星」 연기(요윤姚潤).

제18잔: 모든 악기로 【매화이주梅花伊州】를 합주.

제19잔: 생 독주 정평조正平調 【수장춘壽長春】, 괴뢰 「군선회群仙會」 공연(노봉춘盧逢春).

제20잔: 필률【만화신萬花新】 곡파曲破 연주.[85]

이종의 생일 경축연에 대해서는 『몽량록』에서도 자세하게 적고 있는데,[86] 두 기록의 내용과 서술 방식이 크게 차이가 나는 것으로 보아 서로 다른 해의 경축연을 기록한 것일 수도 있을 것이다. 어떻든 두 기록을 서로 대조하고 보완하면 남송 시대 황제 생일 경축 행사의 모습을 보다 정확하게 이해할 수 있을 것이다. 위에서는 각 절차에 동원된 악기와 곡명과 연주자들의 명단이 밝혀져 있고, 잡극, 잡수예, 괴뢰 등의 종목도 내용과 연기자들의 이름이 잘 드러나 있다. 전체적으로는 관악과 현악의 기악류 공연이 많고 연극류와 잡기류 공연이 함께 펼쳐진 행사라는 점에서는 북송 시대의 경축연과 크게 다르지 않으나, 절차가 훨씬 길어진 점은 이종 황제 때의 정치적, 문화적 분위기가 반영된 것일 수 있겠다.

황제 생일 경축연의 절차 중 풍자의 뜻을 담은 골계 공연인 잡극의 공연 사례들이 근대의 학자 왕국유王國維(1877~1927)의 명저 『송원희곡고宋元戲曲考』에 여러 대목이 소개되어 있는데, 그 가운데 두 대목을 여기에 소개한다.

북송 궁정의 잡극 공연 1
팽□彭□, 『속묵객휘서續墨客揮犀』 권5

희녕熙寧 9년(1076) 태황태후의 생신날에 교방에서 관례대로 잡극을 헌향獻香하였다. 당시 판도수감判都水監 후숙헌侯叔獻이 죽은 지 얼

85 孟元老 等 著, 『東京夢華錄(外四種)』, 古典文學出版社, 1956, pp.352~354.
86 『夢粱錄』 卷3 「宰執親王南班百官入內上壽賜宴」 참고.

마 되지 않았는데, 배우 정선현丁仙現이 출신出神(혼을 이탈시키는 것)을 잘하는 도사와 입정入定(선정禪定에 드는 것)을 잘하는 승려로 분장했다. 누군가가 그에게 출신하여 무엇을 보았느냐고 묻자, "근자에 출신하여 대라천大羅天[87]에 갔더니 옥황전에 누가 금빛 번쩍이는 자주색 옷을 입고 있었는데, 자세히 보니 본조本朝(신종조)의 시중侍中이었던 한기韓琦가 손에 무언가를 들고 있는 것이었습니다. 조용히 옆 사람에게 물어보니 대답하기를 '한 시중은 나라의 금지옥엽만세부절도國家金枝玉葉萬世不絶圖를 [옥황상제께] 바치고 있는 것입니다.'라고 하더군요."라고 대답했다. 다시 [입정하여 무엇을 보았느냐고 묻자], "근자에 입정하여 지옥에 가니 염라대왕 앞에 누군가가 비단옷에 물고기 패옥을 차고 있었는데, 자세히 보니 판도수감 후 공부侯工部(후숙헌)가 손에 역시 무언가를 들고 있는 것이었습니다. 조용히 옆 사람에게 물어보니 대답하기를 '내하奈河[88]의 물이 얕아서 설계도를 [염라대왕께] 바쳐 따로 물길을 열고자 하는 것입니다.'라고 하더군요."라고 대답하는 것이었다. 당시 후숙헌은 수리사업을 일으켜 포상을 받고자 하여 백성들이 고통을 당했기 때문에 배우의 이러한 이야기가 있게 된 것이다.[89]

이 일화는 북송 신종神宗 희녕 9년(1076)에 황제의 모친인 선인황후宣仁皇后의 생신을 맞이하여 교방에서 정선현을 비롯한 배우들이 펼친 잡극 공연의 기록이다. 물론 황제의 생신 경축연만큼 성대한 규모는 아

87 道敎의 35天 가운데 가장 높은 세계를 말한다.

88 불교 설화에 자주 나오는 저승에 있는 강으로, 악업을 많이 쌓은 사람은 奈河의 다리를 건너다가 아래로 떨어져 악귀들의 밥이 된다고 한다.

89 왕국유 지음, 오수경 옮김, 『송원희곡고 역주』, 소명출판, 2014, pp.107~108. 여기에서는 일부 표현을 수정하였다. 王國維는 『續墨客揮犀』의 저자를 無名氏라고 하였으나, 이후 연구에서는 저자를 彭□로 추측하고 있다. 또 이 책은 북송이 멸망한 직후인 1128년에서 1136년 사이에 간행되었다. 趙令畤 等, 『侯鯖錄·墨客揮犀·續墨客揮犀』, 中華書局, 2002, p.409 참고.

니었을 것이지만, 잡극 공연이 황실의 경축 행사에서 빠질 수 없는 핵심적인 절차였음은 분명해 보인다. 정선현은 본래 변경汴京에서 활약한 민간 예인이었다가 희녕 연간 초기에 교방의 대사大使에 오른 당시의 최고 배우로, 잡극을 잘하고 가무도 뛰어났으며, 뛰어난 말재주로 시사를 풍자하는 수준이 매우 높았다고 전해진다. 특히 당시 개혁을 과격하게 추진하던 왕완석을 용감하게 풍자했다가 미움을 사서 목숨을 잃을 뻔하기도 했다고 하니 그의 위상이 어떠했는지가 쉽게 짐작된다.[90] 그는 어전에서 '출신'과 '입정'을 잘하는 도사와 승려로 분장하고 등장하여 이미 세상을 떠난 한기(1008~1075)와 후숙헌(1023~1076)을 각각 대라천과 지옥에서 목격했다고 하면서, 한기는 나라의 영원한 지속을 뜻하는 그림을 옥황상제에게 바쳐 살아있었을 때처럼 최고 권력자의 총애를 받으려고 아부를 멈추지 않았고, 후숙헌은 살아서 수리사업을 일으켜 백성들을 고통에 빠뜨렸는데 지옥에 가서도 여전히 예전처럼 물길을 파내려고 했다고 말한다. 이는 오랜 권력을 누렸던 한기와 백성들을 괴롭힌 후숙헌을 풍자한 연극이니, 권력에 아부하지도 말고 백성들을 괴롭혀서도 안 된다는 권면의 뜻을 황제 앞에서 웃음을 불러일으키는 연기로 펼쳐낸 것이다. 『송원희곡고』에 인용된 『이견지』의 일화를 보자.

북송 궁정의 잡극 공연 2
홍매洪邁, 『이견지夷堅志』 지을支乙 권4

배우와 주유侏儒[의 기예]는 주周나라 기예 중에서도 천한 것이지

90 齊森華, 陳多, 葉長海 主編, 『中國曲學大辭典』, 浙江教育出版社, 1997, p.833, 康瑞軍, 「宋代敎坊大使丁仙現其人其事」, 『交響-西安音樂學院學報』 第31卷 第2期, 2012, pp.37~41..

만, 우스갯소리로 정치를 풍자할 수 있어서 옛날 맹인 악공이 읊조리며 풍자한 뜻과 합치되니, 세상에서 잡극이라고 부르는 것이 바로 이것이다. [휘종] 숭녕崇寧 연간(1102~1106) 초에는 [철종哲宗] 원우元祐(1086~1094) 때의 충신과 현사들을 배척하고 학술을 통제하여, 우연하게라도 그때 일을 들먹였다가는 크고 작은 일을 막론하고 일절 뜻을 얻을 수가 없었다. [이를 소재로 삼아] 배우들이 어전에서 놀이를 했다. 한 참군에게 재상 역을 하게 하니 자리를 잡고 앉아서 조정의 잘한 점을 선양하는데, [그때] 한 승려가 재상이 있는 곳을 거닐며 시주를 구하길래 그 계첩戒牒(승려 신분증)을 보니 원우 3년 것이라, 즉시 지워서 못 쓰게 하고 갓을 씌워 환속시킨다. 또 한 도사가 도첩度牒(도사 신분증)을 잃어버렸는데, 기록에 오른 때를 들어보니 역시 원우 시절이라 그 도복을 벗기고 평민이 되게 한다. 또 한 [유학자] 선비가 원우 5년에 천거를 받아 과거를 면제받아야 했으나 예부에서 등용하지 않았는데, 그가 와서 따지니 즉시 추천한 곳으로 압송하여 물리친다. 얼마 후 집안의 창고를 관리하는 집사가 [한 재상의] 귀에 대고는 "오늘 좌장고左藏庫(국고國庫)에서 상공의 요전料錢(녹봉 외 수당) 1천관을 청하여 받았는데 모두 원우 때의 돈입니다. 어찌할지 분부하시는 대로 따르겠습니다."라고 한다. 그가 고개를 숙이고 한참 생각하고는 "뒷문으로 받아서 들여보내게."라고 한다. 옆에 서 있던 이가 짚고 있던 지팡이를 들어 재상의 등을 때리며 "재상까지 되었는데도 돈만 밝히다니!"라고 한다. 이에 [잡극을 본] 임금님도 함께 웃으셨다.[91]

홍매의 『이견지』는 앞에서도 소개한 바 있는데, 여기에서는 배우들이 황궁의 무대에서 숭녕 연간에 원우 연간의 일을 언급하는 것을 금기시했던 풍조를 소재로 하여 잡극을 펼친 일을 적고 있다. 이 잡극이 공

91 왕국유 지음, 오수경 옮김, 『송원희곡고 역주』, 소명출판, 2014, pp.116~117. 역시 일부 표현을 수정하였다. 洪邁, 『夷堅志』 第2册, 中華書局, 1981, p.822.

연된 곳은 어전이라고 되어 있으니 잡극은 앞과 같은 대규모 경축 행사에서뿐만 아니라 일상적인 경우에도 자주 공연이 이루어졌다고 볼 수 있다. 잡극의 내용은 다음과 같다. 한 배우가 재상으로 분장하여 원우 연간에 각각 승려, 도사가 된 두 사람의 지위를 박탈하고 원우 연간에 천거를 받은 선비도 임용하지 않았는데, 막상 재상 자신도 원우 연간에 발행된 돈을 수당으로 받은 일이 밝혀지면서 자가당착에 빠지고 재물을 밝힌다는 비난까지 듣게 된다는 내용이다. 역시 원우 연간을 폄하한 풍조와 재상의 모순적인 언행을 웃음을 섞어 풍자하고 있는 장면인 것이다.[92]

지금까지 본 것처럼 송대의 궁정 공연은 대규모 경축 행사에서 이루어진 것이 자세하게 남아 있고 어전에서의 일상적인 공연에 대한 기록도 많이 찾아볼 수 있다. 이밖에도 연말에 이루어진 축역逐疫 행사도 넓은 의미에서 궁정 공연으로 말할 수 있는데, 이 의례적 공연은 대나大儺라고 하였다. '나儺'는 악귀를 쫓는다는 뜻으로, 『논어』에서도 이에 대한 기록을 찾아볼 수 있을 정도로 그 기원은 매우 이르다.[93] 송대 궁정에서 대나를 행한 기록은 『동경몽화록』 권10 「제석除夕」에서 찾아볼 수 있다.

92 보다 많은 송대 잡극 공연의 사례에 대해서는 『宋元戲曲考』 이외에도 王國維, 『優語錄』.(『王國維戲曲論文集』, 中國戲劇出版社, 1957 수록본), 任二北, 『優語集』, 上海文藝出版社, 1981 등을 참고할 수 있다.

93 『論語』 「鄕黨」 편 '鄕人儺' 참고. 儺의 연극적 성격과 역사에 대해서는 曲六乙, 錢茀, 『中國儺文化通論』, 學生書局, 2003, 王兆乾, 呂光群 編著, 『中國儺文化』, 汕頭大學出版社, 2007, 오수경, 「나희 연구가 중극연극사 인식의 변화에 끼친 영향」, 『중국희곡』 제6집, 1998, pp.13~35, 이정재, 「中國演劇 연구의 轉變과 儺 개념의 재인식」, 『중국어문학지』 제42집, 2013, pp.229~258 등 참고.

북송 궁정의 축역 활동
맹원로, 『동경몽화록』 권10 「제석」

한 해의 마지막 날이 되면 궁중에서는 대나 의례를 행하였다. 또 황성사皇城司의 친사관親事官과 각 반직들을 모아 가면을 쓰고 그림을 수놓은 채색 옷을 입고 금창金鎗과 용기龍旗를 들고 있도록 하였다. 교방사敎坊使 맹경초孟景初는 체구가 커서 금을 입힌 구리 갑옷을 갖추어 입고 장군으로 분장하였다. 진전장군鎭殿將軍 두 명도 갑옷과 투구를 하고 문신門神으로 분장하였다. 교방의 남하탄南河炭이라는 자는 생김새가 추하고 뚱뚱하여 판관判官으로 분장하였다. 또 종규鍾馗와 소매小妹, 토지土地, 조신竈神 등으로 분장한 사람들이 천여 명이나 되었다. 궁중에서 귀신쫓기를 시작하여 남훈문南薰門 밖의 전룡만轉龍彎으로 나와서 파하였다. 이를 '매수埋祟(악귀를 묻다)'라고 하였다. 이날 밤 궁중의 폭죽 소리와 만세 소리가 궁 밖까지 들렸다. 백성들은 화로에 둘러앉아 아침이 될 때까지 잠을 자지 않았는데, 이를 '수세守歲'라고 하였다.

무릇 대례와 궁중 절차는 연습하는 모습만 보았지 실제가 어땠는지는 알지 못하고 빠진 것이 없지 않을 것이다. 아는 분이 고쳐 바로잡아 주신다면 심히 다행이겠다.[94]

위에서 보듯이 대나는 궁중에서 행한 의례였다. 궁정 사람들은 제각기 역할을 맡아 장군, 문신, 판관, 그리고 종규, 소매, 토지신, 부엌신 등으로 분장하여 이들이 모두 천여 명이나 되었고, 남훈문 밖까지 나와 귀신쫓기를 하여 묵은해를 씻어내고 새해를 맞이하고자 하였던 것이다. 흥미로운 것은 이 축역 의례를 행한 사람들이 맹경초, 남하탄 등 교방 소속의 예인들이라는 것이다. 이는 대나의 의례가 연극적 성격을 강

94 孟元老 等 著, 『東京夢華錄(外四種)』, 古典文學出版社, 1956, p.62.

하게 띠는 퍼포먼스였음을 말해준다.

이어 금대 궁정에서의 공연 활동에 대한 기록을 보자. 앞에서도 살핀 바 있는 서몽신의 『삼조북맹회편』에는 금이 남침하여 개봉을 함락하기 이전에도 당시 금의 황궁이 있던 상경上京 회녕부會寧府(지금의 흑룡강성 하얼빈시)에 송과 비슷한 궁정 공연이 있었음을 알려주는 기록이 보인다.

금 궁정의 황제 생일 축하 공연

서몽신, 『삼조북맹회편』 권20 「정선상질政宣上帙」 '선화을사봉사행정록宣和乙巳奉使行程錄'

정사正使, 부사副使가 전殿에 오르니 여진女眞 수령 수십 명이 서쪽 방에 늘어서 있다가 순서대로 절을 하였습니다. 근신近臣 백여 명이 전에 올라 차례대로 자리에 앉고 나머지는 모두 물러갔습니다. 산붕은 왼쪽은 도원동桃園洞, 오른쪽은 자극동紫極洞이라고 되어 있었고 가운데에는 취미궁翠微宮이라고 쓴 커다란 패가 있었습니다. 산붕은 높이가 5~7장에 이르고 오색으로 칠하였는데, 사이사이에 산석山石과 신선, 부처, 용의 모양을 만들고 소나무 잣나무 가지를 섞어놓았고, 새 우는 소리를 내는 사람 몇 명이 산속에서 지저귀고 있었습니다. (…)

노주虜主(금 태종太宗)가 앉은 곳은 지금의 강의하는 자리와 같이 생겼는데, 요를 겹으로 깔고 머리에는 족두리를 쓰고 건대巾帶를 뒤로 늘어뜨려서 지금의 승가모僧伽帽 같은 모양이었습니다. 옥으로 된 속대束帶와 흰 가죽 신발 차림을 하였고, 수염은 많이 나지 않아서 서른 일고여덟 정도 되어 보였습니다. 노주의 앞에는 주칠朱漆을 하고 은색으로 상감象嵌한 궤안几案이 있었고, 과일 상은 옥으로, 주기酒器는 금으로, 식기는 대모玳瑁로, 수저는 상아로 만든 것이었습니다. 식사를 할 때에는 호인胡人 몇 명이 솥 열 몇 개를 가져오고 잡수雜手들이 음식을 잘라 올렸는데 이를 어주연御廚宴이라고 하였습니다. 음식은 앞에 말씀드린 것과 대체로 같고 다만 좀더 훌륭하고 맛이 좋았을 따름입니다. 남은 음식은 수행원에게 나누어 주었습니다. 음악은 앞에 말씀드린 것과 같았는데, 다만 사람이 이백 명에 이르러서, 옛 거란 교방의 사부四部라고 하였습니다. 작악할 때마다 반드시 열 몇 명이 소리 높여 노래하고 관악에 맞추었는데, 그 소리가 다른 악기들보다 더 잘 들려서, 이것이 특이했을 따름입니다. 술을 다섯 차례 마시고 식사를 마치니 용포대龍袍帶를 하사하였는데, 정사와 부사에게는 금으로 만든 것을 내리고 나머지에게는 은으로 만든 것을 내렸습니다. 사의를 표하고 객관으로 돌아왔습니다. (…)

이튿날 노정虜庭[95]에 가서 화연花宴에 참석하였는데, 의례는 전과 같았습니다. 술이 세 차례 돌고 나서 악樂이 시작되니 징을 울리고 북을 치며 백희가 마당에 나왔습니다. 대기大旗, 사표獅豹, 도패刀牌, 아고砑鼓, 답삭踏索, 상간上竿, 투도鬪跳, 농환弄丸, 과파기撾簸旗, 축구築毬, 각저角觝, 투계鬪雞, 잡극雜劇 등이 있었는데, 복색이 선명하여 자못 중조中朝(송)와 비슷했습니다. 또한 여자 대여섯 명이 붉은 분을 바르고 야한 옷을 입고, 백희 뒤에 서서 각자 거울을 두 개씩 들고 손을 위아래로 흔드니 거울에 빛이 반사되어 마치 사묘祠廟에 그려진 전모電母와 같아서 기이했습니다. 술이 다섯 차례 돌고 나자 각자 일어나 장막으로 가니 오색비단 꽃을 각자 스무 남짓 개만큼 꽂아 주었습니다. 사례하고 물러 나와 다시 앉았다가 술이 세 차례 더 돌고 나서 역관驛館으로 돌아왔습니다.[96]

위의 기록은 북송 사신 허항종許亢宗이 선화宣和 7년(1125)에 금 태종太宗 완안오걸매完顔吳乞買의 즉위를 축하하기 위한 사절로 상경의 황궁

95 金의 宮廷을 낮추어 표현한 말이다. 이 글은 許亢宗이 宋에 돌아와서 황제에게 바친 路程記이므로 금을 오랑캐라고 낮추어 표현한 것이다.

96 徐夢莘, 『三朝北盟會編』 卷20, 上海古籍出版社, 1987, p.146.

에 도착하여 본 장면이다.[97] 새 황제 즉위 축하연은 허항종이 황성에 도착한 다음날부터 엿새에 걸쳐 베풀어졌는데, 위 장면은 둘째 날과 나흘째 날의 연회에서 본 공연이다. 둘째 날에는 사신이 입궁하여 금 태종을 만나 인사하고 식사를 마친 뒤에 200명이 공연하는 음악을 관람하였는데, 앞에 말했다고 한 음악은 아래와 같은 것이었다.

> 스물여덟 번째 노정路程으로 함주咸州에 이르렀는데 도착한 지 1리쯤 갔을 때 천막 몇 채가 있었고 설비가 그런대로 갖추어져 있었습니다. 주수州守가 출영을 나와 예의를 갖추어 인사를 나누고 앉았습니다. 풍악이 울렸는데, 요고腰鼓, 노관蘆管, 적笛, 비파琵琶, 방향方響, 쟁箏, 생笙, 진纂, 공후箜篌, 대고大鼓, 박판拍板 등이 있었습니다. 곡조는 중조中朝와 같았지만 요고의 실력이 너무 떨어져 소리가 좋지 않았고, 관악과 현악은 소리가 너무 높고 화음이 맞지 않고 박자를 친 뒤에는 매번 작은 소리가 이어졌습니다. 춤을 추는 사람들은 6~70명이었는데, 평상복을 입은 듯했고 소매 밖으로 손이 나와 있었고, 빙빙 돌았는데 시작하고 멈추는 것을 잘 모르는 것 같아서 별로 볼 만하지 않았습니다.[98]

이것이 궁정에 도착하기 며칠 전에 함주(지금의 요녕성 개원開原 동북쪽)에 도착하여 그곳 지방 수령의 환영을 받았을 때 관람한 공연이었다. 악기 구성은 풍부한 편이었지만 연주 수준이 높지 않았고 춤추는 이들도 수준이 떨어졌다고 평가하고 있다. 이어 넷째 날 관람한 것은 백희 공연이었는데, 도패(도도만패), 답삭, 상간, 농환, 축구, 각저, 투

97 徐夢莘, 『三朝北盟會編』 卷20, 上海古籍出版社, 1987, p.141.

98 徐夢莘, 『三朝北盟會編』 卷20, 上海古籍出版社, 1987, p.144.

계, 잡극 등은 모두 남송의 기록들에도 보이는 종목이고, 대기, 사표, 아고, 투도, 과파기 등은 처음 보이는 종목이다. 대기는 커다란 깃발을 휘두르며 움직인 기예이었을 것이고, 사표는 사자와 표범으로 분하여 춤이나 동작을 펼친 것일 듯하며, 아고는 북 타주 공연이었을 것이고, 투도는 높이뛰기 또는 멀리뛰기 기예이며, 과파기는 곡식을 까부르는 데 쓰는 도구인 파기簸箕(키) 모양의 물건을 두드리는 기예였을 것이다. 송의 사신은 전전날 관람했던 기악 공연에 비해서는 보다 관심을 갖고 보았음을 내비치고 있다. 이날의 공연도 송 황제의 경축 행사에서의 공연만큼 풍성하지는 않지만 금 조정이 경축 행사에서 보여준 것들은 사신에게는 새로운 것과 익숙한 것이 함께 있는 공연이었다고 하겠다.

원대의 궁정 공연은 어떠했을까? 『원사元史』에는 쿠빌라이 칸의 생일을 맞이하여 경축 행사를 진행한 기록이 보이는데, 송 황제 생일 경축 행사에 비해 훨씬 간략하게 기록되어 있고, 연회에서의 공연도 "교방이 주악奏樂하였다"라고만 되어 있어서 자세한 내용을 알기 어렵다.[99] 대신 마르코 폴로(1254~1324)의 『동방견문록』에 쿠빌라이 칸의 황궁에서 본 공연의 모습에 대한 언급이 몇 군데 보여서 주목된다.

원 궁정의 연회와 공연

마르코 폴로, 『동방견문록』「대카안이 궁중 행사를 위해 연회를 베풀고자 할 때」

대군주의 식탁은 다른 것들보다 훨씬 높다. 그는 북쪽에 앉고 그의 얼굴을 남쪽을 향한다. 첫째 부인이 그의 왼쪽에 앉고, 약간 낮게

99 許嘉璐 主編, 『二十四史全譯 元史』 第3册, 漢語大詞典出版社, 2004, pp. 1293~1296.

오른쪽에는 아들들이 당당한 모습으로 앉는다. 손자들, 그리고 황실에 속하는 친족들은 머리가 대군주의 발에 올 정도의 위치에 앉는다. 그리고 다른 대신들은 더 낮은 식탁에 앉는다. 여자들도 같은 방식으로 앉는데, 대군주의 아들들의 부인, 그의 손자와 친족의 부인들은 왼쪽에 역시 약간 낮은 자리에 앉는다. 대신과 기사들의 부인들이 그다음에 역시 더 낮게 앉는다. 그들은 군주의 지시에 의해 자기가 어디에 앉아야 할지 각자의 자리를 알고 있다.

식탁들의 대군주가 모두를 볼 수 있도록 배치되어 있고 숫자는 굉장히 많다. 모두가 식탁에 앉는다고 생각해서는 안 된다. 오히려 훨씬 더 많은 수의 기사와 신하들은 식탁 없이 접견실 카펫 위에서 식사를 한다. 이 접견실 밖에서도 4만 명 이상이 식사를 할 수 있다. 수많은 사람들이 엄청나게 많은 선물을 갖고 그곳에 오는데, 그들은 외국에서 진기한 물건들을 갖고 오며, 개중에는 이미 영지를 하나 갖고 있으면서도 하나 더 갖기를 원해서 오는 사람도 있다. 이런 사람들은 대카안이 궁정을 열어 연회를 베푸는 날에 맞추어 온다. (…)

여러분은 대카안에게 바치는 음식과 음료를 바치는 사람들 가운데에는 신하들도 많다는 사실을 알아야 할 것이다. 또 내가 말하건대 그들은 비단이나 금실로 만든 아름다운 수건으로 입과 코를 가리는데, 그것은 그들의 숨과 냄새가 밖으로 나와 대군주의 음식과 음료로 들어가지 않도록 하기 위해서이다. 그리고 대군주가 음료를 마시려고 할 때 수많은 종류의 악기들이 연주되기 시작한다. 대군주가 손에 잔을 들면 그곳에 있던 신하들과 사람들이 모두 무릎을 꿇고 극도의 겸손함을 표시한다. 그러고 난 뒤 대군주는 마시는 것이다. 그가 다 마시면 연주가 멈추고 사람들이 일어난다. 그가 마실 때마다 내가 말한 그런 식으로 한다. 음식에 대해서는 얼마나 많은지 여러분이 짐작하고도 남을 테니 나는 여기서 아무 이야기도 하지 않겠다.

여러분에게 말하지만 어떠한 신하나 기사도 부인을 동반하지 않으면 그곳(대카안의 궁정)에서 식사할 수 없고, 부인들은 다른 부인들과 함께 식사한다. 그들이 식사를 마치고 식탁이 치워지면 그곳 접견실의 대군주와 여러 손님들 앞으로 재주꾼과 곡예사들 그리고 여러 가지 마술을 할 줄 아는 사람들이 많이 나온다. 그들은 대군주의 어전에서 오락과 축제를 벌이고 사람들은 그것을 보고 웃음을 터뜨리고 매우 즐거워하고 기뻐한다. 이 모든 것이 끝나면 사람들은 떠나서 각자 자기의 거처나 집으로 돌아간다.[100]

이 글은 쿠빌라이 칸이 대도의 궁정에서 대연회를 베풀었을 때의 모습을 보여주고 있다. 먼저 쿠빌라이 칸과 황족, 대신, 그리고 외빈外賓들의 자리 배치에 대한 설명이 있은 뒤에, 연회가 시작되어 쿠빌라이 칸이 음료를 마실 때 음악 연주가 이루어지는데 이것이 몇 차례 반복되었다고 하고 있다. 그리고 식사를 마친 뒤에 재주꾼과 곡예사, 마술사들이 나와 오락과 축제를 벌여 사람들은 그것을 보고 즐거워한다고 하였다. 이 기록에는 무엇을 기념하기 위한 연회였는지는 밝혀져 있지 않지만, 음료(술)을 마시고 음악 연주가 행해지는 것이 몇 번 반복된다는 언급은 송대 황제의 경축연과 기본으로 유사한 형식이었다는 것을 짐작하게 한다.

이글의 뒤에 나오는 새해 첫날 경축 행사에서도 칸을 향해 축복의 인사를 올리고 예물을 바치는 의식을 행한 뒤에 식사를 하고 그 후에 여흥을 즐겼다는 기록이 보인다.

100 마르코 폴로, 김호동 역주, 『마르코 폴로의 동방견문록』, 사계절출판사, 2000, pp.249~252.

원 궁정의 신년 경축 행사

마르코 폴로, 『동방견문록』「대카안이 신년 원단에 거행하는 성대한 축전에 대해서」

다시 여러분들에게 말하건대 식탁이 차려지기 전에 왕들과 모든 공작, 후작, 백작, 남작, 점쟁이, 의사, 매꾼 등을 비롯하여, 각 지방과 백성과 군대를 관할하는 많은 관리와 수령들이 거대한 접견실 내의 군주 앞으로 들어오고, 그럴 수 없는 사람들은 궁전 밖에 머물러 있되 대군주가 그들 모두를 잘 볼 수 있는 곳에 자리를 잡는다. 여러분에게 말하건대 그들은 다음과 같은 방식으로 도열한다. 먼저 그(쿠빌라이)의 아들과 손자들과 그의 직계 일족들, 다음에는 왕들과 공작들이, 다음에는 적절한 순서에 따라 하나하나 도열하는 것이다. 그리고 그들이 모두 자기 자리에 앉으면 고위 관리가 일어나서 "경배!"라고 크게 소리친다. 이 말이 끝나자마자 그들은 즉시 절을 하는데, 이마를 땅에 대고 군주를 향해 축원을 드리고 마치 그가 신이라도 되는 것처럼 그에게 경배한다. 그러고 나서 의전장이 "신께서 우리 주군께 기쁨과 장수를 주시기를!"이라고 선창하면, 모두들 "신께서 그렇게 하옵소서!"라고 화답한다. 의전장이 두 번째로 "신께서 나라를 더욱 넓혀주시고 더욱 발전케 하시며, 그에게 복속된 모든 백성이 평화와 안정 속에 살고, 나라 안의 모든 일들을 번영케 하옵소서!"라고 소리치면, 모두들 "신께서 그렇게 하옵소서!"라고 대답한다.[101] 이런 식으로 그들은 그에게 네 차례에 걸쳐 경배를 드린다. (…) 예물 헌정이 끝나고 대군주가 그것들을 모두 보고 나면 식탁이 차려지고, 식탁이 다 차려지면 사람들은 아까 내가 설명했던 순서대로 착석한다. 대군주는 높은 식탁에 앉는데, 그의 왼쪽에는 첫째 부인이 아닌 다른 사람은 누구도 앉을

101 『元史』「禮樂志」에는 승상이 "온 천하의 백성들이 천지의 洪福을 기원하오니, 황제와 황후의 億萬 歲壽를 함께 기원합니다."라고 말하면 宣徽使가 "祝願대로 이루어지소서!"라고 화답한다. 許嘉璐 主編, 『二十四史全譯 元史』 第3册, 漢語大詞典出版社, 2004, p.1295.

수 없다. 그리고 나면 다른 사람들도 내가 말했던 것처럼 순서대로 착석하는 것이다. 부인들은 내가 설명한 대로 황후 옆에 자리를 잡는다. 식탁이 배치되는 방식은 내가 앞에서 설명했던 그대로이다. 그들이 식사를 모두 마치면 재주꾼들이 나와 참석자들을 즐겁게 하는데, 이 역시 앞에서 말했던 바이다. 이 모든 것을 마치면 그들은 각자의 거처와 집으로 돌아간다.[102]

이 글에서는 새해를 맞이하여 모든 참석자들이 쿠빌라이 칸에게 장수와 행복을 축원하고 나라의 발전과 백성의 평안을 기원하는 경배를 드리고, 앞에서 살펴본 연회 때처럼 자리를 잡고 앉아 식사를 하고 역시 앞의 연회 때와 같은 내용의 공연을 펼친 일을 말하고 있다. 다만 여기에서도 '재주꾼들이 나와 참석자들을 즐겁게' 하는 것이 구체적으로 어떠한 모습이었는지에 대한 설명이 없는 것이 아쉽다.

이처럼 『원사』나 『동방견문록』에서는 모두 원대 궁정 공연 활동의 구체적인 모습에 대한 묘사가 매우 소략한데, 이는 송렴宋濂(1310~1281)을 비롯하여 『원사』를 편수한 명의 한인漢人 관료들이 원대 궁정의 공연 활동을 그다지 중시하지 않았을 가능성, 그리고 유럽 출신의 이방인이며 몽골어나 중국어에 능통하기 어려웠던 마르코 폴로가 원의 궁정에서 펼쳐진 공연의 내용과 성격에 대해 자세하게 이해하지 못했을 가능성 등에서 이유를 찾아볼 수 있을 것이다.

하지만 당시 궁정 밖의 도성에서는 수많은 극작가와 배우들이 전례없이 인기를 얻으며 잡극 공연을 펼쳐갔던 만큼 궁정 안에서의 공연 활

102 마르코 폴로, 김호동 역주, 『마르코 폴로의 동방견문록』, 사계절출판사, 2000, pp.256~257.

동도 적지 않았을 것이라고 추측해볼 수 있는데, 이와 관련된 내용을 명 태조 주원장朱元璋의 다섯째 아들인 주숙朱橚(1361~1425)이 남긴 연작시집 『원궁사백장元宮詞百章』을 통해서 비교적 자세하게 살펴볼 수 있다.[103] 이 시집에는 영락 4년(1406)에 쓴 서문이 붙어 있는데, 이 시기는 원 이미 북방 초원 지대로 밀려나고 명의 통치가 공고해지던 때였으므로 저자가 원나라 궁정의 모습을 직접 목격할 수는 없었을 것이다. 하지만 이 시들은 모두 젊었을 때 원 황후의 유모였던 궁녀로부터 전해들은, 실제 있었던 이야기를 바탕으로 한 것이므로 상당한 참고 가치가 있다고 하겠다.[104] 아래에서는 원대 궁정 공연과의 관련이 비교적 뚜렷한 작품들을 중심으로 살펴본다.

명초 시에 기록된 원 궁정의 공연 1
주숙, 『원궁사백장』

「원궁사 8」
「시간영공尸諫靈公」 전기傳奇를 공연하니,
하루아침에 구중궁궐까지 전해져 알게 되었네.
어명으로 중서성中書省에 보내져서,
각 지방에서도 모두 이 노래를 불렀네.[105]

---

103 『元宮詞百章』은 朱橚의 아들인 朱有燉이 지은 것으로 알려져 왔으나 최근 연구에서 朱橚이 지은 것이라는 주장이 많아지고 있다. 본서에서도 잠정적으로 朱橚의 작품으로 보고자 한다. 劉禎, 「『元宮詞百首』的作者」, 『中國文學研究』 1986年 第2期, 王福利, 「『元宮詞百章』作者考辨」, 『河池學院學報』, 第27卷 第3期, 2007.6, 黃凌雲, 汪如潤, 「『元宮詞』非朱有燉所作考辨」, 『文獻』 2009年 第2期 등.

104 傅樂淑, 『元宮詞百章箋注』「原序」, 書目文獻出版社, 1994, p.2.

105 "屍諫靈公演傳奇, 一朝傳到九重知. 奉宣齎與中書省, 諸路都教唱此詞." 傅樂淑, 『元宮詞百章箋注』, 書目文獻出版社, 1994, p.11.

이 시는 원나라 때 도성에서 크게 인기를 끈 「시간영공」이라는 연극의 명성이 궁정까지 전해지니 어명을 내려 각 지방에서도 널리 공연하게 하였다는 내용을 담고 있다. 「시간영공」은 포천우鮑天佑의 잡극 「사어시간위령공史魚屍諫衛靈公(사어가 죽은 뒤에 위령공에게 간언하다)」을 가리키는 듯하다. 작품은 지금 전해지지 않지만 사어의 이야기는 잘 알려져 있다. 사어는 춘추시대 말 위衛나라의 강직한 사관이었는데, 위령공이 간신 미자하彌子瑕를 총애해서 사어가 여러번 충고해도 말이 먹혀들지 않자 죽을 때 아들에게 자신의 주검을 창문 밑에 두고 관에 넣지 말라고 분부한다. 조문하러 간 위령공이 그 모습을 보고 이상하여 사어의 아들에게 까닭을 묻자 아들은 아버지가 "살아서 임금을 바로잡지 못하면 죽어서 예법에 따를 수 없다"고 말했다고 대답했다. 이에 위령공은 크게 깨달아 미자하를 물리치고 현명한 거백옥蘧伯玉을 중용했다. 주검으로 충고했다 하여 '시간尸諫'이라고 부른다.[106] 충신이 죽은 뒤에도 주군에게 간신을 물리치고 현신을 중용하라는 뜻을 담은 간언을 올렸다는 이야기는 황실에서도 적극 받아들여 천하에 널리 알리도록 할 명분이 되었을 것이다. 시의 두 번째 구절을 적극적으로 해석한다면 이 연극이 궁정에서도 공연된 일이 있다고 할 수 있을 것이다.

「원궁사 22」
처음 음률을 고른 사람은 관경關卿이라,
「이윤부탕伊尹扶湯」 잡극을 바쳤다네.

106 王肅 撰, 『孔子家語』, 中州古籍出版社, 1991, p.111. 『千字文』에도 "孟軻敦素, 史魚秉直.(孟子는 본 바탕을 돈독하게 닦았고, 史魚는 直諫을 잘 하였다.)"라는 구절이 있다.

궁궐에 전해지니 사람들이 기뻐하며,
모두 함께 새 노래를 들었다네.[107]

이 시는 관경이라는 사람이 「이윤부탕」 잡극을 지었고, 이것이 궁궐에 전해져서 함께 감상했다는 내용을 담고 있다. 관경은 대체로 13세기 전반부터 후반에 걸쳐 활약한 원 잡극의 대표 작가 관한경關漢卿을 가리키는 것으로 해석되고 있다. 그는 최소한 60편이 넘는 잡극을 썼고 그 가운데 18편이 지금까지 전해지고 있는, 현존 최다 작품을 남긴 원 잡극 작가이다. 그런데 그의 작품 목록 중에서 「이윤부탕」이라는 제목은 찾아볼 수 없고, 그보다 뒤에 활동한 정광조鄭光祖가 지었다는 「방태갑이윤부탕放太甲伊尹扶湯(탕 임금을 보좌한 이윤이 탕을 추방하다)」이라는 잡극이 전해지고 있다. 주숙보다 앞선 사람인 원 말엽의 작가 양유정楊維楨(1296~1370)이 지은 「궁사십이수宮辭十二首」 중에서도 위 시와 비슷한 내용을 담은 작품이 보이고, 여기에서도 관경이 「이윤부탕」을 지었다고 말하고 있다. 해당 작품을 보자.

개국 때의 옛 음악이 악부에 전해지니,
【백령작白翎雀】 곡을 쟁箏 열세 줄로 연주하네.
대금大金의 배우 관경이 있었으니,
「이윤부탕」 극을 바쳤네.[108]

이 시에서도 금나라의 배우 관경이 「이윤부탕」을 지어 궁정에 바쳤

107 "初調音律是關卿, 伊尹扶湯雜劇呈. 傳入禁垣宮裏悅, 一時咸聽唱新聲." 傅樂淑, 『元宮詞百章箋注』, 書目文獻出版社, 1994, p.29.

108 "開國遺音樂府傳, 白翎飛上十三紘. 大金優諫關卿在, 伊尹扶湯進劇篇." 柯九思 等, 『遼金元宮詞』, 北京古籍出版社, 1988, p.8.

다고 하고 있으니, 주숙의 시에는 양유정의 영향이 남아 있다고 할 수 있다. 물론 양유정이 「이윤부탕」의 작자를 잘못 알았을 수도 있겠지만, 어떤 경우이든 「이윤부탕」이 원나라 궁정의 무대에 올랐을 개연성은 크다고 하겠다. 지금 전하는 정광조의 「방태갑이윤부탕」은 은나라 탕왕湯王의 신하가 된 이윤이 임금을 도와 하나라의 걸왕桀王을 물리치고, 탕왕이 세상을 떠난 뒤에 왕위를 이은 태갑이 폭정을 펴자 그를 삼 년 동안 추방하여 반성하게 한 뒤에 왕위에 복귀시킨 이야기를 담고 있다. 위의 시들에 언급된 「이윤부탕」의 내용도 이와 크게 다르지 않을 것이고, 이 작품도 현명한 신하가 임금을 도와 나라를 일으킨다는 뜻을 지니므로, 앞의 「시간영공」처럼 황실에서 선호할 만한 주제였다고 하겠다. 그리고 【백령작】 곡은 원대 교방의 대곡의 이름인데, 뒤에 나오는 관한경과는 무관하다. 주숙의 다음 작품들로 돌아가 보자.

「원궁사 23」
천마대天魔隊 열여섯 명이 춤을 출 때,
화려하게 단장한 옷의 술들이 허리춤에 찰랑거렸네.
그중에 새로 성은을 입을 사람이,
누구일까 아무도 감히 여쭙지 못하였네.[109]

「원궁사 24」
손바닥을 이리저리 뒤집으며 천마 춤을 추는데,
열여섯 명 아가씨들이 항아嫦娥를 닮았구나.
본래는 하서河西(서하西夏)의 부처님 참배 가곡이었는데,

109 “十六天魔按舞時, 寶妝纓絡鬪腰肢. 就中新有承恩者, 不敢分明問是誰.” 傅樂淑, 『元宮詞百章箋注』, 書目文獻出版社, 1994, p.30.

궁궐에 들어와 어전에서 노래하였네.[110]

「원궁사 51」
천마대에서는 삼성노三聖奴를 가장 내세웠으니,
맑은 노랫소리와 아리따운 춤은 세상에 다시 없었지.
어전에서 춤을 바쳐 총애를 입어,
서양西洋의 탑납주塔納珠[111]를 내리셨네.[112]

이상의 세 수는 모두 천마 춤을 추는 무용단이었던 천마대를 노래한 것이다. 천마대는 쿠빌라이 때 이미 기록이 보이지만,[113] 위의 원 지정至正 14년(1354)에 순제順帝가 정사를 게을리하고 향락에 빠졌을 때 있었던 궁녀 가무단으로, 삼성노三聖奴, 묘악노妙樂奴, 문수노文殊奴 등을 비롯한 16명으로 구성되어 댕기를 따고 상아로 만든 불관佛冠을 쓰고 붉은 옷을 입고 춤을 추게 했다고 한다.[114] 제국 말기에 불교 가무에 빠진 황실의 모습이 잘 드러나 있다. 쿠빌라이 치세에 이미 천마대의 춤을 비롯한 불교 가무가 지나치게 만연한 나머지 폐해가 되어 마침내 금령을 내릴 정도가 되기도 했으니, 황제의 금령이 무색할 정도로 황실에서 오랫동안 이를 좋아했음을 잘 알 수 있다. 다시 다음 시를 보자.

110 "背番蓮掌舞天魔, 二八嬌娃賽月娥. 本是河西參佛曲, 把來宮苑席前歌." 傅樂淑, 『元宮詞百章箋注』, 書目文獻出版社, 1994, p.31.

111 塔納珠는 答納珠라고도 쓰는데 구슬이 달려 늘어진 귀걸이를 뜻한다. 탑납 또는 답납은 구슬 산지였던 벵골만의 타나Thana를 가리키는 것으로 보는 견해가 있다. 傅樂淑, 『元宮詞百章箋注』, 書目文獻出版社, 1994, p.61.

112 "隊裏惟誇三聖奴, 清歌妙舞世間無. 御前供奉蒙深寵, 賜得西洋塔納珠." 傅樂淑, 『元宮詞百章箋注』, 書目文獻出版社, 1994, p.59.

113 본서 제3장 제2절 참고.

114 許嘉璐 主編, 『二十四史全譯 元史』 第2册, 漢語大詞典出版社, 2004, p.769.

「원궁사 76」
강남의 유명한 가기歌伎 천침穿針이,
황궁에 바쳐졌는데 만금에 값하네.
사람들 앞에서 남방 노래 부르지 말지니,
궁궐 안은 모두 북방 말씨뿐이기 때문이었지.[115]

「원궁사 81」
열여덟 살 하서河西 처녀가,
품 넓은 장삼을 입고 왼쪽으로 옷을 여몄네.
앞쪽으로 머리를 한 자 높이로 묶은 모습에,
입궁하자마자 사람들의 비웃음을 샀다네.[116]

위의 두 수는 각각 강남과 하서(서하)에서 황궁에 공납된 기녀를 읊은 것이다. 모두 먼 곳에서 온 사람들이어서 말씨나 차림새가 황성 사람들과는 크게 달랐음은 마찬가지이지만, 강남 기녀 천침보다 하서 처녀가 더 비웃음을 산 것은 '오랑캐'의 옷과 머리 모양 때문이었을 것이다. 몽골 황족들이 서하 여성을 비웃었다는 것은 황실의 상대적 '문명화'를 의미할 수도 있겠지만, 오늘날의 시선으로는 민족 차별의 의식이 드러나 있는 것도 사실이다. 다음 시를 보자.

「원궁사 93」
대연大宴을 맞아 삼궁三宮에서는 옛 법도에 따랐는데,
진수성찬이 끊임없이 주방에서 나왔네.

115 "江南名伎號穿針, 貢入天家抵萬金. 莫向人前唱南曲, 內中都是北方音." 傅樂淑, 『元宮詞百章箋注』, 書目文獻出版社, 1994, p.85.

116 "河西女子年十八, 寬著長衫左掩衣. 前向攏頭高一尺, 入宮先被衆人譏." 傅樂淑, 『元宮詞百章箋注』, 書目文獻出版社, 1994, p.88.

전각 앞에서 백희百戲를 모두 진상했는데,
먼저 봄바람 향해 【자고사鷓鴣詞】에 맞추어 춤을 추었다네.[117]

이 시는 황제 또는 황후의 생신인 대연을 맞이하여 옛 법도에 따라 잔치가 열려 진수성찬이 차려지고 여러 종류의 백희가 펼쳐졌음을 말하고 있다. 여기에서 옛 법도는 앞서 살펴본 송대의 경축연일 것이고, 첫 순서는 당대의 교방곡이었던 【자고사】에 맞춘 가무였다. 부락숙傳樂淑은 원대 대연의 전체 절차를 다음과 같이 적고 있다. 첫째, 대연 참가자들은 반드시 지손의只孫衣를 입고 지손모只孫帽를 쓴다. '지손'은 색깔을 뜻하는 몽골어 '지순jisun'에 온 말이므로, 신분에 맞는 각색의 의복을 갖춘다는 뜻이 된다. 둘째, 대연이 시작될 때 중신에게 명하여 태조 칭기즈 칸과 세조 쿠빌라이 칸의 유훈을 낭독하게 한다. 셋째, 기이한 들짐승과 날짐승들—범, 표범, 곰, 코끼리, 사자 등—을 등장시켜 곡예 즉 서커스를 시킨다. 넷째, 각국에서 바친 공품들을 진열한다. 다섯째, 배우들의 기예를 펼친다.[118] 이를 보면 원대 대연이 옛 법도를 따랐다고 했으므로 경축의 성격은 기본적으로 같았지만 시대의 변화에 따라 경축연의 실제 구성은 상당히 달라졌음을 알게 한다. 다음 시를 보자.

「원궁사 100」
새로 반포된 옷차림 양식이 궁궐 문을 나왔는데,
노래하는 사람들은 새 옷을 입지 못한다 하였네.
기녀들은 자색 옷에 작은 상투를 틀고,

117 "大宴三宮舊典謨, 珍羞絡繹進行廚. 殿前百戲皆呈應, 先向春風舞鷓鴣." 傅樂淑, 『元宮詞百章箋注』, 書目文獻出版社, 1994, p.101.

118 傅樂淑, 『元宮詞百章箋注』, 書目文獻出版社, 1994, pp.101~102.

악공들은 모두 푸른 두건을 둘렀네.[119]

이 시는 기녀와 악공들의 차림새를 알 수 있게 해주고 있다. 앞의 「원궁사 93」에서 연회 참가자들이 각색의 복장을 하였다고 했는데, 기녀들은 자주색 옷에 상투를 틀고 악공들은 청색 두건을 둘렀음을 알 수 있다.

지금까지 살펴본 주숙의 일부 시편들을 통해 원대 궁정에서의 잡극이나 무용의 공연, 경축연의 모습, 그리고 기녀와 악공의 모습 등에 대한 일부 정황을 확인할 수 있었고, 『원사』나 『동방견문록』에서 언급하지 않은 공연의 모습을 이해하는 데 큰 도움이 된다. 다만 원대 궁정을 읊은 시들이 더 많이 있는 만큼 앞으로 좀더 자세한 검토의 필요가 있을 것이다.

이어서 명明 왕조 초기의 문인관료이자 유명한 필기 작품 『전등여화剪燈餘話』를 남긴 이정李禎(1376~1452)이 쓴 「지정기인행병서至正妓人行並敍」라는 장시에도 원 말엽 혜종惠宗 지정至正 연간(1341~1370)에 도성과 궁정에서 펼쳐진 공연들에 대한 언급이 들어있어서 살펴볼 만하다. 이정은 과거 급제 후 『영락대전永樂大全』의 편수를 맡기도 했고, 후에 광서포정사廣西布政使를 지내던 중 영락永樂 17년(1419)에 북경 근처의 방산房山으로 좌천되었는데, 이때 한 늙은 가기歌妓를 만나서 들은 이야기를 바탕으로 하여 그의 인생을 1,232자나 되는 7언 가행체 시로 노래한 것이다.

시의 전체적인 구성은 다음과 같다. 먼저 제1단락은 시인이 가기를

---

119 "新頒式様出宮門, 不許倡家服用新. 伎女紫衣盤小髻, 樂工咸著戴青巾." 傅樂淑, 『元宮詞百章箋注』, 書目文獻出版社, 1994, p.114.

만나 노쇠한 모습을 보고 탄식하면서도 노래를 청하는 대목으로 제1구부터 제24구까지 이어진다. 다음 제2단락은 가기가 요청에 응하여 노래를 부르는 모습을 묘사한 대목으로 제25구부터 제56구까지가 해당된다. 다시 다음 제3단락은 노래를 마친 가기가 자신의 인생을 이야기하는 대목으로 제57구부터 제152구까지가 해당되고, 제4단락은 시인이 가기의 이야기를 듣고 탄식하는 대목으로 제153구부터 168구까지가 이어진다. 마지막 제5단락은 가기가 자신의 이야기를 시로 지어줄 것을 부탁하고 시인이 이에 응하는 내용으로 제169구부터 제176구까지이다. 길이가 매우 긴 작품이지만 서사가 유장하고 구성이 매끄러우며 깊은 감회를 일으키게 하는 수작이다. 당 시인 백거이白居易의 유명한 서사시 「비파행琵琶行」을 연상케 하기도 한다. 이 가운데 가기가 젊었을 때 원나라 도성과 교방에서 활약한 일을 자전적으로 이야기한 내용을 담은 제3단락 부분만 살펴본다.

[명초 시에 기록된 원 궁정의 공연 2
이정, 「지정가인행병서」]

선대先代 왕조의 지정至正 초년에,
소첩은 재주와 학식으로 머리 올려 기생 되고,
은고리에 팔찌도 차고,
색실로 융 묶어 향주머니 엮었지요.
바둑이 싫증나면 벗을 불러 노름도 하고,
그네 뛰고 나면 하녀가 부축해 주었습니다.
가느다란 허리는 몇 번이나 질투를 받았고,
살쩍머리는 늘 하녀가 빗질해 주었지요.

금위군禁衛軍의 멋진 사내가 가벼운 수레 몰아,
자주 저희 집에 놀러와 밤새 놀았지요.
봉황 베개 원앙 이불 어찌 잠시 저버리랴,
중매인들이 끊임없이 연결해 주었지요.
하얀 얼굴이 연지와 분에 더럽혀질까,
향긋한 몸은 침향으로도 씻지 않았지요.
물러나 있다가 비로소 흥성반興聖班[120]에 불려가니,
내시가 어명 전하며 재촉했다오.
천하는 태평성대요 백성들은 평안하며,
어진 정치는 사방과 삼한三韓[121]을 덮었지요.
외오畏吾 사람 중에서 필도적必闍赤을 선발하고,[122]
흠찰欽察에 답랄한答剌罕 보내신 은덕이 깊었습니다.[123]
불름拂菻[124]에서 준마를 헌상한 것도 보았고,
면전緬甸[125]에서 옥을 바쳤다는 말도 들었지요.
높다란 붉은 기둥에는 지작鳷鵲 새[126]가 깃들고,
찬란한 화표華表에는 각단角端을 아로새겼습니다.[127]
신주神州의 경치는 진실로 빼어나고,

120 궁정 극단 또는 이들을 관장한 교방을 뜻하는 듯하다. 교방사에 예속된 기구로 興和署가 있었는데 이와 관련될 수도 있을 듯하다. 본서 제4장 제1절 참고.

121 사방은 중국 주변의 지역을, 삼한은 한반도를 뜻한다.

122 畏吾는 위구르를 말하고, 必闍赤은 '관리'를 뜻하는 몽골어 비틱치(bitikci)의 音寫이다.

123 欽察은 러시아 초원 지대인 킵착의 音寫이다. 答剌罕은 지위가 높은 武將을 뜻하는 '타르칸(Tarqan)' 또는 '다르칸(Darqan)'의 音寫이다.

124 拂菻은 동로마제국의 수도 콘스탄티노플의 마지막 음절 '−ple'을 音寫한 것이다.

125 緬甸은 미얀마이다.

126 鳷鵲은 후한 때 條支國에서 바쳤다는 새로, 길이는 7척이고 사람의 말을 알아들었다고 한다.

127 華表는 다리, 궁전, 성벽, 능묘 앞에 장식을 겸하여 세운 커다란 기둥을 말하고, 角端은 선비족이 기른 뿔이 코 위에 있고 사람의 말을 한다는 짐승이다.

울울총총하게 왕기王氣가 서려 있었다오.
오곡이 풍성하니 세금을 면하시고,
궁궐에서는 흥겨워하며 가기를 좋아했지요.
광한궁廣寒宮에서 저녁에 걸교乞巧[128]를 모셨고,
태액지太液池에서 새벽에 수계修禊[129]를 함께 했지요.
더위 피해 순행하시며 길을 떠나실 때,
길 따라 머물며 앞다투어 길을 쓸었습니다.
천자의 수레 따르며 모실 때 미인 간택하시니,
특별히 저에게 뒤따르게 하셨지요.
의장대에서 새벽에 의장 펼쳐 출발하니,
말륜抹倫[130]은 한낮에 안장에 올라탔다오.
영내에서 징을 치니 우레 치듯 하였고,
사막 밖의 먼지들을 순식간에 쓸어버렸다오.
비단부채 꺼낼 때 황궁을 떠나서,[131]
화원을 지나오니 개평開平 땅[132]이었습니다.
종실과 친족들이 모두 나와 모여서,
만세 부르며 나란히 무릎을 꿇었습니다.
갓의 붉은 끈 늘어지고 발초鉢焦[133]는 둥글었고,

128 乞巧는 칠석날 밤에 부녀자가 견우직녀의 두 별에게 길쌈과 바느질 솜씨를 늘게 해달라고 비는 절기이다.

129 修禊는 음력 3월 3일 上巳日에 물가에 나가서 제사를 지내며 재액을 떨어내는 행사이다.

130 抹倫은 말(馬)을 뜻하는 몽골어 '모린(morin)'의 音寫인데, 여기에서는 기마병으로 보는 것이 좋을 듯하다.

131 몽골 황제들은 여름이 되면 大都를 떠나 북방의 上都로 가서 지냈다.

132 開平은 원나라 때 上都로, 지금의 내몽골자치구 多倫縣에 있었다.

133 鉢焦는 婆焦라고도 쓴다. 몽골식 辮髮에서 앞머리를 둥근 모양으로 남긴 부분을 뜻하는 말의 音寫이다.

검은 상투 틀어 땋아 내린 복랑卜郞[134]은 뾰족했지요.
앞뒤로는 치선雉扇을 겁설怯薛들이 들고,[135]
좌우에서는 화적火赤들이 기린 부절을 찼습니다.[136]
붉은 모직 도포 입은 이는 천축국의 스님이요,
노을빛 비단 좁은 배자 입은 이는 천마춤 추는 무리였다오.
제강齊姜과 송녀宋女들이 모두들 신통치 못하여,[137]
저에게 알려 교방을 지휘하게 하셨지요.
악부로는 다투어 새 북방 노래를 부르고,
구란에선 천천히 옛 서상西廂 극[138]을 펼쳤습니다.
빠른 속도의 원본院本이 특히 칭찬받고,
공후箜篌는 매번 실력을 떨치니 갈채를 받았다오.
혼탈渾脫 자루에 아랄阿剌 술을 담고,[139]
달나達拏 구슬을 지손只孫 치마에 매달았지요.[140]
원나라의 운세가 갑자기 끝이 나니,
멀리 황무지로 달아나며 궁궐을 버렸습니다.

---

134 卜郞은 不狼兒라고도 쓴다. 몽골식 辮髮에서 양쪽 옆머리를 길게 땋아 늘어뜨린 부분을 뜻하는 말의 音寫이다.

135 雉扇은 꿩의 깃털로 부채 모양으로 만든 제왕의 의장으로 雉尾扇이라고도 하였다. 怯薛은 궁중이나 관아의 당번이나 숙직을 뜻하는 몽골어로, 여기에서는 호위병 또는 근위병을 뜻한다.

136 火赤은 몽골어 '자루가치(札魯火赤)'의 줄임말로, 종정부에 소속되어 황족의 사무를 맡아보던 벼슬아치를 뜻하고, 기린 부절은 조정에서 발급한 기린 형상의 부절이다.

137 齊姜은 본래 춘추시대 제나라 종실의 딸로, 뒤에 명문 귀족의 딸을 이르는 말로 쓰였다. 宋女는 송나라의 미녀라는 뜻이다. 여기에서는 開平에 모인 여배우들을 가리킨다.

138 西廂 극은 元 王實甫의 雜劇 「西廂記」를 말한다.

139 渾脫 자루는 짐승 가죽을 무두질하여 만든 가죽 자루이고, 阿剌은 아랍 지방을 말한다.

140 達拏는 達羅毗茶의 줄임말로, 남인도에 있던 나라 드라비다(Dravida)를 말한다. 只孫은 색깔을 뜻하는 몽골어 '지순(jisun)'의 音寫이다.

관청 안으로 사막 먼지 쏟아져 들어오니,
합돈哈敦[141]들은 하늘의 달 보며 몰래 울었다오.
무너진 궁성은 낮에도 적막하게 잠겨있고,
빈방에 이끼 나니 조회가 그쳤다네.
변방 추운 숲의 마을은 슬픔에 잠겼고,
중원은 뒤흔들려 봉화 연기가 타올랐지요.
도랑이나 구덩이에 미녀들이 가득했지만,
벌레 같은 목숨 다행히도 보전했다오.
눈썹 예쁘게 그리기도 귀찮고,
뒤뚱거리는 작은 발을 감싸기도 부끄러웠네.
절에서 머리 깎고 불문佛門에 귀의하려 했고,
불탑 앞에 앉아서 참선도 배우려 했습니다.
승복 입으면 반야에 들 줄 알았지만,
붉은 실로 어리석은 인연 맺었다오.[142]
난초 같은 심성이라 굳세지 못하고,
우여곡절 끝에 매파의 꾐에 빠져,
평범한 동네의 사내에게 시집가서,
비천한 조강지처로 떨어지고 말았다오.
꿩이 무리를 잃고 닭, 오리와 짝하고,
공작이 무리 잃고 비둘기, 해오라기 따랐다오.
손수 반찬 준비해서 시부모 모시고,
물 긷고 맷돌 돌려 집안일 하였다오.
세월은 흘러서 벌써 십여 년,
시부모님 돌아가시고 남편도 죽었습니다.
아들도 여러 차례 병치레에 세상을 떠났고,

141 哈敦은 낭자를 뜻하는 몽골어로, 여기에서는 원나라의 후비를 뜻한다.

142 붉은 실은 월하노인이 부부의 인연을 맺어준다는 실. 어리석은 인연은 시집가게 된 것을 말한다.

며느리는 배고픔 추위 못 견뎌 집을 나갔지요.
질그릇, 진흙 화로와 늘 함께하며,
옥비녀 비취비녀는 잊은 지가 오래입니다.
부귀했던 시절 말하여 감회가 더하니,
가슴 아픈 말로 애간장 끊일까 두렵습니다.
저의 몸은 지치고 노쇠한 지 오래되니,
이웃집 어린 계집이 늙고 추함을 비웃네요.
거리의 그 누가 이 할멈을 알아 주리요만,
퉁소 불 때에는 아직 섬세한 손 자랑스럽다오.
목숨 부지하여 다행히도 명나라를 만나니,
죽는다면 고향 땅에 묻히렵니다.
불우하게 노쇠한 나이라 남은 생 많지 않으니,
여윈 몰골은 장차 썩어가겠지요.[143]

143 "記得先朝至正初, 奴家才學上頭顱. 銀環約臂聯條脫, 彩線掇絨綴罛罟. 博局倦餘邀伴賭, 鞦韆蹴罷倩人扶. 纖腰數被鄰姬妬, 鬢髮常煩阿姐梳. 羽林英俊馳輕轂, 慣向奴家通夕宿. 鳳枕鴛衾肯蹔辜, 蜂媒蝶使交相屬. 冰容反懼脂粉涴, 香體匪藉沈檀浴. 退居始替興聖班, 內使傳宣又催促. 宇宙雍熙百姓安, 仁覃四裔復三韓. 畏吾選作必闍赤, 欽察恩深答剌罕. 已見拂菻呈騕褭, 還聞緬甸貢琅玕. 丹楹陡峻棲鳷鵲, 華表玲瓏鏤角端. 神州形勝眞佳麗, 鬱鬱葱葱蟠王氣. 五穀豐登免稅糧, 九重娛樂耽聲妓. 廣寒宵得侍乞巧, 太液晨許陪修禊. 避暑巡游欲屆程, 沿途宿頓爭除地. 隨鑾供奉揀娉婷, 特敕奴家扈蹕行. 鹵簿曉排仙仗發, 抹倫晴鞠綉鞍乘. 營間鼓鐲轟雷動, 磧外氛埃掃電淸. 紈扇試時違大內, 花園過去是開平. 宗王貴戚咸來會, 嵩呼萬歲齊齊跪. 緋纓帽妥鉢焦圓, 黑瓣髾紉卜郎銳. 後先雉扇怯薛執, 左右麟符火赤佩. 西厠縫袍竺國師, 霞綃蹙帔天魔隊. 齊姜宋女總尋常, 惟詑奴家壓敎坊. 樂府競歌新北令, 勾欄慵主舊西廂. 煞寅院本偏蒙賞, 喝采箜篌每擅場. 渾脫囊盛阿剌酒, 達挐珠絡只孫裳. 胡元運祚俄然歇, 遠遁龍荒棄城闕. 官裏遙沖朔漠塵, 哈敦暗哭穹廬月. 壞宮晝靜著封鎖, 虛室苔生罷朝謁. 絕徼陰森部落哀, 中原澒洞烽烟熱. 塡溝塞塹總嬋娟, 蟻虱微軀幸瓦全. 窈窕蛾眉渾懶畫, 蹣跚茧足亦羞纏. 祇園披剃思依佛, 梵榻跏趺擬學禪. 練衲正宜參般若, 赤繩無奈墮凝緣. 蘭心蕙性非堅固, 宛轉綢繆媒妁誤, 嫁與凡庸里巷兒, 流爲鄙賤糟糠婦, 文禽失類偶鷄鶩, 孔雀迷群隨鶻鷺. 手具盤飧奉舅姑, 親操井碓應門戶. 物換星移十載强, 尊嫜殂沒藁砧亡. 屢遭疾疫男捐館, 苦迫飢寒媳去房. 瓦缶泥爐長是伴, 瑤簪翠鈿已相忘. 忍談富貴徒增感, 怕說傷心只斷腸. 筋骸疲憊龍鍾久, 里舍幺娘嗤老醜. 涂抹伊誰識阿婆, 彈搊竟是矜纖手. 偷生又幸逢明代, 垂死寧當正丘首. 轗軻頹齡諒弗多, 槎

참으로 파란만장하고 기구한 인생이 아닐 수 없다. 지정 연간 초기에 대도에서 기생이 된 화자는 도성에서 큰 인기를 끌다가 얼마 뒤 황성의 부름을 받아 입궁하여 황제를 가까이 모셨고, 여름이 되면 상도上都 개평開平으로 행차하는 황제를 모시고 가서 기예를 펼치기도 하였다. 뒤에 교방을 대표하는 예인이 되어 노래와 연기를 펼치며 활약하며 칭송과 포상을 듬뿍 받기도 했다. 그러나 원나라가 망하고 난 뒤에는 전쟁과 추위로 목숨을 보전하기조차 어렵게 되었고, 비구니가 되려고도 했지만 결국 평범한 사내에게 시집가서 십여 년을 살다가 가족들도 죽거나 흩어지고 다시 홀몸이 되어 쓸쓸한 여생을 살아가고 있다. 시인은 이런 가기의 굴곡진 인생을 대신 읊어주면서 독자들로 하여금 가기의 일생을 동정하고 그의 회한을 공감하게 해주고 있다. 주목되는 것은 가기가 교방의 수장이 되어 산곡, 잡극, 원본 등의 노래와 연기에 뛰어났을 뿐만 아니라 공후 연주나 자루에 술 담기, 치마에 구슬 달기 같은 색다른 기예도 잘했다고 자랑하고 있는데, 이는 그가 궁정과 도성에서 빼어난 활약을 했을 것임을 짐작하게 한다.

한편으로 가기가 화려한 전성기를 누린 시절은 비록 원나라가 기울어가던 시대였지만 여전히 세계 제국으로서의 장대하고 화려한 모습이 사라지지 않았음을 충분히 느낄 수 있다. 특히 시인이 의도적으로 많이 사용한 것처럼 느껴지는 많은 외래 어휘들—외오, 필도적, 흠찰, 답랄한, 불름, 면전, 지작, 말륜, 발초, 복랑, 화적, 혼탈, 아랄, 달나, 지손,

---

牙瘦骨行將朽." 시 전체는 瞿佑 등 지음, 周楞伽 校注, 최용철 옮김, 『전등삼종』, 소명출판, 2005, pp.400~433에 수록되어 있다. 본서에서는 이를 참조하되 일부 해석과 표현을 수정하였다.

합돈 등—은 제국의 문화적 개방성과 다양성을 충분히 알 수 있게 해주고 있다. 시 전편의 뒤에는 시인이 이듬해 다시 가기를 만났던 곳을 찾아갔지만 가기는 이미 세상을 떠나고 없어서 슬픔이 더했다는 맺음말이 덧붙여져 있다.

명대에도 궁정에서의 공연 활동은 활발하게 이루어졌는데, 본서에서는 영락제로부터 신임을 받은 명대 초기 극작가 몇 명에 대해서만 살펴보기로 한다.[144] 종사성鍾嗣成(1275~1345이후)이라는 사람이 원대 작가 158명의 간략한 전기 및 그들이 엮은 잡극 471편의 제목을 적은 『녹귀부錄鬼簿』라는 기록을 남겼고, 가중명賈仲明(1343~1422)이라는 사람이 이를 수정, 증보하고 다시 뒤에 원말명초의 작가 71명의 전기와 그들의 극작품 80편, 그리고 무명씨 작품 78편의 제목을 추가하여 보충하였는데, 이 뒷부분을 따로 『녹귀부속편錄鬼簿續編』이라고 부르기도 한다. 바로 이 『녹귀부속편』에 가중명 자신을 포함하여 영락제의 총애를 받은 작가들의 전기가 실려 있다.

명 초의 궁정 극작가들
가중명, 『녹귀부속편』

> 탕순민湯舜民. 상산象山 사람. 호는 국장菊莊. 본현本縣의 현리로 보임되었는데 자신의 뜻은 아니었다. 후에 강호를 떠돌았다. 골계를 좋아하였다. 나(가중명)와 오래 교류하고 끊어지지 않았다. 문황제文皇帝(영락제)께서 연저燕邸에 계셨을 때(연왕燕王 시절에) 총애를 받았다. 영락 연간에 은택이 자주 내려졌다. 악부樂府, 투수套數, 소령小

144 명대의 궁정 공연 전반에 대해서는 李眞瑜, 『明代宮廷戲劇史』, 紫禁城出版社, 2010 참고.

令 등을 많이 지었는데, 언어가 모두 정교하여 강호에 널리 전해졌다. 「서선정瑞仙亭」, 「교홍기嬌紅記」 차본次本.[145]

양경현楊景賢. 이름은 섬暹이고, 후에 눌訥로 개명. 호는 여재汝齋. 옛 원元 몽고 사람. 자부인 양진무楊鎭撫를 따랐으므로 사람들이 그를 양씨로 불렀다. 비파를 잘 타고 희학戲謔을 좋아하여 악부가 출중하였다. 유곽을 다니며 유유히 즐겼다. 나와는 50년을 교류하였다. 영락 초에 탕순민과 함께 [황제의] 총애를 받았고, 후에 금릉金陵에서 죽었다. 「천태몽天台夢」, 「생사부처生死夫妻」, 「완강루翫江樓」, 「언사구가偃師救駕」, 「서호원西湖怨」, 「위부불인爲富不仁」, 「대자첨待子瞻」, 「삼전분수三田分樹」, 「서유기西遊記」, 「홍백지주紅白蜘蛛」, 「마아녀巫娥女」, 「보한장保韓莊」, 「유행수劉行首」, 「도홍초盜紅綃」, 「원앙연鴛鴦宴」, 「동악전東嶽殿」, 「해당정海棠亭」, 「양단원兩團圓」, 「취서상翠西廂」, 「적대조몰흥타□아敵待詔沒興探□兒」.[146]

가중명賈仲明. 산동 사람. 천성이 명석하고 민첩하며 책을 많이 읽었다. 음영吟詠을 잘하고 악장樂章, 은어隱語, 상시常侍 등에도 정통하여 문황제가 연저에 계셨을 때 매우 총애하셨다. 연회가 있을 때 응제한 작품은 늘 칭송을 받았다. 공은 풍채가 뛰어나고 의관이 단정하며 도량이 넓어 천하의 유명 사대부들이 모두 그와 사귀었다. 스스로 운수산인雲水散人이라고 불렀다. 전기傳奇와 악부樂府를 많이 지었고 변려문도 뛰어나서 다른 사람들이 따라갈 수 없었으니, 당시 사람들이 모두 손을 앞으로 모으고 공손하게 그를 대했다. 후에 난릉蘭陵으로 옮겨 그곳을 가향으로 삼았다. 지은 책으로 『운수유음雲水遺音』 등이 전한다. 「쌍좌화雙坐化」, 「배도환대裴度還帶」, 「옥소기玉梳記」, 「매행쟁춘梅杏爭春」, 「조풍월調風月」, 「칠세원가七世寃家」, 「벽도화碧桃花」, 「보살만菩薩蠻」, 「옥호춘玉壺春」, 「쌍헌두雙獻頭」, 「연산원燕山怨」, 「영산몽

145 鍾嗣成, 賈仲明 著, 浦漢明 校, 『新校錄鬼簿正續編』, 巴蜀書社, 1996, p.165.

146 鍾嗣成, 賈仲明 著, 浦漢明 校, 『新校錄鬼簿正續編』, 巴蜀書社, 1996, pp.165~167.

英山夢」, 「절부패節婦牌」, 「쌍고장雙告狀」, 「철괴리도금동옥녀鐵拐李度金童玉女」, 「여동도류빈승선몽呂洞桃柳賓昇仙夢」.[147]

탕순민은 앞에서 살펴본 「신건구란교방구찬」의 작자인 탕식湯式이고, 양경현은 많은 잡극을 썼지만 「서유기」, 「유행수」 두 작품만 남아 있다. 가중명 역시 많은 잡극을 썼다. 이 세 사람은 모두 영락제가 남경에서 연왕으로 있던 젊은 시절에 총애를 받았던 작가들이었다. 명 초기의 황실에서 이들 극작가들이 환대받으면서 궁정 연극 공연에도 많은 기여를 했을 것이다.

송대 궁정 공연의 주요 담당 기구였던 교방은 소속 배우들의 연습과 실제 공연을 관할하여 명절, 황제의 생일 등과 같이 궁정 내외에서 이루어지는 크고 작은 행사에 포함되는 잡극과 백희 등을 공연하게 하였고, 교방 이외의 여러 기관에서도 다양한 방식으로 배우들을 관리하고 연기하게 하였다. 남송 때 궁정의 공연 담당 기구가 폐지되었을 때에는 임안부 아전악 등의 외부 기관에 소속된 배우들을 필요할 때마다 차출하여 궁정 공연의 수요에 부응하게 하였다. 금원대에도 교방이 설치되어 궁정 공연을 맡게 하였으나 아쉽게도 이 시기 궁정 공연 활동에 대한 기록은 많지 않고, 명대 초에는 외정 즉 황제가 조신들과 정사를 처리하는 정치적 공간에서의 공연을 맡은 교방과 황실의 일상적 업무나 생활의 공간에서의 공연을 맡은 종고사가 분리 설치되어 행사의 필요에 부합하는 공연을 이끌어나갔다. 또한 원 말엽과 명 초기에 궁정에서 일한 경험이 있는 배우와 작가들에 대한 기록을 통해서도 당시 궁정 공

147 鍾嗣成, 賈仲明 著, 浦漢明 校, 『新校錄鬼簿正續編』, 巴蜀書社, 1996, pp.180~182.

연문화의 수준과 역량을 가늠할 수 있는데, 이들은 송대부터 축적되어 온 궁정 공연의 경험을 이어받았고 이후의 발전을 위한 가교가 되었다고 하겠다.

제5장
배우의 연기와 인생

제1절
송대 배우의 연기 분야

여기에서는 지금까지 살펴본 각종 공연 활동에서 핵심적 역할을 한 연기자 및 배우들의 연기와 일생에 대해 조명해 보고자 한다. 노래, 춤, 우스개 등의 연기나 여러 가지 묘기를 펼치는 예인들의 자취는 춘추전국 시대의 문헌 기록에도 적지 않게 남아 있고, 특히 사마천의 『사기』「골계열전滑稽列傳」에는 우맹優孟, 우전優旃 등을 비롯한 당시 궁정 예인이었던 '우優'들의 여러 일화들이 수록되어 있다. 이들은 군주의 곁에 있으면서 뛰어난 말재주로 오락을 제공하고 때로는 풍자의 뜻이 담긴 우스개로 사람들을 권계하는 일을 주로 하였다.[1] 당대에는 어전에서 우스개 이야기나 흉내를 내면서 황제와 고관들에게 웃음과 교훈을 준 사람들을 '배우俳優'라고 불렀는데, 앞에서도 소개한 단안절段安節의 『악부

1 사마천 지음, 김원중 옮김, 『사기열전 하』, 을유문화사, 2001, pp.509~533.

잡록樂府雜錄』「배우」 대목에는 농참군弄參軍, 농가부인弄假夫人, 농바라문弄婆羅門 등을 연기하는 배우들이 소개되어 있다. 농참군은 부정을 저지른 참군을 흉내내어 풍자한 내용으로 이선학李仙鶴을 비롯한 여러 배우들이 뛰어났다고 하였고, 농가부인은 남자 배우가 여장을 하고 우스개를 펼친 것으로 손건반孫乾飯 등 여러 배우들의 이름이 나열되어 있으며, 농바라문은 불교 귀족을 흉내낸 우스개로 역시 강내康迺를 비롯한 여러 배우들이 열거되어 있다.[2]

송대에는 당대를 이어 더욱 다양한 배우들이 등장하여 활약하게 된다. 먼저 궁정 공연을 맡은 교방 소속 잡극 배우들을 살펴보면, 『동경몽화록』 권5와 권7에는 노대 제자露臺弟子라고 불린 소주아蕭住兒, 정도새丁都賽, 설자대薛子大, 설자소薛子小, 양총석楊總惜, 최상수崔上壽 등 북송 시대 여성 잡극 배우들의 이름이 보인다.[3] 『도성기승』이나 『몽량록』 등과 같은 남송의 기록에서는 잡극을 '정색正色'으로 명시하여 더욱 중시하였음을 알 수 있고,[4] 이와 함께 교방과 임안부 아전악의 예인들의 이름도 다수 보인다. 먼저 『몽량록』의 기록을 다시 보자.

송대 관청의 잡극 지도자들
오자목, 『몽량록』 권20 「기악」

옛날 변경의 교방대사教坊大使는 맹각구孟角毬는 잡극 대본을 지었고, 갈수성葛守誠은 40편의 대곡大曲을 찬수撰修했고, 정선현丁仙現은 재주가 민첩하고 음률을 잘 알았다. 남도南渡 이후에는 교방에 정한필

2 段安節 撰, 亓娟莉 校注, 『樂府雜錄校注』, 上海古籍出版社, 2015, pp.67~71.

3 본서 제2장 제1절 및 제3장 제1절 참고.

4 본서 제2장 제2절 참고.

丁漢弼, 양국상楊國祥 등이 있었다. 경정景定 연간부터 함순咸淳 시대까지는 [임안부] 아전악에서 [수내사] 교악소教樂所의 도관都管, 부두部頭, 색장色長 등의 인원을 뽑아 충당하였는데, 예를 들어 육은현陸恩顯, 시화時和, 왕견희王見喜, 하안희何雁喜, 왕길王吉, 조화趙和, 김보金寶, 범종무範宗茂, 부창조傅昌祖, 장문귀張文貴, 후단侯端, 주요경朱堯卿, 주국보周國寶, 왕영현王榮顯 등이 있었다.[5]

위에 열거된 사람들은 모두 교방대사, 도관, 부두, 색장 등과 같은 직책을 지닌 사람들이었는데, 교방대사는 교방의 최고 책임자 격이고 도관은 각 부와 색의 교습과 연주를 총괄한 감독 격이며 부두와 색장은 각 부와 색의 장이었으니, 지위의 높고 낮음의 차이는 있지만 모두 관리자급의 예인들이었다고 하겠다. 맹각구와 갈수성은 각각 잡극 대본 편찬과 대곡 찬수에 뛰어났다고 하였으니 극작가와 작사작곡가라고 할 수 있을 것이고, 앞서 여러번 나온 정선현은 잡극, 가무, 말재주 등에 두루 뛰어난 배우였다.[6] 어떻든 이들은 교방과 아전악의 조직을 통할하면서 공연을 이끌었을 것이다.

그렇다면 각 부와 색의 구성은 어떠했을까? 13개의 부와 색의 이름은 앞서 본 것처럼 『도성기승』과 『몽량록』에도 나열되어 있지만,[7] 『무림구사』 권4 「고도궁전古都宮殿」의 '건순교방악부乾淳教坊樂部'에는 각 색에 속한 예인들의 명단까지도 밝혀놓고 있다.[8] 여기에는 남송 효종孝宗 때

---

5 孟元老 等 著, 『東京夢華錄(外四種)』, 古典文學出版社, 1956, p.308. 본서 제2장 제2절 참고.

6 본서 제4장 제2절 참고.

7 본서 제2장 제2절 참고.

8 北宋 教坊의 각 部 즉 法曲部, 龜茲部, 鼓笛部, 雲韶部의 인원에 대한 언급은 보이지 않고, 『都城紀勝』에서 篳篥部, 大鼓部, 杖鼓部로 기록한 것을 『武林舊事』에

인 건도乾道(1165~1173), 순희淳熙 연간(1174~1189)에 궁정 내외에서 활동한 예인들의 이름이 다수 기록되어 있는 것인데, 앞서 보았듯이 이때는 이미 교방이 폐지된 뒤였지만 옛 제도에 따라 관방에서 주로 공연한 각 색의 예인 명단을 기록해둔 것이라고 이해해야 할 것이다. 각 색의 예인 규모를 정리하면 다음과 같다.[9]

잡극색雜劇色 66명, 가판색歌板色 2명, 박판색拍板色 7명,
비파색琵琶色 8명, 소색簫色 8명, 혜금색嵇琴色 11명,
쟁색箏色 6명, 생색笙色 12명, 필률색觱篥色 71명,
적색笛色 84명, 방향색方響色 10명, 장고색杖鼓色 35명,
대고색大鼓色 16명, 무선舞旋 3명, 잡극삼갑雜劇三甲 23명,
축구築毬 39명, 고판鼓板 11명, 마후악馬後樂 13명,
내중상교박사內中上教博士 6명, 장의범등합간인掌儀範等合干人 29명.

위를 보면 잡극색부터 대고색까지의 13개 색의 예인 규모를 알 수 있다. 대고색 다음에는 추가 종목 또는 의전 부서로 보이는 인원들도 나열하고 있는데, 이들은 새로 추가되거나 강화된 종목들이었을 것이다. 어떻든 이를 바탕으로 교방의 잡극색 배우들을 중심으로 하여 구체적인 명단을 소속별로 정리해보면 다음 [표 6]과 같다.[10] 표를 보면 잡극 배우들 중에는 임안부 아전악과 화고和顧-계약에 의해 고용된 배우들-이 가장 많았고, 덕수궁 소속이 그다음이며 옛 교방과 균용직에 소

서는 각각 篳篥色, 大鼓色, 杖鼓色로 적고 있다.

9 孟元老 等 著, 『東京夢華錄(外四種)』, 古典文學出版社, 1956, pp.392~408.

10 孟元老 等 著, 『東京夢華錄(外四種)』, 古典文學出版社, 1956, pp.392~394.

속되었던 배우들도 일부 생존해 있었던 것을 알 수 있다. 이들 가운데 일부는 직함 또는 직위가 병기되어 있고 일부는 별명 또는 각색명이 병기되어 있어서 흥미로운데, 예를 들어 덕수궁 소속의 유경장은 사신使臣, 왕희는 도관사신都管使臣이었고, 개문경은 말末, 후량은 차말次末 즉 부말副末 각색이었으며, 송흥은 별명이 연자두燕子頭였다. 덕수궁 소속 배우들은 지위가 상대적으로 높고 기량이 뛰어난 사람들이었다고 하였는데,[11] 이것도 이들의 직위, 각색, 별명 등이 특별히 부기된 이유였을 것이다.

소속	배우
덕수궁	유경장劉景長, 왕희王喜, 묘산중茆山重, 개문귀蓋門貴, 개문경蓋門慶, 후량侯諒, 장순張順, 조신曹辛, 송흥宋興, 이천현李泉現
임안부 아전악	공사미龔士美, 유은심劉恩深, 진가상陳嘉祥, 오흥우吳興祐, 오빈吳斌, 김언승金彦升, 왕청王靑, 손자귀孫子貴, 반랑현潘浪賢, 왕석은王賜恩, 호경전胡慶全, 주태周泰, 곽명현郭名顯, 송정宋定, 유신劉信, 성귀成貴, 진연식陳煙息, 왕후희王侯喜, 손자창孫子昌, 초금색焦金色, 양명고楊名高, 송창영宋昌榮
전前교방	이조신伊朝新, 왕도창王道昌
전前균용직	오곡풍仵谷豐, 이외희李外喜
화고	유경劉慶, 양사맹梁師孟, 주화朱和, 영귀寧貴, 장녕蔣寧, 사진司進, 학성郝成, 고문흥高門興, 고문현高門顯, 고명高明, 유귀劉貴, 단세창段世昌, 사정司政, 장순조張舜朝, 조민가趙民歡, 공안절龔安節, 엄부훈嚴父訓, 송조청宋朝淸, 송창영宋昌榮, 주왕周旺, 하주下疇, 송길宋吉, 이준伊俊, 왕태汪泰, 왕원전王原全, 왕경王景, 정교鄭喬, 왕래선王來宣, 장현張顯, 초희焦喜

[표 6] 남송 건도, 순희 연간(1165~1189)의 관청 소속 잡극색 배우들

이들 잡극 배우가 필요에 따라 5~8명으로 구성한 그룹을 뜻하는 '잡극삼갑'의 명단도 보이는데 이를 정리해보면 다음 [표 7]과 같다.[12] '삼갑三甲'이라고 했지만 표에서 보는 것처럼 3개가 아닌 4개의 그룹이 기

11 본서 제4장 제1절 참고.

12 孟元老 等 著, 『東京夢華錄(外四種)』, 古典文學出版社, 1956, pp.403~404.

재되어 있는데, 단순 착오일 수도 있지만 '삼갑'이 본래 진사 합격자들을 세 그룹으로 나눈 표현이었으므로 가장 우수한 그룹이라고 해석해 볼 수도 있을 것이다. 이 중 개문덕이 이끄는 '진향進香' 그룹은 황실의 경축 행사가 있기 며칠 전에 신령에게 진향할 때 공연을 맡았던 그룹일 것이고, 대표 배우 표시가 없는 '내중지응內中祗應' 그룹은 궁정 공연 때 참여한 배우들의 그룹일 것이다. '잡극삼갑' 배우들 중 손자귀는 본래는 임안부 아전악 소속이지만 네 그룹에 모두 희두 또는 장단 배역으로 참여하여 역할이 매우 컸던 배우였음을 알 수 있다. 이밖에 역시 임안부 아전악 소속의 오흥우와 주태는 각각 두 그룹에 인희와 차정 배역으로 참여하였고, 덕수궁 소속의 후량과 왕희는 각각 차정과 부말로 참여하여 이들 역시 역할이 컸던 배우였음을 알 수 있다. 이를 보면 '잡극삼갑'은 당시 최고의 배우들이 모여 그룹을 이룬 드림팀이었다고 말할 수 있을 듯하다. 또한 희두戱頭, 인희引戱, 차정次淨, 부말副末, 장단裝旦 등의 각색 분야도 밝혀져 있어서 관심이 모아지는데, 이에 대해서는 잠시 뒤 다시 논의하기로 한다.

그룹명		유경장(덕)	개문경(덕) 진향進香	내중지응 內中祗應	반랑현(아)
배우	희두	이천현(덕)	손자귀(아)	손자귀(아)	손자귀(아)
	인희	오흥우(아)	오흥우(아)	반랑현(아)	곽명현(아)
	차정	묘산중(덕), 후량(덕), 주태(아)	후량(덕)	유곤	주태(아)
	부말	왕희(덕)	왕희(덕)	유신(아)	성귀(아)
	장단	손자귀(아)			

* (덕)은 덕수궁, (아)는 임안부 아전악 소속을 뜻함

[표 7] 남송 시대 관청 소속의 '잡극삼갑' 배우들

『무림구사』 권6 「제색기예인」에도 여러 공연 종목들을 연기한 배우와 예인들의 이름이 자세하게 보이는데, 이들은 모두 민간의 구란에서 활동한 사람들이다. 이중 잡극 배우들의 명단은 다음 [표 8]과 같다.[13] 표를 보면 민간의 잡극 배우들은 [표 6]의 관청 소속 잡극 배우들과 중복되는 사람이 없고, 이름이 통속적이며 소수이지만 여성 배우들이 포함되어 있는 것이 눈에 띈다. 이들은 모두 도성의 구란을 찾아온 사람들에게 웃음과 오락을 제공하면서 커다란 인기를 끈 사람들이었을 것이다.

조태趙太, 만성자慢星子(여), 왕후희王侯喜, 송방녕宋邦寧, 당도관唐都管(세영世榮), 삼하三何(하안희何晏喜, 하안청何晏淸, 하안연何晏然), 서두단鋤頭段, 즉령두喞伶頭, 제국조諸國朝, 송청조宋淸朝, 왕태王太(철립鐵笠), 학성郝成(소조小鍬), 송길宋吉, 송국진宋國珍, 조은趙恩, 왕태王太 오사현吳師賢, 주태朱太(저아두豬兒頭), 왕견희王見喜, 철태鐵太, 풍순조馮舜朝, 왕진미王珍美, 오국현吳國賢, 정태鄭太, 혜은택惠恩澤, 시화時和, 안희顏喜, 소금련蕭金蓮, 일굴왕一窟王, 시풍념時豐稔, 시국창時國昌, 금보金寶, 조상 趙祥, 오국창吳國昌, 왕길王吉, 왕쌍련王雙蓮(여), 심소교沈小喬, 두태杜太, 장준蔣俊

[표 8] 남송 와사의 민간 잡극 배우들

앞서 나온 송 잡극의 각색에 대해 좀 더 자세히 살펴보자. 송 잡극에서 [표 7]에서처럼 각 잡극 배우가 희두, 인희, 차정, 부말, 장단 중에 일정한 역할을 맡아 연기한 것이 일반적이었다. 다만 각 역할 즉 각색의 명칭은 기록마다 조금씩 달라서 앞서 『도성기승』에서 본 것처럼 "말니색末尼色이 주장主張을 하고, 인희색이 분부分付를 하며, 부정색副淨色은 발교發喬를 하고, 부말색은 타원打諢을 한다. 이밖에 장고裝孤가 한 사람이 더해지기도 한다."라고 되어 있기도 하다.[14] 대체로 희두는 말니와 같은 각색으로, 주장主張 즉 공연 전체를 안배하고 조정하는 역할을

13 孟元老 等 著, 『東京夢華錄(外四種)』, 古典文學出版社, 1956, pp.457~459.

14 본서 제2장 제2절 참고.

맡고 극 중에서는 주로 노래를 하는 각색이고, 인희는 먼저 등장하여 춤을 춘 뒤에 다른 각색들을 등장하도록 분부分付 즉 지시하는 역할을 맡으며, 부정(차정)은 발교發喬 즉 바보 같은 우스개를 하고, 부말은 부정이 바보 우스개를 할 때 옆에서 그를 놀리는 말을 하거나 잘 꾸민 연기를 한 뒤에 위트 넘치는 말로 마무리를 하는 타원打諢의 역할을 하였다. 그리고 장단은 남성 배우가 여성 등장인물로 꾸민 것으로, 잡극 내용의 필요에 따라 추가되는 각색이었다. 또한 각 그룹의 대표 배우들은 다른 문헌에서 장고裝孤라고 한 각색을 맡았을 것으로 생각되는데, 이 각색은 관원 역할을 하는 것으로 역시 내용의 필요에 따라 추가될 수 있는 각색이었다.[15]

송 잡극의 이와 같은 각색 체제는 각지에서 발굴된 유물들을 통해서도 확인해볼 수 있다. 하남성과 산서성 일대에서는 송대 잡극 배우들의 모습을 새긴 벽돌이나 벽화들이 다수 발견되었는데,[16] 이 가운데 비교적 이른 시기의 유적으로 생각되는 하남성 언사시偃師市의 송대 묘지에서 발견된 벽돌의 탁본을 보자.

황죽삼黃竹三에 따르면, 왼쪽 첫 번째 인물은 그림을 보여주며 극의 내용을 소개하는 인희색이고, 두 번째 인물은 관인官印을 들고 상대방과 대화하는 말니색이며, 세 번째 인물은 홀笏을 들고 있는 장고색이고, 네 번째 인물은 새장을 들고 상대방과 대화하는 부정색, 다섯 번째 인물은 오른손가락으로 휘파람을 불면서 상대방을 바라보고 있는 부말

15 廖奔, 劉彦君, 『中國戲曲發展史』 第1卷, 山西教育出版社, 2000, pp.263~266, 301~309.

16 黃竹三, 延保全, 『中國戲曲文物通論』, 山西教育出版社, 2010, pp.70~77.

[그림 19] 하남성 언사시 출토 송대 잡극 배우 부조 벽돌 탁본

색이다.[17] 잡극의 이러한 역할 분담은 배우들이 전담하는 여러 연기 분야가 개발되었음을 뜻하고, 이러한 체제는 특히 이후 연극류 공연의 주요 특징으로 자리잡게 된다.[18]

송대에는 구란에서 공연한 배우들 이외에 주점에서 손님을 접대하면서 노래를 부른 기녀 가수들도 있었다. 『동경몽화록』 권2 「음식과자飮食果子」 대목을 보자.

북송 개봉 주점의 기녀 가수들
맹원로, 『동경몽화록 권2 「음식과자」

또 어떤 사람들은 주점에 들어가서 젊은 자제들이 술을 마시고 있는 것을 보면 다가가서 조심스럽게 대접하면서 물건도 사 오고 기녀도 불러주고, 돈이나 물건을 가져오거나 [다른 사람에게] 보내주는 일을 했는데, 이들을 '한한閑漢'(한량)이라고 불렀다. 또 [자제들한테] 다

17 黃竹三, 延保全, 『中國戲曲文物通論』, 山西教育出版社, 2010, p.73.

18 『武林舊事』 권6 「諸色伎藝人」에는 雜劇 배우 이외에도 여러 종목의 공연자들의 명단이 자세히 열거되어 있는데, 이름 이외의 다른 정보는 많지 않아서 인용을 생략한다. 각 종목별 인원 수는 본서 제2장 제2절 참고.

가와서 탕국을 바꿔주고 술을 권하며 노래를 하거나, 간식이나 향수 등을 가져다주고, [술자리가 끝나서] 자제들이 나갈 때 돈을 받는 사람들도 있었는데, 이들을 '시파廝波'(건달)라고 하였다. 또 하등下等 기녀들도 있었는데, 이들은 부르지 않아도 스스로 와서 앞에서 노래를 불렀다. [자제들은 이들에게] 잔돈이나 물건을 주면서 내보는데, 이것을 '차객箚客(주객을 찌르다)' 또는 '타주좌打酒坐(술자리에 가다)'라고 불렀다.[19]

여기에서는 주점에서 일하는 여러 부류의 사람들을 소개하고 있는데, 잔심부름을 하는 '한한'과 '시파'와 함께 스스로 와서 노래를 부르는 하급 기녀의 존재도 알려주고 있다. 남송의 『몽량록』 권20 「기악」에도 노래를 잘 부르는 기녀들에 대한 언급이 보인다.

남송 임안 주점의 기녀 가수들
오자목, 『몽량록』 권20 「기악」

경정景定 연간(1260~1264) 이래로 각 주고酒庫에서는 술을 팔기 위해 규정을 마련하여 관기官妓와 유명한 사기私妓들 중에서 상급 및 중급자들을 뽑았다. 이들은 모두 다 아름답고 수려하였으니, 복숭아 같은 얼굴과 앵두 같은 입술에, 손가락은 가늘고 맑은 눈길은 가을 물결이 뚝뚝 떨어지듯 하였으며, 목소리는 부드럽게 구르고 가사는 분명하고 정확하게 토해내니, 사람들은 귀를 기울여 들으며 지루한 줄을 몰랐다.[20]

남송의 임안에서도 외모와 노래 실력이 출중한 중상급 기녀들 중에

19 孟元老 等 著, 『東京夢華錄(外四種)』, 古典文學出版社, 1956, p.16.

20 孟元老 等 著, 『東京夢華錄(外四種)』, 古典文學出版社, 1956, pp.309~310.

서 선발하여 주점에서 일하게 하면서 많은 손님을 끌었다고 하니, 한편으로는 당시의 상업화가 더욱 심해졌음을 확인하면서도 다른 한편으로는 기녀 가수의 활약을 보게 된다.

제2절

원대 배우의 연기 인생

이어 원대의 배우들에 대한 기록을 보자. 원대에는 송 잡극과는 크게 달라진 양식과 내용으로 대중화에 성공한 신형의 잡극이 남북의 각지에서 크게 성행하였고, 새 잡극 성행의 주역인 배우들에 대한 자료도 많이 전해지고 있다. 우선 당시 문인과 명사들 중에는 잡극 배우들과 가까운 사람들이 많았는데, 이들이 남긴 글에서 배우들의 모습을 찾아볼 수 있다. 먼저 앞에서도 여러 차례 언급했던 문인 관료 호지휼胡祗遹(1227~1295)이 남긴 「황씨시권서黃氏詩卷序」라는 글을 보자. 이 글은 저자가 교류한 황씨 성을 가진 여성 배우의 시집에 적어준 서문으로, 뛰어난 배우가 될 수 있는 조건에 대해 자신의 생각을 밝히고 있다.

뛰어난 여성 배우의 조건
호지휼, 「황씨시권서」

여악女樂은 수많은 기예 중에 노래와 사설이 가장 중요하다. [그것은 다음과 같다.] 첫째, 자태가 아름다워 광채가 사람을 감동시켜야 한다. 둘째, 거동이 여유롭고 우아하여 속된 모습이 없어야 한다. 셋째, 총명하고 지혜로워 사물의 이치에 통달해야 한다. 넷째, 언변이 뛰어나고 말씨가 분명해야 한다. 다섯째, 목소리가 맑고 부드러우며 꿰어진 구슬처럼 끊임없이 이어져야 한다. 여섯째, 동작과 표정이 [무엇을 표현하는지] 사람들이 알기 쉬워야 한다. 일곱째, 노래와 사설을 할 때 각각 경중과 완급이 박자와 음정에 맞아야 하니, 설사 여유 있고 익숙하게 읊더라도 노승이 불경을 독송하는 것 같아서는 안 된다. 여덟째, 옛사람들의 희노애락과 언행과 공적을 마치 눈앞에서 벌어지는 것처럼 보여주고 들려주어 시청자가 싫증내지 않고 들으며 혹여 듣지 못할까 걱정하게끔 할 수 있어야 한다. 아홉째, 온고지신이라고 하였는데, [그중에서도] 관건은 언어 표현을 잘하는 것이다. 수시로 새로운 표현을 내보여서 사람들이 무슨 말을 할지 예측하지 못하도록 해야 한다. 이와 같은 아홉 가지를 다 갖추게 되면 독보적인 경지에 오를 것이다. 근래의 배우들 중에 이렇게 경지에 오른 사람들로는 이심심李心心, 조진趙眞, 진옥련秦玉蓮 등이 있다. 이제 황씨黃氏가 이 선배들을 따라가기 시작했으니 기쁘고도 기쁘도다. [황씨가 시를 쓴] 권축卷軸을 가지고 와서 글을 청하니 위와 같이 적었다. 이와 함께 7언시 네 구절로 노래해준다. "영롱한 수 만 개의 구슬들이, 맑고 부드러워 꾀꼬리 소리 같구나. 어여쁜 자네가 개원開元 시절에 살았더라면, 염노念奴 부르는 전갈은 있지도 않았으리라."[21]

이 글은 우수한 배우의 조건을 아홉 가지로 설명하고 이러한 경지에 오른 사람들을 손꼽은 뒤에, 황씨가 이들을 따라 배우의 길을 가는 것

21 胡祇遹 著, 魏崇武, 周思成 校點, 『胡祇遹集』, 吉林文史出版社, 2008, p.224. 마지막 부분에 인용된 시는 황씨의 노래가 당나라 때 명가수였던 念奴보다도 더 뛰어나서 황제가 念奴는 찾지도 않았을 것이라는 칭찬의 말이다.

을 축하하고 있다. 그가 말한 우수 배우의 조건은 외모, 거동, 지혜, 말솜씨, 목소리, 동작과 표정, 경중과 완급, 생생한 재현, 새로운 표현 등으로 요약되거니와, 이러한 조건을 모두 갖춘 배우를 찾기는 어려웠을 것이다. 그러나 이심심, 조진, 진옥련 등은 모든 조건을 갖춘 훌륭한 배우이고 황씨 또한 그렇게 될 자질이 충분하다고 칭찬하고 있는 것이다. 그가 칭찬한 배우들은 원 말엽 사람 하정지夏庭芝가 쓴 『청루집青樓集』에도 나와 있는데, 여기에 따르면 이심심은 원나라 초에 소창小唱을 잘한 예인들 가운데 하나이고, 조진은 앞의 『수호전』에도 나온 「쌍점소경雙漸蘇卿」 제궁조 등을 잘 노래한 조진진趙眞眞 또는 풍만자馮蠻子의 아내이자 서하수西夏秀의 모친으로 잡극을 잘 하고 성량이 풍부했던 조진진 중 한 사람일 듯하며, 진옥련도 제궁조를 잘 한 사람이었다.[22]

『청루집』에는 이와 같이 원대의 대표적인 여성 배우들에 대해 상세한 기록을 남기고 있어서 살펴볼 가치가 크다. 먼저 『청루집』의 저작 배경에 대해 하정지 자신이 쓴 「청루집지青樓集誌」를 읽어보자.

원대 여성 배우 일화집 서문
하정지, 「청루집지」

당나라 때에는 전기傳奇가 있었는데 모두 문인이 엮은 것으로 야사와 같았지만 웃음거리로 삼는 정도였을 따름이다. 송나라의 희문戲文은 노래와 대사가 있고 우스개가 있었다. 금나라에서는 원본院本과 잡극雜劇이 하나였는데, 아조我朝(원)에 이르자 곧 원본과 잡극이 둘로 나누어졌다. 원본이 처음 만들어졌을 때에는 다섯 명으로 이루어

22 李心心, 趙眞眞, 趙眞眞, 秦玉蓮은 각각 夏庭芝 著, 孫崇濤, 徐宏圖 箋注, 『青樓集箋注』, 中國戲劇出版社, 1990, p.118, 91, 178, 126.

졌는데, '부정副淨'—옛날에는 참군參軍이라고 불렀다—, '부말副末'—옛날에는 창골蒼鶻이라고 불렀는데, [부]말이 [부]정을 때리는 것은 창골(송골매)이 새들을 공격하는 것과 같은 이치였다—, '인희引戲', '말니末泥', '고孤' 등이었다. [원본을] 또 오화찬농五花爨弄이라고도 불렀는데, 송 휘종이 찬국爨國 사람들의 내조來朝를 접견한 일이 있었을 때 [그들의] 옷차림이나 신발이 [특이하고] 건과巾裹를 두르고 분묵粉墨을 바르고 거동이 이러이러하여, 배우들에게 그들을 흉내내어 희를 하라고 시켜서 이를 찬농爨弄이라고 부르게 되었다고 말하는 사람이 있었다. 국초國初에 교방색장教坊色長 위魏, 무武, 유劉 세 사람이 있었는데, 위 색장은 염송念誦을 잘하고, 무 색장은 근두筋斗를 잘하고, 유 색장은 과범科範을 잘하여 지금까지도 [그들의 연기 방식이] 유행하고 있다. 또 염단焰段이 있는데 원본과 비슷하면서도 약간 간략하다. 아마 그것이 화염이 쉽게 꺼지는 것처럼 [빨리 마친다는] 뜻을 취했을 것이다.

잡극은 단旦과 말末이 있다. 단은 여성 [등장인물]을 바탕으로 하고, 장단색粧旦色이라고[도] 부른다. 말은 남성 [등장인물]을 바탕으로 하고, 말니末泥라고[도] 부른다. 그 나머지 각색은 모두 외각外脚(조연)으로, 가두駕頭(제왕), 규원閨怨(규수), 보아鴇兒(기녀), 화단花旦(젊은 기녀), 피병披秉(조정대신), 파삼아破衫兒(빈자), 녹림綠林(산적), 공리公吏(하급관리), 신선도화神仙道化(신선), 가장리단家長里短(하인) 등[을 연기하는] 부류가 있다. 안으로는 경사京師에서 밖으로는 군읍郡邑에 이르기까지 모두 이른바 구란构欄이라는 것이 있는데, [여기에서는] 많은 배우들을 불러 모아 악부樂部에 등록시키고 관객들은 돈을 뿌려 그들에게 주었다. [구란에서 공연하는] '원본院本'은 대개 희롱이나 우스개에 불과하나 '잡극'은 그렇지 않아서, 「이윤부탕伊尹扶湯」, 「비간부복比干剖腹」 같은 군신君臣 간의 이야기,[23] 「백유읍장伯瑜泣杖」, 「전발

23 「伊尹扶湯」은 湯王의 신하 伊尹이 임금을 도와 夏나라를 물리치고 商나라를 세

대빈剪發待賓」 같은 모자 간의 이야기,[24] 「살구권부殺狗勸夫」, 「마도간부磨刀諫婦」 같은 부부 간의 이야기,[25] 「전진읍수田眞泣樹」, 「조례양비趙禮讓肥」 같은 형제 간의 이야기,[26] 「관포분금管鮑分金」, 「범장계서范張鷄黍」 같은 친구 간의 이야기[27] 등은 모두 인륜을 두터이 하고 교화에 도움이 되는 것이다. [그러므로 잡극은] 또한 당의 전기傳奇나 송의 희문戱文, 금의 원본院本과 같이 논할 수 있는 것이 아니다.

아! 우리나라가 천하를 통일한 지 백 년이 다 되어 가는데, 천하에 노래와 춤에 능한 기녀들이 어찌 억만 명 뿐이겠는가마는, 자색과 기예가 사람들의 이목에 띄는 뛰어난 사람은 정말이지 많지 않다. 나는 청루青樓에서 명성을 떨친 사람들에 대해 알게 되었는데, [그 중에는] 만나서 아는 사람도 있고 소문으로만 들어서 아는 사람도 있다. 그 사람들에 대해 자세하게 알게 되었지만 적어놓을 시간이 없었다. 지금은 싸움터의 먼지가 끊임없이 일어나서 군읍이 적막하니, 옛날 노닐

운 이야기이고, 「比干剖腹」은 商나라의 比干이 조카인 폭군 紂王에게 정치를 바로잡을 것을 주장하다가 죽임을 당한 이야기이다.

24 「白瑜泣杖」은 한나라 때 효자 白瑜가 어머니에게 매를 맞다가 아프지 않다고 하여 어머니의 기력이 쇠했음을 생각하고 울었다는 이야기이고, 「剪髮待賓」은 晉나라 때 陶侃의 어진 어머니가 머리털을 잘라 팔아서 술상을 마련하여 아들의 친구를 대접한 이야기이다.

25 「殺狗勸夫」는 孫華가 아우 孫榮의 말을 듣지 않고 불량배들과 어울리며 지내다가 아내 楊氏가 개를 잡아 남편이 살인한 것처럼 꾸미고 동생이 형을 위해 대신 벌을 받겠다고 하여 형이 잘못을 깨닫게 하는 이야기이고, 「磨刀諫婦」는 자세한 내용은 未詳이나 아내를 달래는 남편의 이야기인 듯하다.

26 「田眞泣樹」는 漢나라 때 사람 田眞이 두 아우와 함께 재산을 나누려고 할 때 뜰 앞의 무성한 紫荊樹를 삼등분하기로 하자 나무가 금새 말라 죽어 이에 형제들이 감복하여 다시 한 집에 모여 살자 나무가 다시 무성해졌다는 이야기이고, 「趙禮讓肥」는 아우 趙禮가 도적에게 붙잡히자 형 趙孝가 자신이 살쪘으니 아우를 대신해 먹으라고 하여 형제가 모두 풀려났다는 이야기이다.

27 「管鮑分金」은 管仲이 鮑叔과 동업하여 이익을 더 많이 가졌으나 鮑叔은 管仲이 가난하고 돌볼 가족이 많아서 더 가져간 것이 당연하다고 변호한 이야기이고, 「范張鷄黍」는 後漢 때 사람 范式이 친구 張劭와 멀리 헤어지면서 나중에 집에 찾아가겠다고 약속했으나 張劭가 病死하여 范式의 꿈에 나타나자 范式을 친구 집에 찾아가 장례를 치러준 이야기이다.

던 시절을 회상하면 꿈처럼 아득하여 마음에 느끼는 바가 많았다. 그런 까닭에 책을 엮어서 『청루집青樓集』이라고 이름을 붙였다. 빠지거나 잊은 일이 많고 체례도 정돈되지 않았지만, 음악을 즐기는 문사文士들에게 도움이 되는 바가 있기를 바라고, 훗날 사람들이 태평했던 옛날에 비록 여배우들이지만 또한 성대하다고 할 만한 인물들이 있었음을 알게 되기를 바란다. 말니末泥에 대해서는 별도의 책으로 기록하고자 한다. 지정至正 기미己未년 봄 삼월 보름에 적음. 훗날 보시는 분들은 그저 한 번 웃어주시기를 바랄 뿐이다.[28]

앞서 말한 것처럼 이 글은 원 말엽인 지정 연간(1341~1368)의 을미년(1355)에 작성된 것으로 생각된다. 첫 단락은 앞서 살펴본 『남촌철경록』의 내용과 거의 같은데,[29] 당 전기, 송 희문, 금 원본을 각 시대를 대표한 공연 양식으로 차례로 소개하고 금의 원본의 다섯 가지 각색에 대해 상세하게 설명한 뒤에 원대 초엽에 활약한 위魏, 무武, 유劉 등 세 명의 교방색장이 각각 염송(대사 및 노래), 근두(신체기예), 과범(연기)에 특출한 대표적인 원본 배우임을 밝혔다. 두번째 단락에서는 원대에 새롭게 성행한 잡극에 대해 설명하였는데, 원본에 없었던 단과 말이라는 새로운 각색을 비롯하여 다양한 주제의 잡극에서 필요한 각색들이 크게 늘었음을 밝혔다. 원 잡극의 대형화와 각색의 다양화를 확인해주는 대목이다. 또한 희롱이나 우스개에 불과했던 원본에 비해 잡극은 모두 '인륜을 두터이하고 교화에 도움이 되는 것'이라고 말하고 그러한 가치가 뛰어난 원 잡극 작품들을 열거한 것도 송금의 원본·잡극에 비해 이야기 내용이 풍부해지고 교훈이 강화된 원 잡극의 가치를 높이 평가한 것

28 夏庭芝 著, 孫崇濤, 徐宏圖 箋注, 『青樓集箋注』, 中國戲劇出版社, 1990, p.
29 본서 제2장 제2절 참고.

이라고 하겠다. 마지막 단락에서는 저자 자신이 직접 만났거나 소문을 통해 알게 된 여성 배우들에 대해 소개하는 책을 엮게 되었다고 하면서 남성 배우들에 대해서는 따로 쓰겠다고 약속하면서 글을 맺고 있다.[30] 전체적으로 원 잡극과 배우들에 대한 애정이 크고 평가가 높은 것을 알 수 있다.

덧붙이자면, 첫 단락에 소개된 '국초國初' 즉 원대 초기인 13세기 중엽에 활약한 위, 유, 무 세 명의 색장들 중 과범 즉 연기가 뛰어났다는 유 색장은 앞의 「장가불식구란」에서도 나온 배우 유사화劉耍和로 생각되고 있다.[31] 원말 명초 사람 종사성鍾嗣成이 편찬한 잡극 및 산곡 작가 명부인 『녹귀부錄鬼簿』에 따르면, 유사화는 대략 원 원정元貞~대덕大德 연간(1295~1307)에 활동한 극작가였던 화이랑花李郎과 홍자이이紅字李二의 장인이었다.[32] 그의 이름은 원 말엽의 남희南戲 「환문자제착립신宦門子弟錯立身」 제12출出에도 나오는데, 극의 주인공인 연수마延壽馬가 왕금방王金榜의 가족극단에 배우로 일하고 싶다고 말하면서 "저는 유사화의 발자취를 따르겠습니다."라고 하고 있다. 이는 유사화가 당시 배우들이 따르고 싶어한 모델이나 우상 같은 존재였음을 알게 해준다. 위에서 유사화와 함께 나열된 위 색장과 무 색장 두 사람도 비슷한 명성과

30 남성 배우들에 대해 기록한 책을 전하지 않는다.

31 劉耍和에 대해서는 張影, 『歷代教坊與演劇』, 齊魯書社, 2007, pp.149~155, 陳建平, 「元大都戲曲演員考」, 『戲曲藝術(中國戲曲學院學報)』 第34卷 第4期, 2013年 11月, pp.48~53, 程民生, 「『莊家不識勾欄』創作年代與地點新考」, 『中州學刊』 2017年 第1期, p.147 참고. 程民生에 따르면 그는 30대이던 金 말엽에 汴梁(開封)에서 유명세를 떨쳤고 60대에 세상을 떠난 것으로 생각된다. 또한 「莊家不識勾闌」에 대해서는 본서 제3장 제1절 참고.

32 鍾嗣成, 賈仲明 共著, 浦漢明 校, 『新校錄鬼簿正續編』, 巴蜀書社, 1996, pp.116~118.

재예를 갖추었을 것이다.

『청루집』에는 원대 여성 배우 170명의 연기와 인생에 대한 기록이 담겨 있는데, 이 중 잡극 배우가 가장 많고 원본, 제궁조, 남희 등의 연극류 공연 배우와 가수, 악기 연주자, 무용수 등도 망라되어 있다. 이들 가운데에는 실력과 외모가 모두 뛰어난 배우들도 많았지만, 외모보다는 실력으로 사람들의 마음을 사로잡은 실력파 배우들도 적지 않다. 물론 배우에 따라 노래를 잘하거나 연기 표현이 훌륭한 것처럼 각자의 장기를 가지고 인기를 끌었던 배우들의 이야기도 찾아볼 수 있다. 이들은 집안이 몰락하거나 가난하여 자신의 의지와 상관없이 사회적 지위가 매우 낮은 배우가 된 사람들이 많았고, 배우가 된 뒤에도 대부분 궁궐이나 구란 등의 무대에 차출되어 가거나 관료나 귀족의 첩이 되거나 떠돌이 가족 극단의 일원으로 고생을 겪으며 살아가기도 했다. 다행인 것은 이들 중에 문인 명사들과 가깝게 지낸 사람들이 적지 않았고, 이들을 통해서 그들의 이야기가 기록되고 오늘날까지 전해지게 되었다는 것이다.[33] 아래에서는『청루집』에 실린 여성 배우들 중에 일부를 선별하여 시대별, 지역별로 묶어 살펴보기로 한다.

변량 출신 원로 배우
하정지,『청루집』'양원수梁園秀'

성은 유劉씨이고 항렬은 넷째였다. 노래, 춤, 담학談謔(골계담)이 당시 으뜸이었다. 서예를 좋아하여 해서를 잘 썼고 가끔 시도 썼는데 역시 괜찮았다. 그가 지은 악부樂府(소령小令)로는【소양주小梁州】,【청가

33 夏庭芝 著, 孫崇濤, 徐宏圖 箋注,『青樓集箋注』'前言', 中國戲劇出版社, 1990, pp.1~19 참고.

아青歌兒】, 【홍삼아紅衫兒】, 【지전아摭磚兒】, 【채아령寨兒令】 등이 있었는데 사람들이 즐겨 불렀다. 은어隱語도 잘 했다. 그의 남편 종소교從小喬도 악예樂藝가 아주 뛰어났다고 한다.[34]

양원수는 『청루집』에서 첫 번째로 소개하고 있는 배우로, 수록된 배우들 중 가장 연배가 높았을 가능성이 크다. 양원은 금의 마지막 도성이었던 변량汴梁(개봉)을 뜻하므로, 양원수는 금 말엽의 변량 출신 배우였던 듯하다. 금이 망한 뒤는 다른 도시로 옮겨가서 활약하기도 했을 것이다. 노래, 춤, 우스개 이야기, 은어(수수께끼) 등을 두루 잘 할 뿐 아니라 시와 서예에도 능하였고 직접 노랫말까지 지어 널리 불렀다고 하였으니 그의 재능이 다방면으로 뛰어났음을 쉽게 알 수 있다. 남편 종소교도 노래를 잘 한 배우였던 듯하여, 부부가 모두 무대에 오른 배우 가족이었음을 알 수 있다.

대도 사교계의 명배우 1
하정지, 『청루집』 '장이운張怡雲'

시사詩詞에 능하고 담소를 잘 하고 기예가 보통 예인들보다 훨씬 뛰어나서 경사京師에서 명성이 컸다. 조송설趙松雪, 상정숙商正叔, 고방산高房山 등이 모두 「이운도怡雲圖」를 그려 주었고 명공들 대부분이 시를 써서 주었다. 요목암姚牧庵과 염정헌閻靜軒은 늘 그 집에서 한 잔씩 했다. 하루는 [이들이] 종루가를 지나다가 사 중승史中丞을 만났는데, 중승이 말을 내려 웃으며 물었다. "두 선생께서 가시는 곳에 제가 모시고 갈 수 있겠습니까?" 요목암이 말했다. "중승께서는 말에 오르시지요." 사 중승은 하인을 보내 속히 돌아가서 주찬酒饌을 가지고 오

34 夏庭芝 著, 孫崇濤, 徐宏圖 箋注, 『青樓集箋注』, 中國戲劇出版社, 1990, p.61.

게 하여 함께 해자海子 옆의 [장이운] 거소로 갔다. 요목암과 염정헌이 [장이운을] 부르면서 이렇게 말했다. "이운, 오늘 가객이 오셨네. 바로 중승 사 공자이실세. 우리가 자네를 위해서 주인 노릇을 해 줌세." 장이운은 바로 술을 따라 먼저 사 중승에게 축수하고 "운간雲間의 귀공자께서, 옥골玉骨이 빼어나시니 가을 하늘에 그 기품 가득하네."라고 시작되는 【수조가水調歌】 한 곡을 불렀다. 사 중승은 매우 기뻐했다. 이윽고 주찬이 도착하자 사 중승은 은 두 덩어리를 꺼내어 노래에 보답했다. 자리가 끝나고 아랫사람들이 주기酒器를 치우려고 하자—모두 금과 옥으로 만든 것이었다—, 사 중승이 이렇게 말했다. "가져가지 말고 두 분 선생께서 오실 때 사용하시게 두거라." [사 중승이 장이운의] 노래를 좋아함이 이와 같았다. 또 한 번은 [장이운이] 귀인들의 술자리를 모셨는데 요목암과 염정헌 두 사람이 그 중에 있었다. 요목암이 "늦가을에"라고 시작하고 염정헌이 "이운은 이어서 불러 보게." 라고 하니 장이운은 바로 【소부해아小婦孩兒】를 지어 이렇게 노래를 이어갔다. "늦가을에, 서리 맞은 가지에 국화가 남아있다가, 바람 불어오니 노란 꽃이 다 사라졌네." 귀인들이 "그만 하게."라고 하여 완성하지 못하였다. 장이운의 재주는 역시 민첩했다.[35]

장이운은 대도의 공연 중심지였던 해자(지금의 북경 적수담積水潭) 근처에 살았던 배우로, 당시의 저명 인사들과의 교유가 깊었다. 조송설은 유명 화가이자 고위 관직에 올랐던 조맹부趙孟頫(1253~1321)이고, 상정숙은 학사學士에 오른 산곡 작가 상도商衢이다. 또 고방산은 역시 유명 화가이자 고위 관료였던 고극공高克恭(1248~1310)이고, 요목암은 산곡 작가이자 『세조실록』을 편수한 고위 관료 요수姚燧(1238~1313)이다. 그리고 염정헌은 한림학사승지 등의 높은 관직을 지낸 문인 관료 염복閻

35 夏庭芝 著, 孫崇濤, 徐宏圖 箋注, 『青樓集箋注』, 中國戲劇出版社, 1990, pp.64~65.

復(1236~1312)이고, 사 중승은 명문세족 사천택史天澤(1201~1275)의 막내 아들 사빈史彬인 것으로 추정된다. 그는 이밖에도 노지盧摯, 정문해程文海, 장야張埜 등의 문인 작가들과도 시사詩詞를 주고 받았고, 이 가운데 일부는 지금도 남아 전한다.[36] 여기에서는 그가 해자 근처의 집에서 명사들의 방문을 받아 뛰어난 노래 실력으로 민첩하게 즉흥곡도 잘 불러서 방문객들에게 총애를 받은 이야기가 잘 나타나 있다.

대도 사교계의 명배우 2
하정지, 『청루집』 '조아수曹娥秀'

경사京師의 명기名妓이다. 천성이 총명하였고 용모와 기예가 모두 뛰어났다. 하루는 선우백기鮮于伯機가 연회를 열었는데 좌객들이 모두 명사였다. 선우백기가 일이 생겨 입궐하면서 조아수에게 술시중을 맡겼다. 공이 궁궐에서 돌아오자 좌객들이 "백기께서 술을 마시지 않았소."라고 하니 조아수도 "백기께서 술을 드시지 않았습니다."라고 했다. 좌객들이 웃으면서 말하기를 "자네가 [선우 공을] 백기라고 부르는 것을 보니 [공께서 자네를] 지극히 친애하시는 것을 알겠군."이라고 하니, 선우백기가 짐짓 화를 내는 척 하면서 "요런 망할 것이 이렇게 무례하다니!"라고 하였다. 그러자 조아수는 이렇게 대답했다. "제가 백기라고 부르면 안 된다고 하시니, 이는 왕희지라고만 부르라는 말씀이시네요." 이를 듣고 좌객들이 모두 크게 웃었다.[37]

조아수 역시 당시 대도에서 명사들과 교류한 이름난 배우였다. 선우백기는 이름난 서예가이자 시, 산곡 등에 능했던 사람으로 절강행

36 夏庭芝 著, 孫崇濤, 徐宏圖 箋注, 『青樓集箋注』, 中國戲劇出版社, 1990, p.67. 李修生, 「元代演員張怡雲」, 『中華戲曲』 第1輯, 1986 수록본 참고.

37 夏庭芝 著, 孫崇濤, 徐宏圖 箋注, 『青樓集箋注』, 中國戲劇出版社, 1990, p.73.

성도사浙江行省都事와 태상시전부太常寺典簿 등을 지낸 선우추鮮于樞(1256~1301)이다. 조아수가 선우추를 허물없이 부르자 이를 본 사람들이 그를 놀리고 선우추가 거짓으로 화를 내자 조아수는 그렇다면 서예의 대가인 왕희지로 부를까 하고 반문하면서 좌객들의 홍소를 자아낸 것이다.

대도 사교계의 명배우 3
하정지, 『청루집』 '해어화解語花'

성은 유劉씨이다. 만사慢詞에 특히 뛰어났다. 염야운廉野雲이 노소재盧疎齋와 조송설을 초청하여 경성 밖의 만류당萬柳堂에서 술을 마셨는데, 유는 왼손에 연꽃을 들고 오른손으로 술잔을 들고 【취우타신하驟雨打新荷】 곡을 부르니 사람들이 매우 좋아했다. 조송설이 즉석에서 시를 지었다. "만류당 앞 연못에, 잔잔하게 안개가 서렸구나. 주인은 은자의 기풍이 있고, 유녀遊女는 [고아한] 백설白雪 노래를 부르는구나. 연꽃 들고 와서 술을 권하며, 방초 따라 걸으며 싯귀를 찾네. 누가 알리요, 경성 밖 지척에, 끝없는 만리길 그리워하는 곳 있음을."[38]

해어화도 상층 관료들과 사이가 가까웠다. 염야운은 쿠빌라이 칸의 최측근 가운데 한 사람이었던 위구르 출신의 고위 관료 염희헌廉希憲(1231~1280)이고, 노소재는 시문, 산곡에 뛰어난 작가이자 중앙과 지방에서 여러 벼슬을 했던 관료 노지盧摯(?~1314이후)이다. 위의 글은 염희헌이 가까운 사람들을 초청하여 연회를 즐기면서 해어화의 노래를 함께 즐겼고, 조맹부가 감사의 표현으로 시를 지어준 일화를 전해준다.

38 夏庭芝 著, 孫崇濤, 徐宏圖 箋注, 『青樓集箋注』, 中國戲劇出版社, 1990, pp.76~77.

대도 사교계의 명배우 4
하정지, 『청루집』 '천연수天然秀'

성은 고高씨이다. 두 번째 항렬이어서 사람들이 '소이저小二姐'라고 불렀다. 모친 유劉씨는 일찍이 사 개부史開府를 모셨다. 고高는 감정이 풍부하고 용모가 빼어나서 특히 탈속脫俗의 풍치가 있었다. 재예才藝가 보통 예인들보다 훨씬 뛰어났고 규원閨怨 잡극은 당시 으뜸이었다. 화단花旦과 가두駕頭도 아주 훌륭한 경지에 이르렀다. 처음에는 항원의 왕원초王元俏에게 시집갔다가 왕王이 죽자 초태소焦太素 치중治中(지방 수령 보좌관)에게 재가하였고, 초焦가 죽자 다시 기녀가 되었다. 사람들은 모두 국향國香이라며 깊이 애석해했는데, 여전히 고결하고 단정하여 특히 백인보白仁甫와 이개지李溉之에게 총애를 받았다고 한다.[39]

천연수의 모친이 모셨다는 사 개부는 진정眞定의 세후世侯로 개부의동삼사開府儀同三司를 제수받은 사천택을 가리킨다. 또 백인보 즉 백박白樸(1226~1306이후)은 진정眞定에 있다가 대도, 항주 등지에서 활동한 「당명황추야오동우唐明皇秋夜梧桐雨」, 「배소준장두마상裴少俊牆頭馬上」 같은 잡극 명작의 작가이고,[40] 이개지 즉 이형李泂(1273~1331)은 1310년 무렵에 한림국사편수관翰林國史編修官의 벼슬을 제수받아 대도에서 지내다가 얼마 후 사직하고 강남으로 옮겨간 사람이다. 따라서 천연수는 어렸을 때에는 모친과 함께 진정에서 살았고 대략 13세기 말엽에서 14세기 초에 이르는 기간에 대도에서 이름을 날렸을 것으로 추정된다.[41]

39 夏庭芝 著, 孫崇濤, 徐宏圖 箋注, 『青樓集箋注』, 中國戲劇出版社, 1990, p.128.

40 이정재, 「白樸 雜劇 硏究」 서울대학교 석사학위논문, 1994 참고.

41 李國平, 『元雜劇發展史』, 文津出版社, 1993, p.194.

그가 잘했다는 잡극 중 규원은 여성의 정한情恨을 소재로 한 종류이고, 화단은 말괄량이나 기녀 등이 활약하는 작품 종류이며, 가두는 황제가 등장하는 종류를 말한다. 그는 이러한 작품들에서 규수나 기녀 그리고 황후나 비빈으로 등장하여 훌륭하게 연기하였을 뿐 아니라, 고결하고 단정한 인품으로도 명성이 높았던 배우였던 것이다.

대도 명배우 순시수의 순정
하정지, 『청루집』 '순시수順時秀'

성은 곽郭씨이고 자는 순경順卿이다. 항렬이 둘째라서 사람들이 '곽이저郭二姐'라고 불렀다. 자태가 단아하였다. 잡극은 규원을 가장 잘했고, 가두와 여러 종류의 단본旦本도 다 잘했다. 유시중劉時中 대제待制[42]가 그의 노래를 묘사하여 "금황옥관金簧玉管이요, 봉음난명鳳吟鸞鳴이라."라고 했다. 평생 왕원정王元鼎과 가까웠는데, [순시수가] 병이 들어 말고기가 먹고 싶다고 하자 왕원정은 바로 자신이 타는 말을 죽여 그에게 먹였다. 아로온阿魯溫 참정參政[43]이 중서성에 있었을 때 그를 마음에 두었는데 하루는 그를 희롱하여 "나와 왕원정 중 누가 더 나은가?"라고 하자 곽이 말하기를 "참정 나리는 재신宰臣이시고, 원정은 문사文士입니다. 조정을 이끌어서 임금님께서 백성들에게 은택을 베풀도록 하시는 일은 원정이 참정에 미치지 못합니다. 하지만 음풍농월하고 석옥련향惜玉憐香하는 것은 참정께서 원정을 바라볼 수 없습니다." 아로온은 이 말을 듣고 크게 웃고 그만두었다.[44]

---

42 詞를 잘 짓고 翰林待制 등을 지낸 劉致를 말한다.

43 南劍(지금의 福建 南平市) 太守와 經筵官 등을 지낸 몽골 귀족이다.

44 夏庭芝 著, 孫崇濤, 徐宏圖 箋注, 『青樓集箋注』, 中國戲劇出版社, 1990, pp.101~102.

순시수는 규원과 가두를 비롯하여 여러 종류의 잡극을 두루 잘한 배우로, 위에서는 관료이자 산곡 작가 왕원정과 정이 깊었고 몽골 귀족의 희롱을 점잖게 물리친 일화가 소개되어 있다. 왕원정은 지치至治 연간~태정泰定 연간(1321~1327)에 한림학사翰林學士를 지낸 사람이고, 서역西域 출신의 옥玉 씨였다는 설도 있다.[45] 그는 위에 나온 것처럼 순시수와 깊은 정을 나눈 사이로 유명하였는데, 왕원정이 순시수를 처음 만났을 때 상대방의 이름을 써서 읊은 시가 전해진다.

> 담장 밖에 꽃 구경 나가니 경치가 새로워졌고,
> 골짜기 따라 흘러가는 물은 맑고도 맑다네.
> 때로 우는 새소리는 떠나가라고 재촉하는데,
> 빼어난 산마루에 꽃이 만발하니 다시 또 봄이로구나.[46]

이 시는 각 구절의 첫 글자를 그의 성과 예명을 써서 지은 것으로, 순시수를 처음 만났을 때 느꼈을 반가운 마음을 생각하게 한다. 순시수는 산곡 작가 우집虞集(1272~1348)과도 교분이 있었던 것으로 알려지는데, 이를 감안하면 그는 1310년대 무렵부터 대도의 무대에 올라 기예를 펼치기 시작한 배우일 것이다.[47] 『남촌철경록』 권19에서는 "가기歌妓 순시수는 성은 곽씨이고 사람됨이 총명하고 민첩하였고 자색과 기예가 매우 뛰어나서 교방의 백미白眉였다."라고 높게 평가하였고, 원대 장광

45 齊森華, 陳多, 葉長海 主編, 『中國曲學大辭典』, 浙江教育出版社, 1997, p.95.

46 "郭外尋芳景物新, 順溪流水碧粼粼. 時時啼鳥催人去, 秀領花開別是春." 각 구절의 첫 글자를 나열하면 '郭順時秀'가 된다. 이 시는 『說集』本 『青樓集』 '順時秀' 항목에 실려 있다. 夏庭芝 著, 孫崇濤, 徐宏圖 箋注, 『青樓集箋注』, 中國戲劇出版社, 1990, p.106에서 재인용하였다.

47 李國平, 『元雜劇發展史』, 文津出版社, 1993, p.417.

필張光弼의 「연하곡輦下曲」 시에서도 "교방의 여악 순시수는, 어찌 전하는 노래만 천하에 유명하겠는가. 자태를 아무리 보아도 질리지 않으니, 주렴을 반쯤 걷으면 이미 성城이 기운다네."라고 하여 역시 실력과 자색을 모두 칭찬하였다. 그밖에도 순시수를 칭송한 시와 문장이 많이 남아 있어서 그의 명성이 어떠했는지를 알게 해 준다.[48]

대도 배우 번사진의 신의

하정지, 『청루집』 '번사진樊事眞'

경사의 명기이다. 주중굉周仲宏 참의參議가 그를 총애했다. 주중굉이 강남으로 돌아가게 되자 번사진은 제화문齊化門 밖에서 그를 전별하였다. 주중굉이 말하기를, "나 떠난 뒤에 잘 단속하여 다른 사람에게 웃음을 팔지는 말거라."라고 하니, 번사진은 술을 땅에 뿌리며 맹세하여 말하기를, "소첩이 만약 나리를 배신한다면 한쪽 눈을 파내어 나리께 사죄하리다."라고 하였다. [작별한 지] 얼마 지나지 않아 한 권세가가 찾아왔는데, 번사진의 모친은 위세에 눌린 데다가 재물도 탐이 나서 [딸에게 만나기를 권했다]. 번사진은 처음에는 의연하게 있었으나 끝내 어쩔 수 없이 [권세가를 만났다]. 뒤에 주중굉이 경사에 와서 [번사진을 만났을 때], 번사진은 말하기를, "이별 후에 단속하지 않으려고 한 것은 아니지만, 결국 권세가와 가까워지게 되었습니다. 어찌 옛날의 맹세를 지키지 않으리요!"라고 하고는 쇠칼로 왼쪽 눈을 찌르니 유혈이 낭자하였다. 주중굉은 크게 놀랐다가 옛날처럼 그를 총애하였다. 호사가들은 이 이야기를 잡극으로 엮어서 「번사진금비자목樊事眞金篦刺目」이라는 제목을 붙여 큰 인기를 끌었다.[49]

---

48 이상에서 본 順時秀에 대한 詩文은 夏庭芝 著, 孫崇濤, 徐宏圖 箋注, 『青樓集箋注』, 中國戲劇出版社, 1990, pp.102~109에 잘 모아져 있다.

49 夏庭芝 著, 孫崇濤, 徐宏圖 箋注, 『青樓集箋注』, 中國戲劇出版社, 1990, pp.138~

번사진은 대도에서 참의 즉 중서성中書省 참정參政 벼슬을 지낸 주중굉과 가깝게 지내면서 배신하지 않기로 맹세했다가 어쩔 수 없이 그 맹세를 지키지 못했다는 이유로 스스로 눈을 찔러 자해하였고 이를 본 주중굉이 더욱 그를 총애했다는, 다소 끔찍하면서도 두 사람의 깊은 정을 보여주는 일화이다. 한편으로는 권력자와 재물에 굴복할 수 밖에 없었던, 당시 여성 배우들에게 억압적이었던 환경에 대해서도 생각해보게 한다.

원대 최고의 배우 주렴수
하정지, 『청루집』 '주렴수珠簾秀'

성은 주朱씨이고 항렬은 넷째이다. 잡극이 오늘날 [배우들 중에서] 가장 뛰어나서 가두駕頭, 화단花旦, 연말니軟末泥 등에서 모두 신묘한 연기를 하였다. 선위사宣慰使[50] 호자산胡紫山이 일찍이 그에게 【침취동풍沈醉東風】 곡을 주었는데 가사는 이러하였다. "비단으로 강변의 취죽翠竹을 엮고, 융絨으로 바다의 명주明珠를 꿰었네. 달빛 옅어질 때나 바람 맑은 곳에서, 진토塵土에 떨어지는 붉은 꽃들을 막아주네. 한 조각 한정閒情을 마음대로 말아 올려졌다 펴졌다 하니, 아침 구름과 저녁 비가 다 걸려 있구나." 대제待制 풍해속馮海粟도 그에게 【자고천鷓鴣天】 곡을 주었는데 가사는 다음과 같았다. "봄바람 맞으며 멀리 바라보며 누각에 서 있는데, 날아가던 꾀꼬리가 얼굴을 훔쳐보고 제비는 고개를 떨구네. 새우 수염은 얇은 모습에 섬세하게 짜여있고, 거북 등 무늬는 가늘게 떠 있네. 붉은 안개 사라지고 채색 구름 걷히니, 바다 노을이 띠가 되고 달이 고리가 된 듯. 밤이 와서 서산의 비를 다 걷

139.

50 임금을 대신하여 특정 지방을 시찰하며 나라의 정책을 알리고 백성을 위로하는 일을 맡은 관직이다.

어가니, 세상 근심 조금도 보이지 않네." 주렴수의 등이 조금 굽어 풍해속이 주렴과 갈고리라는 말로 비유한 것이다. 지금 후배들은 그를 주낭낭朱娘娘이라고 부르며 칭송한다.[51]

주렴수는 수많은 원대 배우들 가운데에서도 가장 널리 알려진 인물이다. 위에서도 말하고 있는 것처럼 그는 황제가 등장하는 가두, 기녀가 활약하는 화단, 우유부단한 남자 주인공이 사건을 일으키는 연말니 등의 작품에서 모두 여성 인물 역을 뛰어나게 연기하였고, 후배들에게도 크게 존경받았다. 뿐만 아니라 그는 위에서처럼 호자산(호지휼), 풍해속(풍자진馮子振, 1257~1348)[52]을 비롯한 많은 문인 명사들과도 가깝게 교류하면서 커다란 칭송을 받았는데, 그와 많은 명사들과의 교류에 대해서는 뒤에 다시 살펴보기로 하고, 먼저 그와 인연이 깊었던 명사 가운데 한 사람인 호지휼이 그의 연기에 대해 최고의 찬사를 담아서 쓴 「주씨시권서朱氏詩卷序」라는 글을 보자.

주렴수의 뛰어난 연기에 대한 찬사
호지휼, 「주씨시권서」

학업과 전공은 오래 쌓으면 잘 할 수 있다. [하지만] 기예는 오래 해도 저절로 잘 할 수는 없다. [주렴수는] 여자의 몸으로 여러 기예를 겸비하였다. 높은 관을 쓰면 도사가 되고 머리를 깎[은 분장을 하면] 스님이 되고 품 넓은 옷을 입으면 유생이 되고 무관武冠을 쓰면 병사가

51 夏庭芝 著, 孫崇濤, 徐宏圖 箋注, 『青樓集箋注』, 中國戲劇出版社, 1990, p.82. 陶宗儀, 『南村輟耕錄』 中華書局, 1958, p.243에도 거의 같은 내용이 실려 있다.

52 馮子振은 쿠빌라이 至元 24년(1287)에 趙孟頫 등과 함께 천거되어 集賢待制 등을 지낸 문인 관료로, 詩, 散曲, 賦 등에 모두 뛰어났다. 馮子振, 李祁 撰, 王毅 輯校, 『海粟集輯存.雲陽集』, 岳麓書社, 2009, pp.1~5.

된다. 짧은 소매 옷을 입으면 빠르게 달리고 홀笏을 들면 공경公卿이 된다. 점쟁이가 되어 화복을 말하고 의사가 되어 생사를 정한다. 모친이 되면 자애롭고 며느리가 되면 효성스럽다. 중매쟁이가 되면 온화한 모습으로 교묘하게 말을 엮고 규수가 되면 온유하고 아리땁다. 사방의 오랑캐, 온갖 신령, 오방의 풍속, 각 지방의 소리, 옛날의 사적, 역대의 형벌 사건, 하급 관리의 혼탁, 상급 관리의 청렴 [등을 그린 작품에서도 연기를 잘한다.] 백화百貨를 이야기할 때는 상인처럼 하고, 몸을 쓸 때는 길쌈하고 쟁기질하는 남녀처럼 한다. 집에서 벌어지는 이야기에서는 부자父子가 자애롭고 효성을 다하고, 입조하는 이야기에서는 군신이 성스럽고 밝다. 경축의 연회나 별채의 정원에서 춘풍의 슬瑟을 뜯고 명월의 쟁箏을 켜는 이야기[에서도 연기를 잘했고], 빈한한 집에서는 가시비녀 지르고 무명 치마를 입은 [여인을 연기하고], 부잣집에서는 저택과 은 병풍 [앞에서 벌어지는 이야기를 연기한다.] 온갖 부류의 사람들과 많은 미인과 영웅들이 [등장하는 이야기에서] 바깥으로는 그 자태를 곡진하게 드러내고 안으로는 그 마음을 상세하게 표현한다. 마음에 삼매三昧의 경지를 얻었으니 자연스럽고 원숙하다. 한 시대의 가르침을 보더니 백년의 승평昇平을 즐거워하는구나. 애석하도다, [그의 노래는] 숲속 꾀꼬리 소리와 이슬 맺힌 난초 같은 여운을 토해내어 눈길을 멈추게 하는 긴 울림을 전해주건만, 비록 일창삼탄一唱三歎할 만하기는 해도, [그것이 내가] 방년芳年을 아쉬워하고 고령高齡까지 살아있고자 하는 까닭은 아닐 것이다. 노인이 나이든 이야기를 해서 취한 글이 비뚤어졌는데, 여러 시인들 중에 으뜸이어서 진실을 쓴 서문을 적었으니 구양문충공歐陽文忠公(구양수歐陽修)이 사필史筆을 잡고 영관伶官(배우)에게 전해준 일을 흉내낸 셈이다.[53]

호지휼은 주렴수가 도사, 스님, 유생, 병사, 관료, 의사 같은 사람들

53 胡祇遹 著, 魏崇武, 周思成 校點, 『胡祇遹集』, 吉林文史出版社, 2008, p.222.

이나, 시어머니, 며느리, 중매쟁이, 규수 같은 다양한 여성의 역할, 그리고 상인, 농사꾼, 부자, 빈자 같은 다양한 계층의 사람들의 역할 등을 못하는 것이 없고, 온갖 소재의 작품들에서도 주어진 각색을 훌륭하게 연기해내어 천재적인 연기 능력을 보여주었다고 말하면서, '마음에 삼매의 경지를 얻어 자연스럽고 원숙하다'는 찬사를 아끼지 않고 있다. 호지휼은 여러 예인들과 가깝게 지냈지만 그중에서도 특히 주렴수에게 많은 글을 써주면서 칭송하였으니, 본서에서는 제외하였지만 연극의 가치를 설파하면서 주렴수의 능력을 칭찬한 「증송씨서贈宋氏序」와 위의 『청루집』의 주렴수 항목에 인용된 【침취동풍沈醉東風】 곡, 그리고 이 「주씨시권서」 등까지 모두 세 편이나 되는 것이다. 주렴수에 대한 호지휼의 애착도 남다른 것이지만, 최고 배우의 특출한 연기를 옆에서 볼 수 있었던 것도 행운이라고 하겠다.

연구에 따르면 주렴수는 쿠빌라이 즉위 초인 1260년 무렵에 낙양洛陽에서 태어나서 남송이 망한 뒤인 1280년대 이후에 양주揚州로 가서 본격적으로 무대에 올라 명성을 얻었고, 1289년에서 1290년 사이에 호지휼, 왕운王惲(1227~1304) 등의 문인과 교류하였으며, 1290년대 말엽에는 호남湖南으로 가서 노지盧摯(1245전후~1315)[54]와 교류하기도 하고, 다시 양주로 돌아와 극작가 관한경關漢卿과 교류한 것으로 추정된다.[55] 아래에서는 교류 순서에 따라 이들이 주렴수에게 남긴 작품들을 살펴보기로 한다. 우선 호지휼에 이어 왕운이 주렴수에게 헌정한 작품들을 보자. 먼저 주렴수에게 글을 써준 뒤에 남은 아쉬움을 표현한 「제주렴

54 商世榮, 『盧摯詩歌研究』, 遼寧師範大學 碩士學位論文, 2017, pp.6~7에 따랐다.

55 徐子方, 「關漢卿行迹推考」, 『晉陽學刊』 1996年 第5期, pp.83~85.

수서후題珠簾秀序後」라는 시를 본다.

친구를 질투하고 주렴수를 좋아하다
왕운, 「제주렴수서후」

얼굴에서 향기를 뿜으며 낙양의 미인을 노래하는데,
나의 풍류는 호자산과 같지 못하네.
홀몸에 꿈은 차가운데 주렴에 달빛이 들어오니,
마음을 쏟아 「악적도樂籍圖」에 서序를 써주었네.
혓바닥 뽑는 지옥에 끌려가서 작은 산 두들겨 깰지라도,
탁문군卓文君을 넘어뜨리고 술집 차려 술을 팔겠네.
환락과 미련을 한마음으로 즐기며,
떠가는 구름 붙잡아놓고 【자고천鷓鴣天】 노래 부르리라.[56]

왕운은 한림수찬翰林修撰, 감찰어사監察御史, 한림대제翰林待制 등의 고위직을 지낸 사람이다. 주렴수를 칭찬하는 글을 써주었지만 그것이 친구 호지휼의 글에 비해 썩 좋지 못하다고 겸손해하면서 지옥에 끌려가는 한이 있더라도 한나라 때 미인 탁문군을 차지한 작가 사마상여司馬相如처럼 자신도 주렴수를 얻어 함께 노래를 부르며 즐기고 싶다는 욕심을 드러낸 시를 남기고 있다. 그의 사詞 「증주렴수贈朱簾秀」도 보자.

주렴수의 풍모와 노래에 대한 그리움
왕운, 【완계사浣溪沙】 21 「증주렴수」

의기意氣 가득한 미인이 악붕樂棚에서 빛나니,

56 "七竅生香詠洛妹, 風流不似紫山胡. 半床夢冷珠簾月, 一序情鍾東籍圖. 錘破小山犁舌獄, 倒翻卓氏拍沽壚. 芳驚苦稀同心賞, 遏斷行雲唱鷓鴣." 王惲 著, 楊亮, 鍾彦飛 點校, 『王惲全集彙校』 第3卷, 中華書局, 2013, p.1027.

녹색 구름과 붉은 물결이 봄 따라 생겨나고,
주렴 걷고 돌아보니 정을 잊지 못하네.
악기와 기녀가 마치 약속이나 한 듯 어울리니,
기녀는 남방에서 예전부터 이름났지,
가을바람 불어 꿈에서 깨니 이별 아쉬워하는 소리로구나.[57]

예전에 남방의 어느 도시에서 보았던 주렴수의 연기를 이제는 볼 수 없게 되어 아쉬운 마음을 그의 풍모와 노래에 대한 칭송과 함께 드러내고 있다.

다음으로 주렴수가 호남에서 만난 문인 노지가 주렴수에게 남긴 산곡 소령 두 작품을 살펴보자.[58] 먼저【쌍조雙調·섬궁곡蟾宮曲】「취증악부주렴수醉贈樂府珠簾秀(술에 취해 주렴수에게 써주다)」를 본다.

주렴수와의 즐거웠던 만남과 헤어지는 아쉬움
노지,【쌍조·섬궁곡】「취증악부주렴수」

배를 묶었으니 누가 당신을 보낼 것인가,
좋아한다네, 속되지 않은 풍모와,
구름 밖으로 퍼지는 노래 소리를.
고운 상투는 구름을 쌓은 듯하고,
차가운 줄에서는 비가 흩어지니,
늘 재주와 마음 넘치네.
마침 푸르른 나무들에 남풍 불어와 저녁 맑아지니,

57 "滿意苕華照樂棚, 綠雲紅灎逐春生, 卷簾一顧未忘情. 絲竹東山如有約, 煙花南部舊知名, 秋風吹醒惜離聲." 王惲 著, 楊亮, 鍾彦飛 點校, 『王惲全集彙校』第8卷, 中華書局, 2013, p.3237.

58 李修生은 盧摯의 두 작품이 모두 大都에서 지어진 것이라고 했으나, 여기에서는 徐子方과 商世榮의 견해를 따라 두 사람이 湖南에서 만난 것으로 본다.

지저귀는 꾀꼬리도 부끄럽게 할 만하네.
객客이 우정郵亭에서 흩어지니,
초나라 노래 이루어지려는데,
취해 잠들었다가 꿈에서 막 깨어났네.[59] "

노지는 중앙과 여러 지방에서 많은 관직을 역임하였고, 호남에서도 1299년부터 1304년 사이에 숙정염방사肅政廉訪使를 지낸 것으로 보인다.[60] 위 작품은 아마도 장사長沙에 있던 노지가 주렴수와 만나 아름다운 노래를 들으며 즐거운 시간을 가졌다가 헤어지는 아쉬움을 표현한 내용인 듯하다. 초나라 노래가 이루어진다는 것은 초 양왕襄王과 무산巫山 신녀神女가 만났던 고사에서 유래된 것으로 두 사람의 정이 맺어진다는 것을 뜻한다. 이어서【쌍조·수양곡壽陽曲】「별주렴수別珠簾秀」를 보자.

주렴수와의 이별
노지,【쌍조·수양곡】「별주렴수」

비로소 기쁘게 즐기는가 했는데, 벌써 이별이라니.
애통하도다, 잘라내기가 정말 힘들구나.
배에 올라 봄을 가져가니,
허전하게 밝은 달만 강 한가운데를 비추도다.[61]

59 "系行舟誰遣卿卿, 愛林下風姿, 雲外歌聲. 寶髻堆雲, 冰弦散雨, 總是才情. 恰綠樹南薰晚晴, 險些兒羞殺啼鶯. 容散郵亭, 楚調將成, 醉夢初醒." 盧摯 著, 李修生 輯箋, 『盧疎齋集輯存』, 北京師範大學出版社, 1984, p.123.

60 商世榮, 『盧摯詩歌研究』, 遼寧師範大學 碩士學位論文, 2017, pp.8.

61 "才歡悅, 早間別, 痛煞煞好難割舍. 畫船兒載將春去也, 空留下半江明月." 盧摯 著, 李修生 輯箋, 『盧疎齋集輯存』, 北京師範大學出版社, 1984, p.129.

이 노래도 주렴수와 이별하는 슬픈 마음을 짧은 편폭에 가득 담고 있다. 특히 이 노래에 대해서는 주렴수가 같은 곡조로 답가 「답노소재答盧疎齋」를 남겨서 심금을 울린다.

주렴수의 답가
주렴수, 【쌍조·수양곡】「답노소재」

산은 무수하고, 연기는 만 줄기.
초췌하기 짝이 없으시네, 옥당인물玉堂人物께서는.
봉창에 한 몸 기대어 산 채로 괴로움 당하니,
장강 따라 동쪽으로 가시지 못함이 한스럽습니다.[62]

옥당인물은 지위가 높고 신분이 귀한 문사文士를 뜻하니 당연히 노소재 즉 노지를 가리킨다. 주렴수가 장사를 떠나 양주로 돌아가며 노지와 함께 가지 못하는 안타까운 마음을 노래하여 앞의 노래와 함께 절창이 되고 있다.

마지막으로 주렴수가 양주로 돌아와 30대 후반 이후에 만난 것으로 생각되는 관한경이 남긴 산곡을 보자. 관한경은 잘 알려져 있듯이 수많은 원 잡극 작가들 중에서도 가장 뛰어난 활약을 보인 인물로 공인되고 있다. 그는 60편이 넘는 가장 많은 잡극 작품을 남겼을 뿐 아니라 남아 있는 작품들이 대부분 수작으로 평가받고 있다. 아래에 보는 그의 「증주렴수贈珠簾秀」는 원대 최고의 극작가가 최고의 배우에게 헌사한 작품이어서 더욱 많은 관심을 받고 있다고도 할 수 있겠다.

62 "山無數, 煙萬縷, 憔悴煞玉堂人物. 倚篷窗一身兒活受苦, 恨不得隨大江東去." 隋樹森 編, 『全元散曲』, 中華書局, 1964, p.354.

대작가와 대배우의 만남
관한경, 「증주렴수」

【남려南呂·일지화一枝花】 무수한 새우 수염을 살짝 잘라내어, 교묘히 짜서 구슬 천 개를 꿰었네. 금빛 고리가 반짝이고, 비단 띠는 하늘거리며 춤을 추네. 안개인지 연기인지, 깊은 규원閨院에 쳐져 있어서, 바깥 사람이 함부로 보지 못하게 하네. 네 벽의 짙은 빛깔 비취를 흔들리게 하고, 만 개의 유리 기와의 옅은 빛을 반사하네.

【양주梁州】 제후 저택의 자줏빛 장막처럼 부귀하고, 사씨謝氏 댁의 붉은 연꽃처럼 풍류가 넘치는 곳에, 봄 시름에 제비 한 쌍 날아가지 못하게 가두어 놓았네. 비단 창은 서로 가깝고, 비취 문은 서로 이어져 있고, 꽃을 새긴 창살은 서로 비추고, 비단 장막은 서로 이어져 있네. 이끼 흔적을 떨어내니 온 섬돌에는 유전楡錢이 가득하고, 버들가지를 흔드니 솜처럼 날아 떨어지네. 회랑을 스쳐가는 소슬한 저녁 비에 근심이 들고, 굽은 난간을 지나가는 스산한 서풍에 한탄이 나오지만, 저택을 비추는 아름다운 밤 달빛에 사랑이 피어나네. 능파전凌波殿 앞에서, 푸른 가산假山이 상비湘妃의 얼굴을 가렸는데, 복이 없으니 어찌 볼 수 있으랴? 십리 양주揚州의 풍물이 아름다우니, 신선 같은 모습을 드러내네.

【미尾】 마치 가을의 연못 물처럼 밤새 펼쳐져 있고, 한 조각 아침 구름이 종일토록 걸려 있네. 집 지키는 도사 당신은 [주렴을] 아끼겠지, 얼마나 아리따운가! 바라나니 당신 손으로 보배처럼 들고서, 참고 견디며 말아 올리기를.[63]

관한경이 이 곡을 쓴 것은 만년이었던 듯하니 역시 원숙한 매력이 쌓인 대배우 주렴수를 보는 마음도 깊이가 남달랐다고 생각된다. 먼저

63 關漢卿 著, 藍立萱 校注, 『彙校詳注關漢卿集』 下册, 中華書局, 2006, p.1695.

【일지화】에서는 새우 수염과 구슬 등과 같이 주렴珠簾을 비유하는 말을 동원하여 그 주렴이 깊은 규원에 처져 있다는 표현으로 배우의 신비한 아름다움을 묘사하였다. 이어 【양주】는 배우가 모습을 감추고 있었을 규원의 화려한 모습을 길고 아름답게 묘사한 뒤 마침내 배우가 전설 속의 신녀神女인 상비湘妃처럼 아름다운 모습을 드러내고 있음을 표현하고 있다. 마지막으로 【미】에서는 도사에게 시집간 주렴수의 평안을 빌면서 이제는 연기를 볼 수 없게 된 아쉬움을 절제하여 표현하였다. 최고의 노극작가가 원숙한 경지에 이른 당시 최고의 배우에게 최고의 찬사를 보낸 명작이다.

그런데 마지막 노래에서 언급된 주렴수가 도사에게 시집간 일은 원말명초의 『녹창기사綠窓紀事』라는 문헌에서 확인되는데,[64] 도종의의 『남촌철경록』 권15 「여기하화문與妓下火文(기녀에게 하화문을 써주다)」에서는 그와 같은 내용을 담고 있으면서도 보다 극적으로 주렴수의 마지막 순간을 기록하고 있다.

주렴수의 비극적인 최후
도종의, 『남촌철경록』 권15 「여기하화문」

전당錢塘의 도사 홍단곡洪丹谷이 한 기녀와 사귀어 첩실로 들였다가 그가 병이 들자 쫓아냈다. [기녀는] 홍단곡에게 이르기를, “첩이 곧 죽으면 손수 화장해 주시고 또 전어轉語를 한 대목 남겨 주시겠습니까. 무릇 첩은 노래하는 자이니, 당신께서 소첩이 죽기 전에 곡조를 만들어 미리 듣게 해주신다면 죽어도 여한이 없겠습니다.”라고 했다. 홍단곡은 골계를 좋아하고 경망스러운 사람이라 이렇게 글을 지었다.

64 徐子方, 「關漢卿行迹推考」, 『晋陽學刊』 1996年 第5期, p.85.

"20년 전 내와 그대가, 서로에게 눈이 멀었지. 홀연히 서로 헤어진 뒤에는, 너는 누구고 나는 누구였던가? 수秀(주렴수)와 곡谷(홍단곡)이 서로 좋아하며 불렀던 때를 생각해보지만, 지금은 물소리가 초나라 구름을 막고 있네. 옥처럼 나뭇가지 맞닿으니 일편단심 굳세고, 비단처럼 도道를 전하기를 스무 남짓 해였다네. 갑자기 꿈속의 노래처럼 되어 버리니, 젊어서 놀았던 일을 생각하지 마시게. 울면서 그리워하며 두 손 높이 들어 올리며, 잊기 어렵지만 일필一筆로 그어 잊으리라. 어찌하여 일필로 그어 잊으려 하는가, 효순孝順의 노래 마치면 효순은 없어지지만, 소요의 즐거움은 영원하니 마침내 소요하시게!" [기녀는] 이를 듣고 나서 크게 웃고 세상을 떠났다.[65]

주렴수가 전당의 도사 홍단곡의 첩이 되었다가 쫓겨나서 병들어 죽기 전에 도사에게 '전어轉語'[66]를 부탁하니 도사가 그에게 지난 일을 모두 잊고 떠나가라는 노래를 불러주고 이를 들은 주렴수는 크게 웃고 세상을 떠났다는 것이다. 화려했던 전성기를 뒤로하고 병약해진 모습으로 비극적인 최후를 마친 주렴수의 모습이 지금도 연민을 자아내게 한다. 다시 『청루집』 배우들을 좀 더 살펴보자.

[부녀父女 배우와 산곡 작가 하정지, 『청루집』 '양매노楊買奴']

양구아楊駒兒의 딸이다. 자색이 곱고 노래도 잘했으므로 공경대부公卿大夫들이 아주 총애하였다. 술을 좋아했고, 후에 악인樂人 사사귀査查鬼 장사張四의 부인이 되었는데, 초췌하게 지내다가 죽었다. 관산재貫酸齋가 일찍이 "쪽에는 푸른 소라를 달았고, 치마에는 흰 띠를 매

65 陶宗儀, 『南村輟耕錄』, 中華書局, 1959, p.181.

66 下火文이라고도 한다. 火葬할 때 亡者에게 주는 글이다.

달았네."라는 구절로 그를 비꼬았는데, 아마도 그가 백대질白帶疾을 앓았기 때문인 듯하다.[67]

양매노의 부친 양구아는 진회秦檜가 악비岳飛를 모함하는 이야기를 그린 「진태사동창사범秦太師東窓事犯」(공문경孔文卿 작)에서 연기한 배우이다.[68] 딸 양매노는 뛰어난 연기와 용모로 고관들의 총애를 받았지만 배우에게 시집간 뒤에 고생스럽게 살았던 듯하다. 그의 부친 양구아는 산곡 작가들인 장가구張可久(1270?~1344후), 관산재(관운석貫雲石, 1286~1324) 등과 가깝게 지냈는데, 장가구는 강남 지방에서 지방 관료를 지내면서 산곡 창작에 힘써 소령 895수, 투곡 9편 등 가장 많은 작품을 남긴 작가이고, 관운석은 위구르족 출신으로 조정에서 여러 관직을 지내다가 1314년에 사직하고 항주 등지에서 은거하며 소령 86수, 투곡 9편 등 우수한 산곡과 시문詩文을 남겼다.[69] 두 작가는 강남에서 양구아 부녀와 교류하였을 것이다. 두 사람이 부친 양구아를 기리며 남긴 곡을 살펴본다. 관운석은 먼저 세상을 떠난 친구 양구아를 기리며 【월조越調·빙란인憑欄人】「제정題情」 7수를 썼는데, 이 중 제2수와 제4수만 보자.

[양구아를 추모하며 1
관운석, 【월조·빙란인】「제정」]

어제는 즐거웠는데 오늘은 헤어지니,

67 夏庭芝 著, 孫崇濤, 徐宏圖 箋注, 『青樓集箋注』, 中國戲劇出版社, 1990, p.172.
68 鍾嗣成, 賈仲明 著, 浦漢明 校, 『新校錄鬼簿正續編』, 巴蜀書社, 1996, p.94.
69 齊森華, 陳多, 葉長海 主編, 『中國曲學大辭典』, 浙江教育出版社, 1997, p.89, 93.

배에 가득한 이별의 슬픔을 어디에 말할까.
길게 탄식하니,
난간에 서 있던 님은 가버렸구나. (제2수)

그리움에 눈물 흘러 새 자욱이 옛 자욱을 없애니,
속마음을 누구와 터놓을까.
황혼이 깊어가니 문을 닫아걸고,
이불 홀로 덥히네.[70] (제4수)

친구와의 사별을 마치 연인을 잃은 것처럼 슬픔을 담아서 썼다. 양구아의 또다른 친구 장가구는 관운석이 남긴 위의 노래를 보고 감회가 깊어져서 【남려·매옥랑과감황은채다가罵玉郎過感皇恩採茶歌】「양구아묘원楊駒兒墓園」을 지어 먼저 떠나간 친구를 추억했다.

양구아를 추모하며 2
장가구, 【남려·매옥랑과감황은채다가】「양구아묘원」

흰구름 떠있는 오솔길에는 이끼만 가득하고,
사람은 붉은 정자를 떠났구나.
「제정」 시는 산재酸齋가 준 것인데, 나는 그 시에 운을 이어,
글씨와 그림을 평하고, 난간에 기대어 서 있네.
차 끓이는 부뚜막엔 먼지가 엉겨 있고, 먹물에는 얼음이 끼었네.
어두운 창을 닦아내니,
비찍 마른 모습이 매달려서는, 등불 옆에 있네.
금琴은 백아伯牙를 잃었고, 술은 유령劉伶에게 이를 수 없네.

70 "昨日歡娛今日別, 滿腹離愁何處說. 一聲長歎嗟, 憑闌人去也." "情淚新痕壓舊痕, 心事相關誰共論. 黃昏深閉門, 被兒獨自溫." 隋樹森 編, 『全元散曲』, 中華書局, 1964, p.365.

등나무 가지 짧게 잘라 지팡이 삼고, 저녁 경치에,
마음을 풀어 읊조리네.
새 노래 써서, 봄 꾀꼬리에게 부치고,
내년에 이곳에 와서 청명을 감상하려네.
창에는 배꽃이 가리고 마당은 고요하니,
누각에 서서 뉘와 함께 비바람 소리 들을까?[71]

인적이 끊어진 정자에 홀로 서서 지음知音을 잃은 슬픔을 억누르며 내년에도 와서 봄경치를 감상하고 싶지만 친구 없는 봄을 또 어떻게 즐길 수나 있을지 착잡하기만 하다. 다시『청루집』의 배우를 보자.

가족 극단 1
하정지,『청루집』'주금수朱錦繡'

후요초侯要俏의 처이다. 잡극의 단旦과 말末 각색을 모두 잘했다. 노래 소리가 대들보의 먼지를 떨어뜨릴 정도[로 우렁찼고], 자색은 보통을 넘지 않았지만, 훌륭한 기예는 실로 다른 사람들보다 훨씬 뛰어났다. [남편] 후요초는 원본院本도 잘 했다. 당시 기예가 뛰어나다는 평을 받은 사람으로는 윗세대로는 조편석趙偏惜과 번패난해樊孛闌奚가 있었다면 아랫세대 중에서는 후요초와 주금수가 있었다.[72]

주금수는 여성 인물 뿐 아니라 남성 인물 연기도 뛰어났다고 하였는데, 아마도 '노래 소리가 대들보의 먼지를 떨어뜨릴 정도'로 우렁찬 성

71 "莓苔生滿蒼雲徑, 人去小紅亭, 題情猶是酸齋贈. 我把那詩韻賡, 書畫評, 欄幹憑. 茶灶塵凝, 墨水冰生. 掩幽扃, 懸瘦影, 伴孤燈. 琴已亡伯牙, 酒不到劉伶. 策短藤, 乘景, 放吟情. 寫新聲, 寄春鶯. 明年來此賞清明, 窗掩梨花庭院靜, 小樓風雨共誰聽?" 隋樹森 編,『全元散曲』, 中華書局, 1964, p.830.

72 夏庭芝 著, 孫崇濤, 徐宏圖 箋注,『青樓集箋注』, 中國戲劇出版社, 1990, p.167.

량이 남성 역할을 하기에 유리했을 것이다. 남편 후요초도 잡극 뿐만 안라 원본에 능숙했으니 이들 부부가 등장하는 무대는 다양한 등장 인물과 우스개로 활기가 가득했을 것이다. 이들 부부는 강회江淮 즉 양주 일대에서 제자들을 많이 둔 조편석과 번패난해의 아랫 세대라고 하였으니, 대체로 원대 후기에 활동했을 것으로 생각된다.[73]

가족 극단 2
하정지, 『청루집』 '소옥매小玉梅'

성은 유劉씨이고 강절江浙 일대에서 독보적이었다. 그의 딸 편편匾匾은 자태가 아름답고 바탕이 총명하여 잡극을 한번 보면 그대로 노래할 수 있었다. [편편은] '소지매小枝梅'라고도 불렸다. 후에 말니 안태평安太平에게 시집갔는데, 늘 우울하게 지내다가 죽었다. [편편의] 딸 보보寶寶도 똑같이 '소지매'라고 불렸는데, 기예는 모친을 따라가지 못했다고 한다.[74]

강소, 절강 일대에서 독보적이었다는 칭송을 받은 소옥매는 남편 안태평, 딸 편편, 손녀 보보 등이 모두 잡극 배우였으니, 이들은 아마도 극중 주인공인 남채화나 왕금방처럼 가족 극단을 이루어 공연을 다녔을 것이다.

녹림잡극 배우들 1
하정지, 『청루집』 '천석수天錫秀'

73 李國平, 『元雜劇發展史』, 文津出版社, 1993, p.386.

74 夏庭芝 著, 孫崇濤, 徐宏圖 箋注, 『青樓集箋注』, 中國戲劇出版社, 1990, pp.170~171.

> 성은 왕王씨이고 후 총관侯總管의 처妻였다. 녹림잡극綠林雜劇을 잘 했으니, 발이 아주 작았으나 걸음새는 남자 같았다. 딸 천생수天生秀는 [모친 천석수에] 조금 못 미쳤다. 뒤에 이 [녹림잡극을] 잘 하는 사람으로 사은심賜恩深이 있었는데 그를 '방로조가邦老趙家'라고도 불렀다. [녹림잡극을 잘 하는 사람으로] 또 장심가張心哥가 있었는데 회淮, 절浙 지방에서 이름을 날렸다.[75]

천석수는 후 총관의 처라고 하였는데 총관은 중앙 또는 지방의 행정 장관을 말하지만 남편은 실제 관리가 아니었을 가능성이 있다. 녹림잡극은 『수호전』 같은 의적義賊 이야기를 펼치는 공연이므로, 천석수는 이런 작품들에 여걸女傑로 등장하여 활약하며 인기를 얻었을 것이다. 그의 딸 천생수는 앞서 본 것처럼 원 말엽 송강松江에서 일어난 구란 압사 사고에서 기적적으로 살아남은 배우이다.[76]

훗날의 사은심, 장심가도 모두 녹림잡극의 명배우들로 이름을 날렸다고 하였는데, 사은심의 별명에 있는 '방로'는 도적이나 폭도를 뜻하는 말이다. 그리고 장심가가 활동한 지방은 지금의 강소, 절강에 해당한다.

녹림잡극 배우들 2
하정지, 『청루집』 '평양노平陽奴'

> 성은 서徐씨이다. 한쪽 눈이 멀었고 온몸에 문신을 하였다. 녹림잡극에 정통했다. [녹림잡극을 잘하는 사람으로] 또 곽차향郭次香도 있

75 夏庭芝 著, 孫崇濤, 徐宏圖 箋注, 『青樓集箋注』, 中國戲劇出版社, 1990, pp. 142~143.

76 본서 제1장 제2절 참고.

었는데, [그는] 진덕선陳德宣의 처로, 역시 한쪽 눈이 멀었다. 또 한수두韓獸頭는 조황선曹皇宣의 처로, 역시 [녹림]잡극을 잘 했다. 이들은 모두 금릉金陵에서 이름을 날렸다.[77]

평양노, 곽차향, 한수두는 모두 금릉(지금의 강소성 남경시)에서 활동하면서 녹림잡극을 잘하는 배우들이었는데, 한쪽 눈이 먼 평양노와 곽차향은 관객들에게 용맹한 모습의 강렬한 인상을 주었을 것이다. 평양노는 그 이름으로 보아 오늘날의 산서山西 지방 출신일 가능성이 있다.

추남 추녀의 아름다운 교분
하정지, 『청루집』 '반반추般般醜'

성은 마馬씨이고 자는 소경素卿이다. 시문詩文을 잘 짓고 음률에도 밝아서 강상江湘 일대에서 이름을 날렸다. 당시에 유정신劉廷信이라는 사람이 있었는데, 남대어사南臺御史 유정한劉廷翰의 족제族弟로 사람들이 '흑유오黑劉五'라고 불렀다. 실의하여 얽매이는 곳 없이 지냈는데, 우스개 이야기를 잘 하고 천성이 총명하였다. 시사詩詞는 입에서 나오는 대로 훌륭한 구절을 이룰 정도였고, 시정의 속된 이야기를 다듬어 새롭고 신기하게 변용시키며 남들이 못하는 말을 할 수 있었다. 반반추와는 서로 소문만 듣고 낯을 익히지는 못하고 있었는데, 하루는 두 사람이 길에서 만났는데, 함께 있던 사람이 "두 분은 서로 인사하시지요. 이 분은 유오사劉五舍이시고, 이쪽은 마반반추올시다."라고 하였다. 인사가 끝나고 유정신이 반반추를 한참을 바라보다가 "명불허전이요!"라고 하니, 반반추는 웃음을 머금고 떠나갔다. 그때부터 두 사람은 자주 왕래하였고, [이때] 지은 악장樂章이 매우 많아 지금도 사람

77 夏庭芝 著, 孫崇濤, 徐宏圖 箋注, 『青樓集箋注』, 中國戲劇出版社, 1990, pp. 154~155.

들 사이에서 전해지고 있다.[78]

반반추는 강상 즉 지금의 강서, 호남 일대에서 명성이 높았고, 특히 산곡 작가 유정신(1289이후~1370전후)과의 교류가 깊었다. 유정신은 평생 벼슬을 하지 않고 지내며 40여 수의 산곡 작품을 통해 주로 여성들의 마음과 애환, 생활 등을 쉽고도 유희적인 표현으로 드러내었는데,[79] 이러한 태도는 위의 반반추의 소개를 통해서도 잘 확인된다. 그는 반반추를 처음 만났을 때 명불허전이라고 말하여 반반추의 '추한 외모'를 우스개를 섞어 평하였지만, 자신도 '흑유오' 즉 '새까만 유씨 집안 다섯째'라는 별명이 있었으니 과히 미남은 아니었을 것이다. 어떻든 두 사람은 노래를 많이 만들어 부르며 두터운 교분을 쌓아 이름을 남기고 있다.

만호의 첩이 된 배우
하정지, 『청루집』'취하수翠荷秀'

성은 이李씨이다. 잡극을 잘하여 당시에 높이 받들어졌다. 유양維揚에서 운간雲間으로 왔을 때 석 만호石萬戶가 그를 [측실로 취하여] 별관別館에 두었다. 석 만호가 죽자 취하수는 다른 곳에 가지 않으리라 맹세하고 종일 문 앞도 비로 쓸지 않고 향을 사르며 경經을 읊었다. 석 만호의 아들 운학雲壑 만호와 손자 백옥伯玉 만호는 설에 세배를 드리러 [취하수에게] 갔다. 내가 그를 만났을 때는 이미 칠순을 넘겼는데, 머리칼이 하얀 눈처럼 세어 있었고, 두 손에는 손톱이 모두 한 자도 넘게 자라 있었다.[80]

78 夏庭芝 著, 孫崇濤, 徐宏圖 箋注, 『青樓集箋注』, 中國戲劇出版社, 1990, p.211.

79 하경심, 「유희와 진정, 劉廷信의 散曲 세계」, 『중국어문학논집』 제31집, 2005, pp.271~304.

80 夏庭芝 著, 孫崇濤, 徐宏圖 箋注, 『青樓集箋注』, 中國戲劇出版社, 1990, pp.184~ 185.

취하수는 유양(지금의 강소성 양주시)에서 활동하다가 운간(지금의 상해 송강松江)으로 와서 만호萬戶(세습 군직軍職)의 첩이 되었고, 남편이 죽은 뒤에도 다시 기녀가 되지 않고 집에서 여생을 보냈던 사람인 듯하다. 『철경록』 권15에는 남편이 죽은 뒤에 다른 사람에게 다시 시집가거나 무대로 돌아가지 않아 '뜻을 바꾸지 않고' 생애를 마친 사람으로 이취아李翠娥, 왕교아王巧兒, 왕련련汪憐憐 세 명을 들고 있는데, 그중 한 사람인 이취아가 바로 취하수와 동일 인물인 것으로 생각되고 있다.[81] 왕교아와 왕련련의 일화도 『청루집』에 실려 있는데, 여기에서는 왕련련의 기록을 보자.

배우에서 몽골인 관리의 첩으로, 다시 비구니로
하정지, 『청루집』 '왕련련汪憐憐'

> 호주湖州의 이름난 기녀이다. 자색이 뛰어나고 잡극을 잘 했다. 날고백 경력涅古伯經歷이 그를 마음에 두고 있었는데, 왕린린이 "만약 미천한 저를 버리지 않으신다면 측실에 두어 주세요."라고 말하니, 날고백은 마침내 예를 갖추어 그를 맞아들였다. [왕린린이] 여자의 도리를 극진하게 하니 사람들은 그를 나쁘게 말하지 않았다. 몇 년 뒤에 날고백이 죽자 왕린린은 머리를 깎고 비구니가 되었다. 여러 공경대부들이 그를 찾아갔지만, 왕린린은 자신의 몸을 망가뜨려 사람들의 욕망을 끊어버린 뒤에 생을 마쳤다.[82]

왕련련도 호주(지금의 절강성 호주시)에서 잡극 연기로 명성을 떨쳤으

81 夏庭芝 著, 孫崇濤, 徐宏圖 箋注, 『青樓集箋注』, 中國戲劇出版社, 1990, p.185.
82 夏庭芝 著, 孫崇濤, 徐宏圖 箋注, 『青樓集箋注』, 中國戲劇出版社, 1990, pp.190~191.

나 뒤에 몽골인 관리 날고백의 첩이 되었고 남편이 죽은 뒤에도 연예계로 복귀하지 않고 다른 사람들의 접근을 막기 위해 '몸을 망가뜨리고' 세속을 떠나 생을 마감하였다. 호주 지방에서는 그가 관한경의 명작 「감천동지두아원感天動地竇娥寃」의 주인공 두아 역을 훌륭하게 연기하여 '활두아活竇娥(살아있는 두아)'라는 별명을 얻었다는 전설이 전해졌다고도 한다.[83]

집안의 몰락과 배우의 길, 다시 몽골인 관리의 첩으로
하정지, 『청루집』 '고산산顧山山'

항렬이 넷째여서 사람들은 그를 '고사저顧四姐'라고 불렀다. 본래 양가의 자제였으나 부친의 별세로 몸을 망쳤다. 머리가 명석하고 지혜로우며 기예가 뛰어났다. 처음에 악인樂人 이소대李小大에게 시집을 갔다가 남편이 죽자 화정현華亭縣 현장 합랄불화哈剌不花가 측실로 삼아 12년을 살았다. 그 뒤 악적樂籍을 회복하여 노인이 된 지금까지 송강松江에 살고 있다. 하지만 [지금도 그의] 화단 잡극花旦雜劇은 여전히 젊었을 때의 자태를 보여준다. 지금도 후학들이 그의 가르침을 받고 있으며, 그를 칭송하는 사람이 많다.[84]

고산산은 부친의 별세로 집안이 몰락하여 어쩔 수 없이 배우가 되었고, 역시 배우인 사람에게 시집갔다가 남편이 죽고, 다시 몽골 지방관의 첩이 되었다가 다시 배우로 돌아간 기구한 생애를 보낸 사람이다. 『청루집』의 저자도 무대로 돌아온 그를 목격하여 젊었을 때 화단의 모습을 유지하면서 제자들을 키우고 있던 그를 높이 평가하고 있다. 그의

83 夏庭芝 著, 孫崇濤, 徐宏圖 箋注, 『青樓集箋注』, 中國戲劇出版社, 1990, p.191.
84 夏庭芝 著, 孫崇濤, 徐宏圖 箋注, 『青樓集箋注』, 中國戲劇出版社, 1990, p.194.

두 번째 남편 합랄불화는 남송을 멸망시킨 몽골 장수 합랄대哈剌觧의 아들로 연해만호부沿海萬戶府 다루가치를 습봉받은 사람인 듯하다.[85]

투르판 출신 관리의 첩이 된 배우
하정지, 『청루집』 '유파석劉婆惜'

악인樂人 이사李四의 처이다. 강서江西에서 양춘수楊春秀와 같은 시대에 살았다. 글을 잘 알았고 우스개나 노래와 춤이 다른 사람들보다 훨씬 뛰어나서 당시의 귀족들이 높이 평가했다. 처음에는 무주撫州 상추관常推官의 아들 상삼사常三舍라는 사람과 가깝게 지냈는데, 자신의 남편이 [두 사람 사이를] 막아 애를 먹다가 어느 날 [상삼사와] 함께 야반도주하다 발각되어 곤장을 맞았다. 유파석은 창피하여 광해廣海로 가서 지내려고 [길을 떠나] 공주贛州를 경유하게 되었다. 그때 [공주에는] 전보암살리全普庵撒里라는 사람이 있었는데, 자는 자인子仁이고 예부상서로 있다가 천하에 사건이 많아지자 공주 감군監軍을 제수받아 와 있었다. 평소 본분을 지키고 청렴하였고, 문장과 정치가 [뛰어나서] 대성臺省의 벼슬도 거쳤지만, 여색과 술을 탐하는 것을 절제하지 못했다. 매일 공무를 마치면 사대부들과 함께 술을 마시며 시를 지었는데, 항상 모자에 꽃이나 과실, 잎사귀 등을 꽂아두기를 좋아했다. 어느 날 유파석이 공주를 지나다가 전 공을 찾아뵈려 하니, 전 공은 "형을 받은 부녀자와는 함께 할 수 없다."라고 전하였다. 유파석이 문지기에게 "소첩은 광해로 가는 길이고 다시는 돌아오지 않겠다고 맹세했습니다. 상서께서 청렴하시다는 말씀을 익히 들었사온대, 한 번만 뵙고 가면 죽어도 여한이 없겠습니다."라고 하였다. 전 공이 그의 뜻을 가상하게 여겨서 들어오게 하였다. 그때는 빈객들이 자리에 가득했는데, 전 공은 모자에 청매靑梅 가지 하나를 꽂고 있었다. 술

85 許嘉璐 主編, 『二十四史全譯 元史』 第4册, 漢語大詞典出版社, 2004, p.2489.

을 마시다가 전 공이 【청강인青江引】 곡에 맞추어 "푸릇푸릇한 열매가 가지 위에 열렸는데"라는 구절을 짓고는 빈객들에게 뒤를 이어가도록 했다. 좌중에서 이어가는 사람이 없자 유파석이 옷깃을 여미고 앞으로 나와서 "소첩이 한 말씀 올려도 되올지요?"라고 하였다. 전 공이 허락하니, 유파석이 이렇게 읊었다. "푸릇푸릇한 열매가 가지 위에 열렸는데, 사람들이 올라가 꺾으려 하네. 그중에서도 '전자인全子仁'이, 속살 맛이 특히 좋다네. 네가 맛이 시니, 마음에 남아서, 버리기가 어렵구나." 전 공은 크게 칭찬하고, 이때부터 그를 총애하여 떼어놓지 않았으며, [결국] 측실로 맞아들였다. 뒤에 병란이 일어났는데 전 공은 충절을 지키고자 죽었다. 유파석은 부녀의 도리를 다 지켰고 집에서 선종善終하였다.[86]

강서 출신 배우 유파석은 글, 우스개, 노래, 춤이 모두 뛰어나서 귀족들에게 높은 평가를 받았다. 그는 강서 무주에서 배우 남편과 함께 공연하면서 살다가 그곳 관리의 아들과 눈이 맞아 야반도주하려다가 발각되어 형을 받았는데, 그 뒤 무주를 떠나 광해(지금의 광동 대산臺山)으로 가다가 공주(지금의 강서 공주)를 지나던 중 전보암살리라는 관리의 총애를 받게 되어 그 집에서 여생을 마쳤다. 아서 웨일리 Arthur Waley에 따르면, 전보암살리는 투르판 출신의 췰 부미안살리 Chöl Bumyansali라는 고위 관료의 한문식 이름으로, 그는 공주로贛州路 다루가치로 있다가 강서행성江西行省 참정參政이 되었고, 지정至正 18년(1358)에 진우량陳友諒이 강서를 공격하여 공주를 포위하자 수개월 동안 항전했으나 함락당하자 자결하였다. 청렴하고 시서詩書에 뛰어났으

86 夏庭芝 著, 孫崇濤, 徐宏圖 箋注, 『青樓集箋注』, 中國戲劇出版社, 1990, p.213.

며 총명하고 풍류가 넘쳤다고 한다.[87] 유파석이 전보암살리에게 곡을 지어주면서 가장 맛이 좋다고 말한 전자인全子仁의 '자인'은 전보암살리의 자字이기도 하지만, '인仁'은 과육果肉의 뜻이 있으므로 '전자라는 과일—이런 과일은 없다—의 과육'이라는 뜻도 되는 말장난이다. 이러한 유파석의 재치를 본 전보암살리는 그를 가까이 두고 총애한 것이다.[88]

위구르 출신 배우
하정지, 『청루집』 '미리합米裏哈'

> 회회回回 출신의 단색旦色이다. 음색이 맑고 부드러워 신의 목소리의 경지에 이르렀다. 외모는 뛰어나지 못했지만 첩단貼旦 잡극을 전공하여 아주 잘했다. 내가 만나본 적이 있었는데 과연 명불허전이었다.[89]

고산산, 왕린린, 유파석 등은 이민족 관리들의 첩이 된 배우들이었지만, 자신이 이민족 출신인 배우도 있었으니, 바로 회회 즉 위구르 출신인 미리합이다. 그는 음색이 부드러워 큰 환영을 받았다고 했는데, 중원과는 이질적인 창법과 생김새가 사람들의 이목을 끌었을 것이다. 배우와 그를 둘러싼 사람들 중에 이민족 사람들이 적지 않게 보이고,

87 Idema and West, *Chinese Theater 1100-1450: A Source Book*, Franz Steiner Verlag, 1982, p.443 재인용. 『錄鬼簿續編』에도 全子仁에 관한 내용이 수록되어 있다. 鍾嗣成, 賈仲明 著, 浦漢明 校, 『新校錄鬼簿正續編』, 巴蜀書社, 1996, p.172.

88 다른 판본에는 全子人(仁)이 연회를 베풀었을 때 劉婆惜이 全子人이 시작한 노랫말을 잘 이어받아 좌중의 칭찬을 받았는데, 며칠 뒤 劉婆惜이 常三舍와 도주하였다가 붙잡혀 와서 헤어지게 되었고, 몇 달 뒤에 全子人의 측실이 되었으며 全子人이 죽은 뒤에는 어떻게 되었는지 모른다고 되어 있어서, 이야기의 순서와 劉婆惜의 만년에 대한 기록이 상이하게 서술되어 있다. 夏庭芝 著, 孫崇濤, 徐宏圖 箋注, 『青樓集箋注』, 中國戲劇出版社, 1990, p.214.

89 夏庭芝 著, 孫崇濤, 徐宏圖 箋注, 『青樓集箋注』, 中國戲劇出版社, 1990, p.192.

앞에서 본 관운석(위구르족), 이직부李直夫(여진족), 양경현楊景賢(몽골족) 같은 이민족 작가들도 이름을 남기고 있으니, 이들은 모두 세계 제국 시대의 문화적 혼융을 표상한다고 하겠다.

지금까지 원대의 많은 여성 배우들 가운데 일부를 선별하여 그들의 일화를 살펴보았는데, 이들은 많은 경우 고위 관료나 작가 등 당시의 명사들과 가깝게 교류하면서 화려한 전성기를 보내었고, 만년에는 은퇴하여 조용하게 여생을 보낸 사람도 일부 있었지만, 쓸쓸하거나 비극적인 종말을 맞은 경우도 적지 않았다. 여성 배우들의 굴곡 많은 삶은 그들이 은퇴 후에 치부나 혼인 등을 통한 안정된 환경을 얻지 못했음을 말해주는 것이다. 이처럼 권력자나 부귀한 사람들이 여성 배우들을 가까이 두고 첩으로 삼는 일도 많아지자, 나라에서는 승응할 수 있는 여성 배우의 수가 줄지 않도록 그들이 고관이나 부자의 처첩이 되지 못하도록 하는 금지령을 여러 차례 내려서 막았는데, 이같은 조치는 역설적으로 배우들이 고달픈 삶을 벗어나는 데에 상당한 악영향을 끼치기도 했다. 그 가운데 하나의 사례를 살펴보자.

여성 배우의 사회적 지위
『원전장』 권18 호부戶部4 「혼인」 '악인의 딸의 혼인에 관한 규정'

지원 15년, 중서성에서 송부해온 문서에 따라 중서성 형부에서 다음 안건을 공지함.

선휘원이 다음 안건을 [중서성에] 보고함. "교방사에서 다음과 같이 [선휘원에] 보고함. '본사 악인의 호계戶計는 모두 수로운유隨路雲遊임. 근래에 들어 수로隨路들 중 고관, 호족, 부호 등의 집에서 재물을 아끼지 않고 원치 않는 악인들을 사들이는데, 장래가 촉망되고 가무를 잘하며 단장을 잘하고 나이가 어린 여자를 몰래 매파를 붙여 처첩으로 맞아들이고 있음. 이 때문에 당번 승응을 그르칠 우려가 있으니, 금지를 간청함.' [선휘원은] 이를 확인함. 7월 18일 [천자께] 상주되었음을 확인하고, 다음과 같은 성지를 받듦. '이 승응 악인들은 보통 사람들과는 혼인할 수 없고, 악인 내에서 혼인해야 한다. 다른 관인이나 부호들은 강제로 데려갈 수 없음을 금약으로 할 것이다.' 성지를 흠모함. 교방사에 이를 통지함과 함께 금약 청구를 보고함."

도성(중서성)은 성상이 내리신 금약대로 시행되기를 앙망함.[90]

이 글은 쿠빌라이 치세인 지원 15년(1288)에 교방사에서 선휘원에 보고한 공문서가 중서성을 거쳐 황제에게까지 보고되고 황제가 이에 대해 내린 어명을 밝히고 있다. 교방사에서 보고한 안건은 고관대작들이 나이 어린 여성 배우들을 사들여 처첩으로 삼고 있어서 예인들의 궁정 승응에 차질이 있을까 염려된다는 것이었고, 이에 대해 황제는 배우는 보통 사람들과 혼인할 수 없게 하고 관원과 부호들도 이들을 사들일 수 없게 하였다. 이러한 조치는 궁정에서 승응할 여성 배우들이 부족하지 않게 하기 위한 목적으로 취해진 것이지만, 여성 배우들은 악공이라는 낮은 신분을 벗어나기가 더욱 어렵게 되었다. 물론 금령을 어기는 일이 빈발하여 『청루집』에서 본 것처럼 고관 귀족의 첩이 되는 일도 끊이지 않았지만, 그것이 여성 배우들의 사회적 지위가 높아진 것이라고 말할 수는 없을 것이다. 어떻든 남녀를 막론하고 배우들의 낮은 사회적 지위는 큰 변화 없이 지속될 수밖에 없었다고 하겠다.

이제 눈길을 『청루집』에 기록되지 않은 배우들에게로 돌려보자. 원

90 陳高華 等 點校, 『元典章』, 中華書局, 2011, p.666.

말엽에 지어진 것으로 생각되는 무명씨의 산곡 「구쇄항원拘刷行院」에는 외모와 기예가 떨어지는 배우들의 모습을 생생하게 묘사한 장면이 펼쳐진다.

삼류 배우들의 공연과 소동
무명씨, 「구쇄항원」

【반섭조般涉調·사해아耍孩兒】 어제 아침 손님 몇 명이 찾아왔는데, 지음知音이며 고우故友들이었네. 우리가 몇 년 동안 호방하게 지내지 못하여, 한가로이 노닐자고 특별히 찾아온 것이라 했네. 보갑 열어 오모烏帽를 꺼내 쓰고, 안장 얹고 올라타서 자류마紫騮馬 몰며, 고삐를 이어 붙이고 함께 달려나갔지. 모두들 준수하고, 제각각 풍류가 넘쳤네.

【십삼살十三煞】 크고 작은 거리들을 지나가며, 가대歌臺에 오르고 주루酒樓에 들어갔네. 바삐 악탐樂探을 부르고 지후祗候를 보내어, “여러 사람들이 쉬는 날이라 관사官舍로 불렀는데, 당신에게 청부青蚨(돈) 몇 관을 주겠으니 분두紛頭를 불러오오. 고생이라고 거절하지 말고, 이름 있는 단색旦色을 불러다 주오, 용모가 아름다운 사람을 말이오.”라 말했네.[91]

【십이十二】 삽시간에 양 잡아 뒤집고, 어느새 기러기 삶아 익혀서, 모든 준비를 마쳤네. 하늘의 신선처럼 삼천 구절을 염송하고, 목숨 살리는 물처럼 [술] 대여섯 동이를 연달아 마셨네. 그 여자 오기를 고대하며, 벌써부터 맑은 침이 줄줄 흐르고, 어질어질하며 흔들렸지.

【십일十一】 소경小卿이라 부르려니 소蘇 씨가 아니요, 월선月仙이라 부르려니 주周 씨가 아니로다. 당신 계영桂英은 성질이 촌스럽기도 하구나, 멋대로 하는 일이 모두 예의범절이 없도다. 반반盼盼처럼 생겼으니 성이 유劉 씨겠네. 난문주闌門酒 한껏 마시니, 줄에 매달린 꼭두

91 樂探은 교방의 하급 관리자를 말하고 祗候는 하급 관원을 말하며 粉頭는 여성 배우를 뜻한다.

각시마냥, 해골처럼 되었구나.[92]

【십十】 주저앉은 새까만 코는 깨끗이 핥아서 분이 떨어질 지경이고, 쪽은 한껏 비뚤어져 기름이 나올 것만 같으며, 연지 바른 입술은 온통 새빨갛게 되었네. 물고기 잡은 손은 거칠기가 이빨 뽑듯 하고, 물 긷는 허리는 뻣뻣하기가 유독碌碡 같은데, 벌써 탐닉하여 수척해졌나. 투호投壺나 타마打馬는 할 줄 모르고, 보리 뽑고 소 돌보는 일만 익숙하구나.[93]

【구九】 옥 퉁소 있지만 불 줄 모르고, 은 쟁錚 있어도 탈 줄을 모르면서, 생강 같은 두 손을 벌려서는, 순식간에 음식을 집으려고 하네, 몰래 안주를 잡으려고 하네. 콜록콜록 기침을 참지 못하는데, 앞니는 방금 닦았고, 색 바랜 머리칼을 쓸어 올리네.

【팔八】 【청가아靑歌兒】를 어찌 연주할까, 【백학자白鶴子】를 어찌 부를까, 뻣뻣한 몸으로 네 번째 춤을 어찌 출까? [그가] 가슴을 풀어헤친다 해도 내가 주르륵 흐르는 군침을 삼킬 것이라고는 생각하지 말게나, 백옥 같은 [나는] 서투른 그가 온몸에 땀 흘리게 하고 싶지 않네. [그는] 너무도 추하며, 괴팍하고 고집스럽고, 반들거리는 표주박 같은 해골 모양이라네.

【칠七】 집안에 후생後生을 기르는 것은, 배에 수부水夫를 태우는 것과 같지. [그런데] 노래 한 번 하고는 술 여러 차례 훔치고, 어쩐 일인지 낭군님을 부드럽게 대하지 않는구나. 긴 걸상에 누웠는데, 천생 익숙하구나. 말은 누구나 몰 수 있지만, [그의] 자궁은 오랫동안 차갑고, 월수月水만 오래도록 흐르는구나.[94]

【육六】 음식을 삼킬 때에는 다른 곳에 눈길 돌리지 않고, 이야기를 나눌 때에는 손을 가만두지 못하네. 술 마시다 쓰러지니 술이 옷소매

92 蘇小卿, 周月仙, 桂英, 劉盼盼 등은 당시의 모두 유명한 기녀인 듯하고, 蘭門酒는 술의 일종이나 자세한 것은 미상이다.

93 碌碡은 탈곡용 농기구이고, 投壺나 打馬는 놀이나 도박의 일종이다.

94 後生이나 말은 모두 기녀를 비유하고, 月水는 月經血을 말한다.

를 적시네. 여우나 개와 같은 친구들은 강도보다 더하니, 범이나 승냥이처럼 먹어대는 꼴이 마치 배고픈 난민 같구나. 끝까지 먹어대네! 거위 포脯는 얼른 싸고, 양羊 다리는 꽃바구니에 바삐 담네.

【오五】 장 해원張解元은 눈살을 찌푸리고, 이 수재李秀才는 고개를 숙였네. 이렇게 지저분할 줄이야. 그들은 낭자娘子가 되었으니 죽을 때까지 떠벌일 것이지만, 우리 자제들은 이번에 온갖 추태를 다 드러냈구나. 달게 받아들일 수밖에. 크고 작은 탄식을 거듭할 뿐이라네, 어찌 술잔을 주고받았을까 하면서.

【사四】 뱃속 굶주림을 참을 수 없고, 얼굴 부끄러움을 닦아낼 수 없구나. [우리가] 세상사에 통달하여 입 열기 귀찮아한다고 추측하지 말게나, 우리 자리에는 요대 장식할 온갖 보석 없거늘, 당신 자리에만 어찌 진주로 비구臂鞲(팔토시)를 장식할 수 있는가. 비린내를 참을 수가 없구나, 반년에 두 번 유산하고, 하루에 아홉 번이나 어지럽게 끌어당기다니.

【삼三】【강아리수江兒裏水】는 생소한 노래이고, 【소고아小姑兒】는 귀에 익숙하네. 자리에 들어와 술 세 순배 돌기 전에, 당번 찾아 비틀거리고 뒤뚱대다가, 상금 달라며 쉬지 않고 소리를 질러대네. 차 한 잔 다 마시기도 전에, 교방의 악인樂人들이 [들어와서], 연월반煙月班[95]의 우두머리들을 잡아가겠다고 하네.

【이二】 제공提控은 소주小朱이고, 권사權司는 노류老劉이며, 촌 짐승 같은 시종들도 있다네. 놀랍게도 소소소蘇小小가 달밤에 있던 앵화시鶯花市를 연기가 가린 듯 덮었고, 두렵게도 허반반許盼盼이 봄바람 맞으며 서 있던 연자루燕子樓를 구름이 가둔 듯 붙잡았네. 황급하게도 우리의 조아수曹娥秀는, 악기를 들었지만 눈앞이 어지러워, 폭자幅子(?)를 바라보며 목이 터져라 소리쳤네.[96]

95 煙月班은 妓樓의 극단을 뜻한다.

96 提控과 權司는 모두 교방의 하급 관원을 뜻한다. 蘇小小, 許盼盼, 曹娥秀 등은 모두 고금의 유명 妓女들이고, 鶯花市나 燕子樓는 모두 妓樓를 뜻한다.

【일 -】 상와上瓦는 문을 닫아, 하와下瓦에서 배를 구하네. 눈을 크게 뜨고서 죽을 지경인데도 구해주는 사람이 없다고 말하네. 염라대왕을 두려워하는 죄악을 지었다지만 사람의 기운 많이 남아 있고, 이지보李志甫를 정벌하는 군사들 같지만 죄목은 적다네. [그런데도] 마치 불이라도 난 것처럼, 소왕小王은 실오라기도 다 들어 올리고, 소이小李는 흙덩이도 내려놓지 않는구나.[97]

【미尾】 늙은 복아卜兒는 박판을 제대로 챙기지도 못한 채 한달음에 도망치고, 사납던 궐정撅丁은 징을 끼고 날 살려라 달아나네.[98] 이 마을 저 산을 떠돌아다니는 짐승도 아니거늘, 숨죽이고 소리 삼키며 집 잃은 개와 같은 신세로구나.[99]

이 작품은【반섭조】라는 곡조에 속하는 15수의 소령으로 구성된 투곡이고, 화자가 친구들과 함께 주루에 놀러 가서 보고 겪은 일을 적은 것이다. 우선 작품 제목의 '구쇄'는 '붙잡아 가두다', '압류하다' 등의 뜻이고, '항원'은 맥락에 따라 공연 예인, 극단, 기녀, 기원妓院 등의 다양한 뜻을 갖는다. 따라서 '구쇄항원'은 관청에서 나온 사람들이 기원이자 주루를 수색하여 법이나 금령을 어겼다고 생각되는 기녀와 배우들을 붙잡아간다는 뜻으로 풀이할 수 있다. 먼저【사해아】는 화자가 가까운 친구들과 함께 '한가로이 노닐'기 위해 화려하게 차려입고 길을 나서고,【십삼살】과【십이】에서는 주루에 도착해서 아름다운 여성 배우를 불러 달라고 하고 술과 음식을 먹으며 배우가 오기를 잔뜩 기대하고 있다. 이어【십일】에서【사】까지는 불려 나온 배우들이 기대에 못 미쳐 실

97 李志甫는 元 말엽 농민군의 수령으로 반란 실패로 죽임을 당했는데, 여기에서는 배우들을 비유한다.

98 卜兒와 撅丁은 각각 노인 역 배우와 妓樓의 기둥서방을 뜻한다.

99 隋樹森 編, 『全元散曲』, 中華書局, 1964, pp.1821~1823.

망하는 내용으로, 배우들의 외모와 기예가 형편없음을 자세하게 묘사하고 있다. 먼저 【십일】에서는 이름난 기녀들보다 수준이 떨어지고 예의범절도 없는 배우들을 묘사하고, 【십】과 【구】에서도 이들의 외모와 행동을 비하에 가깝게 혹평하고 있다. 【팔】과 【칠】에서는 이들의 노래와 춤 실력이 형편없다고 하면서 성접대도 마음에 들지 않는 듯 말하고 있으며, 【육】에서 【사】까지에서는 본분은 잊고 술과 음식만 탐내는 지저분한 행동을 보며 탄식하고 있다. 이어서 내용상 마지막 단락이라고 할 수 있는 【삼】에서 【미】까지는 갑자기 관청인 교방 사람들이 들이닥쳐 기루의 배우들을 붙잡아가겠다며 소란을 일으키고 기녀와 배우들은 황급하게 도피하려는 장면이 이어진다. 먼저 【삼】에서는 노래도 제대로 부르지 않고 상금이나 탐내는 배우들을 붙잡아가려는 사람들이 들이닥치는 상황이 전개되고, 【이】에서는 배우들이 모두 붙잡히며 소란이 일어나는 장면을 묘사하였으며, 【일】에서는 도망가려는 배우들을 붙잡으려고 실오라기나 흙덩이 하나 남겨두지 않고 샅샅이 수색하는 관청 사람들의 모습을 그렸고, 【미】에서는 배우들이 허둥지둥하며 도망가는 모습을 풍자적으로 묘사하고 있다. 오늘날의 기준으로 보면 여러 가지 문제가 많은 내용이고 뜻이 명확하지 않은 부분도 일부 있지만, 전체적으로는 수준이 높지 않은 당시 항원 배우들의 모습을 생생하게 보여주고 있는 희귀한 자료라고 할 수 있다.

이어 명대 초기의 배우의 모습에 대해서는 앞서 살펴본 황족 극작가 주유돈朱有燉이 남긴 잡극 작품들을 통해서 일면을 살펴볼 수 있다. 그의 대표작들 가운데 여성 배우의 고단한 삶이 잘 드러나 있는 「유반춘수지향낭원劉盼春守志香囊怨」의 한 대목을 살펴보자.

명대 초 어느 여배우의 비극
주유돈, 「유반춘수지향낭원」 제2절

(말末[100]이 등장한다) 소생은 주공周恭입니다. 유반춘劉盼春네 집에서 그의 머리를 올려준 지 네댓 달이 지났는데, 이 여자는 정말 진실하고 단정하며 부드럽고 현명하였습니다. 저의 부친은 엄하셔서 소생을 집안에 가두어 두셔서 반년이 다 되도록 대저大姐네 집에 가질 못하고 있습니다. 제가 듣자 하니 대저大姐는 저 때문에 다른 손님은 받지 않고 매일 노래만 하러 나간다고 합니다. 항원 사람이 노래만 불러서는 먹고 살 수가 없는데, 살림을 꾸려갈 돈을 얼마나 벌었겠습니까? 오늘은 거리에 나가려고 하는데 찻집이나 술집에서 대저를 만난다면 글을 몇 자 써서 저를 기다리지 말고 손님들을 받으라고 전하려고 합니다. 그의 부모가 괴롭히고 잔소리하는 것도 그치겠지요. 여기 찻집에 도착했으니 차나 한 잔 마셔야겠습니다. (차삼파茶三婆[101]를 만난다)

(정단正旦이 두 첩단貼旦과 함께 등장한다)[102]

(첩단이 말한다) 항원에서 나와 거리로 왔는데 벌써 정오가 되었네. 동생, 그만 일어나서 얼른 노래하러 가세. 저 손님을 초청한 분이 도착해서 우리를 기다리고 있을 것이네.

(정단이 말한다) 언니들, 우리 항원 여자들은 정말 고생스럽고 먹는 밥도 형편없는 데다가, 하루도 편히 쉬지 못하네요. 언니들 제 말씀을 좀 들어보세요. (노래한다)

【정궁正宮·단정호端正好】 관신官身으로 부름받으면, 마땅히 지응祗應해야 하니, 잠시라도 마음 쉴 때가 얼마나 될까요. 하루라도 편안하고 조용할 수가 없고, 또 저 노래하라고 시키며 재촉하는 사람들이 있

100 남자 주인공 周恭이다.

101 茶를 파는 여자이다.

102 正旦은 여자 주인공 劉盼春이고, 두 貼旦은 劉盼春과 함께 일하는 여자 배우들이다.

지요.

【곤수구滾綉毬】 이 길을 걷다가 저 달이 떠오르거나, 아니면 캄캄한 곳을 가지요. 꿈속에서라도 이쪽으로 가는 길을 잃지는 않을 거예요. 정말이지 이 고루鼓樓 동쪽의 시정市井은 풍성하고 넉넉하니까요. 수레가 지나간 바퀴 자국은 진흙 속에 깊게 파였고, 말이 달려간 뒤에 먼지가 뿌옇게 피어오르지요. 이 수놓인 신발은 평생 깨끗할 수가 없어요, 걸어가는 사람들 모두가 숨이 차고 심장이 뛰지요. 서徐씨네 주점과 장張씨네 객관은 아직 안 보이고, 막 마馬씨네 엿가게와 관管씨네 집 뜰을 지났네요. 정말이지 저는 한숨이 나오고 마음이 아파요.

(첩단이 말한다) 동생, 우리 밥벌이가 이 모양이니 힘들어도 어쩔 수가 없지 않은가.

(단이 말한다) 언니들은 저 잔치자리에 가서 정신을 다 써서 남들을 웃게 하니, 정말로 팔자가 사나워요. (노래한다)

【당수재倘秀才】 한동안 걷고 걷다가 문득 생각이 나네요, 우리네 힘겨운 팔자는 전생에 만들어진 것이 아닌가 하고. 금비녀 꽂은 열두 미녀가 아름다운 쟁을 타는 모습과는 천지 차이입니다. 노래 부르다 보면 노래하는 사람은 목이 말라붙고, 춤추다 보면 춤추는 사람은 몸에 기운이 다 빠지니, 저 푼돈을 좀 얻으면 돈 준 사람이 어찌하려는지 금방 알지요.

(첩단이 말한다) 동생이 노래 부르지 않으면 집에서는 무엇을 먹고 살겠는가. 우리네 집안의 남정네들은 장사도 하지 않고 그저 우리 여자들에게 기대어 생계를 꾸려나가게 하지.

(단이 말한다) 나가서 노래 부르는 이야기는 이제 그만 해요. 우리 항원 사람들은 평생 동안 남들이 우리를 좋게 이야기해주는 것을 들어보지 못하지요. 제 말 좀 들어보세요.

【곤수구】 앞으로 기대면 관리들이 우리더러 너무 가볍다고 욕하고, 뒤로 기대면 자제들이 우리더러 순순히 따르지 않는다고 탓하지요. 지성을 다하면 또 진지해서 가까이하지 못하겠다고 말하고, 잘 맞

추어주면 또 가볍고 천한 사람이라 눈에 들어오지 않는다고 하지요. 나이 많은 사람은 돈 밝히는 배우라고 말하고, 나이 어린 사람은 작은 귀신이라고 말하네요. 늙은 사람은 늙은 기생어미가 마음도 독하다고 말하고, 돈이 좀 있으면 또 저 기둥서방을 등쳐먹었다고 말하지요. 생각해보면 나귀나 노새도 여물통에 풀 세 포기 더 얻어먹고, 개나 돼지도 팔자에 거친 쌀겨가 반 되는 있다고 하는데, 오직 우리 악인들만은 반걸음도 걸어가기가 어렵네요.[103]

「유반춘수지향낭원」은 1432년에 일어난 여성 악공 유반춘(본명은 유납아劉臘兒)의 실제 자살 사건을 바탕으로 엮은 작품이다. 줄거리는 다음과 같다. 하남 배우 유명고劉鳴高의 딸 유납아는 자색과 기예가 뛰어났는데 양갓집 자제 주공周恭이 그를 좋아하여 찾아와 함께 지내지만 이를 안 주공의 부친은 아들을 집안에 가두어버린다. 반춘은 반년 동안 손님을 받지 않고 생계를 위해 자매들과 함께 고생스럽게 돌아다니며 노래를 부른다. 주공은 반춘에게 더이상 자기를 기다리지 말고 살아가라고 전하지만 반춘은 재가하지 않겠다고 다짐한다. 반춘이 손님을 받지 않아 집안이 가난해지니 기생어미가 반춘을 핍박하여 반춘은 이를 견디지 못하고 자진한다. 반춘을 성 밖에서 화장할 때 주공이 이를 알고 쫓아오는데, 시신은 모두 태웠지만 향낭만이 타지 않고 그대로 남아 있어서 안을 꺼내 보니 주공의 편지와 사가 적힌 종이가 나왔다. 사람들은 모두 놀라고 주공도 통곡을 금치 못하며 반춘 부모에게 반춘의 유골을 달라고 하며 다른 사람에게 장가들지 않겠다고 다짐하며 죽은 뒤에 합장하게 해달라고 한다. 주공은 반춘의 유골을 받아 귀가한다. 청춘

103 廖立, 廖奔 校注, 『朱有燉雜劇集校注』 上册, 黃山書社, 2017, pp.572~573.

남녀의 이루어지지 못한 인연과 비극적인 결말이 강한 인상을 남긴다.

위의 대목에서는 장래를 약속했던 생원 주공이 유납아를 찾아가 더 이상 자신을 기다리지 말라고 말하려고 할 때 유납아가 선배 기녀들과 함께 항원 생활의 어려움을 토로하고 있다. 유납아가 부른 첫 번째 노래【단정호】에서는 하루라도 편하게 쉴 수 없는 신세를 한탄하는데, 특히 관청에서 부르는 '관신'을 거절하기 어려운 사정을 밝히고 있다.【곤수구】에서는 쉬지 못하고 여기저기를 다니면서 노래하는 처지를 한탄하고,【당수재】에서는 힘겨운 팔자가 혹시 전생에 만들어진 것이 아닌가 의심하면서 노래 부르고 춤추는 일이 힘들지만 생계를 위해 돈을 벌어야 한다고 한탄하며,【곤수구】에서는 손님들과의 관계에서 너무 적극적으로 나설 수도 없고 소극적으로 뒤로 물러서 있을 수도 없어서 적당한 정도를 유지하기가 어렵고 남들의 손가락질도 견디기 어려움을 토로하고 있다. 유납아는 결국 주공으로부터 이별의 말을 들은 데다가 돈을 벌어오라는 기생어미의 핍박을 견디다 못해 자살하고 만다. 이 작품은 명대의 사건을 소재로 한 것이지만, 여성 배우들의 낮은 지위와 고통스러운 생활은 그 후로도 별로 달라지지 않았다.

제3절

떠돌이 극단의 기원과 역사

마지막으로 궁정이나 도시의 구란과 같은 고정된 장소에서 공연하지 않고 시장이나 공터를 떠돌면서 공연하거나 간혹 구란에 불려가서 공연하기도 하는 떠돌이극단과 배우들에 대해 살펴보기로 하자. 송원대에는 이들을 '노기인路岐人'라고 불렀는데, 그 연원은 '타야호打夜胡', '타야박打野泊', '타야가打野呵' 등으로 부른 것으로 거슬러 올라간다. '타야호'는 『동경몽화록』에 보이듯이 '밤 귀신을 쫓아내다'라는 뜻을 가진 것으로 생각되는데,[104] 『동경몽화록』보다 수십 년 뒤에 지어진 것으로 추정되는 장연章淵의 『고간췌필稿簡贅筆』에는 '타야박'과 '타야가'라는 표현이 나오는데, 여기에서는 이것을 귀신쫓기가 아닌 떠돌이 극단의 뜻으로 쓰고 있다.

104 본서 제3장 제1절 참고.

떠돌이 극단의 기원
장연, 『고간췌필』

유 공부劉貢父가 지은 「중산시화中山詩話」에 이런 대목이 있다. "배우를 '하시악河市樂'이라고도 말한다. 어떤 사람이 '이 말은 석 부마石駙馬가 남도南都에 있었을 때 가악家樂의 규모가 큰 것을 보고 남도의 하시河市 악인들을 비난하여 생겨난 말이다.'라고 했다. 그러나 그렇지 않다. 당나라 원화元和 연간의 『연오행기燕吳行紀』에 이미 '하시'라는 말이 보이는데, 대개 군중軍中에 예속되지 않고 저자에 있는 산악散樂들을 부르는 이름이었다." 유 공부의 말이 옳다. [하시악은] 지금의 산악을 말한다. 또한 [남도에서 가악을 비난한 사람은] 석 부마가 아니라 고高 부마가 맞고, 하河는 하천뿐만이 아니라 하천 근처도 모두 가리킨다. 이는 근래의 예인들 중에 시사市肆에서 작장作場하는 것을 '타야박打野泊'이라고 부르는 것과 같으니, [산악이나 타야박] 모두 장소가 고정되지 않았다는 뜻이다. 지금은 '타야가打野呵'라고 부른다.[105]

장연은 남송 때 복건 포성浦城(지금의 복건성 포성현) 출신의 인물로, 정확한 생존 연대는 알 수 없으며 강서 남창南昌시에서 벼슬을 했고 만년에는 장흥長興 약계若溪(지금의 절강성 호주湖州시)에서 살았다.[106] 『고간췌필』에 인용된 유공부(유반劉攽, 1022~1088)의 「중산시화」는 통행본 「중산시화」와는 표현이 약간 다르지만,[107] 여기에서 주목할 것은 남송

105 陶宗儀, 『說郛』 卷24上, 「河西樂」. 『景印文淵閣四庫全書』 第877冊, 臺灣常務印書館, 1986, p.369 수록. 李嘯倉, 『宋元伎藝雜考』, 上雜出版社, 1953, p.45 및 胡忌, 『宋金雜劇考(訂補本)』, 中華書局, 2008, pp.41~42에도 소개되어 있으나 약간의 誤記가 있다.

106 程毅中 主編, 『宋人詩話外編』, 中華書局, 2017, p.1212.

107 何文煥 輯, 『歷代詩話』, 中華書局, 1981, pp.293~294.

때 장소를 옮겨가면서 공연하는 배우나 극단을 '타야박' 또는 '타야가'라고 불렀다고 한 것이다. '타야박'은 '들판에서 머무르며 공연하다', '타야가'는 '들판에서 노래하다' 정도로 해석할 수 있다. 다시 말해『동경몽화록』에서 '타야호'는 역귀를 쫓는 연말의 풍습을 가리켰던 데 비해『고간췌필』에서는 이동하며 공연하는 배우나 극단을 가리키는 것으로 뜻이 변한 것이다. 물론 역귀를 쫓는 일을 여기저기를 돌아다니면서 했기 때문에 이동하며 공연한다는 뜻이 생겨났을 것이다. 남송이 멸망할 무렵에 지어진 주밀의『무림구사』권6「제시諸市」에도 이와 비슷한 내용이 보인다.

[떠돌이 극단: 타야가와 노기
주밀,『무림구사』권6「제시」]

북와北瓦의 양붕루羊棚樓 등은 '유붕遊棚'이라고 불렀다. 그밖에도 구란이 매우 많았는데, 북와 내의 구란은 13곳으로 가장 많았다. 간혹 노기路岐가 있었는데, [이는] 구란에 들어가지 않고 넓은 터에서 시끄럽게 작장한 것으로, 이를 '타야가打野呵'라고 했다. 이것도 이류의 기예였다.[108]

여기에서는 '타야가'를『고간췌필』의 해석과 비슷하게 구란이 아닌 넓은 터에서 공연하는 것이라고 하면서 '노기' 즉 '떠돌이 [공연]'의 뜻이라고 명시하고 있다. 결국 '타야호', '타야박', '타야가' 등으로 변천해온 말은 각각 '역귀를 쫓다', '들판에서 공연하다', '떠돌아다니면서 공연하다'라는 뜻으로 해석되고, 시기적으로 역귀를 쫓는 행사를 가리키는 말

108 孟元老 等 著,『東京夢華錄(外四種)』, 古典文學出版社, 1956, p.441.

에서 출발하여 야외에서 공연하는 것을 가리키는 말을 거쳐 최종적으로 떠돌아다니면서 공연하는 것을 가리키는 말로 변천해왔다고 종합할 수 있다. 어떻든 이 무렵부터는 '노기' 또는 '노기인'이라는 말이 더욱 자주 쓰이고 있으니, 이러한 변화는 떠돌이 극단이 많이 생겨났음을 알게 한다. 아래에서 떠돌이 극단에 관한 중요 사례들을 소개한다. 먼저 앞에서 소개한 홍매洪邁(1123~1202)의 『이견지夷堅志』에 노기에 대한 기록이 보인다.

떠돌이 극단의 방문 공연
홍매, 『이견지』 지경志庚 제칠第七 「쌍항부민자雙港富民子」

파양호鄱陽湖 근처 수십 리에는 둑을 막아놓은 못이 많았는데, 부잣집에서는 이들을 나누어 차지했다. 겨울이 되면 어부들을 보내 못의 물을 빼내어 차지하고, 바로 못가에 초막을 엮어 사내들에게 묵으며 지키면서 훔쳐가는 것을 막게 했다. 소흥紹興 신유년辛酉年에 쌍항雙港의 한 부잣집의 아들이 초막을 지키고 있었다. 해가 짧아져 저녁이 될 무렵에 찬 비가 흩뿌려서 화로에 둘러앉아 불을 쬐고 있었다. 얼마 후 문을 여는 사람이 있었다. 모습은 여자 배우 같은데 복장은 화려하였고, 다만 온몸이 흠뻑 젖은 채 겹옷을 들고 와서 말하기를, "저는 노기산악路岐散樂의 자제인데, 시장에서 이희성李希聖 댁의 혼례가 열려 손님들을 초청했다는 소식을 듣고 그곳에 가서 자리를 마련해보려고 했습니다. 저희 일가는 모두 이미 그곳으로 갔는데, 저는 비를 피하느라 미처 쫓아가지 못했습니다. 원컨대 저를 재워주시기를 바라옵니다." 아들이 말했다. "집안이 아주 좁아서 작은 침상 하나만 놓아두었습니다. 당신을 재워준다면 엄하신 저의 부모님께서 반드시 진노하실 것입니다. 이씨 댁이 여기에서 멀지 않으니 얼른 가면 도착할 수 있을 겁니다." 여자가 여러 번 애원하면서 웃음을 섞어가며 한 걸음씩 들어

왔지만 아들은 의연히 거절하였다. 얼마 뒤 여자가 말했다. "저를 재워주지 못하신다면 잠시만 불을 쬐면서 옷을 말리고 떠나게 해주시면 안 되겠는지요?" 아들이 허락하였다. 아들은 침상에 올라갔는데, 여자는 그 아래에 앉아서 붉은 치마를 반쯤 걷어 올리고 팔뚝도 걷어 올리니 백옥처럼 희었다. 다시 몸을 돌리고 속치마를 걷어 올렸는데 스르륵 하고 치마 속에서 꼬리가 빠져나왔다. 아들이 손을 뻗어 막대기를 잡고 여자를 때리니 여우로 변하여 도망갔다. 옷은 허물을 벗어놓은 듯했는데 모두 진흙과 낙엽이었다.[109]

여기에서는 남송 초 소흥 신유년(1141)에 강서 지방의 파양호 근처에서 벌어진 기이한 사건을 적고 있다. 한 초막집에 찾아온 여자가 자신을 노기산악의 자제라고 소개하면서 하룻밤 재워달라고 했다가 거절당하자 불이라도 쬐고 갈 수 있게 해달라고 애걸하여 집에 들어왔다가 여우임이 발각되어 도망갔다는 내용이다. 재미있는 이야기이지만, 여기에서는 여자가 스스로를 노기산악 즉 떠돌이 가족극단의 자제라고 밝혔다는 대목이 주목된다. 마을을 떠돌아다니면서 공연을 하여 생계를 이어간 극단들의 흔적을 보여주는 자료이다. 떠돌이 극단의 배우들은 공터 같은 곳에서 불특정한 사람들을 끌어 모아 기예를 펼치기도 하였지만, 이처럼 특별한 행사가 있는 장소를 방문하여 공연하기도 했던 것이다. 이어 남송 후기에 쓰여진 『도성기승』「시정市井」 편에도 남송 시대 임안의 여러 공간에서 노기들이 공연하였음을 말해주는 기록이 보인다.

109 洪邁, 『夷堅志』 第3冊, 中華書局, 1981, p.1187.

남송 임안의 떠돌이 공연단
내득옹, 『도성기승』「시정」

> 이밖에 집정부執政府 담장 아래의 공터—옛 이름은 남창南倉 앞—에서는 여러 종목의 노기인들이 이곳에서 작장하여 더욱 사람들이 모여들었다. 또 황성사皇城司의 마도馬道도 그러하였다. 후조문候潮門 밖 전전사殿前司 교장敎場에서도 여름철에는 절기絶技를 작장하는 노기인들이 있었다. 나머지 가시街市에서도 이와 같은 공터에서 작장하는 사람들이 많았다. 대와大瓦의 육시肉市, 탄교炭橋의 약시藥市, 귤원정橘園亭의 서방書房, 성동城東의 채시菜市, 성북城北의 미시米市 등이 그러하였다.[110]

이 기록은 남송 때 여러 종목의 노기인들이 임안의 관청 앞 광장, 마도, 훈련장을 비롯하여 사람이 모여드는 여러 시장의 마당에서 공연을 펼쳤음을 보여준다. 노기인들이 여러 장소를 옮겨다니면서 공연했는지 아니면 한 장소에 고정되어 있었는지는 밝히고 있지 않지만 때에 따라 사람이 많이 모이는 곳으로 노기인들도 자연스럽게 많이 모여들었을 것이다.

원명대에는 희곡 작품 속에 노기인을 묘사하고 있는 장면이 많이 나온다. 앞에서 살펴본 원 말엽의 잡극「한종리도탈남채화」에서 남채화가 자신의 극단이 노기이고 여러 구란을 방문하여 공연을 하고 있음을 밝히고 있으므로, 원대의 노기는 공터 공연, 행사 방문 공연뿐만 아니라 일종의 임시 계약 형태로 구란 공연을 벌이기도 했음을 알 수 있다.[111]

---

110 孟元老 等 著, 『東京夢華錄(外四種)』, 古典文學出版社, 1956, p.91.

111 본서 제3장 제3절 참고.

원 말엽의 남희 「환문자제착립신」에는 노기의 고단한 생활을 생생하게 표현하는 장면이 펼쳐지고 있다.

[떠돌이 극단 배우가 된 귀공자
무명씨, 「환문자제착립신」 제13출]

(생生[112]이 등장하여 말한다) 집에서는 말썽 많은 무리였는데, 길을 나서서 노기인이 되었네. (동작을 한다)(노래한다)【국화신菊花新】 노기가 갈림길 아득한 곳을 가는데, 하늘 끝에 이를 때까지 멈추려 하지 않네. 이것이 자제의 마지막 모습이라니.

(단[113]이 등장[하여 말]한다) 짐 지는 일을 어찌 견디실까.

(생이 그동안의 일을 말해주고 노래한다) 【읍안회泣顔回】이 고을 저 마을 다니면서, 두루 강호를 떠도네. 몸은 데릴사위가 되었으니, 수치를 견디는 수밖에.

(단[이 노래한다]) 당신은 견뎌야 합니다, 하고 싶은 말씀이 있어도, 지금은 꺼내기 어렵습니다. 부모님이 쫓아와서, 저와 당신을 욕하실까 걱정입니다.

(생[이 노래한다]) 【동전환두同前換頭】 그만, 그만! 생각만 해도 눈물이 줄줄 흐르니, 게다가 짐은 또 무겁기만 하고 마음은 근심만 가득하오. 내 친구들이 안다면, 정말이지 입이 찢어지도록 비웃을 것이오.

(단[이 노래한다]) 남자는 마지막이 중요합니다, 결국에는, 당신과 함께 성공하고 말 것입니다. 그때에는 달 떠오른 누각에 올라서도, 꽃이 없으면 술을 따르지 않을 것입니다.

(말末[114]이 등장하여 노래한다) 【박등아撲燈蛾】너희는 생각을 하지 않는구나, 붉은 해가 차츰 서쪽으로 지는 것을. 두 사람은 까닭도 없

112 남자 주인공 完顔延壽馬이다.

113 여자 주인공 王錦榜이다.

114 王錦榜의 부친 王恩深이다.

이, 여기에서 머뭇거리고만 있느냐.

(생[이 노래한다]) 아버님, 제 말씀 좀 들어주세요. 짐을 지고 가는 것은 견디기가 어렵고, 게다가 나귀도 빨리 걷지 않습니다.

(단[이 노래한다]) 이렇게 되어, 두 사람이 길에서 이렇게 지체하게 된 것입니다.

(건虔[115]이 등장하여 노래한다) 【동전同前】 이 아이(연수마)는 집을 떠난 지 오래되어 저러는 것인데, 남편은 미혹되어 헤아리지 못하는구나. 이 짐승 같은 녀석이 어찌하여, 어째서 아직도 뒤에 떨어져 오느냐?

(건[이 노래한다]) 자네가 그만 두게! 따따부따 잔소리를 해서 무슨 소용이겠는가, 이 웬수가 열심히 안 하는 것은 아닐 걸세. 짐이나 들쳐 메고, 얼른 앞으로 가거라.

(생 노래한다) 【미성】 결국에는 당신과 원앙 같은 짝이 되겠지만, 어찌 되었건 지금은 내 마음대로 하지 못하니, 무슨 남아가 뜻을 얻은 때라고 하겠는가. (말한다) 길에는 꽃도 있고 술도 있으니, 하룻길을 이틀길로 나누어 가네. (모두 퇴장한다)[116]

앞에서 본 것처럼 이 극은 금나라 때 하남부河南府(낙양) 동지同知의 아들 완안연수마完顔延壽馬가, 동평東平 출신으로 낙양에 와서 공연하던 여자 배우 왕금방王金榜과 서로 좋아하지만 부친의 반대로 집에서 쫓겨나 왕금방의 가족 극단에 들어가 고생하다가 결국은 양가의 허락을 받아 혼인한다는 이야기이다. 위의 장면에서 연수마는 왕금방을 만나 떠돌이 극단의 배우로 전락한 신세를 한탄하고, 왕금방의 부모 왕은심王恩深과 조천매趙茜梅에게 구박을 당하면서도 왕금방과 짝을 이룰 것이

115 王錦榜의 모친 趙茜梅이다.

116 錢南揚 校注, 『永樂大典戲文三種校注』, 華正書局, 1980, pp.252~253.

라는 작은 희망으로 어려운 생활을 이어가는 심정을 표현하고 있다. 귀족집 자제였다가 한순간에 떠돌이 극단에 얽혀 강호를 떠도는 신세가 되고 극단 안에서조차 설움을 당하는 처지로 전락한 연수마의 모습이 연민을 자아낸다. 어떻든 「착립신」의 왕은심 극단과 「남채화」의 남채화 극단은 모두 당시 떠돌이 가족 극단의 전형적인 구성을 보여주고 있다고 하겠다.

지금까지 살펴본 배우들의 모습을 정리해보자. 송대에는 교방과 민간 구란의 잡극 배우들의 명단을 살펴보고 그들이 구성하는 소그룹의 형태와 희두, 인희, 차정, 부말, 장단, 장고 등과 같이 그룹 내에서 분담한 각색들에 대해 살펴보았는데, 이들은 원 잡극의 각색 시스템으로 계승되어 전문적인 연기 분야의 발전을 이루는 밑거름이 되었다. 이어 원대의 여성 배우들에 대한 방대한 기록들에 대한 검토를 통해 여러 가지 이유로 사회적 지위가 매우 낮은 배우가 된 사람들이 고생 속에서도 자신의 뛰어난 연기 기량을 발휘하여 관객들을 매혹시키고 귀족이나 명사들의 애호와 높은 평가를 통해 이름을 남긴 사람들이 적지 않았음을 알 수 있었다. 물론 떠돌이 극단의 일원이 되어 곤궁한 생계를 이어간 배우들도 있었지만, 어떤 인생을 살아갔는지에 상관없이 이들의 무대를 향한 열정은 지금까지도 전해지고 있는 것이다.

나오는 말

중국에서 연극을 비롯한 각종 공연 장르들이 빠른 속도로 성장한 것은 송대에서 원대에 이르는 기간으로 인정되고 있다. 이 시기는 거시적으로는 제국의 통일과 분열, 그리고 재통일에 따른 혼란을 겪었지만 몇 차례의 짧지 않은 안정기 동안 도성과 향촌 그리고 궁정에서의 공연 활동은 전에 없던 비약적인 발전을 이루었던 것이다. 본서에서는 이 기간에 꽃핀 공연문화의 실상을 들여다보기 위해 극작가와 작품에 분석을 집중해 온 지금까지의 경향과는 다르게 시야를 넓혀 여러 종류의 공연이 이루어지는 공간과 공연의 세부 종목들, 공연 활동과 배우 등을 기록하고 있는 주요 문헌들을 재해석하고 재배치하여 새로운 논의를 구성하고자 힘썼다.

송대의 도성이었던 개봉과 임안의 도시 구획과 공연 장소의 분포, 그리고 금원대의 도성과 지방 도시 및 향촌의 공연 환경에 대한 검토를 통해 해당 기간 소수의 대도시 위주의 공연 공간이 점차 지방 도시와 향촌으로 다양하게 확장되었음을 기록상으로 확인한 바, 이는 보다 다양한 계층의 많은 사람들이 공연문화를 경험하고 지식의 전달과 비평적 안목의 계발 같은 중요한 의사소통의 장에 들어갈 수 있었음을 의미한다. 이 기간 잡극을 비롯한 수많은 종류의 연희들이 명절을 맞아서 임시로 설치된 공연 무대나 와사의 구란 같은 상설 극장 등의 다양한 공연 장소에서 관객들을 만나서 즐거움을 제공하였지만, 대체로 잡극을 비롯한 연극류 공연이 체계를 잡아가고 그 내부에 다양한 공연 요소들을 포함하면서 종합예술로서의 위상을 키워갈 수 있었고, 이는 원대에 이르러 돌이킬 수 없는 추세로 자리잡았음을 알 수 있었다. 물론 소규모의 연희들은 상대적으로 주변화되었지만 공연의 현장에서 사라지지 않고 꾸준히 명맥을 이어나갔다고 하겠다.

궁정에서는 교방, 균용직, 그리고 종고사 같은 다양한 공연 기관에 소속된 배우들이 경축 행사나 출행, 그리고 여흥을 위한 행사에 동원되어 수준 높은 연기를 선보여 공연문화의 발전을 이끌었고, 궁정 내외에서 활동한 우수한 배우들은 각자의 연기 분야에서 연기 역량을 극대화하여 각색 시스템이 안정적으로 자리잡도록 함으로써 중국 특유의 배우 수련 및 공연의 방식이 형성될 수 있게 되었다. 이러한 축적은 중국 공연문화의 또 다른 전성기라고 할 수 있는 명청대의 극작가와 배우들이 더욱 다양한 작품과 새로운 연기를 펼쳐낼 수 있는 토양이 되었고, 마침내 계층과 지역을 막론하고 수많은 사람들이 수많은 우수작들을 무대에서 만날 수 있게 되었던 것이다.

송원 시대가 근세 공연문화의 개화를 알린 출발점이라면 명청 시대는 그것이 만개한 기간이었다. 이 시대는 위에서 말한 것처럼 수많은 공연 종목과 배우, 작가와 작품들이 더욱 다양한 지역에서 관객과 만나게 되었고, 그만큼 이 시대의 공연의 여러 모습들을 살필 수 있는 문헌 자료와 건축, 회화, 조소 등의 문물 자료들도 송원 시대에 비해 훨씬 방대하게 전해지고 있다. 이들 자료에 대한 정리와 연구는 최근에 빠른 속도로 발전하여, 각 성省별로 『중국희곡지中國戲曲志』, 『중국곡예지中國曲藝志』 등의 종합적 정리 성과가 발간되었고, '고본희곡총간古本戲曲叢刊', '속문학총간俗文學叢刊', '민속곡예총서民俗曲藝叢書' 등을 비롯한 많은 총서들을 통해 공연 무대에 오른 작품들이 대규모로 영인, 간행되고 있으며, 작가, 작품, 극장, 공연이론 등의 방면에서 수준 높은 연구서들도 속속 발표되고 있다. 다만 배우들의 활동이나 궁정에서부터 향촌에 이르기까지 다양한 공간에서 펼쳐진 공연의 모습에 대해서는 필기筆記나 일기 등의 문헌 자료를 보다 적극적으로 조사하고 정리하여 살펴볼 필요가 있다고 생각되고, 이에 대한 후속 연구가 이어지기를 기대한다.

본서에서 충분하게 소개하지 못한 극단, 배우, 그리고 공연 상황을 생생하게 알려주는 극작품들에 대해서도 좀더 살필 필요가 있을 것이다. 이들은 시대순으로 금 말엽 원 초기의 작가 석군보石君寶의 잡극 「제궁조풍월자운정諸宮調風月紫雲亭」, 남송 무명씨의 남희 「장협장원張協狀元」, 원 말엽 무명씨의 잡극 「한종리도탈남채화漢鍾離度脫藍采和」, 역시 원 말엽 무명씨의 남희 「환문자제착립신宦門子弟錯立身」, 그리고 명 초기의 황족 작가 주유돈朱有燉의 잡극 「미인연풍월도원경美姻緣風月桃源景」과 「유반춘수지향낭원劉盼春守志香囊怨」, 「선평항유금아부락창宣平巷劉金兒復落娼」 등이다. 이들의 일부 장면은 소개하였지만 전체 작품을 통해 국내 독자들에게 당시 배우들의 삶과 연기의 단면을 보다 구체적으로 공유해보고자 하는 소망을 밝히며 본서를 마치고자 한다.

참고 문헌

국내 논저

『중국대세시기1 형초세시기 초학기 동경몽화록 세화기려보』, 국립민속박물관, 2006.

관한경 외 지음, 김우석, 홍영림 옮김, 『원잡극선』, 을유문화사, 2015.

권응상, 『멀티 엔터테이너로서의 중국 고대 기녀』, 소명출판, 2014.

권응상, 『서위 희곡 연구』, 연극과 인간, 2000.

권응상, 『중국 공연예술의 이해』, 신아사, 2015.

김광영, 『불교와 중국 고전희곡』, 신아사, 2019.

김광영, 『중국 고전희곡의 이해』, 신아사, 2013.

김영구, 이창숙, 김우석, 이정재, 『중국공연예술』, 한국방송통신대학교출판문화원, 2009.

김우석, 「제궁조 연구」, 서울대학교 박사학위논문, 1996.

김진곤, 「송원 평화 연구」, 서울대학교 박사학위논문, 1996.

김학주 편역, 『원잡극선』, 명문당, 2001.

김학주, 『중국 고대의 가무희』, 명문당, 2015.

김학주, 『중국의 북송 시대』, 신아사, 2018.

김학주, 『중국의 희곡과 민간연예』, 명문당, 2002.

김학주, 『한·중 두 나라의 가무와 잡희』, 서울대학교 출판부, 1994.

김한신, 「장왕 신앙의 발전과정」, 『중국사연구』 제89집, 2014.

디터 쿤 지음, 육정임 옮김, 『하버드 중국사 송: 유교 원칙의 시대』, 너머북스, 2015.

랴오번 지음, 권용호 옮김, 『그림으로 보는 중국연극사』, 학고방, 2015.

랴오번 지음, 오수경 외 옮김, 『중국 고대극장의 역사』, 도서출판 솔, 2007.

마르코 폴로, 김호동 역주, 『마르코폴로의 동방견문록』, 사계절, 2000.

맹원로 지음, 김민호 옮김, 『동경몽화록』, 소명출판, 2010.

민병만, 『한국의 화약 역사』, 아이워크북, 2009.
박성훈, 문성재 역, 『중국고전희곡10선』, 고려원, 1995
박재연 校點, 『노걸대·박통사 원문·언해 비교자료』, 선문대학교 중한번역문헌연구소, 2003.
반고 지음, 안대회 편역, 『한서열전』, 까치글방, 2010.
사마천 지음, 김원중 옮김, 『사기열전』, 을유문화사, 2001.
사마천 지음, 정범진 외 옮김, 『사기세가』, 도서출판 까치, 1994.
사재동, 『한국의 제의와 희곡문학』, 소명출판, 2018.
스도 요시유키, 나카지마 사토시 지음, 이석현, 임대희 옮김, 『중국의 역사: 송대』, 혜안, 2018.
시내암 지음, 연변대학 수호전 번역조 옮김, 『신역 수호전』, 청년사, 1990.
신지영, 『중국 전통극의 이해』, 범우사, 2002.
신지영, 『희곡으로 읽는 수호전』, 새문사, 2003.
안상복, 「송금대 잡극·원본 연구」, 서울대학교 박사학위논문, 1996.
안상복, 「鰲山과 山臺의 명칭·유형과 역사전개상의 특징」, 『중국문학』 제86집, 2016.
안상복, 「중국 괴뢰희의 기원과 전개」, 『민속학연구』 제13호, 2003.
안상복, 『중국의 전통 잡기』, 서울대학교 출판부, 2006.
안상복, 『호류와 한중 두 나라의 전통 연희』, 서울대학교 출판문화원, 2019.
양오진, 『한학서 노걸대 박통사 연구』, 제이앤씨, 2008.
양인리우, 이창숙 역, 『중국고대음악사』, 도서출판 솔, 1999.
양회석, 『중국희곡』, 민음사, 1994.
오수경, 「나희 연구가 중극연극사 인식의 변화에 끼친 영향」, 『중국희곡』 제6집, 1998.
오수경, 「송원 남희 연구」, 서울대학교 박사학위논문, 1992.
오원경, 「臨安 茶館을 통해 본 南宋朝 都市 茶文化」, 『중국사연구』 제70집, 2011.
오타기 마쓰오 지음, 임대희, 윤은숙 옮김, 『중국의 역사: 대원제국』, 혜안, 2013.
왕국유 지음, 오수경 옮김, 『송원희곡고 역주』, 소명출판, 2014.
요나하 준 지음, 최종길 옮김, 「중국화하는 일본: 동아시아 '문명의 충돌' 1천년사」, 페이퍼로드, 2013.

이유진, 『중국을 빛어낸 여섯 도읍지 이야기』, 메디치미디어, 2018.
이육화, 「『朴通事諺解』의 打毬考」, 『중국어문논총』 제76집, 2016.
이정재, 「唐代 文獻에 나타난 目連救母 說話의 변화: 『彌勒會見記』와 「佛說淨土盂蘭盆經」을 중심으로」, 『중국문학』 제102집, 2020.
이정재, 「目連救母 說話의 초기 형성 과정에 대한 小考: 초기 불교 문헌들과 『佛說盂蘭盆經』의 비교를 중심으로」, 『중국어문논총』 제95집, 2019.
이정재, 「白樸 雜劇 硏究」, 서울대 석사학위논문, 1994.
이정재, 『중국 구비연행의 전통과 변화』, 일조각, 2014.
이정재, 「中國演劇 연구의 轉變과 儺 개념의 재인식」, 『중국어문학지』 제42집, 2013.
이창숙, 「원 잡극의 틀과 원리」, 서울대학교 박사학위논문, 1995.
이하라 히로시 지음, 조관희 옮김, 『중국 중세 도시 기행』, 학고방, 2012.
존 K. 페어뱅크 등 지음, 김한규 등 옮김, 『동양문화사』, 을유문화사, 1991.
周楞伽 校注, 최용철 옮김, 『전등삼종』, 소명출판, 2005.
콜린 맥커라스, 김장환, 하경심, 김성동 역, 『중국연극사』, 학고방, 2001.
하경심, 「유희와 진정, 劉廷信의 散曲 세계」, 『중국어문학논집』 제31집, 2005.

국외 논저

「都城紀勝譯注(二)」, 『立命館東洋史學』 第33號, 2010.
柯九思 等, 『遼金元宮詞』, 北京古籍出版社, 1988.
姜昆, 倪鍾之, 『中國曲藝通史』, 人民文學出版社, 2005.
康保成, 「『東京夢華錄』"京瓦伎藝"標點商兌」, 『文化遺産』 2015年 第1期.
康保成, 「新發現的四方北宋銘文雜劇磚雕考」, 『中原文物』 2015年 第4期.
康瑞軍, 「宋代教坊大使丁仙現其人其事」, 『交響-西安音樂學院學報』 第31卷 第2期, 2012.
李國平, 『元雜劇發展史』, 文津出版社, 1993.
曲六乙, 錢茀, 『中國儺文化通論』, 學生書局, 2003.
龔國光, 『江西戲曲文化史』, 江西人民出版社, 2003
龔延明 編著, 『宋代官制辭典』, 中華書局, 1997.
郭志國, 馬冀 編輯校注, 『湯舜民散曲校注』, 內蒙古大學出版社, 2009.
關漢卿 著, 藍立萱 校注, 『彙校詳注關漢卿集』, 中華書局, 2006.
洛地, 「一條極珍貴資料發現: "戲曲"和"永嘉戲曲"的首見」, 『藝術研究』 1989年第11期.
盧摯 著, 李修生 輯箋,『盧疎齋集輯存』, 北京師範大學出版社, 1984.
路澤武,「『咸淳臨安志』研究」, 上海師範大 碩士學位論文, 2015.
段安節 撰, 亓娟莉 校注,『樂府雜錄校注』, 上海古籍出版社, 2015.
陶宗儀,『南村輟耕錄』, 中華書局, 1959.
陶宗儀,『說郛』.『景印文淵閣四庫全書』第877冊, 臺灣常務印書館, 1986 수록본.
鄧之誠 注,『東京夢華錄注』, 商務印書局, 1959, 中華書局, 1982.
鄧紅梅,『唐宋筆記中的隱語研究』, 四川大學 碩士學位論文, 2005.
馬端臨,『文獻通考』, 中華書局, 2011.
傅習,『皇元風雅』.『四部叢刊初編』수록본.
孟元老 等 著,『東京夢華錄(外四種)』, 古典文學出版社, 1956.
孟元老 原著, 入矢義高·梅原郁 譯注,『東京夢華録: 宋代の都市と生活』, 岩波書店, 1983, 平凡社, 1996.
泮麗娜,「泰順藥發木偶戲的歷史與現狀」,『東方博物』2011年 第4期.
傅起鳳, 傅騰龍,『中國雜技史』, 上海人民出版社, 1994.
傅樂淑,『元宮詞百章箋注』, 書目文獻出版社, 1994.
傅熹年 主編,『中國美術全集』繪畫編 4 南宋繪畫 下, 文物出版社, 1988.
商世榮,『盧摯詩歌研究』, 遼寧師範大學 碩士學位論文, 2017.
徐夢莘,『三朝北盟會編』, 上海古籍出版社, 1987.
徐渭 原著, 李復波, 熊澄宇 注釋,『南詞敍錄注釋』, 中國戲劇出版社, 1989.
徐子方,「關漢卿生卒年辨正」,『山西大學師範學院學報』1999年 第4期.
徐子方,「關漢卿行迹推考」,『晉陽學刊』1996年 第5期.
徐征 等 主編,『全元曲』, 河北教育出版社, 1998.
徐震堮 校箋,『世說新語校箋』, 中華書局, 1984.
薛瑞兆,『宋金戲劇史稿』, 三聯書店, 2005.
葉德均,「宋元明講唱文學」. 葉德均,『戲曲小說叢考』, 中華書局, 1979.
葉子奇,『草木子』卷4下, 中華書局, 1959.
續修四庫全書編纂委員會 編,『續修四庫全書』, 上海古籍出版社, 2002.
孫楷第,「宋朝說話216人的家數問題」,『滄州集』, 中華書局, 1965.
孫楷第,『傀儡戲考原』, 上雜出版社, 1952.
孫楷第,『元曲家考略』, 上海古籍出版社, 1981.

孫楷第,『滄州集』, 中華書局, 1946.
宋暘,『宋代句欄形制復原』, 上海書店出版社, 2011.
隋樹森 編,『全元散曲』, 中華書局, 1963.
楊挺,「宋雜劇“耍秀才”考」,『四川戲劇』2015.9.
楊向東 主編,『中國體育通史』第2卷, 人民體育出版社, 2008.
余復生,「宋雜劇‘斷送’考變」,『天津音樂學院學報』2006年 第4期.
余輝,「尋找張擇端『西湖爭標圖』的蹤影」,『文明』2017年 第11期.
倪鍾之,『中國曲藝史』, 春風文藝出版社, 1991.
吳子牧 著, 梅原郁 譯注,『夢粱錄』, 平凡社, 2000.
王季思 主編,『全元戲曲』, 人民文學出版社, 1999.
王國維,『王國維戲曲論文集』, 中國戲劇出版社, 1957.
王福利,「『元宮詞百章』作者考辨」,『河池學院學報』, 第27卷 第3期, 2007.6.
王肅 撰,『孔子家語』, 中州古籍出版社, 1991.
王惲 著, 楊亮, 鍾彦飛 點校,『王惲全集彙校』, 中華書局, 2013.
王兆乾,「池州儺戲與成化本‘說唱詞話’—兼論肉傀儡」,『中華戲曲』第6輯, 山西人民出版社, 1988.
王兆乾, 呂光群 編著,『中國儺文化』, 汕頭大學出版社, 2007.
廖立, 廖奔 校注,『朱有燉雜劇集校注』, 黃山書社, 2017.
廖奔, 劉彦君,『中國戲曲發展史』, 山西教育出版社, 2000.
廖奔,「北宋雜劇藝人肖像雕磚的發現」,『中原文物』2015年 第4期.
姚奠中 主編,『元好問全集』, 山西人民出版社, 1990.
袁行霈 主編,『中國文學史(第三版)』, 高等教育出版社, 2014.
劉琳, 刁忠民, 舒大剛, 尹波 等 校點,『宋會要輯考』, 上海古籍出版社, 2014.
劉琳琳,「藥發傀儡辨」,『戲劇(中央戲劇學院學報)』2007年 第3期.
劉霄霄,「宋代散樂研究」, 河南大學 碩士學位論文, 2014.
劉若愚,『酌中志』, 北京古籍出版社, 1994.
劉永濟 輯錄,『宋代歌舞劇曲錄要』, 古典文學出版社, 1957
劉禎,「『元宮詞百首』的作者」,『中國文學研究』1986年 第2期.
劉禎,『中國民間目連文化』, 巴蜀書社, 1997.
劉晶光,「雙點蘇卿故事的演變探析」,『北方文學』2018年 第5期.
劉知漸, 鮮述文,「胡祗遹詩文中的元初戲曲史料」,『河北學刊』1985年 第5期.
劉曉明,「“則劇”考」,『廣州大學學報(社會科學版)』第2卷 第11期, 2003.

劉曉明, 「『嗓淡行院』考」, 『文獻』 1999年 10月 第4期.
李劍平 主編, 『中國神話人物辭典』, 陝西人民出版社, 1998.
李冠然, 「山西洪洞戲曲壁畫"大行"與當行關系考」, 『青年文學家』 24, 2009.
李嘯倉, 「釋銀字兒」, 『李嘯倉戲曲曲藝研究論集』, 中國戲劇出版社, 1994.
李嘯倉, 『宋元伎藝雜考』, 上雜出版社, 1953.
李修生, 「元代演員張怡雲」, 『中華戲曲』 第1輯, 1986.
伊英文 箋注, 『東京夢華錄箋注』, 中華書局, 2006.
李偉, 吳建偉 主編, 『回族文獻叢刊』, 上海古籍出版社, 2008.
李眞瑜, 『明代宮廷戲劇史』, 紫禁城出版社, 2010.
任崇岳, 「李師師生年小考」, 『河南大學學報(社會科學版)』 第36卷 第1期, 1996.1.
任二北, 『優語集』, 上海文藝出版社, 1981.
林正秋, 『南宋都城臨安』, 西泠印社, 1986.
張影, 『歷代教坊與演劇』, 齊魯書社, 2007.
張撝之, 沈起煒, 劉德重 主編, 『中國歷代人名大辭典』, 上海古籍出版社, 1999.
錢南揚, 『永樂大典戲文三種校注』, 華正書局, 1980.
錢南揚, 『戲文概論·謎史』, 中華書局, 2009.
田仲一成, 『中國演劇史』, 東京大學出版會, 1998, 中譯本, 布和 譯, 『中國戲劇史』, 北京大學出版社, 2011.
程大昌, 『演繁露』 卷9. 『景印文淵閣四庫全書』 第852册, 臺灣常務印書館, 1986 수록본.
程民生, 「汴京對火藥應用發展的貢獻」, 『軍事歷史研究』 2016年 第6期.
程民生, 「『莊家不識勾欄』創作年代與地點新考」, 『中州學刊』 2017年 第1期.
程毅中 主編, 『宋人詩話外編』, 中華書局, 2017.
鄭振鐸, 『中國俗文學史』, 商務印書館, 1938, 上海書店, 1984.
齊森華, 陳多, 葉長海 主編, 『中國曲學大辭典』, 浙江教育出版社, 1997.
趙景深 主編, 邵曾祺 編著, 『元明北雜劇總目考略』, 中州古籍出版社, 1985.
趙逵夫 主編, 『歷代賦評注(宋金元卷)』, 巴蜀書社, 2010.
趙令畤 等, 『侯鯖錄·墨客揮犀·續墨客揮犀』, 中華書局, 2002.
趙升, 『朝野類要』, 中華書局, 2007.
趙彥衛 撰, 傅根清 點校, 『雲麓漫鈔』, 中華書局, 1996.

鍾嗣成, 賈仲明 著, 浦漢明 校, 『新校錄鬼簿正續編』, 巴蜀書社, 1996.
周密, 『齊東野語』, 中華書局, 1983.
朱敏, 「憲宗元宵行樂圖卷賞析」, 『收藏家』 2009年 第1期.
朱有燉 著, 趙曉紅 整理, 『朱有燉集』, 齊魯書社, 2014.
朱易安, 傅璇琮 等 主編, 『全宋筆記』, 大象出版社, 2003.
中國國家博物館 編, 『中國國家博物館館藏文物研究叢書 繪畫卷(風俗畵)』, 上海古籍出版社, 2007.
中國大百科全書總編輯委員會, 『中國大百科全書·音樂舞蹈』, 中國大百科全書出版社, 1998.
中國戲曲志編輯委員會 等, 『中國戲曲志 江西卷』, 中國ISBN中心, 1998.
中國戲曲志編輯委員會 等, 『中國戲曲志 福建卷』, 中國ISBN中心, 2000.
中國戲曲志編輯委員會 等, 『中國戲曲志 山西卷』, 中國ISBN中心, 2000.
中國戲曲志編輯委員會 等, 『中國戲曲志 浙江卷』, 中國ISBN中心, 2000.
曾潔, 「『夢粱錄』成書年代考論」, 『新聞世界』 2014年 第4期.
曾潔, 「『夢粱錄』與咸淳『臨安志』」, 『中國地方志』 2012年 第5期.
曾永義, 「"永嘉雜劇"應成立于北宋」. 『揚州大學學報(人文社會科學版)』 第19卷 第4期, 2015.
陳建平, 「元大都戲曲演員考」, 『戲曲藝術(中國戲曲學院學報)』 第34卷 第4期, 2013年 11月.
陳高華 等 點校, 『元典章』, 中華書局, 2011.
陳多, 葉長海 選注, 『中國歷代劇論選注』, 上海古籍出版社, 2010.
陳琄辛, 「宋代水傀儡藝術研究」, 『藝術百家』 2015年 第S1期 增刊.
陳芳英, 『目連救母故事之演進及其有關文學之研究』, 國立臺灣大學文學院, 1983.
陳暘, 『樂書』 卷188, 『景印文淵閣四庫全書』 第211册, 臺灣常務印書館, 1986 수록본.
詹凌菲, 「李師師故事的演變與古代青樓文化」, 『天中學刊』 第27卷 第4期, 2012.8.
沈德符, 『萬曆野獲編』, 中華書局, 1959.
太田辰夫, 『漢語史通考』, 重慶出版社, 1991.
鮑照, 『鮑參軍集注』, 上海古籍出版社, 1980.
馮子振, 李祁 撰, 王毅 輯校, 『海粟集輯存.雲陽集』, 岳麓書社, 2009.

馮俊杰 等 編著,『山西戲曲碑刻輯考』, 中華書局, 2002.
何文焕 輯,『歷代詩話』, 中華書局, 1981.
夏庭芝 著, 孫崇濤, 徐宏圖 箋注,『青樓集箋注』, 中國戲劇出版社, 1990.
許嘉璐 主編,『二十四史全譯 舊唐書』, 漢語大詞典出版社, 2004.
許嘉璐 主編,『二十四史全譯 金史』, 漢語大詞典出版社, 2004.
許嘉璐 主編,『二十四史全譯 明史』, 漢語大詞典出版社, 2004.
許嘉璐 主編,『二十四史全譯 宋史』, 漢語大詞典出版社, 2004.
許嘉璐 主編,『二十四史全譯 新唐書』, 漢語大詞典出版社, 2004.
許嘉璐 主編,『二十四史全譯 元史』, 漢語大詞典出版社, 2004.
胡忌,『宋金雜劇考』, 古典文學出版社, 1957, 訂補本, 中華書局, 2008.
胡蓮玉,「南宋'說話四家'研究的回顧與思考」,『南京師大學報』2010年 11月 第6期.
胡祗遹 著, 魏崇武, 周思成 校點,『胡祗遹集』, 吉林文史出版社, 2008
洪邁,『夷堅志』, 中華書局, 1981.
黃淩雲, 汪如潤,「『元宮詞』非朱有燉所作考辨」,『文獻』2009年 第2期.
黃李娜,「肉傀儡即布袋戲考論」,『民族藝術』2017年 第6期.
黃竹三, 延保全,『中國戲曲文物通論』, 山西教育出版社, 2010,
Idema and West, *Chinese Theater 1100-1450: A Source Book*, Franz Steiner Verlag, 1982.
Idema, Wilt, *Chinese Vernacular Fiction, the Formative Period*, E.J.Brill, 1974.
Idema, Wilt, *The Dramatic Oeuvre of Chu Yu-tun*(1379−1439), Leiden: E.J.Brill; 1985, 中譯本은 伊維德 著, 張惠英 譯,『朱有燉的雜劇』, 北京大學出版社, 2009.
Needham, *Science and Civilisation in China*, Volume 5 Part 7 The Gunpower Epic, Cambridge University Press, 1987.
Shih, chung−wen, *Golden Age of Chinese Drama: Yüan Tsa-chü*, Princeton University Press, 1971, 中譯本은 時鍾雯 著, 蕭善因, 王紅簫 譯,『中國戲劇的黃金時代: 元雜劇』, 山西人民出版社, 1991.
West, Stephen H., *Vaudeville and Narrative: Aspects of Chin Theater,* Franz Steiner Verlag, 1977.
Ye Xiaoqing, *Ascendant Peace in the Four Seas: Drama and the Qing Imperial Court*, The Chinese University Press, 2012.

찾아보기

ㄱ

ㅁ

ㅂ

ㅊ

ㅋ

ㅌ